De Munich
à la Libération
1938-1944

Ouvrages de
Jean-Pierre Azéma

EN COLLABORATION AVEC MICHEL WINOCK

Les Communards
Éd. du Seuil, 1962

EN COLLABORATION AVEC MICHEL WINOCK

La IIIe République
Calmann-Lévy, 1970; rééd. par le Livre de poche, 1978

Journal du septennat de Vincent Auriol, 1947-1954
(version intégrale introduite et annotée du tome II)
Colin, 1974

La Collaboration 1940-1944
PUF, 1975

Jean-Pierre Azéma

Nouvelle histoire
de la France contemporaine

14

De Munich
à la Libération
1938-1944

Édition revue et mise à jour

Éditions du Seuil

En couverture :
Photos Magnum.

ISBN 2-02-005216-4 (éd. complète)
ISBN 2-02-005215-6 (tome 14)

Avant-propos

Dans son intervention au colloque organisé sur « La libération de la France », Pascal Copeau, un des responsables de Libération-Sud, constatait sans amertume que « la rencontre entre les acteurs de l'histoire et les historiens est chose difficile », tout en ajoutant malicieusement : « Que les historiens se rassurent, de toute manière, ce sont eux qui auront le dernier mot [1]. » Les historiens peuvent néanmoins avoir des scrupules. Avec raison, ils ne se font guère d'illusion sur leur objectivité. Surtout quand il s'agit des années noires qui demeurent, pour les Français qui les ont vécues, une période chargée de passions toujours vivaces et dont les plus jeunes n'ont, habituellement, qu'une image déformée. De surcroît, ils se heurtent aux difficultés propres à toute histoire très contemporaine : les protagonistes et les témoins de la guerre n'ont pas ouvert toutes leurs archives; en France, une loi de janvier 1979 vient tout juste d'en permettre la consultation. Il subsiste donc un certain nombre de points obscurs, même si les documents confisqués à l'Allemagne vaincue et les archives divulguées par les Anglo-Saxons ont entraîné la publication de travaux scientifiques assez nombreux pour qu'on puisse avancer sur une terre ferme. Ce volume veut d'abord être une mise au point des résultats désormais acquis, et c'est délibérément qu'on a adopté un plan strictement chronologique pour bien prendre en compte le poids de la conjoncture. S'il privilégie tout particulièrement ce qui se passait dans l'hexagone, c'est que le livre de Jean-Pierre Rioux, le tome 15 de la collection, a traité des événements dits d'Outre-mer.

L'auteur avait trois ans en 1940, il se refuse à être un donneur de leçons ou à se transformer en procureur; il n'entend pourtant pas se

---

1. Voir (115*), p. 409.
* Le chiffre entre parenthèses renvoie à la bibliographie finale; sauf indication contraire, le lieu d'édition des autres ouvrages cités en note infrapaginale est Paris.

poser en spectateur désincarné, car il a, lui aussi, son mot à dire. Mais si ce livre ne prétend pas être objectif, du moins se veut-il impartial, en ce sens que celui qui l'a écrit ne règle aucun compte personnel.

1

Drôle de paix, drôle de guerre

En octobre 1938, au lendemain de la conférence de Munich, la majorité des Français éprouvent, dans la paix sauvegardée, ce « lâche soulagement » dont parlait Léon Blum. Pourtant, dix mois plus tard, la drôle de paix cédait la place à une drôle de guerre, celle-ci étant l'aboutissement logique de celle-là si l'on veut bien y regarder de près.

Tout au long des années qui séparent Munich de la Libération, les Français se trouvèrent confrontés, souvent de manière dramatique, à un double jeu d'alternatives : fallait-il survivre dans une *pax germanica* ou faire la guerre ? Fallait-il prioritairement combattre l'ennemi extérieur ou poursuivre les luttes intérieures, si vives depuis 1934 ? Le poids du défaitisme face à l'Allemagne hitlérienne s'alourdit ainsi des profondes divisions politiques et sociales qui avaient affaibli la République depuis la grande crise économique des années trente [1].

1. Comment être munichois ?

Munich, référence clé de notre histoire contemporaine, injure suprême de notre langage politique, marque une étape décisive dans le destin de l'Europe : on croyait la paix rétablie, on entrait en fait dans la Seconde Guerre mondiale.

1. L'historiographie de cet immédiat avant-guerre a été entièrement renouvelée par les travaux du colloque, tenu en décembre 1975, organisé par la Fondation nationale des sciences politiques sur « La France sous

En ce début d'automne 1938, on ne pouvait être « antimunichois » de gaieté de cœur. Cela voulait dire que, pour arrêter Hitler,
on acceptait de risquer la guerre et le cortège des grandes tueries
de 1914-1918. Du moins, si elle était difficile, c'était une option
simple. Être « munichois », en revanche, pouvait signifier des atti-
tudes différentes, voire contradictoires.

La fuite en avant.

Dans les années vingt, les coalitions gouvernementales s'étaient
trouvées confrontées à deux exigences primordiales : maintenir
la paix et garantir la sécurité de la nation [1]. Pour mener à bien
cette double tâche, deux écoles se sont opposées. La première
prétendait faire de la France le gendarme de cette Europe issue des
traités de paix et, pour contenir le « Boche », se fiait avant tout aux
alliances militaires classiques; au nom du nationalisme, elle
n'excluait pas une politique de force dont l'occupation de la Ruhr
demeure le symbole. La seconde, prête à un certain révisionnisme
contrôlé par la SDN, prônait une politique de coexistence pacifique
avec les anciens vaincus qui devait assurer la paix et garantir la
sécurité du pays. La popularité incontestable de Briand tient,
dans une large mesure, au fait qu'il a su concilier — non sans
ambiguïté — ces deux sensibilités; c'est ainsi qu'il put intégrer
l'Allemagne dans le système de Locarno, placé sous la garantie
conjointe de l'Italie et de la Grande-Bretagne, tout en maintenant
à l'Est de solides alliances de revers.

Les crises des années trente perturbent ce délicat équilibre et
radicalisent les tendances. En Allemagne, Hitler est porté au
pouvoir sur un programme nationaliste, raciste et expansionniste
qui prévoit, dans un premier temps, de rassembler tout le *Volk* de

---

le gouvernement Daladier ». Les Actes ont été publiés en deux volumes
(10); compléter pour l'histoire strictement parlementaire par É. Bonnefous (13).

1. Se reporter d'abord à P. Renouvin (4); compléter par J.-B. Duroselle (120). Lire encore F. Goguel (15).

race germanique au sein d'un grand Reich, puis de conquérir — vers l'Est — son « espace vital » après s'être livré à une « explication définitive » avec la France. Face à cette évolution, les responsables français hésitent et tentent plusieurs politiques successives : ils reprennent la tactique de Briand mais sans les mêmes résultats, puis ils essaient, en 1932, une sorte de Directoire à quatre (France, Grande-Bretagne, Italie, Allemagne), mais les réticences des petites puissances et les exigences allemandes font échouer le projet; enfin, en 1934, Barthou, renouant avec une politique ancienne, élabore un encerclement méthodique de l'Allemagne. A cet effet, il convient de renforcer l'Entente cordiale et de conforter Mussolini dans son désir de maintenir le *statu quo* à Vienne, politique qui aboutit en avril 1935 au « Front de Stresa »; à l'Est, il s'agit de créer un pacte oriental qui, pour être efficace, doit intégrer, quelle que soit la défiance que suscitent les pratiques du Komintern, l'Union soviétique; c'est ainsi qu'en mai 1935 Laval paraphe un pacte franco-soviétique défensif.

Le système est pourtant imparfait : les Britanniques, cherchant à faire la part du feu, signent en 1935 un traité naval anglo-allemand; Mussolini, quant à lui, veut bien monter la garde sur le Brenner mais à la condition que l'Italie fasciste soit reconnue par ses partenaires de Stresa comme une puissance méditerranéenne et coloniale à part entière; or le front de Stresa ne résiste pas à la guerre d'Éthiopie. A l'Est, la Pologne déçoit en flirtant avec le Reich. En France, l'épouvantail bolchevique est tel que le gouvernement attend neuf mois pour proposer aux Chambres la ratification d'un pacte qui pourtant ne comporte aucune convention militaire.

L'ébranlement décisif intervient entre l'été 1935 et le printemps 1936. En moins d'un an, l'Allemagne hitlérienne fait sauter les verrous de sécurité mis en place en 1919 et mine les fondements de Locarno en rétablissant le service militaire obligatoire et — surtout — en remilitarisant la Rhénanie. Le bluff est payant : le gouvernement français tergiverse, ses protestations restent platoniques alors même que la liberté de manœuvre de ses armées est fortement diminuée. L'événement est lourd de conséquences. Comment se fier, pense-t-on, à un gouvernement aussi aboulique? Les Belges se dégagent de l'alliance française et reviennent à une politique d' « indépendance ». Stimulé par ces succès, le Führer s'attaque à la « question des Allemands à l'étranger ». L'Autriche, la première, est annexée en mars 1938, sans que l'Anschluss provoque autre chose qu'une indifférence polie traversée par quelques protestations verbales. La France se trouve placée dans une position pour le moins ambiguë puisque le revirement belge et la construction de la ligne Siegfried la mettent dans l'embarras pour porter secours à ses alliés à l'Est, sans compter que, tirant les « leçons » de la Grande Guerre, les « grands chefs » ont imposé une stratégie résolument défensive.

Pareille fuite en avant s'explique d'abord par les pesanteurs d'une Entente cordiale que les gouvernements successifs jugeaient primordiale. Or, Français et Britanniques ne considèrent pas la question allemande sous le même angle. D'une part, les insulaires s'estiment protégés par la mer; et, d'autre part, nombreux sont les cercles financiers ou marchands qui désirent qu'on ménage politiquement le quatrième client de l'économie britannique. Bon nombre des conservateurs, qui ont dominé les cabinets de l'entre-deux-guerres, considèrent, enfin, que l'Allemagne — même hitlérienne — est fort utile pour barrer la route au bolchevisme. Neville Chamberlain, devenu Premier ministre après avoir été chancelier de l'Échiquier, synthétise le tout dans ce qu'il appelle une politique d'*appeasement* : une appréciation réaliste de la conjoncture commande de s'entendre avec l'Allemagne, pour peu qu'elle se montre « raisonnable ». Lors de la remilitarisation de la Rhénanie comme pendant la crise de l'Anschluss, le gouvernement de Sa Majesté a estimé que ni la sécurité de la France ni l'équilibre européen n'étaient véritablement menacés.

Les ambiguïtés du pacifisme.

La politique britannique a d'autant plus pesé que l'opinion publique en France était profondément perturbée par ces nouvelles menaces de guerre. Rappelons que la guerre de 1914 a exercé une influence décisive sur des générations entières, suscitant un pacifisme viscéral sans lequel Munich est incompréhensible. Les anciens combattants le formulent à travers leur « Der des der » qui est à la fois un appel au patriotisme éclairé, le refus d'un nationalisme étroit ou cocardier, et la volonté formulée avec véhémence d'interdire le retour de la barbarie guerrière [1]. Certains cercles littéraires ou libertaires traduisent ces refus en termes absolus : « Plutôt la servitude que la guerre. » De plus, à compter de 1935, la carte politique des pacifismes se brouille : on constate en effet la conjonction, surprenante au premier abord, d'un pacifisme doctrinal d'inspiration sociale-démocrate et d'un néo-pacifisme affiché bruyamment par de ci-devant nationalistes intégraux.

L'Union sacrée avait profondément divisé le mouvement ouvrier et les pacifistes d'inspiration marxiste. En 1938, pourtant, le PCF, sans renier les théories léninistes de la guerre impérialiste, était rangé parmi les « bellicistes », en raison de la fermeté qu'il préconisait à l'encontre des coups de force perpétrés par les régimes fascistes. La SFIO, elle, s'en tenait en principe — comme dans les années vingt — au pacifisme traditionnel de la IIe Internationale [2] : le parti devait empêcher par son action militante qu'une nouvelle guerre n'écrase les classes laborieuses. Et bon nombre de militants estimaient — avec le secrétaire général du parti, Paul Faure — que rien dans la conjoncture — l'hitlérisme compris — ne justifiait qu'on violât un principe aussi fondamental. Ils devaient compter avec les blumistes qui étaient, eux, convaincus que l'expansionnisme nazi imposait une révision déchirante de la politique de la SFIO; mais les paul-fauristes occupaient des positions solides.

Ces pacifistes de tradition eurent des alliés tout à fait inattendus avec des nationalistes intégraux, jusqu'alors prêts à en découdre avec le Boche. La mutation était d'importance et bouleversait les rapports de forces. Ces néophytes en pacifisme ne récusaient pas la guerre *a priori*, et la plupart d'entre eux demeuraient des militaristes convaincus. Les raisons qu'ils donnaient de leur pacifisme

---

1. Voir A. Prost (20); consulter sa thèse (21), t. III, p. 77-119.
2. Le défaitisme révolutionnaire était cependant préconisé par la tendance Marceau Pivert. Consulter M. Sadoun (121), R. Gombin, *les Socialistes et la Guerre*, Mouton, 1970, et N. Greene, *Crisis and Decline, the French Socialist Party in the Popular Front*, Ithaca, Cornell University Press, 1969. On lira aussi J.-P. Rioux, *Révolutionnaires du Front populaire*, 10/18, 1973.

sélectif étaient sous-tendues par une problématique politico-sociale singulière : ils redoutaient maintenant qu'un nouveau conflit ne provoquât — à l'instar de 1917 — une perturbation telle que l'ordre occidental en sortît blessé à mort. La guerre « idéologique » et non plus « nationale » servirait de tremplin à l'Union soviétique constamment à l'affût, car, comme l'affirmait en mars 1936 *l'Action française*, « les Soviets ont besoin de cette guerre pour déclencher la révolution universelle ». Le danger était d'autant plus grand en France que le PCF, sorti de son ghetto politique, célébrait Valmy, voire Jeanne d'Arc, de sorte qu'on pouvait entendre en pleine Chambre : « Nous n'accepterons le pacte franco-soviétique que quand il n'y aura pas 72 députés russes sur les bancs de la Chambre française. » Dans ses franges les plus extrêmes, ce néo-pacifisme tournait au défaitisme : comment — ressassait Maurras — un tel régime « enjuivé », « météqué », « démocrassouillé », osait-il prétendre mener une guerre, sans organiser sciemment le suicide de la nation? Cette conversion, esquissée lors de la guerre d'Éthiopie, s'affirme lors de la ratification du pacte franco-soviétique, récusé par quelque deux cents députés à droite, notamment parce que « l'alliance russe, c'est la guerre »; « D'abord, pas de guerre », titre *l'Action française* lors de la remilitarisation de la Rhénanie. La vague grossit après la victoire du Front populaire, s'enfle pendant la guerre d'Espagne, s'étale lors de l'Anschluss. Le « grand schisme [1] » est consommé; il pèsera lourd en septembre 1938.

« La paix dans l'honneur... la paix pour notre temps ».

Ces paroles, l'honorable gentleman qui dirige le gouvernement de Sa Majeté les prononce à la descente de l'avion qui le ramène de Munich, en brandissant un document contresigné par Hitler [2]. On sait ce qu'il en fut.

Dans ses frontières de 1919, la Tchécoslovaquie englobait un cinquième d'Allemands regroupés, en Bohême, dans la région des

1. Se reporter à l'analyse de R. Rémond (16), et aux Actes du congrès tenu à Strasbourg (11); compléter par Ch. Micaud (22).
2. Sur la crise de Munich, lire G. Valette et J. Bouillon (23), *Munich 1938*, *Revue des études slaves*, 1979.

Sudètes. Après 1933, ces Allemands des Sudètes avaient voté massivement pour un parti d'inspiration nazie, dirigé par Henlein, qui exigeait bien plus qu'une simple autonomie administrative ou culturelle. Aux yeux de Hitler, ces « Allemands de l'étranger » constituaient un instrument de choix pour miner de l'intérieur la Tchécoslovaquie dont les frontières méridionales étaient dangereusement exposées depuis l'Anschluss. Face à ces menaces, Prague se prévalait d'une double protection : un pacte d'assistance mutuelle franco-tchèque, signé en 1925, et un pacte tchéco-soviétique, conclu en mai 1935, mais dont la mise en application était subordonnée — comme l'avait exigé Paris — à l'exécution par la France de ses propres obligations. En quatre semaines pourtant, Prague se trouvait piégée dans un engrenage imparable [1].

En faisant monter par à-coups les enchères, Hitler avait obtenu sans coup férir, des Britanniques et des Français, à quelques variantes près, ce qu'il avait exigé à Godesberg : la possibilité d'organiser un plébiscite en dehors d'une zone de 30 000 km² — englobant près d'un million de Tchèques — immédiatement

1. Rappelons brièvement les principales phases de la crise tchèque : elle éclatait au début septembre lorsque Henlein, sur les conseils de Hitler, rejetait un quatrième « statut des nationalités » proposé par le gouvernement de Prague et exigeait pour les Allemands des Sudètes — placés « en état de légitime défense » — le droit à disposer d'eux-mêmes. La tension devint telle que Chamberlain prenait l'avion pour rencontrer Hitler à Berchtesgaden, le 15 septembre. La crise était nouée : Chamberlain capitulait pour la première fois en acceptant le « rattachement » au Reich des « territoires mixtes » et forçait la main aux Français. Paris et Londres contraignaient Prague à donner son accord. Mais à Godesberg, le 23 septembre, Hitler formulait de nouvelles exigences propres à démanteler définitivement l'État tchécoslovaque. Tout était alors rompu ; la tension ne cessa de monter du 23 au 28 septembre : Paris rappelait en « couverture renforcée » une partie de ses réservistes, la Home Fleet était mise en état d'alerte, tandis que Berlin envoyait un ultimatum qui expirait le 28. C'est alors que le gouvernement britannique multiplia les démarches et saisit au vol une proposition de Mussolini d'organiser une conférence à quatre — sans Tchèques ni Soviétiques. Réunis à Munich le 29 septembre, Hitler, Mussolini, Chamberlain et Daladier — le « club des charcutiers » — amendaient en un temps record un projet italien et signaient dans la nuit un protocole d'accord et ses annexes. Sur ces péripéties, voir H. Noguères, *Munich ou la drôle de paix*, Laffont, 1963.

rattachée au Reich; sans qu'il ait eu à garantir les frontières de ce qui restait de l'État tchécoslovaque.

Les Français et les Britanniques avaient donc obtenu leur paix [1]. Cette paix fut d'abord britannique : Londres prit quasiment toutes les initiatives et se prêta aux tractations décisives (il accepta de voir rattachées au Reich toutes les zones qui comptaient plus de 50 % d'Allemands). La politique britannique est, au demeurant, d'une remarquable continuité du printemps à l'automne 1938 : en aucune manière la « question tchèque » ne devait faire échec à la politique d'*appeasement* dont on a dit les fondements économiques et idéologiques. La solution la meilleure aurait été de neutraliser ce pays agité; à défaut, il lui fallait accepter des décisions « somme toute raisonnables ». Le Premier britannique n'était pas convaincu que le Führer fût un vrai gentleman mais il était persuadé qu'on devait lui faire confiance.

La paix fut ensuite française : Daladier s'efforça sans doute de limiter les dégâts (c'est ainsi que, dans un premier temps, il fit repousser l'organisation d'un plébiscite et força les Britanniques à accorder leur garantie aux nouvelles frontières tchèques). Mais, au total, il céda sur l'essentiel (ayant en poche — à Londres — un plan de Beneš qui évitait le pire, Daladier accepta sans discuter le rattachement des zones comportant plus de 50 % d'Allemands) et laissa presque toujours le gouvernement britannique manœuvrer à sa guise. Cette attitude s'explique assez facilement. Disons — de

1. Certains ont voulu faire porter le chapeau aux Tchèques et aux Soviétiques. On trouvait à Prague — comme partout ailleurs — des partisans du compromis à tout prix et on s'explique les démarches pour le moins singulières faites par le président du parti agrarien, Hodja, auprès du gouvernement français dans la nuit du 20 septembre. Il est cependant peu contestable que la très grande majorité des Tchèques s'apprêtaient à la résistance. On a reproché à Staline tantôt d'avoir joué au petit soldat parce qu'il savait — la Pologne et la Roumanie s'interposant — être incapable de porter secours à Prague, tantôt d'avoir préparé un enterrement de première classe en proposant le recours à la SDN. Les Soviétiques évitèrent de forcer la main à Beneš (qui ne le désirait pas) mais ils préconisèrent une « conférence » avec des représentants militaires français et tchécoslovaques, et donnèrent à Gamelin, le 25 septembre, des indications précises sur le soutien militaire qu'ils pouvaient offrir.

façon schématique — que les responsables français pouvaient être classés en trois « écoles » : d'abord, celle qui se prononçait pour la résistance et le maintien du « pacte oriental », tendance qui perdit une partie de son audience dès le début de septembre. A l'opposé, celle des partisans de l'*appeasement*[1] qui étaient décidés — à l'image de Georges Bonnet[2], ministre des Affaires étrangères — à « accepter toute solution de la question tchécoslovaque pour éviter la guerre ». Position intermédiaire, celle qui se résignait à la capitulation, en estimant qu'il fallait arracher — même en le payant cher — un répit : selon toute vraisemblance, Daladier était intimement convaincu que — à tous égards — les Français n'étaient pas prêts à affronter la guerre[3]. Il reste que, dans l'immédiat, tenants de l'*appeasement* et partisans du répit se rejoignaient dans une même pratique munichoise.

Vingt-quatre heures après la signature des accords, la Pologne se ruait à la curée et s'emparait de la région de Teschen; trois semaines après, une directive secrète de Hitler déclarait vouloir « briser toute résistance tchèque en Moravie et en Bohême »; le pari des partisans de l'*appeasement* était d'ores et déjà perdu. Du système diplomatique français il ne restera rien quand l'Union soviétique qui avait été, au dire de la presse munichoise, « la grande vaincue de Munich » fera à son tour sa cure de « réalisme ». Dans de telles conditions, que valait même la tactique du répit? Car il n'était pas certain que la fabrication (même accélérée) des Hurricane et des Spitfire pût compenser la mise à mort d'une alliée qui apportait également en dot trente divisions aguerries et quelque mille avions. Au total, la sentence que Churchill prononça

1. Voir la mise au point de R. Girault (10), t. I, p. 209-227.
2. On peut parcourir son plaidoyer habile mais peu convaincant, *Dans la tourmente, 1933-48*, Fayard, 1971. A noter que les milieux d'affaires français — dont certains avaient des intérêts notables en Bohême — semblent avoir été plus nettement qu'en Grande-Bretagne partagés sur l'opportunité de la politique d'*appeasement*. Des indications dans D. Wolf (103) et dans J.-N. Jeanneney, *François de Wendel en République. L'argent et le pouvoir, 1914-1940*, Éd. du Seuil, 1976.
3. L'état-major a moins pesé qu'on ne l'a écrit. Certes, le général Vuillemin se répandait en propos alarmistes sur l'aviation, mais le général Gamelin se montra tout au long de la crise modérément optimiste.

quelques années plus tard garde toute sa valeur : « Le gouvernement avait à choisir entre la honte et la guerre. Il a choisi la honte
et il a eu la guerre. »

La honte ou le soulagement ?

Pour l'heure, les Français étaient soulagés de n'être point en
guerre et, en ce sens, Munich est bien un aboutissement : il clôt
un après-guerre et couronne le pacifisme de la Der des der.

Sous bénéfice d'inventaire, la France a été — face à Munich —
très munichoise. C'est à Paris qu'elle le manifesta avec le plus
d'enthousiasme : Daladier y fut accueilli en héros; c'était la détente
après la tension, les fleurs, les pleurs, les *Marseillaises*. On envisagea
d'offrir au « Lord of Peace » — Chamberlain — « une maison de
la paix sur le sol de France »; *le Petit Parisien*, pour sa part,
ouvrit — de manière moins onéreuse — un livre d'or qui recueillit
des centaines de milliers de signatures. La classe politique était
presque au diapason : aux munichois de conviction s'ajoutaient
les munichois d'occasion, y compris des têtes réputées bellicistes.
C'est ainsi que Léon Blum écrivait dans *le Populaire* du 1er octobre : « Pas un homme, pas une femme en France ne peut refuser à
M. Chamberlain et à É. Daladier sa juste contribution de grati-
tude... on peut jouir de la beauté d'un soleil d'automne. » Le
4 octobre, la confiance était votée à la Chambre par 537 voix
contre 75 (73 communistes, le nationaliste Henri de Kérillis et le
député socialiste Bouhey qui passa outre à la discipline de vote).
Tous les membres du cabinet approuvèrent la déclaration gouvernementale du 4 octobre.

Ce qui a pesé d'abord, c'est — nous l'avons souligné — un
sentiment de répulsion viscérale ou raisonnée pour la guerre, pour
ce que Gamelin dénommait « une version modernisée de la bataille
de la Somme ». Louis Marin, qui ne peut être en rien soupçonné
de tiédeur, déclarait sans ambiguïté le 1er octobre : « Le 28 septembre un coup de frein était donné aux affreux bellicistes... nous
ne pouvons à nos frais offrir au monde une bataille de la Marne
tous les vingt ans. »

Ces réactions, pour une large part émotionnelles et exacerbées
par la tension qui régna dans la semaine précédant Munich, furent

exploitées avec efficacité par des minorités agissantes. Elles
mirent tout en œuvre : démarches pressantes de parlementaires,
diffusion et affichage — le 28 septembre, avec l'aide de militants
du PPF — d'une proclamation défaitiste de Flandin vitupérant
« l'escroquerie au patriotisme » perpétrée par « des forces occultes »,
déchaînement de la presse où se mêlaient les organes de l'extrême
droite, *Gringoire, Candide, Je suis partout, l'Action française*, et la
majeure part de la presse dite d'information, entre autres *le
Matin, le Jour* de Bailby. On y propageait de fausses nouvelles, on
y multipliait des menaces[1]. Les antimunichois, quant à eux,
formèrent un groupe de pression beaucoup moins efficace. Si tous
estimaient que le temps jouait pour Hitler et que, pour sauver la
paix, il fallait savoir risquer la guerre, certains étaient antimunichois parce qu'ils redoutaient la renaissance du pangermanisme
alors que d'autres l'étaient avant tout par antifascisme. Mais cette
hétérogénéité a moins compté que les défections, celles notamment
des munichois d'occasion. Au total, la gauche qui n'avait rien à
gagner des progrès de l'hitlérisme a tergiversé. Les déchirements
de Blum renforçaient la fraction pacifiste de la SFIO. L'unité du
Bureau confédéral de la CGT ne résista pas à la pression des événements, et certaines fédérations, celle des postiers, le SNI, servirent
de fer de lance au « Centre d'action contre la guerre », mis en place
en septembre, et qui regroupait un « Centre syndical d'action contre
la guerre », créé en mai, le Comité de vigilance des intellectuels
antifascistes, des pivertistes, etc. Une pétition, lancée fin septembre, recueillit dans ces milieux plus de 150 000 signatures en
quelques jours. Finalement, peu de formations sont restées anti-

---

1. On aura beaucoup de peine à se représenter la hargne de cette
presse ultra et le climat de guerre civile qu'elle entretenait. *L'Action
française* — et elle n'était pas la seule — soutint *mordicus* que la « déclaration autorisée » du Foreign Office du 26 septembre promettant l'appui
britannique à la France attaquée était un faux forgé par les bellicistes.
Le même quotidien exigeait, le jour de Munich, sur l'air de *l'Internationale*, des balles « pour Mandel, Blum et Reynaud ». Quelques mois
plus tard, en mars 1939, dans *Je suis partout*, Brasillach écrivait : « Mais
le petit matin frais où l'on conduira Blum à Vincennes sera un jour de
fête dans les familles françaises et l'on pourra boire du champagne à
l'occasion. » (« Pas d'union sacrée avec la canaille », *Je suis partout*,
24 mars 1939.)

munichoises de bout en bout : le PCF et avec lui un certain nombre
de fédérations de la CGT, les militants de la SFIO regroupés
derrière Zyromsky, quelques personnalités à droite, notamment
Henri de Kérillis traîné désormais dans la boue par ses anciens
camarades comme « laquais stipendié de Moscou et des Roth-
schild ».

Cela dit, il y a munichois et munichois. Il convient d'isoler les
munichois d'occasion, ces « bellicistes » qui, face à Munich,
reculèrent devant la guerre. Léon Blum [1] avec ses réactions en
dents de scie en est un bon exemple : il prêta son talent au service
de la cause tchèque tout en félicitant Chamberlain de se rendre à
Berchtesgaden; il fut révulsé par l'ultimatum de Godesberg mais il
dénonça comme une « faute criminelle contre l'humanité » le rejet
d'une conférence internationale; il était munichois le 30 septembre
tout en se ressaisissant le lendemain. Lui-même a fort bien disséqué
ses sentiments contradictoires dans l'article publié dans *le Populaire* du 20 septembre : « La guerre est probablement écartée. Mais
dans des conditions telles que moi qui n'ai cessé de lutter pour la
paix [...] je n'en puis plus éprouver de joie et que je me sens partagé
entre un lâche soulagement et la honte. » Parmi ces munichois
d'occasion, on rencontre, outre les blumistes, bon nombre de
démocrates-chrétiens, des jacobins conservateurs, tel Mandel.

Leur impuissance à maîtriser le cours des événements les rap-
proche, dans une certaine mesure, des munichois « d'attente »,
ceux pour qui Munich devait être un sursis à exploiter au mieux
des intérêts français. C'était là, semble-t-il, l'opinion profonde de
Daladier. En grattant, apparaît l'ancien combattant — celui qui
avait pratiquement fait toute la guerre en première ligne et qui,
le 9 décembre, s'octroyait le satisfecit de s'être refusé « sous
prétexte de fermeté [à] jeter des Français dans la guerre, [à] faire
sacrifier encore un ou deux millions de paysans français [2] ». Mais
il n'est pas revenu très fier de Munich, et la formule que lui prête
Gamelin : « Ce n'est pas brillant mais j'ai fait ce que j'ai pu », le

---

1. Consulter J. Colton, *Léon Blum*, Fayard, 1968, et Jean Lacouture
Léon Blum, Éd. du Seuil, 1977.
2. Se reporter à son intervention très révélatrice dans la séance du
9 décembre 1938 à la Chambre (*Journal officiel*, p. 1708).

caractérise assez bien. Bon nombre de radicaux et de socialistes indépendants, quelques fractions de la droite nationaliste peuvent être rangés dans cette famille.

Bien différents sont les munichois « de conviction », les partisans — à tous égards — d'une véritable politique d'apaisement. Leurs experts en stratégie ne désespéraient pas de forger une troisième force qui permettrait d'éviter le tête-à-tête à la fois avec Berlin et Moscou; ils comptaient d'ailleurs dans leurs rangs beaucoup d'italophiles. Les plus machiavéliques comptaient sur une neutralisation réciproque du Slave et du Germain. Les radicaux de droite, les gros bataillons des nationalistes conditionnels du PSF, de la Fédération républicaine, de l'Alliance démocratique, une part appréciable également des paul-fauristes de la SFIO entrent dans cette catégorie.

Les ultra-munichois, enfin, resteront munichois contre vents et marées et, en tout cas, au-delà du coup de Prague [1]. Eux aussi se targuaient d'un réalisme qui dissimulait pourtant fort mal leurs hargnes idéologiques. *L'Action française* s'écriait le 20 septembre : « La paix, la paix, les Français ne veulent se battre ni pour les Juifs, ni pour les Russes, ni pour les francs-maçons de Prague. » Plus profondément, Thierry Maulnier, un des porte-plume les plus remarqués de la jeune droite, mettait bien les points sur les i : « Les partis de droite avaient l'impression qu'en cas de guerre non seulement une défaite ou dévastation de la France était possible mais encore qu'une défaite de l'Allemagne signifiait l'ébranlement des systèmes totalitaires qui constituent le principal rempart à la révolution communiste et peut-être à la bolchevisation immédiate de l'Europe... il est regrettable que les hommes et les partis qui en France avaient cette pensée ne l'aient pas en général avancée. Car elle n'avait rien d'inadmissible. J'estime même qu'elle était une des principales raisons sinon la plus solide de ne pas faire la guerre en septembre 1938 » (*Combat*, novembre 1938). Dans le droit-fil, les mêmes acceptaient, voire préconisaient, la politique des « mains libres à l'Est », à savoir l'extirpation du bolchevisme par l'hitlérisme. Débordant l'ultradroite, ces thématiques éveillaient bien des échos chez bon nombre d'hommes d'ordre. Et

---

1. Le 15 mars 1939, Prague était occupée par l'armée allemande.

Mounier [1] n'avait pas tort d'écrire après Munich : « On ne comprendra rien au comportement de cette fraction de la bourgeoisie française si on ne l'entend murmurer à mi-voix : ' Plutôt Hitler que Blum '. »

2. La France de M. Daladier

C'est dans une France qui sentait malgré tout la poudre que Daladier s'imposa. Qu'on ne s'y trompe pas, l'homme était populaire, et le régime semblait retrouver un coup de jeunesse. Ce n'était pourtant pas suffisant pour clore la crise les années trente.

Les pesanteurs.

En acceptant, en avril 1938, de former le gouvernement, Édouard Daladier se retrouvait dans une situation plus ou moins confortable. En janvier, un vif incident de séance avait opposé Chautemps, l'un des « caciques » du parti radical, au communiste Ramette, provoquant le retrait des ministres socialistes : le Rassemblement populaire battait de l'aile. Après qu'eut échoué un ministère de transition présidé par le même Chautemps, il revenait à Léon Blum de faire la preuve qu'une majorité de Front populaire était encore viable. Or, ce deuxième ministère Blum dura à peine cinq semaines; d'abord, parce que Léon Blum n'avait pu quelques semaines auparavant intégrer Thorez dans son équipe ministérielle pas plus que Marin : les ténors de la droite parlementaire — à une ou deux exceptions près — avaient décliné l'offre, comme si l'union nationale était la propriété exclusive de la droite et synonyme de conservatisme social. Ensuite, en raison de l'hostilité manifestée à l'encontre de la personne de Blum qui avait atteint une telle virulence que, le 6 avril, en pleine Chambre, fusèrent plusieurs fois répétés les cris de « Mort aux Juifs ». Enfin, c'est sur son programme économique que le Sénat guettait Blum;

1. Consulter le livre de M. Winock (61), p. 172-197.

le plan était cohérent mais dirigiste, englobant notamment un prélèvement sur le capital. Les sénateurs se surpassèrent (47 pour, 214 contre), mais, à la Chambre, déjà, les pleins pouvoirs n'avaient été accordés que chichement : une nouvelle majorité dite de « concentration républicaine » n'était plus à exclure.

L'hypothèque Blum levée, Daladier, président en titre du parti radical et ministre de la Guerre sans discontinuer depuis juin 1936, était investi le 12 avril par 575 voix contre 5. Aussi bien la Chambre que le Sénat lui accordaient sans rechigner les pleins pouvoirs financiers. A l'évidence, de part et d'autre, on attendait beaucoup de lui, il lui restait à faire ses choix.

Il lui fallait d'abord élaborer une politique économique. Après les premiers succès de la politique reflationniste du premier gouvernement Blum, la conjoncture était morose : des tensions inflationnistes étaient réapparues, aggravées par le protectionnisme et la stagnation relative de la production industrielle. La situation monétaire et financière était encore plus précaire : il fallait en effet compter sur le déficit croissant des finances publiques et l'accroissement de la dette flottante, puisque 50 % des dépenses de l'État étaient consacrés à solder la guerre de 14-18 et à préparer la nouvelle (un très sérieux effort en matière d'armement avait été consenti depuis septembre 1936); une circulation fiduciaire trop élevée comme l'appel répété aux avances de la Banque de France par suite de la dérobade des marchés financier et monétaire n'arrangeaient pas les choses; sur le marché des changes, le franc dit « élastique » puis « flottant » subissait une dépréciation sensible. Par ses atermoiements, Chautemps avait encore compromis la situation relativement saine que lui avait laissée Léon Blum en juin 1937.

Politiquement, la coupure passait entre les « collectivistes » (entendez les dirigistes) et les « libéraux » qui préconisaient le retour à une économie de marché intégrale. Deux questions étaient à l'ordre du jour : le contrôle des changes et — surtout — la semaine des quarante heures que les salariés, dans leur grande majorité, considéraient comme une conquête intangible de juin 1936. Il est certain que bon nombre de syndicalistes avaient sous-estimé le chômage résiduel, surestimé la mobilité de la main-d'œuvre qualifiée et provoqué ici et là, par l'application stricte de la loi, des goulots d'étranglement. Mais, à l'époque, l'enjeu est ailleurs (le patronat est fort médiocrement intéressé par les conséquences macro-économiques de la loi), il porte sur le coût salarial : les uns veulent payer le moins d'heures possible au tarif des heures supplémentaires, les autres ne veulent pas laisser entamer leur pouvoir d'achat [1].

Les pesanteurs sociales n'étaient pas moindres. Le climat demeurait très tendu en dépit des procédures d'arbitrage. Depuis cette déroute sans précédent qu'avaient été — dans leur déroulement — les accords Matignon, les chefs d'entreprise — selon la formule qu'avait surprise Simone Weil — attendaient leur bataille de la Marne; alors, on pourrait mater dans chaque établissement les militants syndicalistes et briser sur le plan national le « pouvoir syndical » qui s'appuyait, une fois n'est pas coutume, sur un syndicalisme de masse (la CGT comptait, au printemps 1937, plus de 4 millions d'adhérents). Les syndicats, quant à eux, plutôt sur la défensive depuis la chute du gouvernement Blum, entendaient défendre coûte que coûte les acquis sociaux de 1936. En avril 1938, 130 000 salariés du secteur privé étaient en grève tandis qu'une centaine d'usines étaient occupées dans la seule région parisienne.

Sur le plan parlementaire, enfin, serait-il aussi aisé qu'en 1926 et en 1934 de dissocier majorité gouvernementale et majorité électorale? Le Front populaire, c'est certain, avait perdu de son dynamisme, mais, dans les élections partielles, la majorité des électeurs — y compris lors du tour décisif — faisaient encore confiance à la coalition de Rassemblement populaire. Au pouvoir depuis juin 1937, Chautemps s'était avant tout efforcé de temporiser. En avril 1938, le nouveau président du Conseil se résolut d'abord à rassembler radicaux, socialistes et socialistes indépendants, mais, pour des raisons alambiquées, la SFIO déclina la participation; aussi, à une coalition un peu trop étriquée de centre gauche, Daladier préféra-t-il un gouvernement de concentration, et il donna quatre portefeuilles à la droite.

---

1. Consulter l'analyse pertinente de J.-C. Asselain, « La semaine des quarante heures, le chômage et l'emploi », *le Mouvement social*, avr.-juin 1966.

Daladier jouissait d'une solide réputation de jacobin. Dans le parti, il avait toujours préconisé — à l'encontre des partisans de l'union nationale — une stratégie du Cartel des gauches et il s'était fait l'avocat du Rassemblement populaire. Or, ce parti [1] était pour le moins divisé, reflétant les sentiments contradictoires d'une fraction de ces classes moyennes, de ces notables de province « votant à gauche » plus pour en découdre avec le clan réactionnaire et clérical que pour émanciper le quatrième état : ces membres du tiers état se défiaient du remue-ménage prolétarien, s'agaçaient de cette succession de grèves, redoutaient le bellicisme « idéologique ». Ces réticences, qui s'étaient manifestées dès l'automne 1936, lors du congrès de Biarritz, étaient amplifiées par la droite du parti en net progrès. Elle disposait au Sénat, derrière Caillaux, d'une majorité inexpugnable, détenait, avec *l'Ère nouvelle*, *la République*, des journaux de renom, contrôlait des fédérations importantes — celle notamment du Nord dirigée par Émile Roche — et possédait en la personne de Bonnet un leader disponible.

La mise à mort du Rassemblement populaire.

Au départ, Daladier n'avait pas véritablement arrêté de stratégie. S'il faisait mettre fin avec vigueur à l'occupation des usines, il se réclamait de la majorité issue de mai 1936, et les premiers trains de décrets-lois s'inspiraient plutôt d'une politique reflationniste. Le 21 août cependant, il optait pour une première demimesure : dans un discours radiodiffusé, il déclarait vouloir « remettre la France au travail » et autorisait les entreprises travaillant pour la défense nationale à déroger à la loi des quarante heures.

A l'automne, les choix étaient faits. Munich provoquait une première accélération : le vote négatif des communistes précédait de peu l'abstention des socialistes sur les pleins pouvoirs. Daladier décidait de prendre les devants, lors du congrès radical, qui se tint à Marseille, du 26 au 29 octobre, et qui lui fit un triomphe : il prononça un discours violemment anticommuniste et laissa la droite du parti — bien décidée à exploiter Munich jusqu'au bout —

1. Se reporter à l'étude très neuve de S. Berstein (10), t. 2, p. 275-306; en attendant la publication du deuxième volume de son *Histoire du parti radical*, Presses de la Fondation nationale des sciences politiques.

dominer entièrement le congrès. Le 10 novembre, le parti radical radical-socialiste cessait officiellement de participer aux réunions du Comité du Rassemblement populaire.

Le tournant politique était accentué par l'arrivée aux Finances, en novembre, de Paul Reynaud. Après avoir vigoureusement combattu le contrôle des changes, il imposait à un gouvernement d'abord réticent une nouvelle stratégie économique mise au point avec l'aide d'un cabinet de jeunes technocrates brillants : pour relancer la machine économique, on devait avant tout compter sur les mécanismes de l'économie libérale, la relance des investissements privés et le rapatriement des capitaux placés à l'étranger depuis 1935. A cette fin, il fallait renoncer à toute nouvelle mesure sociale et lever les entraves « dirigistes » : le contrôle des prix mais aussi les limitations apportées à la liberté d'embauche ou à la durée du travail. Politiquement, enfin, il fallait provoquer un choc psychologique décisif, trancher dans le vif et accepter sans barguigner l'affrontement devenu inéluctable avec le pouvoir syndical.

Les décrets-lois Reynaud libérèrent donc pratiquement tous les prix, instituèrent un « Comité de la hache » pour supprimer des postes budgétaires dans les services publics, et, bien entendu, s'en prirent aux quarante heures. Non que la loi fût abrogée, mais les dérogations furent telles qu'elle en perdait toute signification; et la tarification des heures supplémentaires était notablement diminuée. La base combative réagit, provoquant localement des heurts violents, entre autres aux usines Renault.

C'est le 30 novembre qu'eut lieu l'affrontement souhaité [1]. Réunis à Nantes, les congressistes de la CGT condamnèrent unanimement les « décrets-lois de misère » et arrêtèrent le principe d'une grève générale. Pour mettre un terme à la répression patronale, contrôler par ailleurs le mouvement de protestation, tout en adressant un coup de semonce au gouvernement, le Bureau confédéral — non sans hésitation — lança un ordre de grève générale, défensive, limitée dans le temps (elle ne devait pas excéder vingt-quatre heures) et dans l'espace (les actions seraient menées sur le tas sans défilé ni meeting). Poussé à l'intransigeance

---

1. Lire les pages bien documentées de G. Bourdé (14), p. 89-233; compléter par A. Prost (10), t. 1, p. 99-111.

par Reynaud et la droite du parti, Daladier refusa toute négociation et eut recours aux grands moyens : réquisition des agents des services publics, occupation des dépôts par la troupe, utilisation pour la première fois par la police de gaz lacrymogènes. Ces mesures furent efficaces, ce fut une journée presque comme les autres, et bon nombre de grévistes — dont certains contestaient l'opportunité de la grève — se remirent au travail. Pourtant, la grève fut partiellement suivie : chez les fonctionnaires et les ouvriers à statut, le pourcentage des grévistes était inférieur à 10 % mais il dépassait 50 voire 80 % dans la métallurgie, la chimie, le bâtiment dans les banlieues rouges. Cependant, faute de cohésion et d'objectif ferme, ce fut un demi-échec que le gouvernement par une politique très répressive allait transformer en fiasco et exploiter politiquement comme tel. Avec l'aide des pouvoirs publics, les patrons avaient gagné leur bataille de la Marne : le Front populaire était bien mort.

Chronologiquement, c'est la productivité qu'il jugeait insuffisante dans les usines travaillant pour la défense nationale qui amena Daladier à opérer un premier choix. Il fait peu de doute qu'ensuite bon nombre de caciques du parti aient cherché à exploiter au maximum la popularité acquise par Daladier à Munich. Mais les motivations profondes sont d'ordre sociopolitique. Tout se passe comme si Daladier, qui avait entraîné les radicaux dans le Front populaire, remettait en cause les fondements de l'alliance. Devant le Comité exécutif du parti, réuni le 15 janvier 1939, il repoussait maintenant « l'alliance du prolétariat et du tiers état », car, disait-il — et l'argumentation est de poids —, « si le tiers état peut avoir, à un moment donné, l'impression qu'il est sacrifié et qu'en réalité on ne respecte ni ses idées, ni son effort, le divorce se produit alors inévitablement [1] ». Et le parti se devait d'enrayer le « découragement » de ces « classes moyennes, armature de la démocratie ».

Par un phénomène remarquable de vases communicants, les voix des droites [2] compensaient celles qui faisaient maintenant

1. Cité par S. Berstein (10), t. 2, p. 297.
2. Consulter Ph. Machefer, R. Sanson, J.-N. Jeanneney (10), t. 2, p. 307-357 ; et A. Prost (10), t. 1, p. 25-44.

défaut à gauche. Esquissée le 17 juin 1938 dans un vote de procédure, cette nouvelle majorité de concentration se confirmait à l'automne et s'épanouissait au printemps en isolant le PCF et la SFIO sur quasiment tous les scrutins politiques. A quelques individualités près, les droites étaient passées de l'expectative au ralliement. A dire vrai — et c'était le meilleur atout parlementaire de Daladier —, elles n'avaient guère le choix tant était grande leur crainte que ne se renoue la coalition de Rassemblement populaire. Ce ralliement n'était pas seulement tactique ; le daladiérisme, en effet, offrait aux droites un certain nombre de garanties. D'abord — et c'est fondamental —, l'anticommunisme : le PCF était relégué dans un semi-ghetto politique. Cette poussée anticommuniste était d'autant plus significative que la vague communiste était étale et que le Parti récupérait difficilement ses pertes de l'automne 1938 [1]. Un autre élément de satisfaction était la mise au pas de la CGT. En arguant du caractère politique de la grève du 30 novembre, le gouvernement légitimait une répression qui fut menée aussi brutalement qu'en 1920. C'était patent dans le secteur privé où — au bas mot — 800 000 salariés furent temporairement mis à pied ; on pouvait ainsi faire le tri systématique des syndicalistes et des « meneurs [2] » ; encore en février 1939, Daladier posait la question de confiance pour faire repousser l'amnistie pour faits de grève. Enfin, la politique du ministre des Finances facilitait le ralliement, une politique de plus en plus libérale, dénuée de toute « démagogie » (il faut choisir impérativement, disait Reynaud, entre le « social » et l' « économique »).

Les résultats obtenus étaient encourageants : certes, il demeurait des points noirs — ne serait-ce qu'au niveau de l'emploi —, mais les prix de gros s'étaient stabilisés et la production progressait. Si les causes de cette reprise — inégale mais certaine — sont encore matière à discussion [3], il est hors de doute que cette politique

---

1. Consulter J.-J. Becker (10), t. 2, p. 225-244.
2. Selon toute vraisemblance, il restait plus de 10 000 licenciés à la fin de 1938.
3. On l'explique généralement à la fois par le renversement de la conjoncture internationale, le rapatriement massif des capitaux, le retour à une politique libérale, l'assouplissement de la loi des quarante heures. Aux yeux d'Alfred Sauvy (*Histoire économique de la France*

reçut alors le soutien des possédants comme le prouve le rapatriement massif de capitaux dont le montant a été évalué à 35 milliards
de francs (soit environ 25 milliards de nos francs lourds).

Le temps aidant, le daladiérisme gagnait du terrain. Le président
du Conseil pouvait se permettre de gouverner à coups de décrets-
lois et de questions de confiance. On rechignait bien — ici et là —
contre sa « dictature », mais Daladier n'en avait cure. D'ailleurs,
à compter de l'automne 1938, les électeurs plébiscitèrent sa politique, tandis que le parti radical gagnait de nouveaux adhérents. Il
restait à assurer l'avenir; la droite du parti obtint satisfaction : le
retour à la représentation proportionnelle résolvait dans une large
mesure le problème épineux des alliances électorales du second
tour [1].

Une ultime étape s'amorça au printemps. Après le coup de
Prague, Daladier s'efforça de créer un climat d'union nationale.
Il se garda de heurter ouvertement les socialistes, rendit plus
volontiers hommage aux « efforts consentis par la classe ouvrière »,
tout en faisant des avances fort nettes aux catholiques [2]. Pour
éviter d'étaler les dissensions, il poussa Lebrun à se représenter
à la présidence de la République et assura sa réélection au premier
tour, puis, le 29 juillet, se décida à proroger la Chambre jusqu'en
juin 1942. Il lui restait cependant à conclure avec la CGT et
l'extrême gauche un armistice, mais il ne voulut pas s'y résoudre :
l'union nationale demeurait incomplète.

Un regain de jeunesse pour le régime?

Par une simplification commode mais abusive, on déduit des
déroutes de l'année quarante que le régime était déjà moribond en
1939. A tout le moins, le bilan mérite d'être nuancé. Les contemporains avaient eux-mêmes l'impression que le régime s'était requin-

---

entre les deux guerres, Fayard, 1967, t. 2), cette dernière mesure serait
déterminante. Cette thèse est cependant controversée : voir *la Politique
économique française automne 1938-été 1939*, Comité d'histoire de la
Deuxième Guerre mondiale, 1976.
1. Consulter l'étude exhaustive de G. Le Béguec (10), t 1.
2. Voir J.-M. Mayeur (10), t. 1. p. 243-254.

qué, d'abord parce qu'il subsistait encore quelque chose du renouveau incontestable que le Front populaire avait apporté, ensuite parce que le daladiérisme était mieux qu'une période de transition : Daladier jouissait d'une grande popularité. Bon nombre de Français auraient pu se retrouver dans le portrait qu'il faisait de lui-même : « Je suis un fils de France, un peu brutal mais libre et qui entend le demeurer... un homme qui est d'abord un patriote sincère, patriote comme ceux qu'on appelait autrefois 'les maîtres d'école' lui ont appris à l'être... un républicain qui peut entendre le langage du fils de l'ouvrier mineur... parce que lui-même est un fils d'ouvrier fidèle à ses origines [1]. » Le Français moyen, cher au cœur d'Herriot, lui savait gré, de surcroît, d'avoir clos 1936 sans gros dommages comme le soulignait *l'Ère nouvelle* du 1er décembre 1938 : « La révolution de juin 36 est finie et bien finie. Il n'a pas été besoin pour y mettre un terme d'un coup d'État ou d'un mouvement fasciste. Le simple exercice de la responsabilité gouvernementale a suffi. Le président Daladier a bien mérité de la République et de la Patrie [2]. » Que le régime se portât honorablement, le déclin de l'ultra-droite en témoigne également. Certes, nous l'avons vu, elle demeurait efficace comme groupe de pression pacifiste, mais pour l'heure elle n'était plus capable de menacer sérieusement le régime proprement dit : les comploteurs à la manière de la « Cagoule » étaient dispersés, le parti populaire français qui devait être le « grand parti » fasciste attendu se déchirait de scission en scission, l'Action française périclitait politiquement. Tout aussi significatif est la stagnation électorale [3] du parti social français pourtant soucieux de jouer le jeu parlementaire : Daladier et les radicaux avaient supplanté La Rocque pour bon nombre de ces Français qui avaient naguère basculé dans l'opposition boudeuse ou violente.

Pour des raisons qui tiennent aussi bien à la conjoncture immédiate qu'à l'usure du système, la crise ouverte dans les années trente n'était pas close pour autant, l'érosion relative des forces de gauche

---

1. Intervention de Daladier à la Chambre des députés, le 9 décembre 1938 (*Journal officiel*, p. 1708).
2. Cité par S. Berstein (10), t. 2, p. 294.
3. Consulter F. Goguel (10), t. 1, p. 45-54.

pèsera en 1940. C'est patent pour ce parti charnière qu'était la SFIO. Elle retrouvait bien son unité [1] pour dénoncer la politique économique et sociale du gouvernement, mais c'était pour mieux dissimuler les dissensions qui la minaient d'autant plus profondément que tous se voulaient héritiers de Jaurès. Or, entre ceux qui affirmaient que lutter contre le fascisme — y compris en acceptant le risque d'une guerre —, c'était la seule manière de lutter pour la paix, et ceux qui rétorquaient que lutter pour la paix, c'était lutter contre le fascisme, le désaccord était irréductible. Après l'avoir emporté de justesse au congrès extraordinaire de Montrouge en décembre 1938, Blum devait se résigner, en mai, au congrès de Nantes, à s'entendre avec Paul Faure sur une motion nègre-blanc : c'était le seul moyen d'éviter l'éclatement. Dès 1939, le parti subissait des revers électoraux cuisants; en 1940 il n'était que l'ombre de lui-même. La crise était peut-être encore plus profonde à la CGT, car le fossé qui séparait les pacifistes des bellicistes recoupait dans une large mesure l'abîme qui se creusait entre anticommunistes et communistes. Dès octobre 1936, Belin, secrétaire général adjoint, avait lancé avec une partie de ses amis « confédérés » (ex-CGT) un journal, *Syndicats*, pour endiguer la poussée des « unitaires » (ex-CGTU). Ces derniers avaient tellement progressé (en moins de deux ans, ils étaient devenus majoritaires dans quatre nouvelles fédérations et dans une vingtaine de nouvelles unions départementales) qu'en novembre 1938 ils disposaient d'un peu plus de la moitié des mandats. Leur succès [2] tenait non seulement à des raisons d'ordre socioprofessionnel (le raz de marée syndical dans le secteur privé avait gonflé les effectifs de fédérations que les unitaires contrôlaient déjà en 1936) mais également à leur dynamisme, à un militantisme qui séduisait les jeunes sensibilisés à la guerre d'Espagne et à la lutte contre le fascisme. Le semi-échec de la grève du 30 novembre fit le reste. En 1939, coexistaient à grand-peine au moins deux CGT; le très anticommuniste Dumoulin en arrivait à écrire en mars : « Quant à

1. En juin 1938, cependant, les pivertistes étaient exclus pour indiscipline.
2. Consulter A. Prost, *la CGT à l'époque du Front populaire*, Colin, 1964, et J. Bruhat (10), t. 2, p. 159-188.

nous, nous ne voulons plus nous en tenir au seul syndicalisme reven-
dicatif d'autrefois, mais nous engager dans la voie d'un syndicalisme constructif qui n'exclut pas la collaboration avec le patronat. »
Au printemps 1939, elle gardait peut-être encore 2 500 000 adhérents, elle atteindra à peine un million en mai 1940, après une
nouvelle scission en septembre 1939. La CGT ne pesait alors plus
rien.

Cet affaiblissement des gauches était d'autant plus inquiétant
pour le régime qu'une fraction des droites classiques — prenant
le relais de l'ultra-droite — était prête, elle, à accepter l'aventure.
Depuis 1936, ces « conservateurs brouillés avec la République »
— comme les dénomme Stanley Hoffmann [1] — estimaient que le
contrôle indirect du pouvoir n'était plus suffisant dès lors que le
système avait permis l'irruption — cette fois-ci légale — de l'extrême
gauche et des « collectivistes ». Pour l'heure, certes, il n'y avait
pas le choix, mais, un jour ou l'autre, il faudrait en finir avec cette
IIIe République et instaurer à sa place non pas tant un régime fasciste qu'un régime autoritaire et ultra-conservateur à l'image du
Portugal de Salazar. La défaite libérera ces forces d'autant plus
aisément qu'elles se sentaient par elle justifiées dans leur pacifisme occasionnel.

Au total, c'était cette violente confrontation entre pacifistes
et bellicistes ajoutée à la grande peur issue de 1936 qui laissait le
régime fragile. Sans compter que le coup de jeunesse qu'il avait
pris en 1936 n'avait pas fait disparaître — loin de là — les tares du
système qui, contrairement à ce qui est souvent avancé, tenaient
moins au dérèglement des rouages proprement constitutionnels
qu'à une pratique politique étriquée, à cette succession de générations de notables qui avaient dominé sans partage une démocratie
gouvernée. Au moment de l'épreuve celle-ci apparut bien usée.

---

1. Se reporter à son analyse (47), p. 17-40.

3. Mourir pour les Poldèves?

Six mois à peine après Munich, Français et Britanniques devaient se rendre à l'évidence : Hitler, qui n'était décidément pas un gentleman, déchirait le chiffon de papier de Munich et jouait avec la poudre. Il fallut se résigner à la guerre qui éclata pourtant de manière surprenante.

Illusions et désillusions du Pacte à quatre.

Dans la foulée de Munich, Paris chercha à exploiter le Pacte à quatre[1]. Le climat était manifestement à l'accommodement. Pour les uns — et Daladier en était —, il fallait consolider le répit obtenu; pour d'autres — c'était la thèse de Bonnet —, il fallait enraciner l'entente franco-allemande : c'était « l'esprit nouveau ». Le symbole de cette politique fut un pacte de non-agression que Ribbentrop put, en dépit du délire antisémite de la « Nuit de cristal », venir signer à Paris, le 6 décembre. Il y fut reçu en grande pompe. Bien plus, dans un aparté avec l'arrogant ministre du Reich, Bonnet se laissa aller à des confidences bien périlleuses : il disserta sur « le désintéressement pour l'Est », une formule que Ribbentrop comprit ou interpréta comme un engagement.

Cette politique tourna pourtant vite court. Paris devait vivement réagir aux prétentions émises par Rome le 30 novembre sur Nice, la Savoie, la Corse et la Tunisie. Le coup de Prague porta le coup de grâce à « l'esprit nouveau ». Utilisant habilement les rivalités entre les diverses nationalités, en moins d'une semaine, Hitler amenait les Slovaques à se placer sous la protection du Reich et transformait la Bohême et la Moravie en un « protectorat ». A l'évidence, il ne s'agissait plus de délivrer des *Volksdeutsche* opprimés, mais bien de domestiquer des Slaves. Ce fut pour bon nombre de munichois la fin des illusions : le pangermanisme

1. Sur l'évolution de la politique française après Munich, consulter R. Girault (122).

resurgissait, menaçant. Quelques jours plus tard, la Lituanie devait céder Memel; pour ne pas être en reste, Mussolini envahissait, un Vendredi saint, l'Albanie.

Cette double offensive italienne et allemande lézarda le bloc munichois. Daladier, tout en cherchant encore à gagner le maximum de temps, était décidé à n'abandonner « ni un arpent de nos terres ni un seul de nos droits [1] ». L'influence de Bonnet déclinait, tandis que le secrétaire général du Quai d'Orsay, Alexis Léger, devenait une sorte de deuxième ministre des Affaires étrangères. On mit la fermeté à l'ordre du jour : c'est sur un navire de guerre que Daladier se rendit en Corse, en Tunisie, en Algérie pour réaffirmer la présence française; des garanties étaient offertes à la Pologne, la Roumanie, la Grèce; pour gagner la Turquie, la France cédait au Levant le sandjak d'Alexandrette, un territoire en litige depuis une vingtaine d'années; Paris, surtout, s'efforçait d'amener Londres à conclure une alliance défensive avec Moscou. En France même, le très germanophile comité France-Allemagne était dissous et le futur ambassadeur Otto Abetz, trop prodigue en fonds « culturels », ne pouvait rejoindre Paris.

Résolution et pesanteurs.

L'ultra-droite et les pacifistes impénitents exceptés, la classe politique et l'opinion publique approuvèrent cette fermeté et, de manière significative, condamnèrent l'article intitulé « Faut-il mourir pour Dantzig? » que Déat publia dans l'*Œuvre* du 4 mai où il affirmait que « les paysans français n'ont aucune envie de mourir pour les Poldèves ». Les pacifistes invétérés faisaient beaucoup moins recette et, dans les derniers jours de la paix, ils furent réduits à l'impuissance. Le 2 septembre, seuls Bergery à la Chambre et Laval au Sénat tentèrent de s'opposer à la guerre [2]. La seule manifestation de quelque ampleur fut la diffusion d'un tract

1. Se référer à son discours radiodiffusé, particulièrement ferme, du 29 mars 1939.
2. Il est incontestable que la procédure parlementaire arrêtée par le gouvernement et les présidents des groupes gêna les opposants. Mais ceux-ci étaient — à l'époque — pour le moins circonspects. Sur le pacifisme en 1939, consulter la communication de G. Rossi-Landi (32).

rédigé par le libertaire Lecoin, intitulé « Paix immédiate » et signé par une trentaine d'intellectuels (Giono, Alain, Margueritte), de syndicalistes et d'hommes politiques; mais ces derniers — à commencer par Déat — renièrent leur signature. Pas plus qu'en 1914, les Français n'étaient partis pour une guerre fraîche et joyeuse. Seulement, en 1939, il y avait déjà eu 1914. Le sentiment qui prévalait, semble-t-il, c'est un mélange de résolution (en finir une fois pour toutes) et de surprise résignée (selon des sondages, les tout premiers réalisés en France, les Français, dans leur majorité, estimaient, en 1939, la guerre de plus en plus inévitable; mais ils en repoussaient l'échéance). En tout cas, pas de défaitisme notoire [1].

Munich pourtant n'avait pas été qu'une simple parenthèse. Le plus souvent, en effet, il n'y eut pas de solution de continuité entre les choix de l'avant-guerre et les positions arrêtées jusqu'à l'année 1942 : les nationalistes antimunichois militeront vite dans la Résistance, les nationalistes conditionnels [2] rechercheront désespérément une troisième voie entre Berlin et Londres; les néo-pacifistes se partageront entre la collaboration d'État et les collaborationnistes, les blumistes se retrouveront, plus nombreux que les paul-fauristes, dans les rangs du parti socialiste clandestin. Ajoutons que les pacifistes endurcis n'avaient pas tous disparu : les maurrassiens s'arc-boutaient sur l'hexagone, sacrifiaient les Polonais (qui n'étaient pourtant pas de vulgaires Tchèques « démocrassouillés ») car, comme l'écrivait le 29 août Maurras : « La Pologne après trois partages est morte une fois, elle est ressuscitée. Elle ressuscitera tant que survivra la France... Dans les cas difficiles il faut sauver l'enfant; eh bien, sauvons d'abord la France, si l'on veut sauver l'avenir polonais. » Flandin et ses amis préconisaient, quant à eux, un « repli impérial », tandis que Paul Faure, pour qui la Pologne ne valait pas « la mort d'un seul vigneron du Mâconnais », militait pour le désarmement et une collaboration économique. Enfin, la politique de fermeté admettait bien des variantes. Une bonne part des ralliés se composait de nationalistes condition-

---

1. Le nombre des déserteurs fut infime. A noter que les soldats allemands semblent avoir partagé à peu près les mêmes sentiments.
2. Consulter Ch. Micaud (22); on peut lire, également, H. Guillemin, *Nationalistes et Nationaux*, Gallimard, 1974.

nels toujours à la recherche d'une échappatoire qui eût permis de
résister — si possible avec l'aide de l'Italie — à l'expansionnisme
pangermaniste tout en maintenant intact le cordon sanitaire
contenant l'Union soviétique.

Les stupéfiantes échéances de l'été 1939.

Dès le printemps 1939, la tension monta. Après une période de
bon voisinage, les rapports germano-polonais se tendirent. Dès
1920, les Polonais n'étaient-ils pas déterminés à éviter toute
intrusion soviétique ou germanique ? Ils refusèrent donc de se plier
aux exigences du Reich : pas question de céder Dantzig, non plus
que d'admettre l'exterritorialité des routes et de la voie ferrée traversant le « couloir polonais ». La garantie franco-britannique
aidant, Varsovie et Berlin cessèrent pratiquement toute relation,
tandis que de violents incidents éclataient à Dantzig. C'est en mai,
semble-t-il, que Hitler se décida à « régler le problème polonais »
(États baltes compris); en cas de conflit armé, les opérations militaires débuteraient — pour des raisons d'ordre climatique — avant
l'automne.

L'évolution de la situation dépendait pour une bonne part de
l'attitude britannique. Après le coup de Prague, les champions de
l'*appeasement* avaient dû, quoi qu'il leur en coutât, modifier leur
stratégie. S'ils n'étaient pas devenus pour autant « bellicistes » (les
négociations en vue de parvenir à un *gentlemen's agreement* se
poursuivirent jusqu'aux tout derniers jours de la paix [1]), ils n'étaient
plus prêts à admettre n'importe quel autre coup de force. C'est
pourquoi Londres se décida à donner aux États qui semblaient
le plus directement menacés une « garantie » qui devait théoriquement suffire à faire reculer Hitler; cela, sans se départir d'une
profonde défiance à l'égard de l'Union soviétique. Or, cette dernière qui redoutait, depuis 1937, les conséquences d'une stra-

---

1. Elles empruntaient le canal de conversations officieuses menées
par de hauts fonctionnaires du Foreign Office ou de missions économiques. Il est hors de doute que le groupe de pression qui voulait qu'on
ménageât l'Allemagne nazie demeurait puissant; consulter la mise au
point de S. Aster (27), p. 239-286.

tégie occidentale qui pousserait Hitler à se sentir « les mains libres à l'Est » prenait ses précautions : en mars, lors du XVIIIᵉ Congrès du PC (b), Staline s'était plu à souligner que l'Union soviétique entendait ne pas « tirer les marrons du feu » pour les beaux yeux des bourgeoisies occidentales.

C'est précisément l'Union soviétique qui devenait l'enjeu d'une ultime course aux alliances [1]. Les Français et les Britanniques étaient — en principe — les mieux placés pour l'emporter ; il s'écoula néanmoins quatre bons mois avant que n'aboutisse un projet d'accord politique où manquait encore une convention militaire [2]. Cette temporisation était, dans une très large mesure, imposée par les Britanniques qui acceptaient les Soviétiques comme des auxiliaires, non comme des alliés, ainsi qu'en témoignent les instructions données à l'amiral Drax lorsqu'il se rendit à Moscou : « Le gouvernement britannique ne doit pas entrer dans des engagements qui lui lieraient les mains en toutes circonstances. » Entre-temps, il est vrai, Allemands et Soviétiques avaient commencé de reprendre langue [3] ; ces premiers contacts, entravés par une méfiance réciproque, n'avaient été en rien concluants. A la fin juillet, cependant, Berlin doubla la mise dès l'annonce des négociations militaires tripartites.

La partie se joua dans la première quinzaine d'août et les Franco-Britanniques ne s'y montrèrent guère habiles [4]. Leur

---

1. Le ministère des Affaires étrangères de l'Union soviétique a publié, en 1976, *l'URSS dans la lutte pour la paix à la veille de la Seconde Guerre mondiale* (les Éditions du Progrès, Moscou), un recueil de documents intéressants mais qui ne comporte aucune pièce concernant les relations germano-soviétiques. Sur la politique soviétique, consulter J. Levesque, *l'URSS et sa politique internationale de 1917 à nos jours*, Colin, 1980.

2. Les Soviétiques avaient laborieusement obtenu la réciprocité intégrale des engagements, le bénéfice de la garantie octroyée aux États baltes, une interprétation stricte de l'agression allemande. Ils avaient exigé que la convention politique soit complétée par une convention militaire.

3. Sous bénéfice d'inventaire, ce sont les Soviétiques qui prirent l'initiative, à la fin avril.

4. Lire dans l'ouvrage précité du ministère des Affaires étrangères de l'Union soviétique, p. 403-488, les comptes rendus des négociations tripartites.

délégation gagna Moscou — à pas comptés — sans être mandatée pour prendre position sur le passage des troupes soviétiques à travers la Pologne et la Roumanie. Le 16 août, Vorochilov, après quatre jours d'entretiens, se refusa à continuer plus avant tant que ne serait pas « tranchée la question cardinale pour le parti soviétique, celle du passage des forces armées de l'Union soviétique par les territoires de la Pologne et de la Roumanie pour des actions conjointes des parties contractantes contre l'ennemi commun ». Les négociations furent bloquées du 18 au 21 août, jour où Daladier, désireux d'aboutir coûte que coûte, autorisa le général Doumenc à « signer au mieux dans l'intérêt commun [1] ». Trop tard; « quelqu'un », comme le notait Doumenc, était déjà annoncé. Ce quelqu'un, on le sait, s'appelait Ribbentrop. C'est sans doute la temporisation franco-britannique qui incita les Soviétiques, après avoir mis deux fers au feu, à jouer, le 17 ou le 18 août, la carte allemande. Hitler, lui, ne perdit pas son temps, il bouscula les négociations, conclut au plus vite un traité commercial, bien utile en cas de blocus; Ribbentrop, arrivé à Moscou le 23 août, réglait en moins d'une journée les questions pendantes, et, dans la nuit, Staline en personne, sachant « combien le peuple allemand aime son Führer », se faisait une joie de « boire à sa santé ». On fêtait également la signature d'un pacte de non-agression, valable pour dix ans, qui, en interdisant aux signataires de se joindre à un groupe de puissances hostiles, mettait un terme aux négociations tripartites. Un protocole secret, en annexe, déterminait des sphères d'influence et esquissait notamment un quatrième partage de la Pologne selon une ligne Narew-Vistule-San. Hitler — avec son opportunisme foncier — marquait sur les Français abasourdis un point décisif. Grâce au Pacte, le Reich n'aurait pas — comme en 1914 — à lutter sur deux fronts; quant à la Pologne, elle devenait une proie encore plus facile. On saisit difficilement pourtant les motivations profondes de Staline et de Molotov. Certes, la tactique arrêtée concordait bien avec la ligne

---

1. Daladier avait donné pour mission à Doumenc de ramener « un accord à tout prix ». Mais il hésita à forcer la main aux Polonais, qui, quasiment jusqu'au bout, refusèrent le passage des troupes soviétiques. Lire le témoignage du général Beaufre, *le Drame de 1940*, Plon, 1965.

prudente de la construction du socialisme en un seul pays. Mais la thèse du répit — nécessaire et arraché en 1939 — est pour une bonne part infirmée par les désastres de l'année 1941; on est en droit de se demander si — comme au début des années trente — Staline n'a pas mésestimé, à tous égards, les forces de l'hitlérisme et n'a pas simplifié abusivement en faisant du fascisme l'ultime avatar des contradictions interimpérialistes. Sinon, il faut admettre que Staline s'est finalement décidé en fonction du marché qui apparaissait comme le plus avantageux dans le très court terme, celui qui effaçait les traités de 1919-1920[1]. Dans l'immédiat, en tout cas, le Pacte plongeait la majeure part des militants communistes — et notamment en France — dans le plus profond désarroi.

Il fait peu de doute que le pacte germano-soviétique a accéléré le déclenchement de la guerre[2]. Le 30 juillet encore, si l'on en croit le secrétaire d'État aux Affaires étrangères, Weizäcker, Hitler tergiversait et suspendait sa décision aux résultats des conversations germano-soviétiques. Et une étude chronologique précise démontre que c'est à partir du 20 août que Hitler déclencha la guerre des nerfs; le 22, il fixait le début des opérations militaires pour le 26 au matin.

Le 25 au soir, cependant, le Führer reculait et suspendait la mise en application du « Plan blanc » : dans la journée, il avait reçu deux mauvaises nouvelles : la dérobade de l'Italie qui s'estimait insuffisamment préparée à une guerre européenne, et — surtout — la conclusion d'un traité d'alliance anglo-polonais. Hitler estima, malgré tout, possible d'isoler les Polonais. Il en découla des négociations très compliquées entre Berlin et Londres, dans les-

---

1. L'ambiguïté est telle que les Soviétiques ont d'abord nié l'existence du protocole secret, puis lui ont refusé toute efficacité; ils ont également avancé qu'ils devaient « libérer » les minorités « opprimées par les Polonais » : cette thèse de la « libération » n'est étayée par aucune preuve convaincante.
2. On polémique toujours sur les causes profondes de la Seconde Guerre mondiale : consulter la mise au point de Marlis Steinert (25). Lire encore *Sommer 1939*, Stuttgart, Deutsche Verlags-Anstalt, 1979. Une école anglo-saxonne dite révisionniste s'efforce de saupoudrer les responsabilités. Ses thèses sont souvent contestables, notamment celle qui dénie toute volonté de puissance à l'hitlérisme.

quelles Hitler maniait à la fois le bâton et la carotte [1]. Sur le refus des Polonais de céder aux exigences allemandes, la tension devint telle que Mussolini, inquiet, proposa la réunion d'une conférence pour le 5 septembre. Sans décliner la proposition, Hitler était convaincu que les Britanniques ne feraient pas honneur à leurs obligations et lâcheraient au dernier moment les Polonais.

Le 1er septembre à 4 h 15, l'émetteur allemand de Gleiwitz était attaqué par des condamnés de droit commun allemands déguisés en Polonais. Cette « attaque armée » déclenchait une « opération de police » d'un genre très particulier puisqu'elle fut menée à coups de divisions blindées et de bombardiers. Pour ce cas de figure précis, les Français avaient arrêté leurs positions les 23 et 24 août et s'y tinrent le 31 [2] : le Conseil supérieur de la Défense nationale et le Conseil des ministres avaient refusé de suivre Bonnet qui, après la conclusion du pacte germano-soviétique, entendait « assouplir » l'alliance franco-polonaise; la majorité avait estimé que l'armée était prête et que tout nouveau gain allemand créerait une situation hégémonique irréversible. La mobilisation était décrétée le 1er septembre. Pourtant, deux jours devaient s'écouler avant l'entrée en guerre de la Grande-Bretagne et de la France, pour des raisons d'ordre militaire (protéger la concentration des troupes), d'ordre constitutionnel (la guerre ne pouvait être déclarée sans l'assentiment des Chambres), et sous prétexte que l'offre de médiation italienne était toujours valable. Au total, la position n'était pas dénuée d'ambiguïté comme le déploraient avec amertume les Polonais. Le 2 septembre, devant les Chambres, le gouvernement se contentait de demander le vote d'une tranche de 70 milliards de crédits extraordinaires « pour faire face aux obligations de la situation internationale » : c'était un demi-escamotage. Le 2 au soir, cependant, la situation se décanta : Londres

---

1. Dans une « offre généreuse », Hitler proposa aux Britanniques de protéger leur Empire; les Polonais, eux, étaient sommés de céder Dantzig et d'organiser des plébiscites dans des régions de plus en plus extensibles.
2. Au dire de J. Zay (12), p. 65-69, le deuxième Conseil des ministres avait été très houleux : Bonnet et Daladier y avaient échangé des propos fort vifs; ce dernier avait lu un télégramme envoyé, le 25 août, par l'ambassadeur de France à Berlin, Coulondre, qui affirmait : « Il n'est que de continuer à tenir, tenir, tenir » face au bluff hitlérien.

posant comme préalable que les troupes allemandes repassent la frontière, Mussolini retirait sa proposition [1].

A cause de divergences entre la Home Fleet et l'état-major français, Français et Britanniques furent incapables d'envoyer un ultimatum commun : l'Empire britannique se trouvait en guerre le 3 septembre à 11 heures, l'Empire français à 17 heures.

4. Franchir la ligne Siegfried ou bombarder Bakou?

Les Français entraient donc dans une guerre qui vaut mieux que la réputation qui lui a été faite. Les choix initiaux n'étaient pas dénués de cohérence [2]. Mais, à la longue, la non-guerre se transformait en une drôle de guerre.

Les choix initiaux.

Français et Britanniques, stratèges et hommes politiques avaient arrêté une position quasi identique sur deux points fondamentaux : la guerre serait longue et son issue dépendrait des résultats de la guerre économique; pour l'heure, aucune offensive ne devrait être lancée sur le front occidental. Cette stratégie reposait sur un triple postulat défendu par l'état-major français : d'une part, les fortifications de la ligne Siegfried et le refus du gouvernement belge de se départir de sa politique d' « indépendance [3] » rendaient une

---

1. Jusqu'au bout, les pacifistes italophiles se raccrochèrent à la médiation italienne. Dans la nuit du 2 septembre, Bonnet proposa « un retrait symbolique » des troupes allemandes, mais Ciano se refusa à jouer les intermédiaires.

2. Consulter la bonne mise au point d'H. Michel (29); compléter par les Actes du colloque organisé par le Comité d'histoire de la Deuxième Guerre mondiale (32) et par l'ouvrage neuf de F. Bédarida (123).

3. En septembre 1939, les deux tiers de l'armée belge gardaient la frontière franco-belge.

offensive généralisée aléatoire et onéreuse. D'autre part, un front défensif continu est inviolable, le feu l'emportant sur le mouvement : l'Allemand viendra se briser soit sur la ligne Maginot, soit sur le corps de bataille français déployé des Ardennes à la mer du Nord. Cette stratégie résolument défensive répondait à une autre préoccupation fondamentale : ne pas recommencer 1914, « ménager le sang de la France ». S'il était prévu en cas d'invasion de la Belgique par la Wehrmacht de se porter en avant sur une ligne Anvers-Namur (« manœuvre Dyle »), c'était dans une large mesure pour déplacer le choc décisif hors du sol national. Enfin, selon tous les stratèges, le temps travaillait en faveur des Franco-Britanniques : les Anglais pourraient ainsi étoffer leur corps expéditionnaire (ils avaient envoyé seulement deux divisions sur le continent) tandis que le Reich, déjà miné de l'intérieur, capitulerait asphyxié par le blocus et la guerre économique.

Dans un premier temps, le programme fut respecté dans ses grandes lignes. La débandade des troupes polonaises renforça Gamelin dans sa décision de ne lancer qu'une « drôle d'offensive » en Sarre sous la forme de « reconnaissances et de coups de main » (elle provoqua la mort de 200 Allemands). Le 27 octobre, quasiment tous les territoires « conquis » avaient été évacués. Les Polonais écrasés sous les coups des Panzerdivisionen et des Stukas, désemparés par l'attaque imprévue et brutale lancée le 17 septembre à l'Est par les Soviétiques, étaient abandonnés à leur triste sort. Varsovie tombait le 28; le 12 octobre, le quatrième partage de la Pologne était consommé : une Pologne soviétique, des territoires « allemands » annexés au Reich, un « gouvernement des territoires polonais occupés ». Les corps d'élite de la police secrète du Reich, les Einsatzgruppen, recevaient pour mission de liquider physiquement toute l'intelligentsia et les notables polonais. Quant aux autres « sous-hommes » (c'étaient des Slaves), ils fourniraient à l'Europe nouvelle une « main-d'œuvre à bon marché ». Le calvaire de la « polonisation » commençait. En même temps qu'il lançait à tout hasard une « offensive de paix », qui ne donna aucun résultat, Hitler fixait au 12 novembre le début des opérations à l'Ouest. Mais les conditions climatiques défavorables aux sorties de la Luftwaffe en firent repousser la date à plusieurs reprises : on s'installait dans la non-guerre. C'est finalement sur mer que les opérations furent le plus rondement menées : en dépit de son infériorité numérique, la Kriegsmarine avec ses « cuirassés de poche » et ses sous-marins disposés « en meute » tenait la dragée haute à la Home Fleet.

L'affrontement fut surtout diplomatique mais les résultats obtenus ne furent pas à la hauteur des efforts déployés. Les Alliés eurent, il est vrai, un grand motif de satisfaction avec la nouvelle « loi de neutralité » votée par le Congrès américain, qui levait l'embargo sur les armes et le matériel de guerre, avantageant ainsi considérablement les puissances maritimes. La réussite fut moins éclatante avec l'Italie qui, tout en demeurant « non belligérante », rechignait au blocus. En fait, Mussolini souhaitait la défaite des démocraties occidentales dont il attendait les dépouilles coloniales. Le problème soviétique, enfin, restait entier. Le 28 septembre, le « traité de délimitation et d'amitié » consacrait le dépècement de la Pologne, tandis qu'aux termes des accords signés en octobre 1939 et en février 1940 l'Union soviétique livrait à l'Allemagne des produits stratégiques, métaux rares, pétrole (le dixième des besoins du Reich). Les discours officiels qui prenaient pour cible « le faux drapeau de la lutte pour la démocratie » ne laissaient pas mieux augurer d'une évolution de la stratégie de l'URSS.

Au total, tout était loin d'être incohérent [1] dans ce Kriegsspiel et les premières moutures du « Plan jaune [2] » allemand concordaient avec les calculs de l'état-major français. Le sort de la campagne se joua ailleurs : les « grands chefs » français à l'inverse des responsables de la Wehrmacht avaient tout prévu sauf une guerre de mouvement (les armées françaises disposaient de trois fois plus de pièces d'artillerie, mais de trois fois moins de canons antichars et de deux fois moins d'avions de combat). Cette stratégie qui laissait pratiquement toute l'initiative à l'adversaire était une entreprise ardue à mener de bout en bout. Déjà le blocus

---

1. Tout était cependant loin d'être parfait : en décidant que la VIIe armée se porterait le plus au nord possible (c'était la « manœuvre Bréda »), Gamelin se privait de toute armée de réserve.
2. C'est seulement en février 1940 que Hitler fit prévaloir le plan Manstein qui déplaçait l'axe d'attaque sur la Meuse, au centre du dispositif allié.

était loin d'être étanche et la France éprouvait bien des difficultés dans sa mobilisation économique.

Les beaux jours de la non-guerre.

Dans un premier temps, pourtant, cette guerre singulière semble se bien porter. La classe politique [1] paraissait unanime, le remaniement ministériel reçut un assez bon accueil [2] et Daladier dominait la situation.

L'intendance paraissait suivre, le déclenchement de la guerre n'avait provoqué aucun phénomène de panique. Il fallait pourtant jouer serré, augmenter notablement le potentiel productif tout en empêchant un dérèglement prolongé de la machine économique. De septembre 1939 à avril 1940, l'État dépensa quotidiennement 700 millions de francs; si l'on voulait éviter un fort dérapage des prix, il fallait ralentir la circulation fiduciaire et « fermer le circuit », savoir éponger d'une manière ou d'une autre le surplus du pouvoir d'achat distribué. Pour tenir le « front des prix », Paul Reynaud augmenta les impôts (avec prélèvement à la source pour les salariés) et lança des emprunts. Mais il entendait — parallèlement — mener « une économie libérale de guerre » : les dérogations au contrôle des changes se multiplièrent, le rationnement fut instauré tardivement et, pour maintenir « le levier de l'initiative privée », les bénéfices et les surprofits des non-salariés furent taxés de manière dérisoire. Jusqu'au printemps, pourtant, Reynaud paraissait pouvoir gagner son pari.

L'évolution de l'opinion publique semblait plus préoccupante, sans qu'il y ait, au demeurant, péril en la demeure. Une « cinquième colonne » n'était pas à redouter [3]. Le plus dangereux de ces Français nazis fut vraisemblablement un publiciste méconnu du Grand

---

1. Consulter d'abord G. Rossi-Landi (30); compléter par F. Fonvieille-Alquier (33).
2. Il n'eut toutefois pas l'ampleur souhaitée : il laissait en dehors les socialistes tout en maintenant à l'intérieur des pacifistes notoires, ainsi Bonnet, devenu garde des Sceaux, et Monzie.
3. Certains auteurs en font — bien à tort — un véritable cheval de Troie. Les espions et autres agents qui travaillèrent pour le Reich semblent avoir été peu nombreux.

Occident, Ferdonnet, qui à Radio-Stuttgart répétait en français après Goebbels que « l'Angleterre entend[ait] combattre jusqu'au dernier Français ». D'ailleurs, bon nombre de futurs collaborationnistes étaient beaucoup trop décontenancés par le pacte germano-soviétique pour réagir : ceux qui, tel Laubreaux, journaliste à *Je suis partout*, « souhaitai[ent] pour la France » une « guerre courte et désastreuse » gardaient généralement pour eux ce genre de bons vœux.

L'évolution du PCF [1] provoquait sans conteste beaucoup plus d'inquiétude. Tout d'abord, les instances dirigeantes du parti, passé le premier moment de stupeur, soulignaient à bien des reprises que les communistes seraient « au premier rang » pour assurer « la sécurité du pays » et défendre « la liberté et l'indépendance des peuples », et, le 26 août, le premier numéro saisi de *l'Humanité* titrait : « Union de la nation française contre l'agression hitlérienne ». On sait, par ailleurs, que les députés communistes votèrent les 70 milliards de crédits extraordinaires.

A compter du 20 septembre, le PCF défendit une tout autre ligne imposée par les dirigeants du Komintern [2] : avalisant le partage de la Pologne, il dénonça avec virulence la « guerre impérialiste », en exigeant la cessation immédiate des hostilités; parallèlement, les dirigeants du PCF plongeaient dans la clandestinité, tandis que Thorez, le 4 octobre, désertait [3] pour devenir quelque part en Europe puis en Union soviétique un « combattant contre la guerre impérialiste ». Après la mi-octobre, le PCF diffusait les nouveaux mots d'ordre du Komintern : non seulement cette guerre était impérialiste (« au peuple de France est revenue la mission d'exécuter les consignes des banquiers de Londres ») mais encore elle n'était pas une lutte contre l'hitlérisme; citant Molotov, il entendait « détruire la légende sur le prétendu carac-

1. Se reporter à la bibliographie de la p. 130.
2. Bon nombre d'historiens insistent sur le rôle de R. Guyot, qui revint de Moscou aux alentours du 20 septembre; d'autres mettent l'accent sur l'action de Fried, l'un des émissaires de la IIIe Internationale en France.
3. Selon Ph. Robrieux, *Maurice Thorez, vie secrète et vie publique* (Fayard, 1975), Thorez se fit beaucoup tirer l'oreille pour abandonner son cantonnement à Chauny.

tère antifasciste de la guerre [1] ». Il ne convenait pas pour autant de préconiser un défaitisme révolutionnaire à proprement parler [2] et de « copier le mot d'ordre de la transformation de la guerre impérialiste en guerre civile ».

Ce pacifisme nouvelle manière ne donna pourtant que de médiocres résultats. Le PCF, il est vrai, fut sévèrement atteint dans son organisation par les mesures répressives prises à son encontre — et pour un parti de type léniniste, c'était un handicap de poids. Les mesures de rétorsion furent lancées avant qu'il ne s'affirmât pacifiste : saisie de journaux dès le 26 août, dissolution par décret le 27 septembre (après l'invasion de la Pologne par les troupes soviétiques) des organisations du PCF et de celles qui obéissaient aux « mots d'ordre de la IIIe Internationale ». Après la clôture de la session parlementaire, un juge d'instruction militaire faisait écrouer le 8 octobre pour « intelligence avec l'ennemi » une quarantaine de députés membres du nouveau « Groupe ouvrier et paysan français ». Ces mesures s'ajoutaient aux profondes dissensions qui secouaient le Parti. Pourtant, sans la répression systématique qui fit jouer les réflexes de solidarité, il est vraisemblable que les départs eussent été plus nombreux (plus du quart des parlementaires quittèrent malgré tout le PCF). La machine fonctionnait de toute manière à vide : tous ceux qui — depuis 1934 — s'étaient battus contre le fascisme admettaient difficilement que l'on pût devenir « neutres » à l'égard du nazisme. C'est seulement à la fin de l'hiver que le PCF clandestin, en jouant sur l'aggravation de la situation économique et sociale, put retrouver quelque audience dans certains secteurs de la classe ouvrière.

1. On mettra en parallèle cette affirmation récente de G. Cogniot : « En raison du rôle du fascisme dans la guerre, le conflit déclenché le 3 septembre recelait dès le début la possibilité objective d'une guerre juste et libératrice, d'une guerre des peuples contre la barbarie réactionnaire, d'une guerre pour le progrès » (77), p. 44.
2. Un seul tract répertorié préconisait le sabotage actif. Des actes de sabotage caractérisés furent néanmoins commis aux usines Farman de Boulogne et dans diverses usines pyrotechniques, notamment à Bourges. Sous bénéfice d'inventaire, ils furent très peu nombreux.

De la non-guerre à la drôle de guerre.

L'invasion de la Finlande [1] par l'Armée rouge, le 26 novembre, joua le rôle d'accélérateur, dès lors que les Finlandais, tout en n'excluant pas une médiation, se défendaient avec acharnement et tenaient en échec les forces soviétiques. Agression et résistance provoquaient une profonde émotion dans l'opinion publique (« des avions, des canons pour la Finlande ») et déclenchaient une violente campagne antisoviétique et anticommuniste; la majeure part des débats parlementaires fut consacrée à la déchéance des membres du Groupe ouvrier et paysan français, prononcée le 20 février. Quelques semaines plus tard, 44 députés étaient condamnés à des peines d'emprisonnement.

Ces réactions déterminaient dans une large mesure la conversion de l'état-major, du Quai d'Orsay et de la classe politique à une stratégie périphérique élargie [2]. On mènerait les opérations hors de l'hexagone tout en s'efforçant de tarir les sources d'approvisionnement stratégiques de l'Allemagne (le fer suédois et le pétrole soviétique). L'Union soviétique était d'autant moins à ménager qu'elle était devenue une « alliée objective » du Reich. On monta donc des opérations en Scandinavie, et on préparait l'envoi de « volontaires » sur Bakou (certains combinaient même une attaque en tenaille à partir de la Finlande et du Caucase). Le gouvernement britannique tempéra, pourtant, ces ardeurs; convaincu que le torchon finirait par brûler entre Berlin et Moscou, il entendait ménager les Soviétiques le plus possible. Le 11 mars, la première tentative d'ouverture d'un front périphérique avortait avec la signature d'un armistice finno-soviétique [3] qui allait, d'ailleurs, être à l'origine de la première crise politique de l'année 1940.

1. En exigeant une modification des frontières, Moscou cherchait surtout, semble-t-il, à établir un glacis défensif devant Leningrad.
2. Consulter la mise au point de R. Girault (32).
3. Le gouvernement finlandais avait préféré négocier plutôt que de devenir le champ de bataille de l'Europe. Au demeurant, les conditions soviétiques furent relativement modérées.

Entre-temps, en effet, la situation intérieure s'était dégradée
sans drames, mais continûment. Sur le « front », on s'ennuyait
beaucoup, car le commandement confondait défensive et inertie,
et le désœuvrement pesait à tous les niveaux. On eut beau faire
participer l'armée aux travaux des champs, répartir un millier de
ballons de football, distribuer du « vin chaud », faire planter des
rosiers sur quelques ouvrages de la ligne Maginot et engager
Maurice Chevalier au théâtre aux armées, le moral n'y était
plus. C'était une lassitude croissante dans une attente qui semblait
de plus en plus vaine.

Cette lassitude de l'avant était répercutée et déformée à l'arrière[1].
On voyait resurgir les vieilles rancunes des paysans mobilisés
— dont la solde était dérisoire — à l'encontre des « affectés spéciaux » qui recevaient, eux, un traitement. Et puis, la situation
économique se dégradait, elle aussi; le « circuit » n'avait pas été
fermé : le tiers de l'argent distribué par l'État n'était pas rentré
dans ses caisses[2]; il avait fallu procéder à une dévaluation de fait
et — surtout — on n'avait pu empêcher les prix de déraper[3]. Les
salaires, eux, étaient pratiquement bloqués[4], alors que bien des
profits de guerre s'étalaient avec ostentation. Ici et là, on commençait d'entendre qu'on ne « se casserait pas le tempérament pour les
200 familles et le roi d'Angleterre ».

Daladier avait également perdu du terrain au Parlement. Président du Conseil, ministre de la Défense nationale, ministre des
Affaires étrangères, président d'innombrables comités, il contrôlait
de moins en moins la situation. C'était la fin de la « pause » politique : la droite cherchait avant tout à régler définitivement ses
comptes avec le Front populaire. Des intrigues se nouaient, les

---

1. Consulter J.-L. Crémieux-Brilhac (32).
2. Les dépenses étaient couvertes à raison de 29 % par les recettes
budgétaires, de 37 % par l'emprunt, de 34 % par les avances de la Banque
de France.
3. Indice des produits industriels (1938 = 100) : décembre 1939 = 128,
avril 1940 = 154.
4. En avril 1939, un OS de la région parisienne gagnait 400 F pour
40 heures de travail; 420 F (après prélèvement à la source) pour 60 heures
de travail en mars 1940.

défaitistes créaient un Comité de liaison parlementaire, où l'on trouvait Flandin, Montigny, Tixier-Vignancour, Laval, 5 socialistes [1]. Le 9 février encore, après un bon plaidoyer *pro domo* du président du Conseil, la Chambre réunie en comité secret approuvait à l'unanimité la politique de Daladier. Mais il était devenu vulnérable, on lui reprochait de gouverner à coups de décrets, de jouer au dictateur pour ne pas faire la guerre à l'Allemagne, disaient les uns, pour ne pas faire la guerre à l'Union soviétique, criaient les autres.

1. R. Brunet, Chouffet, Froment, Rauzy et Rives.

2

*Les déroutes
de l'année quarante*

C'est une étrange renommée que traîne derrière elle l'année 1940 : l'armée la plus réputée qui fût depuis 1918 sombrait dans un désastre auprès duquel la campagne de 1870 faisait figure de retraite anodine. La guerre était perdue par des militaires, par un commandement dominé dans tous les compartiments tactiques. Mais de militaire la crise devenait politique et emportait un régime bradé par ses élites et livré à des minorités ivres de revanche sur 1936. Dans leur grande majorité, les Français abasourdis, désemparés, espéraient trouver en Philippe Pétain un guide paternel et dans l'armistice une protection relativement efficace. A compter pourtant du 25 juin, jour où les combats cessèrent dans l'hexagone, commençait un ordre nouveau [1].

1. La France s'en va-t-en guerre

Une crise politique ambiguë.

Moins de six semaines après avoir obtenu des Chambres un nouveau quitus, Daladier remettait sa démission. Le capital de sympathie dont bénéficiaient les Finlandais et la virulence de l'antisoviétisme l'avaient mis en fâcheuse posture, dès lors que

1. Sur l'agonie du régime, consulter *le Procès du maréchal Pétain* (34) annoté par L. Noguères (35); lire le témoignage d'E. Berl (43) et l'essai d'une synthèse par J.-P. Azéma et M. Winock (44), p. 316-441.

« l'héroïque Finlande » avait dû conclure un armistice. Le 14 mars, 60 sénateurs manifestaient leur défiance en s'abstenant; cinq jours plus tard, on dénombrait à la Chambre 300 abstentionnistes; Daladier choisit alors de se démettre.

Poussé en avant par les « bellicistes », Paul Reynaud, président du Conseil désigné, crut bon pour former le gouvernement[1] d'opérer un savant dosage parlementaire : son Cabinet ne comprenait pas moins de 21 ministres et de 14 secrétaires d'État (*le Canard enchaîné* écrivait plaisamment que, « pour la première réunion plénière du cabinet restreint, M. P. Reynaud a loué le Vélodrome d'hiver »). Certes, il avait fait entrer les socialistes (sans Blum) par la petite porte, éliminé Bonnet, mais le gouvernement manquait d'homogénéité et n'était en aucun cas un cabinet de guerre. Pour passer le cap de l'investiture, Reynaud avait à affronter le mécontentement d'une partie des droites qui dénonçaient ce « cocktail de *Marseillaise* et d'*Internationale* », la mauvaise humeur des radicaux et surtout les manœuvres des partisans d'une paix blanche à l'Ouest. C'était beaucoup. Il ne dut son investiture acquise d'extrême justesse (268 oui, 156 non, 111 abstentions) qu'à un très bon discours de Blum, à Mandel qui « fit les couloirs » et à Herriot qui laissa traîner le scrutin.

Cette séance avait été consternante, les résultats du vote ambigus à souhait : plus de la moitié des députés de son propre parti — l'Alliance démocratique — avait voté contre Reynaud, sauvé par les voix socialistes. Il lui fallait prendre des initiatives, mais où? Contre l'Union soviétique comme l'exigeait une bonne part de la classe politique? De surcroît, Daladier étant toujours ministre de la Défense nationale, Reynaud n'avait pas les coudées franches. Était-il lui-même l'homme de la situation? S'il avait pleinement réussi sa vie professionnelle, politique, mondaine, il restait pourtant relativement isolé : ses prises de position en faveur de la dévaluation, sa défense des divisions cuirassées chères au colonel de Gaulle, son « bellicisme », l'avaient fait passer pour un marginal relativement dangereux. Pétulant et trop sûr de lui, il ne s'était pas fait que des amis. En outre, son entourage, à commencer par sa très remuante maîtresse, Hélène de Portes, prêtait à la critique. On

1. Consulter G. Rossi-Landi (30), p. 53-67.

a dit de lui qu'il était un « homme de la vie[1] », à qui tout avait réussi; mais il ne fut pas l'homme des crises.

La relance de la guerre périphérique.

Il serait excessif d'opposer systématiquement un Daladier pingrement défensiste à un Reynaud constamment casse-cou[2]. Non que les sensibilités des deux hommes soient semblables : Reynaud — qui n'était pas un ancien combattant — était « belliciste » et entendait en découdre au plus vite avec l'Allemagne. Mais l'un et l'autre — du moins à la mi-mars — préconisaient la même stratégie périphérique. Reynaud y ajoutait, il est vrai, une variante personnelle : convaincu désormais que le temps ne jouait pas forcément en faveur des Alliés, il voulait attirer la Wehrmacht pour lui faire « user ses hommes, ses ressources, ses armes, son pétrole ». En visant deux théâtres d'opérations privilégiés, l'URSS et la Scandinavie, non seulement on couperait deux routes économiques fondamentales (celle du pétrole soviétique, celle du fer suédois[3]), mais on amènerait tant l'Union soviétique que le Reich à se découvrir. C'était pour le moins risqué. Restait à convaincre les Britanniques. Le 28 mars, une déclaration commune stipulait que les deux alliés « s'engage[aie]nt mutuellement à ne négocier ni conclure d'armistice ou de traité de paix durant la présente guerre si ce n'est d'un commun accord[4] », mais les Britanniques multiplièrent les objections au plan de Reynaud et firent repousser *sine die* les projets d'invasion ou de bombardement du Caucase. Après des discussions serrées, Reynaud, qui voulait agir vite et, comme à son accoutumée, frapper un grand coup, finit par obtenir qu'un corps expéditionnaire franco-britannique soit prêt à empêcher le Reich de s'approvisionner en minerai de fer suédois.

1. Se reporter au portrait bien venu qu'en donne E. Berl (43), p. 53-61.
2. Consulter la très bonne mise au point de F. Bédarida (10).
3. L'Allemagne importait de Suède une dizaine de millions de tonnes qui transitaient par la Baltique ou par Narvik (si la Baltique était prise par le gel).
4. Cette déclaration répond au désir formulé par Londres le 19 décembre 1939; consulter F. Bédarida (123).

Des semi-échecs inquiétants.

Hitler, qui attendait toujours que le temps se mît au beau, avait primitivement laissé la Scandinavie hors de ses plans. Alerté, il décida de prendre les devants sans pourtant s'engager trop avant. L'opération fut menée tambour battant : le Danemark était occupé en moins de quatre heures, la Norvège en quarante-huit. Les Franco-Britanniques étaient pris de vitesse : dix jours s'écoulèrent avant que le premier Tommy pût fouler le sol norvégien; faute d'avoir pu installer une tête de pont près de Namsos, les Alliés concentrèrent leurs attaques sur Narvik qui finit par tomber entre leurs mains le 27 mai; quatre jours plus tard, la débandade en France contraignait le corps expéditionnaire à se réembarquer.

Le bilan était loin d'être encourageant. D'abord, le piège tendu par Reynaud se retournait contre les Alliés. Ensuite, les Allemands avaient surclassé militairement leurs adversaires. La Kriegsmarine avait bien été sévèrement accrochée par la Home Fleet, mais la Luftwaffe avait tenu la dragée haute à la RAF et envoyé par le fond bien des navires de Sa Majesté.

Ces demi-échecs n'avaient pourtant que médiocrement entamé le moral des Français sevrés d'opérations. Bien plus, Reynaud avait répliqué superbement à Déat que « l'Allemagne avait commis une colossale erreur stratégique en envoyant sa flotte en Norvège » et il proclama *urbi et orbi* que « la route du fer [était] coupée ». C'était — semble-t-il — son propre cabinet qui lui donnait le plus de soucis. Le torchon brûlait entre le président du Conseil et son ministre de la Défense nationale, qui ne communiquaient que par missives, et aucun Conseil des ministres ne put se tenir entre le 14 avril et le 9 mai. Ce jour-là, estimant qu'il n'était pas en mesure de mener la guerre à sa guise, et rendant le général Gamelin responsable des échecs en Scandinavie, Reynaud déclarait que ce dernier n'avait plus sa confiance tandis que Daladier couvrait le général en chef : le conflit était ouvert. Reynaud remettait sa démission à Lebrun qui le pressait — savait-on jamais — de la tenir secrète. Il la reprenait le lendemain : la Wehrmacht s'était ébranlée.

La rupture du front continu

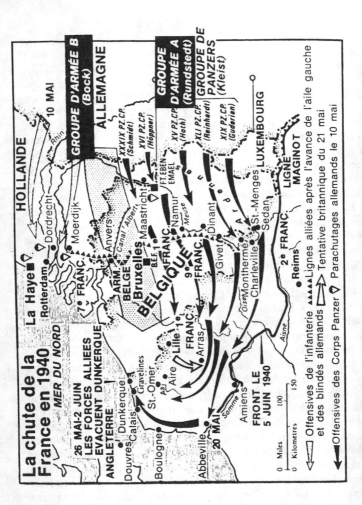

Liddel Hart, *Histoire de la Seconde Guerre mondiale*, Fayard, 1973, p. 70.

Blitzkrieg et débandade française

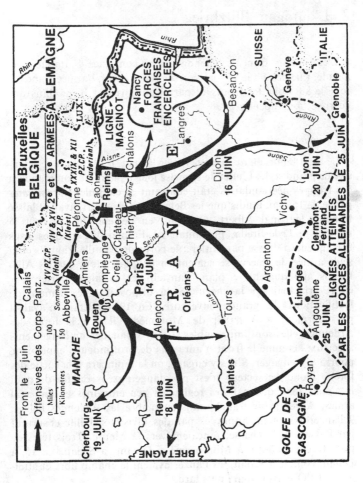

Liddel Hart, _Histoire de la Seconde Guerre mondiale_, Fayard, 1973, p. 70.
Carte reproduite avec l'autorisation des Éditions Fayard.

2. L'ouragan Blitzkrieg

L'état-major français attendait avec confiance l'attaque allemande. Elle débuta le 10 mai. Six semaines après, l'armée française écrasée sur tous les fronts disparaissait corps et biens dans une guerre éclair stupéfiante [1].

La rupture.

Le beau temps étant revenu, Hitler lançait, le 10 mai, une offensive de grand style. L'effet de surprise joua à plein : le commandant des troupes néerlandaises était contraint de capituler en rase campagne, le 15 mai, tandis que les Belges, pris de court, avaient laissé franchir le canal Albert. Gamelin, en déclenchant aussitôt la manœuvre Dyle-Bréda, précipitait les Franco-Britanniques dans le traquenard dressé par Hitler : le corps de bataille français et la seule armée de réserve se ruaient en Belgique alors que les Allemands appliquaient le plan Manstein, et faisaient porter leur effort principal sur la charnière du dispositif allié, démuni de fortifications de grande envergure. En 1934, Pétain n'avait-il pas affirmé : « A partir de Montmédy, il y a la forêt des Ardennes, elles sont imprenables si l'on y fait des aménagements spéciaux... comme le front n'aura pas de profondeur l'ennemi ne pourra s'y engager. S'il s'y engage, on le repincera à la sortie des forêts. Donc, ce secteur n'est pas dangereux. » En foi de quoi il n'était tenu que par des régiments peu entraînés et fort mal armés. Après avoir franchi sans encombre les Ardennes belges, 9 Panzerdivisionen, appuyées par des divisions d'élite et surtout par l'aviation de chasse, fonçaient vers la Meuse. Trois têtes de pont furent établies, à Monthermé, à Dinant, à Sedan. Le 15, à Dinant comme à Sedan, les Panzer avaient le champ libre et atteignaient l'Oise trois jours plus tard.

1. Voir le récit détaillé de la campagne de France dans Chapman (39). Consulter encore A. Goutard (38).

Au bout de cinq jours de combat, les Allemands obtenaient ce qu'ils avaient vainement tenté tout au long de la Première Guerre mondiale, la rupture du front continu : une brèche de 90 kilomètres était ouverte dans le dispositif français. Mais la surprise stratégique se doublait de carences tactiques encore plus dramatiques : la IXe armée volatilisée, aucune armée de réserve ne pouvait interdire aux avant-gardes allemandes de marcher sur la mer et de tenter le coup de la faucille en enfermant les armées du Nord empêtrées dans les Flandres. Les Français payaient les erreurs des « grands chefs ».

La débandade.

Le haut commandement français fut au-dessous de tout. Gamelin dans sa « Thébaïde de Vincennes... combinait en laboratoire les réactions de sa stratégie » (Ch. de Gaulle). Le commandant du front nord-est, le général Georges, était comme frappé d'aboulie. Huntziger, qui commandait la IIe armée, écrivait encore le 14 mai que « l'avance ennemie a[vait] été colmatée ». Ordres et contrordres se succédaient de façon si contradictoire que la 2e division cuirassée appelée enfin en renfort fut incapable d'atteindre en bon ordre le champ de bataille et fut détruite avant d'être engagée.

Le sort de la campagne de France était scellé le 26 mai après qu'eurent échoué les ultimes tentatives de rétablir un front continu. Le haut commandement français avait fini par faire donner les divisions cuirassées, mais trois d'entre elles furent englouties dans la bataille; si la quatrième, commandée par le colonel de Gaulle, put ébranler le dispositif adverse près de Montcornet, elle ne put empêcher les Allemands d'établir trois têtes de pont sur la Somme et d'atteindre la mer le 20 mai : 45 divisions franco-britanniques étaient prises dans la nasse des Flandres. Le nouveau généralissime, Weygand, rappelé du Levant, tenta bien une ultime manœuvre pour les débloquer; mais elle échoua par suite d'une série de contretemps, de malentendus, de dissensions entre Français et Britanniques.

Le sort des armées du Nord devint d'autant plus critique que les Belges lâchaient pied. Après que Léopold III eut capitulé le 28 mai, les Franco-Britanniques, acculés à la mer, défendaient une manière de U qui allait en se rétrécissant de façon tragique.

L'impuissance.

Hitler commit alors deux fautes tactiques : il fit arrêter les Panzer non pas — comme on l'a faussement allégué — pour ménager Londres, mais pour éviter à ses blindés de s'enliser « dans les marais des Flandres » et de risquer une nouvelle bataille de la Marne; ensuite, il fit confiance à Goering qui s'était fait fort de l'emporter avec la seule Luftwaffe — l'arme, il est vrai, la plus politisée de l'armée allemande. Français et Britanniques surent exploiter ce répit inattendu au prix d'efforts désespérés : la Wehrmacht rafla 50 000 prisonniers, des monceaux de matériel, abattit plus de 100 appareils de la RAF, coula quelque 200 bâtiments, mais 330 000 hommes — dont 130 000 Français [1] — s'étaient échappés du piège.

Ce succès, si providentiel fût-il, n'était tout au plus qu'une retraite en bon ordre. Sur le continent — abandonné par le corps expéditionnaire britannique —, la situation était dramatique. Pour défendre un front de 280 kilomètres, étiré de la basse Somme à la ligne Maginot et adossé à quelques lignes d'eau, Weygand disposait d'une petite cinquantaine de divisions. De surcroît, l'Italie entrait en guerre le 10 juin; même si, à la grande colère de Mussolini, ses troupes parvenaient seulement à enlever quelques vallées frontalières et la moitié de Menton, du moins fixaient-elles sur place l'armée des Alpes.

Le rapport des forces était par trop inégal. Deux jours après le début de l'ultime offensive allemande, les positions françaises étaient enfoncées à l'Ouest, la basse Seine perdue; le 12 juin, Weygand donnait l'ordre de retraite générale. Paris avait été déclarée « ville ouverte »; les avant-gardes allemandes y pénétraient le 14; le maître du Reich, accompagné de Speer — son architecte préféré — la parcourait en vainqueur dans le petit matin du 18. A cette date, la « défense coordonnée du territoire » avait volé en

1. L'opération avait donné lieu à de très vifs incidents entre les Français et le commandement britannique qui voulait transporter en priorité son propre corps expéditionnaire. Churchill dut intervenir en personne et décréter que le 31 mai seraient embarquées des troupes exclusivement françaises.

éclats ; les Panzer faisaient cavaliers seuls (dans la journée du 16 juin Rommel avançait de 240 kilomètres sans tirer un seul coup de canon) et progressaient selon trois axes : vers l'Est pour prendre à revers les armées stationnées derrière la ligne Maginot [1], vers le Sud-Est pour faire leur jonction avec les forces italiennes, vers le Sud-Ouest, enfin, pour contrôler toute la façade littorale. Le 25 juin, jour où l'armistice prenait effet, le « front » passait par Bellegarde, Aix-les-Bains, Voiron, Tournon, Saint-Étienne, Clermont-Ferrand, La Châtre, Montmorillon, Angoulême et Royan.

3. La France à la dérive

Face à l'invasion, tout cède. La France, à l'image des Français sur les routes de l'exode, se désagrégeait.

Les déficiences de la classe politique.

Reynaud, pourtant, proclamait vouloir faire face. Il destituait une quinzaine de généraux, limogeait le secrétaire général du Quai d'Orsay, Alexis Léger, remaniait par deux fois son cabinet, éliminant ses adversaires (Daladier) et introduisant des hommes qui avaient sa confiance (Baudouin, Bouthillier, de Gaulle nommé sous-secrétaire d'État à la Défense nationale). Pour le bon peuple, il emmenait le gouvernement au grand complet entendre la grand-messe à Notre-Dame et faisait promener les reliques des saints protecteurs ; il plaçait près de lui, telle une potiche glorieuse, Philippe Pétain, qu'il nommait vice-président du Conseil. Pour l'armée, il choisissait comme généralissime — malgré ses soixante-treize ans — Weygand, moins parce qu'il possédait les « secrets de Foch » que parce qu'il avait l'oreille des officiers supérieurs. Mais il était bien moins sûr de lui qu'il ne voulait le laisser paraître. Et il avait de moins en moins la situation en main : il ordonnait en

1. Le haut commandement français tardant à donner l'ordre de décrocher, 400 000 hommes furent faits prisonniers.

vain la mise en place d'un « réduit national » en Bretagne et le transfert en Afrique du Nord des classes le plus récemment mobilisées.

La machine s'enraya totalement dès que ministres et hauts
dignitaires de l'État durent, à compter du 10 juin, faire leur Tour
de France. Le 12 et le 13, ils s'éparpillaient en Touraine, dans une
vingtaine de châteaux. Le 15, ils étaient à Bordeaux qui avait été
préféré à Brest. C'est dans cette migration que le gouvernement eut
à prendre des décisions dramatiques[1]. Mille rumeurs circulaient :
Weygand, impavide, affirmait le 13 juin que Thorez s'était installé
à l'Élysée! Emmanuel d'Astier de La Vigerie est près de la vérité
lorsqu'il peint Bordeaux comme « une capitale sud-américaine où
chaque bâtiment public [abritait] un projet ou un complot[2] ».

C'est entre les mains d'une vingtaine de personnalités, plus ou
moins représentatives, que le sort du pays s'est joué. Il est vrai
que les parlementaires n'étaient guère désireux de siéger sans
désemparer et que ceux qui faisaient le plus de bruit — Laval et
Marquet en tête — faisaient montre d'un défaitisme tel que le
président du Sénat, Jeanneney, mettait en garde Reynaud : « Ce
serait s'exposer dangereusement à une défaillance des Assemblées
que le défaitisme travaille, plus encore à droite qu'à gauche[3]. »

Ce microcosme clos fut très vite profondément divisé. Percep-
tible le 25 mai, la crise éclatait, le 12 juin, à Cangey, après que
Weygand — introduit ès qualités au Conseil — eut exigé l'armistice.
A Bordeaux, Pétain prenait la tête des partisans de l'armistice,
chaque jour plus nombreux, réunissait son clan dans son hôtel, y
convoquait Darlan (rallié) et Weygand qui en abandonnait son
quartier général. Le 16 juin au soir, après deux réunions gouvernementales d'une rare violence, Reynaud cédait la place à Pétain.

C'était tout, sauf la France de l'An II. Lebrun faisait figure de
« Monsieur Prudhomme égaré dans le palais des Atrides » (Benoist-
Méchin); Mandel, réputé pour sa fermeté et sa poigne, ne fut pas
l'homme de la situation; Jeanneney, adversaire déterminé de
l'armistice, se perdait dans des excès de juridisme; si, enfin, Rey-

_____

1. Bouthillier (36), t. 1, p. 22, décrit ces ministres « répandus sur les
banquettes réservées aux conseillers généraux ressemblant à des étudiants
dans une salle d'étude mal tenue ».
2. Voir (75), p. 31.
3. Voir (31), p. 55.

naud sut porter sur la guerre un diagnostic prémonitoire, sa conduite fut bien moins ferme que sa pensée [1]. Ce n'était pas Churchill [2]. De surcroît, il s'empêtrait dans les intrigues d'un entourage gagné au défaitisme. Déchiré — on le sent dès le 26 mai —, il manqua de sang-froid dans les journées décisives des 15 et 16 juin : il se laissa prendre à la manœuvre Chautemps [3], et, se croyant (on ne votait pas en Conseil des ministres) mis en minorité, il allait sans même consulter ses amis remettre sa démission à Lebrun, comme s'il s'était agi d'une vulgaire crise minitérielle [4]. Bon gré mal gré, il faisait place nette à Pétain [5].

La grande peur.

Pour les Français non mobilisés qui résidaient au nord de la Loire, l'année 1940 fut avant tout l'année de l'exode [6]. Instruites par l'expérience de la guerre de 1914, les autorités avaient établi un plan de repli pour les habitants des régions frontalières, les étudiants, les écoliers, etc., un plan qui, le temps n'étant pas compté, avait assez bien fonctionné en septembre 1939. Il en alla tout autrement avec les débuts de l'offensive allemande : mêlées à des Belges

1. Sa conduite fut au centre de bien des polémiques. Sans conteste il domina beaucoup moins bien la situation qu'il ne l'affirme dans *Au cœur de la mêlée*, Flammarion, 1951. Mais on se méfiera encore plus des plaidoyers *pro domo* de ses adversaires. Celui de P. de Villelume (*Journal*, Fayard, 1976), lui-même défaitiste notoire, est à lire avec la plus grande circonspection; à corriger par D. Leca, *la Rupture de 1940*, Fayard, 1978.
2. Churchill avait remplacé Chamberlain le 10 mai.
3. Chautemps avait proposé le 15 juin non pas de demander l'armistice, mais de s'enquérir auprès de Hitler des *conditions* de l'armistice : un distinguo qui permettait d'entamer le processus des négociations tout en tournant les clauses de l'accord franco-britannique du 28 mars.
4. Sur cette démission très controversée, consulter Avantaggiato Puppo (37) et surtout J.-N. Jeanneney (31), p. 415-417.
5. Deux ans plus tard, alors que la Résistance projetait de le faire évader, de Gaulle confiait à Frenay : « J'ai pour son intelligence une vive admiration [...] mais je ne puis oublier que c'est lui [...] qui a fait appel à Pétain alors que la lutte pouvait et devait continuer en s'appuyant sur l'Empire. Ce n'est pas une erreur, mais une faute... Ses talents seront utilisés à la place qui lui sera assignée » (voir H. Frenay (71), p. 231).
6. Consulter J. Vidalenc (40) et H. Amouroux (41).

fuyant vers le Sud, les populations du Nord tentaient d'éviter le champ de bataille dans des conditions souvent dramatiques.

Ces premières migrations forcées gardèrent cependant des proportions relativement modestes tant que la ligne Weygand tint. Mais, dès qu'elle fut enfoncée, les routes furent submergées par un raz de marée humain qui chercha à prendre de vitesse l'avance allemande. L'ébranlement décisif fut donné par l'exode des Parisiens qui débuta quand fut connue la décision du gouvernement de quitter la capitale. Au bas mot, 2 millions de personnes, surtout des vieillards, des femmes, des enfants, désertèrent la région parisienne entre le 10 et le 14 juin, à pied, à bicyclette, dans les véhicules les plus insolites surmontés d'extravagants bardas. En principe, ils partaient vers l'Ouest pour gagner la mer ou vers le Sud-Ouest pour passer la Loire parée des plus grandes vertus stratégiques. Mais, le 17 juin, le dernier pont de Gien sautait, ensevelissant des dizaines de réfugiés restés sourds aux sommations des soldats du Génie. La Loire infranchissable entre Tours et Nevers, une bonne part de ces errants piétinaient dans une zone comprise entre Melun, Sens et Pithiviers. Si l'on prend en compte les mouvements qui ont affecté partiellement la France méridionale, on peut estimer que, du 15 mai au 20 juin, au moins 6 millions — et plus vraisemblablement 8 millions — de Français et de Françaises ont abandonné leur domicile. Tels des vases communicants, villes et bourgades se vidaient et se gonflaient : Tourcoing conservait à peine 700 habitants, tandis que Beaune-La-Rolande, un bourg de 1 700 âmes, devenait une « ville » de 40 000 nomades.

Le phénomène appartient au lot commun des « misères de la guerre » avec ses violences, ses exactions (« Allez, sortez la monnaie, 10 sous le verre [d'eau], 2 francs la bouteille », criait impudemment un paysan beauceron), ses pillages (une bonne part des innombrables maisons pillées le furent moins par la Wehrmacht que par des Français).

Les bonnes raisons de fuir ne manquaient pas : les populations des régions frontalières avaient encore en mémoire les souvenirs d'une occupation antérieure particulièrement éprouvante, d'autres redoutaient de connaître le sort des Madrilènes ou des habitants de Rotterdam écrasés sous les bombes, d'autres encore cherchaient à échapper aux sévices de ceux qui étaient volontiers dépeints comme des Huns (au demeurant, la Wehrmacht fut moins « korrect » qu'on ne l'affirme : ici et là des otages civils furent massacrés, plusieurs centaines, en mai, à Oignies, une quinzaine, le 14 juin, à Tremblay-lès-Gonesse, etc.). C'est cette grande peur qui leur faisait braver les risques de voir les convois bombardés — comme le fut le dernier train qui tenta de quitter la gare d'Arras — ou les routes régulièrement mitraillées. Ajoutons que les autorités responsables, quand elles n'avaient pas disparu, étaient bien incapables de se conformer aux directives que le gouvernement avait tardé à formuler.

Les choix ne procédaient pas forcément de démarches aussi rationnelles, comme le démontre le comportement de deux villages de la Côte-d'Or, distants de quelques kilomètres : à Tichey, sur 220 habitants, une seule famille de 4 personnes partit; en revanche, les 150 habitants de Bousselange prirent la route à l'exception d'une famille qui choisit le suicide collectif [1]. Et que dire de ces infirmières qui, à Orsay, prirent sur elles d'achever les grabataires qui leur étaient confiés pour ne pas les laisser tomber — mais était-ce la seule raison? — aux mains de l'ennemi. Henri Amouroux a écrit à juste titre qu' « un vent de folie [a] soufflé sur la France [2] ». Dans une certaine mesure, l'exode relève des grandes peurs ancestrales qui avaient mis en branle les foules médiévales ou les paysans de 1789.

Ces allées et venues des civils gênèrent sans doute les contre-attaques, mais l'exode ne joua pas, militairement parlant, un rôle décisif, puisque les jeux étaient déjà faits, avant que ne se fût déclenché le déferlement de juin. Au niveau individuel cependant, ce fut une très lourde épreuve, comme en témoignent notamment les milliers d'enfants égarés et les centaines d'enfants définitivement perdus. La signification politique de l'exode est indiscutable, ne serait-ce que parce qu'il exprimait pour le moins un désarroi profond.

Pour Philippe Pétain à l'écoute des habitants de Bousselange, l'exode justifiait moralement et humainement aussi bien l'armistice que le repli sur l'hexagone.

1. Cité par J. Vidalenc (40), p. 285.
2. H. Amouroux (41), t. 1, p. 35.

Les Français désemparés.

L'armée tronçonnée, traumatisée, entendait le 17 juin le vainqueur de Verdun déclarer dans un discours radiodiffusé : « C'est le
cœur serré que je vous dis aujourd'hui qu'il faut cesser le combat. »
C'était décupler la pagaille, au point que la préfecture maritime
de Brest affirma que c'était un faux forgé par l'ennemi; il fallut
diffuser une seconde version — celle-là incompréhensible — : « Il
faut tenter de cesser le combat. » A cette date, pourtant, ici et là,
on se battait encore. On sait que les « cadets de Saumur » combattaient sur la Loire sans esprit de recul; on se souvient peut-être
moins que, près de Lyon, le 1er régiment d'infanterie coloniale
se défendit avec tant d'opiniâtreté que les Allemands fusillèrent
les officiers survivants et — le racisme aidant — jetèrent les Séné-
galais sous les chenilles de leurs chars. Presque partout ailleurs,
il est vrai, notamment à l'approche de l'armistice, la situation
était beaucoup plus simple : un simple caporal allemand faisait
prisonnier l'état-major de la Xe armée tandis qu'à La Rochelle on
diffusait cet ordre impératif : « Désarmer tout le monde. Rassembler toutes les armes et les maintenir dans un même local. Consigner
officiers et hommes au Quartier. Attendre sur place sans tirer ou
résister d'aucune façon. Brûler les documents. Les officiers qui
n'exécuteraient pas cet ordre seront traduits devant le Conseil
de guerre. » Dans cette pagaille, la Wehrmacht rafla — avant et
après la conclusion de l'armistice — environ 1,8 million de prisonniers.

Ce profond désarroi gagna les administrations civiles, là où
elles subsistaient. Après qu'Herriot eut obtenu — le 18 —
que Lyon fût déclarée « ville ouverte », la mesure fut vite étendue à toutes les cités de plus de 20 000 habitants. Ce fut la
ruée : au Blanc, les anciens combattants déterraient les
mèches qui avaient été placées sous les ponts; à Poitiers,
le maire se rendait au-devant des troupes allemandes, drapeau
en tête.

Il n'est pas facile de jauger les réactions des Français face au
vainqueur, tant les témoignages sont contradictoires. Jules Jeanneney fustigeait les Bordelais sortis admirer la Wehrmacht « nom-

breux, badauds, et sans pudeur [1] »; mais on sait que le Paris des 14 et 15 juin s'était calfeutré derrière ses volets : c'était « *Die Stadt ohne Blick* [2] », dans laquelle une quinzaine de personnes s'étaient suicidées de désespoir. Le préfet d'Eure-et-Loir — il s'appelait Jean Moulin — se tailladait la gorge plutôt que de signer un texte infamant à l'égard de l'armée française. Comme l'écrit Amouroux : « Stupeur, honte, terreur, détresse patriotique, haine, soulagement, indifférence... tout est vrai [3]. » Il semble assuré, au moins, que la très grande majorité des Français n'étaient pas prêts à une politique sacrificielle.

4. La guerre est finie?

La campagne de France avait été perdue : ce constat faisait l'unanimité. Mais la France avait-elle perdu la guerre? A cette question fondamentale les réponses apportées divergeaient totalement.

Capitulation ou armistice?

Dans les délibérations gouvernementales, il est vrai, la coupure passa avant tout entre partisans de l'armistice et tenants de la capitulation [4]. Celle-ci présentait l'incontestable avantage politique de ne rien ajouter au bilan des armes et elle laissait toute latitude d'action au pouvoir politique pour continuer la lutte

1. J.-N. Jeanneney (31), p. 85.
2. « La ville sans regard ». Les services de propagande allemande s'efforcèrent — à l'aide d'images prises un peu plus tard — d'accréditer la thèse inverse.
3. Voir (41), t. 1, p. 30.
4. Après la guerre, ce débat de fond a été obscurci par une multitude de faux problèmes : ainsi a-t-on polémiqué sans fin pour désigner le nom de celui qui — le premier — a prononcé le mot « armistice »; ce point n'offre pourtant qu'un intérêt médiocre; consulter Avantaggiato Puppo (37), p. 45-55, et J.-N. Jeanneney (31), p. 397.

d'une manière ou d'une autre. L'armistice, quant à lui, offrait — à court terme — l'intérêt de conclure un acte officiel entre deux États et de limiter — en principe — le bon plaisir du vainqueur; mais s'il dégageait les responsabilités de l'armée, il ligotait à coup sûr le gouvernement.

Encore fallait-il pour les tenants de l'armistice récuser la validité de l'accord franco-britannique du 28 mars qui interdisait la conclusion d'un armistice ou d'une paix séparés. Ils purent jouer sur les inévitables frictions entre alliés, monter en épingle le refus de Churchill d'envoyer en France des escadrilles supplémentaires de la RAF[1]. Mais il fallait être de mauvaise foi pour proclamer que les Britanniques baissaient les bras, déliaient la France de ses engagements[2]. Londres, bien au contraire, fit tout pour conforter l'alliance franco-britannique, multiplia les promesses solennelles (« Nous n'abandonnerons jamais la lutte tant que la France n'aura pas été rétablie dans son intrégrité et dans toute sa grandeur »). La Grande-Bretagne reprit à son compte un projet d'union franco-britannique établi par Corbin, Jean Monnet et Charles de Gaulle, instituant un gouvernement commun, etc. Les partisans de l'armistice feignirent d'y voir une tentative de « faire de la France un Dominion britannique » et adoptèrent d'emblée ce biais commode qu'était la proposition formulée par Chautemps[3].

Quoi qu'il en fût, Reynaud ne parvenait pas à fléchir Weygand, qui s'était voué à l'armée, détestait les politiciens et était de surcroît fort réactionnaire. Au président du Conseil qui s'écriait : « Vous allez faire capituler l'armée, général... vous êtes ici pour obéir », le généralissime répliquait sèchement : « Je suis ici pour défendre l'honneur de l'armée. Vous cherchez, vous et le président de la République, un transfert de responsabilité. Le gouvernement a pris la responsabilité de la guerre, à lui de prendre la respon-

---

1. Il affirmait, à Briare, le 11 juin : « Il sera impossible de continuer la guerre si l'aviation de combat britannique se voit peu à peu disloquée. »
2. Le clan « défaitiste » prit pour argent comptant le récit que fit P. Baudouin de l'entrevue qui réunit, le 13 juin, Reynaud et Churchill. Baudouin crut — à tort comme le prouvent les autres comptes rendus — ou feignit de croire que Churchill avait rendu sa liberté au gouvernement français : consulter J.-N. Jeanneney (31), p. 405-406.
3. Voir *supra*, p. 61.

sabilité de l'armistice. » Par la bouche de Weygand, c'était la
« grande muette » qui faisait irruption et rompait le pacte politique
tacitement conclu — depuis l'affaire Dreyfus — entre l'armée et
la nation. Sans doute Weygand était-il sincère lorsqu'il déclarait
que « l'honneur » de l'armée lui interdisait de capituler en rase
campagne, mais était-ce ce seul souci qui l'amenait à déclarer à
de Gaulle : « Ah! si j'étais sûr que les Allemands me laisseraient
les forces nécessaires pour maintenir l'ordre [1] »?

Attendre la paix ici ou continuer la lutte ailleurs?

Georges Mandel avait eu raison de conclure le 16 juin : « Le
Conseil est divisé; il y a ceux qui veulent se battre et ceux qui ne
le veulent pas. » C'était bien là le fond du problème. Trois jours
auparavant, Pétain avait déclaré pour sa part : « Le renouveau
français, il faut l'attendre bien plus de l'âme de notre pays que nous
préserverons en restant sur place, plutôt que d'une reconquête de
notre territoire par les canons alliés dans des conditions et dans
un délai impossibles à prévoir... Ainsi la question qui est posée
en ce moment n'est pas de savoir si le gouvernement français
demande ou ne demande pas l'armistice, elle est de savoir si le
gouvernement français demande l'armistice ou s'il accepte de
quitter la France métropolitaine... L'armistice est à mes yeux la
condition nécessaire à la pérennité de la France éternelle. » C'est
déjà presque tout Vichy, la révolution nationale et la collaboration
d'État. Cette brève intervention avait au moins le mérite d'élargir
le débat au-delà du différend mettant aux prises civils et militaires.
Alors que le clan « défaitiste » mené par Philippe Pétain marquait un point décisif en déclarant pouvoir préserver l'hexagone,
les partisans d'une résistance reposant sur les puissances anglo-
saxonnes n'avaient rien à offrir hormis du sang et des larmes :
la Maison-Blanche n'avait prodigué que de bonnes paroles et la
Grande-Bretagne était dans une position difficile. Dans ces conditions quelle conduite tenir? Partir pour Londres comme le roi de
Norvège, la reine des Pays-Bas ou le gouvernement belge? Il y
avait très peu de candidats à l'émigration, et le sous-secrétaire

---

1. Voir de Gaulle (7), t. 1, p. 45.

d'État à la Guerre, Charles de Gaulle, était une exception. La plupart des opposants à l'armistice préféraient s'établir en terre d'Empire, notamment en Afrique du Nord. Comme Hitler jouait avec le feu en laissant la Wehrmacht s'approcher à grands pas de Bordeaux, Pétain dut, le 18 juin, accepter le transfert en Afrique du Nord d'une partie du gouvernement. Mais l'opération ne se fit pas : le forcing d'ultras regroupés — derrière Laval et Marquet — dans une « Commune de Bordeaux », la temporisation habile du chef du gouvernement, la propagande délibérée de fausses nouvelles [1] faisaient gagner au nouveau régime des heures précieuses. Seuls 26 députés et un sénateur munis d'un ordre de mission régulier, signé de Darlan, quittèrent Le Verdon, le 21 juin, sur le *Massilia* [2]. Dès leur arrivée à Casablanca, ils étaient traités sur ordre du gouvernement en suspects : on interdit à Mandel et à Daladier de rencontrer deux membres du cabinet britannique; la plupart d'entre eux furent empêchés de participer aux scrutins des 9 et 10 juillet; quant à Zay, Viénot, Mendès France et Wiltzer, ils allaient être traduits devant la justice militaire pour désertion. L'armistice entre-temps avait été signé et le *Massilia* devenait un piège qui se refermait sur l'ensemble des opposants à l'armistice. Le propriétaire de *Paris-Soir*, Prouvost, faisait honneur à ses nouvelles fonctions de haut-commissaire à la Propagande en déclarant le 25 juin : « En fuyant les responsabilités qu'ils ont contractées vis-à-vis de la nation, ils se sont retranchés de la communauté française. »

Bien après les événements, les champions de l'armistice ont tenté de démontrer que l'Afrique du Nord offrait une base logistique insuffisante. Mais, à l'époque, ils ne s'en souciaient guère et tenaient pour parfaitement négligeables les avertissements du général Noguès, commandant en chef en Afrique du Nord : « L'Afrique du Nord tout entière est consternée par la demande

---

1. Alibert, sous-secrétaire d'État à la présidence du Conseil, faisait croire à ses interlocuteurs, il est vrai crédules, que les troupes allemandes n'avaient pas franchi la Loire!
2. Citons parmi les plus notables : Daladier, Delbos, Mendès France, Zay, Le Troquer, Grumbach, Mandel. Le *Massilia* emportait également le professeur Perrin, J. Ibert, J. Cain, A. Maurois, etc.

d'armistice... car on ne gouverne pas dans le mépris général [1]. »
Quelques jours plus tôt, Weygand n'avait-il pas déclaré : « L'Empire mais c'est de l'enfantillage », en ajoutant : « Lorsque j'aurai été battu ici, l'Angleterre n'attendra pas huit jours pour négocier avec le Reich [2]. » L'urgent, c'était de conclure la paix au plus vite. Car, dans leur esprit, c'était bien de paix qu'il s'agissait. Lequerica, l'ambassadeur d'Espagne en France, choisi par le gouvernement français comme intermédiaire, transmettait à l'ambassadeur allemand en Espagne la précision suivante : « J'ai demandé [à Baudouin] de préciser s'il parlait des conditions d'armistice ou des conditions de paix. Il m'a répondu que les conditions d'armistice étaient toujours évidemment un expédient temporaire et que le gouvernement français était intéressé de connaître les conditions de paix [3]. » D'ailleurs, à Rethondes, Huntziger s'enquérait, lui aussi, des conditions de paix. Et l'une des tâches que se fixait Pétain, le 11 juillet, était de « conclure la paix ».

Esprit de jouissance ou déficiences des « grands chefs »?

Du diagnostic porté sur la défaite dépendaient les orientations futures. Rien n'est plus éclairant, à cet égard, que de comparer quasiment terme à terme l'appel du 18 juin lancé à la BBC par Charles de Gaulle et le message de Philippe Pétain radiodiffusé le 20 juin. L'un et l'autre, en effet, dressaient un bilan, proposaient des explications et tiraient des leçons. Aux yeux du premier, la bataille a été perdue par la faute du haut commandement : « Les chefs qui, depuis de nombreuses années, sont à la tête des armées françaises » ont été « surpris » par « la force mécanique terrestre et aérienne » de l'ennemi. Le second incriminait tout et tout le monde (hormis les grands chefs) en y incluant le très fameux

---

1. Cité par A. Truchet, *l'Armistice de 1940 et l'Afrique du Nord*, PUF, 1954, p. 99. Un ouvrage qui met bien les choses au point.
2. Voir Ch. de Gaulle (7), t. 1, p. 45.
3. Les archives de la Wilhelmstrasse — formelles à cet égard — infirment le témoignage rétrospectif de Baudouin — nouveau ministre des Affaires étrangères — et ruinent l'une des thèses défendues par les maréchalistes; consulter *les Archives secrètes de la Wilhelmstrasse* (28), p. 310-311.

esprit de jouissance : « Depuis la victoire, l'esprit de jouissance
l'a emporté sur l'esprit de sacrifice. On a revendiqué plus qu'on n'a
servi. On a voulu épargner l'effort; on rencontre aujourd'hui le
malheur. »

Philippe Pétain nourrissait également des griefs d'ordre militaire : « Trop peu d'enfants, trop peu d'armes... » L'argument
démographique est peu pertinent, puisque les deux armées telles
qu'elles se faisaient face étaient numériquement égales. Quant à
l'armement, la thèse ne vaut guère mieux, mais elle a la vie dure.
Rappelons que les armées françaises — contrairement à ce qui est
couramment écrit — disposaient de plus de blindés que n'en possédait la Wehrmacht et que certains d'entre eux — les chars B —
étaient tout à fait remarquables. C'est dans la guerre aérienne
que l'armée allemande conservait un avantage appréciable, grâce
à ses bombardiers et à ses avions en piqué, les redoutés Stukas.
Mais, globalement, le potentiel militaire s'équilibrait de part et
d'autre à ceci près que l'économie de guerre du Reich exigeait une
guerre courte [1]. Ajoutons encore que, contrairement à une légende
complaisamment entretenue, « dans l'ensemble on se bat et on se
bat bien [2] », comme en témoignent les 100 000 soldats tués sur les
fronts en moins de cinq semaines.

Ce qui a compté, c'est moins les armes que la manière de les
utiliser. Le haut commandement français, on le sait, avait été
frappé de stupeur par la réussite de la stratégie adverse. Mais
c'est d'avoir été surclassé dans tous les domaines tactiques qui
transforma une surprise stratégique en une débandade. La guerre
de mouvement allemande avait percé le « front continu »; l'art de
la manœuvre s'était joué du « feu qui tue ». Les deux postulats
tirés de la guerre précédente, maintenus intangibles par les « grands
chefs », volaient en éclats [3]. L'utilisation décuplée de la force

---

1. Consulter le bilan documenté dressé par H. Michel (29), p. 264-
289.
2. H. Frenay (71), p. 16.
3. On trouvera dans *Autopsie d'une défaite* (L'âge d'homme, 1973)
une étude très bien documentée et pertinente de L. Mysyrowicz sur les
doctrines militaires françaises. Dans leur très grande majorité, les officiers supérieurs tenaient les chars non pour des armes offensives mais
comme des forces d'appoint adjointes à l'infanterie. Quant à l'aviation,

mécanique avait tout bouleversé. La tactique du *Schwerpunkt*, cette concentration dans le temps et dans l'espace de blindés et d'avions de combat, avait englouti les chars et les avions français envoyés par petits paquets et provoqué la rupture fatale.

Charles de Gaulle était persuadé que, à des forces mécaniques pour l'heure victorieuses, il pourrait être opposé bientôt d'autres forces mécaniques supérieures et mieux conduites. C'était à ses yeux une raison supplémentaire pour que la France, d'une manière ou d'une autre, demeure présente dans une guerre qui — il en était convaincu — deviendrait un conflit planétaire. Philippe Pétain, pour sa part, le 25 juin, l'armistice acquis, conviait les Français à un « redressement intellectuel et moral ».

5. Un armistice salvateur ?

Armistice de salut, armistice du moindre mal, armistice de trahison, ce sont là les interprétations les plus couramment admises d'un armistice qui est — à tous égards — décisif pour les Français. Si le débat a pu se charger d'autant de passion, c'est que, d'une part, la convention d'armistice devenait par la force des choses le cadre obligé de quatre années d'une collaboration franco-allemande singulière et que, d'autre part, le régime de Vichy est né de la conclusion de l'armistice.

Habiletés tactiques et cartes forcées.

Reynaud démissionnaire, les événements vont vite. Le nouveau gouvernement français formulait seulement deux préalables; l'un politique : un État français souverain devrait être maintenu; l'autre militaire : la flotte de haute mer — invaincue — ne saurait être livrée. Sans barguigner, Hitler saisissait au vol l'occasion de

---

l'*Instruction sur l'emploi tactique des grandes unités* — la plus récente — lui consacrait 4 pages sur 177; compléter par P.-M. de La Gorce, *la République et son armée*, Fayard, 1963.

neutraliser l'un des deux alliés et faisait montre d'un sens politique aigu. Ainsi qu'il l'expliquait le 18 juin à Mussolini, « il faut avant tout empêcher la flotte française d'atteindre l'Angleterre » (on pouvait même admettre que « ce serait aussi une bonne solution si la flotte française se sabordait »); pour ce, l'Axe devait « obtenir au cours des négociations qu'un gouvernement français continue à fonctionner en territoire français » et empêcher coûte que coûte sa « fuite à l'étranger, à Londres, d'où il continuerait la guerre [1] ». La survivance d'un État français présentait d'autres avantages : il garantirait la sécurité des troupes d'occupation et il dispenserait la Wehrmacht « de la responsabilité désagréable qu'assumeraient les puissances occupantes en se chargeant, entre autres choses, du domaine administratif ». Freinant la boulimie territoriale de son très tardif allié, le Führer repoussait à la mise à genoux de la Grande-Bretagne le partage des dépouilles. C'était très bien conçu et Vichy, qui se flattera d'avoir « arraché » des concessions au Reich, apprendra à ses dépens l'habileté du piège allemand.

Le Reich commit cependant une faute tactique en laissant un peu trop traîner les choses, et l'ambassade d'Allemagne à Madrid télégraphiait : « Si le début de l'armistice est différé, la faction Reynaud [...] pourrait reprendre le dessus et le gouvernement [Pétain] ne survivrait pas à une menace de Bordeaux par les troupes allemandes. » L'avertissement entendu, l'opération fut menée rondement. Vaincus, les Français devaient être traités comme tels : la délégation de leurs plénipotentiaires, présidée par le général Huntziger assisté de quatre officiers supérieurs et de deux hauts fonctionnaires du Quai d'Orsay, se retrouvait, le 22 juin, à Rethondes, dans le fameux wagon décidément voué à ce genre de cérémonie. Fort bien renseignés sur la hâte qu'avait le gouvernement à conclure un armistice et sur l'état d'esprit qui régnait à Bordeaux, les Allemands jouaient sur du velours. Vingt-quatre heures à peine après qu'eurent commencé les négociations, Keitel lançait un ultimatum; quelques heures plus tard, le gouvernement autorisait, le 22 juin, Huntziger à signer la convention d'armistice. Les plénipotentiaires français durent encore gagner

1. Consulter *les Archives secrètes de la Wilhelmstrasse* (28), p. 333-334.

Turin pour rencontrer les Italiens qui surent faire montre de modération : l'armistice pouvait entrer en vigueur le 25 juin à 0 heure 30.

Un catalogue draconien.

Sur les 24 articles que comportait la « convention d'armistice » — qui était « valable jusqu'à la conclusion du traité de paix » —, une dizaine neutralisait le potentiel militaire français : les troupes, « sauf [celles] nécessaires au maintien de l'ordre intérieur », seraient désarmées, les plans des fortifications remis à la Wehrmacht, le matériel de guerre livré intact, les aérodromes passaient sous contrôle allemand, etc. Les forces navales, cependant, bénéficiaient d'un traitement de faveur puisque le Reich s'engageait à ne pas « formuler des revendications à l'égard de la flotte française lors de la conclusion de la paix »; dans le même article 8, il était stipulé que la flotte de haute mer serait « démobilisée et désarmée sous le contrôle respectif de l'Allemagne et de l'Italie » et qu'elle devrait pour ce regagner « les ports d'attache des navires en temps de paix »; c'est cette clause qui incitera les Britanniques, qui n'avaient aucune confiance en la parole de Hitler, à déclencher l'opération « Catapult ».

Le Reich avait pris aussi des précautions d'ordre économique. Il avait décrété des mesures conservatoires concernant le trafic commercial maritime, le transfert des valeurs et des moyens d'échange. La France devait encore admettre « le transport en transit de marchandises entre le Reich allemand et l'Italie à travers le territoire non occupé ». L'article 18 précisait en outre que « les frais d'entretien des troupes d'occupation allemandes sur le territoire français seront à la charge du gouvernement français » : c'était la base juridique du véritable tribut auquel sera assujetti l'État français.

La convention, enfin, comportait des clauses plus politiques. La plus déshonorante faisait obligation au gouvernement français[1] de « livrer sur demande tous les ressortissants allemands désignés par

---

1. L'État français livrera à la Gestapo, entre autres, Fritz Thyssen et sa femme, Rudolf Breitscheid et Rudolf Hilferding, membres du

le gouvernement du Reich ». Conformément à la tactique qu'avait arrêtée Hitler, le texte n'incluait aucune revendication territoriale ni sur l'Empire ni sur le territoire métropolitain. La France était cependant scindée en deux par une « ligne de démarcation » délimitant une zone « occupée » d'une zone dite « libre ». Traversant le pays du lac de Genève à la frontière espagnole, cette nouvelle frontière intérieure passait à l'est de Nantua, au sud de Dole, à Chalon-sur-Saône, au sud de Moulins, Bourges et Tours, à l'est de Poitiers, Angoulême, Mont-de-Marsan et Bayonne, et aboutissait à l'Espagne en laissant en zone occupée toutes les façades maritimes, à l'exception des côtes méditerranéennes [1]. Destinée à « assurer les intérêts du Reich », l'occupation était en principe temporaire et liée à la poursuite des hostilités contre la Grande-Bretagne. En théorie encore, la souveraineté de l'État français demeurait entière sur l'ensemble du territoire métropolitain, l'article 3 stipulant toutefois que « le gouvernement français invitera immédiatement toutes les autorités et tous les services administratifs français en territoire occupé à se conformer aux réglementations des autorités militaires allemandes et à collaborer *(zusammenarbeiten)* avec ces dernières d'une manière correcte ». Pour plus de sécurité, le vainqueur emmenait en Allemagne un million et demi d'otages politiques, tous ceux qui auraient à rester « prisonniers de guerre jusqu'à la conclusion de la paix ».

Diktat ou pont d'or ?

« La France livrée, la France pillée, la France asservie » : c'est en ces termes que, le 26 juin, de Gaulle condamnait sans appel le diktat accepté par le gouvernement français. Les Allemands avaient seulement consenti à ne pas saisir toute l'aviation et s'étaient engagés à « tenir compte de ce qui est nécessaire à la vie des populations des territoires non occupés ». Ils avaient repoussé toutes les autres requêtes formulées par les plénipotentiaires français et s'étaient

---

SPD — l'un mourra en déportation, l'autre se suicidera dans sa prison —, Franz Dahlem du parti communiste...
  1. Consulter la carte de la page 159.

notamment refusés à modifier le tracé de la ligne de démarcation et à libérer les prisonniers de guerre.

Si Philippe Pétain admit que « les conditions [étaient] sévères », il s'employa à démontrer que « l'honneur [était] sauf » puisque les flottes aérienne et navale n'avaient pas été livrées, que le « gouvernement [restait] libre », et que « la France ne [serait] administrée que par des Français [1] ». Les Français, effectivement, n'étaient pas soumis à un Gauleiter nazi. Ce sort privilégié, ils ne le devaient pas à la bonté d'âme du Führer mais bien à un calcul tactique : la survivance d'un État français servirait mieux les intérêts immédiats du Reich. Et pour l'heure, Hitler avait tout lieu d'être satisfait : la France était hors de combat pour quelques lustres, sa flotte était neutralisée, la Wehrmacht occupait en toute sécurité des bases à partir desquelles serait déclenchée l'invasion contre les îles Britanniques devenues très vulnérables depuis la conclusion de l'armistice. Il était d'ailleurs d'ores et déjà décidé à ne pas respecter la convention qui venait d'être signée : en août 1940, avant même que la bataille d'Angleterre n'ait commencé, il plaçait deux Gauleiter à la tête de l'Alsace et de la Lorraine, et annexait de fait trois départements français.

C'est bien plus tard, quand le Reich dut affronter une guerre totale, qu'on en vint à affirmer que Hitler, en juin 1940, avait offert un « pont d'or » à la France vaincue. Cette thèse fut soutenue par une fraction de la Wehrmacht qui estimait que Hitler avait commis une erreur stratégique grossière en n'imposant pas un contrôle direct sur l'Empire français [2]; elle fut cautionnée par Churchill [3] qui déclarait au général Georges en janvier 1944 : « L'armistice nous a,

---

1. Se reporter à son discours du 25 juin 1940.
2. M. Launay (*l'Armistice de 1940*, PUF, 1972) expose bien la problématique.
3. Cette assertion fut citée comme témoignage à décharge lors du procès du maréchal Pétain (34), p. 167. Le Premier britannique crut bon d'assurer par la suite qu'il fallait seulement y voir une « réflexion en l'air » formulée lors d'une « conversation à bâtons rompus ». Et de préciser : « Maintenant que tous les faits nous sont connus, il ne reste aucun doute que l'armistice n'épargna à la France aucune souffrance » (voir W. Churchill, *la Deuxième Guerre mondiale*, Cercle des bibliophiles, 1965, t. 3, p. 235).

en somme, rendu service. Hitler a commis une faute en l'accordant. Il aurait dû aller en Afrique du Nord, s'en emparer pour poursuivre en Égypte. » Les maréchalistes utilisèrent ce témoignage de poids pour vanter l'opiniâtreté des négociateurs français et la perspicacité de Philippe Pétain. L'historien ne peut, en bonne rigueur, prendre en compte ce genre de spéculations rétrospectives, ni accepter pour argent comptant des assertions auxquelles on peut opposer d'autres jugements tout aussi péremptoires [1]. Il doit en tout cas souligner que les partisans de l'armistice ne voyaient pas plus loin que la conclusion d'une paix immédiate; en ajoutant que l'armistice fournissait à Hitler les armes pour en terminer rapidement avec la Grande-Bretagne. Et ce sont les Britanniques qui, en gagnant la bataille d'Angleterre, ont déjoué les plans hitlériens et modifié la donne des cartes stratégiques.

Une coupure décisive.

L'armistice va servir de cadre obligé, pour quatre ans, au régime de Vichy. Il en dresse l'acte de naissance en permettant à Pétain d'asseoir son autorité sur la classe politique après une semaine de flottement et d'incertitude : à compter du 25 juin 1940, c'était bien un ordre nouveau qui commençait. On comprend pourquoi le chef du gouvernement avait balayé avec vivacité les objections qu'avaient soulevées certains ministres et Lebrun jugeant exorbitant le diktat allemand. Il pouvait d'autant mieux se le permettre que la grande majorité, voire (sous bénéfice d'inventaire) la très grande majorité, des Français approuvaient l'arrêt des hostilités, récusaient une politique sacrificielle et se partageaient

---

1. Donnons celui que portait Hitler dans son entretien avec Mussolini le 28 octobre 1940 : « C'est l'intérêt de l'Axe de faire en sorte que le gouvernement de Vichy maintienne son contrôle sur l'Empire français d'Afrique du Nord. Si le Maroc passait aux ordres de De Gaulle, nous devrions accomplir une action difficile à mener à bien car elle devrait être uniquement fondée sur les efforts aériens. Le meilleur moyen de conserver ces territoires est d'obtenir que ce soient les Français eux-mêmes qui les défendent contre les Anglais. » Consulter les *Archives secrètes du comte Ciano*, Plon, 1948, p. 407; on peut lire aussi son *Journal politique, 1939-1943*, Neuchâtel, La Baconnière, 1946, 2 t.

vraisemblablement entre la honte et le lâche soulagement. A l'opposé, l'armistice déclenchait les premiers réflexes réfractaires, tel le texte que faisait circuler Edmond Michelet, le 17 juin; affirmant après Péguy que « celui qui ne se rend pas a raison contre celui qui se rend ».

Au diplomate Charles-Roux qui pressait le gouvernement de gagner l'Afrique du Nord, après que les conditions allemandes furent connues, Pétain avait répondu par un « Encore! » qui n'admettait plus de réplique. L'armistice consacrait, en effet, la stratégie hexagonale à laquelle le chef de l'État français allait se raccrocher [1], pendant quatre années, contre vents et marées. Rien à voir avec la stratégie impériale et planétaire immédiatement esquissée par de Gaulle.

L'armistice, enfin, préfigurait la collaboration d'État dont il deviendra, par la force des choses, la base contractuelle. L'État français tentera par cette collaboration singulière de s'affranchir du carcan qu'il avait accepté en juin. Mais, du même coup, il s'aventurait dans un engrenage redoutable.

---

1. Dans un premier temps, le général Noguès le lui reprocha amèrement : « Le gouvernement n'a pu se rendre compte, se trouvant dans une atmosphère de désordre, de l'élément moral et de force que représente l'Afrique du Nord... il le regrettera amèrement. »

Maréchal, vous voilà

« Maréchal, nous voilà, Devant toi, le sauveur de la France, Nous jurons, nous tes gars, De servir et de suivre tes pas... », peu de doute que cette ritournelle (composée par A. Montagard, avec l'aide de Ch. Courtioux), naïve et niaise à souhait, a été le grand refrain à succès de l'année quarante. Pendant une quinzaine de mois, le pétainisme s'impose et semble effacer quelque soixante ans d'esprit républicain et reléguer dans l'ombre réfractaires et dissidents. La « révolution nationale [1] » cependant a, aussi, des ratés et — surtout — elle s'accomplit sous le regard de l'occupant. Cette collaboration officiellement scellée entre l'État français et le IIIe Reich se révèle une dangereuse duperie.

1. Un drôle de régime : l'État français

Dès la fin du mois de juin, la nouvelle équipe en place entend instaurer un « ordre nouveau ». C'est en juillet 1940 que naît officiellement l'État français, un régime à tous égards singulier.

Pétainisme et ordre ancien.

Le nouveau régime distille une idéologie officielle au travers des « Messages » du chef de l'État français qui — dans un premier

1. Se reporter d'abord à Y. Durand (5); compléter par R. Paxton (46) et H. Michel (124). Lire encore les Actes du colloque organisé par la Fondation nationale des sciences politiques en mars 1970 (45).

temps — n'en est pas avare [1]. A vrai dire, la culture proprement politique de Philippe Pétain était assez rudimentaire, il se défiait des systèmes idéologiques et leur opposait ce qu'il appelait volontiers le « bon sens ». Les quelques idées-forces auxquelles il se raccrochait avec obstination, il les devait à l'armée qui façonna cet homme solitaire et sec de cœur : les mutineries de 1917 et la guerre du Rif avaient enraciné chez lui une profonde aversion de l'extrême gauche et les années trente avaient avivé un antiparlementarisme exacerbé par ses expériences ministérielles [2]. Encore qu'il passât aux yeux de la gauche pour un « maréchal républicain », ses sympathies pour la droite sont peu douteuses. On avait, d'ailleurs, un peu trop vite oublié qu'il s'était prononcé — entre les deux tours des élections de 1936 — pour un « Rassemblement national » tout en complimentant les Croix-de-Feu, « un des éléments les plus sains de notre pays »; à Verdun, en juin 1936, il stigmatisait le « matérialisme » corrupteur et avait conclu : « Il est grand temps que les Français se reprennent. » Profondément munichois, ce n'est pas la déclaration de guerre qui avait dissipé son pessimisme défaitiste.

Pour le chef de l'État français, il fallait avant tout procéder à un « redressement intellectuel et moral » : l'individualisme destructeur (cette « idée fausse de l'égalité naturelle des hommes ») devait céder la place aux véritables hiérarchies naturelles (cette « hiérarchie de familles, de professions, de communes »). Grâce à ce retour au « réel », ces « élites véritables » émergeaient enfin du faux égalitarisme (car « il ne suffit plus de compter les voix, il faut peser leur valeur »); elles seraient façonnées par le travail et la discipline

1. De la cinquantaine de textes publics rédigés par Philippe Pétain en 1940 et 1941, on retiendra les Messages des 25 juin et 13 août 1940, le « Manifeste » du 11 octobre 1940, les discours de Pau du 28 avril 1941 et de Commentry du 1er mai 1941, l'allocution du 8 juillet 1941. Habituellement, Pétain remodelait un canevas préparé par son entourage en y imprimant son style sec et didactique. Ajoutons deux articles parus dans *la Revue des deux mondes* en août et en septembre 1940. Sur l'idéologie du pétainisme, voir R. Rémond (16), J. Touchard, *Histoire des idées politiques*, PUF, 1967, t. 2, et A. Slama, *les Messages, Déclarations et Discours du maréchal Pétain*, rapport présenté au colloque « Le gouvernement de Vichy et la révolution nationale » (45).

2. Sur le Pétain d'avant 1940, voir la mise au point de Griffiths (48).

enseignés dès l'école d'où serait bannie la « pseudo-culture purement livresque » artificiellement échafaudée par des intellectuels
déracinés. Alors pourrait surgir une véritable « communauté »
nationale dans laquelle se dissoudraient « l'esprit de jouissance »,
les conflits de classes et les faux clivages fomentés par la « ténébreuse
alliance... du capitalisme international et du socialisme international ». Au demeurant, l'économie nécessairement entraînée par le
« moteur puissant qu'est le profit » devra être « organisée et
contrôlée », et reposer sur des « métiers organisés [...], sur une
base corporative ». Cette « révolution » par le haut à laquelle
conviait fermement le chef de l'État français nécessitait un « État
hiérarchique et autoritaire... où un petit nombre consulte, quelques-
uns commandent, et au sommet un chef qui gouverne ».

Le pétainisme, c'est donc avant tout la convergence d'idées
lointainement reçues des droites, badigeonnées de quelques ingré-
dients empruntés aux années trente. Ce pessimisme fondamental,
ce moralisme sentencieux, cet élitisme antidémocratique, cette
construction organisatrice de la société, ce nationalisme défensif
et replié sur lui-même ont un fondement bien réactionnaire —
au sens précis du terme. C'était un pot-pourri — somme toute ba-
nal — d'idéologies fleurissant à la fin du XIXᵉ siècle, maurrassisme
compris, sans que ce syncrétisme qui se prétendait régénérateur
fasse une part démesurée au système de Maurras [1]. Du remue-
ménage idéologique des années trente, le pétainisme a surtout
retenu l'idée d'une troisième voie entre le libéralisme et l'étatisme,
mais sans faire véritablement son choix entre un planisme ici et là
suggéré et un corporatisme souvent nommé, mais rarement précisé,
en principe non étatique. Ce régime foncièrement autoritaire
n'était pourtant pas fasciste [2] : Pétain écarta cet instrument fondamental qu'est le parti unique, et le pouvoir fut d'abord confisqué
par une gérontocratie de notables conservateurs qui parvinrent à
esquiver les mutations sociales inhérentes à la prise de pouvoir de
style fasciste.

1. Interpréter l'État français comme la projection exclusive du maurrassisme comme le fait O. Wormser (*les Origines doctrinales de la révolution nationale*, Plon, 1971) nous paraît erroné.
2. La thèse défendue par R. Bourderon, « Le régime de Vichy était-il
fasciste ? » (8), 1973, n'est pas convaincante.

La débandade républicaine.

Effacer la IIIe République constitue le premier objectif du nouveau régime. Dès le 10 juillet 1940, c'était chose faite : l'entreprise avait été rendue aisée par les défaillances d'une classe politique qui s'était ralliée avec empressement ou rendue avec pusillanimité [1].

L'entourage de Pétain avait tout d'abord projeté de mettre le Parlement en vacances indéfinies. Cette demi-mesure était inacceptable pour des extrémistes regroupés au sein d'une « Commune de Bordeaux » avec, à leur tête, Pierre Laval [2] qui avait bien des revanches à prendre, mais aussi un passé de parlementaire à faire oublier. Pour supplanter ses rivaux et apparaître comme l'homme indispensable, il gagna Pétain à une idée ingénieuse : obtenir du Parlement qu'il se sabordât.

Il sut se dépenser beaucoup, faisant alterner promesses et menaces, réussit à isoler les opposants déclarés, au demeurant disparates et peu nombreux, tout en obtenant des ralliements de poids : à droite, celui de Flandin, à gauche celui d'un ministre de Léon Blum, Spinasse, décidé à un « crucifiement ».

Le 9 juillet, les deux Assemblées étaient mûres pour voter — à 4 voix près — le principe de la révision constitutionnelle. Le lendemain, l'Assemblée nationale était officiellement réunie, à l'issue d'une séance menée tambour battant par une majorité décidée à abolir un « formalisme périmé » et où l'opposition déclarée ne put se faire entendre [3]. L'Assemblée nationale accordait

---

1. Sur la reddition parlementaire, consulter avant tout E. Berl (43), p. 205-253 ; lire le compte rendu des débats, p. 304-345.
2. Laval avait fait une fausse manœuvre en exigeant le 16 juin les Affaires étrangères que Pétain lui refusait sur les pressions de Weygand ; le 23 juin, il devenait ministre d'État et vice-président du Conseil.
3. 27 parlementaires avaient sous l'impulsion de Badie signé une motion qui admettait une délégation seulement temporaire et dans le cadre du régime républicain. Badie ne put défendre son texte en séance. Sur ces ultimes péripéties parlementaires, voir l'excellente mise au point critique de J.-N. Jeanneney (31), p. 438-444.

par 468 voix contre 80 [1] et 20 abstentions [2] « tous pouvoirs au gouvernement de la République, sous l'autorité et la signature du maréchal Pétain, à l'effet de promulguer par un ou plusieurs actes une nouvelle Constitution de l'État français. Cette Constitution devra garantir les droits du travail, de la famille et de la patrie. Elle sera ratifiée par la nation et appliquée par les Assemblées qu'elle aura créées ». Moyennant quelques concessions de dernière heure, Laval avait gagné son pari. Bien plus, le rapporteur du projet avait explicitement mis les points sur les *i* : la délégation de pouvoir revenait à donner « au gouvernement du maréchal Pétain les pleins pouvoirs exécutif et législatif [...] sans restriction, de la façon la plus étendue »; il lui était seulement interdit de déclarer la guerre sans l'assentiment des Chambres qui survivraient mais avec une « activité nécessairement réduite ».

Qu'il y ait eu un certain nombre d'irrégularités dans le déroulement de cette ultime séance est peu niable; mais on joua sur les mots en 1945 en affirmant qu'il y avait eu « entôlage ». Les « victimes » étaient consentantes et Laval avait été très précis sur le scénario à venir : la promulgation d' « Actes constitutionnels » et la nomination d'un dauphin. Dans sa déposition au procès Pétain [3], Léon Blum a évoqué l'hébétude, la résignation, la peur « des bandes de Doriot dans la rue, la peur des soldats de Weygand à Clermont,

---

1. Ils étaient 58 députés et 22 sénateurs à avoir conservé la tripe républicaine. C'était peu : il manqua à l'appel beaucoup de radicaux, également beaucoup de socialistes (88 députés votent les pleins pouvoirs contre 29), au point que Léon Blum choisit de se taire pour ne pas « offrir le spectacle public de ce reniement ». On dit communément que c'est la Chambre du Front populaire qui vota les pleins pouvoirs; il faut nécessairement apporter deux correctifs : une cinquantaine de députés communistes, tout comme les parlementaires du *Massilia*, étaient absents et — surtout — l'« Assemblée nationale » était également composée d'un Sénat qui à de très fortes majorités avait par deux fois fait tomber Blum. Le gros des opposants n'appartenait pas à la droite : 12 députés radicaux-socialistes, 14 sénateurs de la Gauche démocratique, 36 députés ou sénateurs socialistes. Sur ces 80, 31 seront incarcérés ou placés en résidence surveillée; 10 d'entre eux seront déportés, 5 en moururent.

2. 20 abstentions après rectification de vote, dont celles d'Herriot et de Georges Monnet.

3. Voir (34), p. 77-78.

la peur des Allemands qui étaient à Moulins ». La classe politique avait bradé la République, partagée qu'elle était entre le lâche soulagement, l'opportunisme et les désirs de se venger du Front populaire. Le régime avait certes à subir les assauts d'une extrême droite ragaillardie, mais elle n'eût pu à elle seule étrangler la Gueuse. Finalement, la République, à peine défendue, ne fut pas attaquée, mais bien plutôt livrée par la pléthorique cohorte des « conservateurs brouillés avec la République[1] », effrayés par 1936, décidés à prendre leur revanche, voire à accaparer les voies d'accès au pouvoir. Ils furent rejoints par des hommes issus de la gauche, non seulement ceux qui, depuis les années trente, prônaient un régime plus autoritaire, mais encore par des « républicains », des radicaux et des socialistes qui basculèrent par opportunisme ou par pacifisme munichois. Il serait erroné d'accorder une place démesurée au vote du 10 juillet car l'armistice est une coupure autrement décisive. Mais ce hara-kiri résume bien la faillite d'un système politique, dans laquelle il est bien facile de ne voir qu'un simple problème institutionnel : Reynaud ne disposait-il pas des pleins pouvoirs? Ce n'est pas un régime d'assemblée qui a craqué, mais bel et bien, accablée par la déroute militaire, une démocratie étriquée, et dominée par des notables rassis.

Le pouvoir à Vichy.

A Marcel Astier qui s'était écrié « Vive la République quand même » avaient répliqué (« voix nombreuses » au dire du *Journal officiel*) des « Vive la France ». De fait, la République n'était plus en France.

En moins d'une semaine était menée une véritable « révolution juridique[2] ». A l'exception de celles des « Français libres[3] », peu de voix à l'époque en réfutèrent la légalité. Jusqu'à la coupure d'avril 1942 furent promulgués dix « Actes constitutionnels » dont les quatre premiers les 11 et 12 juillet 1944. Dans l'Acte numéro 1, Philippe Pétain déclarait — la procédure est évidemment inusitée

1. Consulter l'analyse très pertinente de S. Hoffmann (47), p. 17-40.
2. Consulter l'étude de M. Prélot (45), p. 23-36.
3. René Cassin contesta que l'Assemblée nationale pût en droit déléguer ses pouvoirs constituants. Les spécialistes en discutent encore.

— « assumer les fonctions de chef de l'État français ». Par le
deuxième, il s'accordait la « plénitude du pouvoir gouvernemental »
en concentrant dans sa seule personne les pouvoirs naguère dévolus
au président de la République et au Conseil des ministres. Il
exerçait en effet des fonctions législatives « en Conseil des ministres » (ces derniers n'étant « responsables que devant lui ») et il
continuerait de les exercer après la « formation de nouvelles
assemblées » en cas de « tension extérieure ou de crise interne
grave [1] »; des fonctions diplomatiques en négociant et en ratifiant
tous les traités; des fonctions administratives par le biais du pouvoir réglementaire renforcé par le serment prêté « à la personne
du chef de l'État » par les ministres, les hauts fonctionnaires, les
officiers, les magistrats; des fonctions juridictionnelles puisqu'il
était en droit de « retenir » la justice à l'égard des hauts fonctionnaires qu'il pouvait de son propre chef condamner, y compris à la
« détention dans une enceinte fortifiée ». Enfin — et l'innovation
n'était pas mince — il s'octroyait par l'Acte numéro 4 le droit de
se désigner un successeur comme chef de l'État. A dire vrai, il avait
les mains libres.

Il ne s'était jamais désintéressé de la politique. Une fois ministre
et en passe de le redevenir encore deux fois [2], il ne s'était néanmoins jamais départi de sa prudence, assistant presque en spectateur à la bruyante campagne lancée par Gustave Hervé en février
1935 sur le thème « C'est Pétain qu'il nous faut », orchestrée par
la presse de droite et reprise en mars 1938 par Lémery et Taittinger.
Pendant la « drôle de guerre », alors qu'il était ambassadeur à
Burgos, son nom figurait sur bien des listes ministérielles possibles,
mais, s'il était défaitiste, il ne jouait pas au factieux [3]. Peu de doute,

1. L'Acte numéro 3 stipulait que « le Sénat et la Chambre des députés
sont ajournés jusqu'à nouvel ordre ».
2. Il fut, en 1934, ministre de la Guerre dans le cabinet Doumergue;
à sa chute, il confiait à Lémery : « On peut se passer des radicaux pour
gouverner : je prendrai volontiers l'Éducation nationale avec la Guerre;
je m'occuperai des instituteurs communistes... » (cité par R. Griffiths
(48), p. 237). Il reviendra à la Guerre dans un ministère Bouisson mort-
né en juin 1935. En septembre 1939, après avoir tergiversé, il refusait
d'entrer au gouvernement.
3. Se reporter à la démonstration minutieuse de L. Noguères (35).

cependant, qu'il se considérait comme disponible, comme le recours ultime [1]; ne l'avait-il pas déjà été en 1917?

Dès lors qu'il était parvenu — et avec quel sens de la manœuvre! — au pouvoir, il entendait bien ne pas figurer comme une potiche glorieuse; il dédaigna même d'être un nouveau Monk [2]. Chef de l'État, il voulait être tenu au courant de tout et recevoir des rapports écrits et circonstanciés : le 13 décembre 1940, Laval apprendra à ses dépens ce qu'il en coûtait de le sous-estimer. A raison, le premier directeur de son cabinet civil soulignait son « harpago-nisme politique ». L'âge, d'ailleurs, avait renforcé son autoritarisme et décuplé sa méfiance; son ingratitude devint proverbiale, sa sécheresse de cœur y était pour beaucoup, son pragmatisme pour autant.

Les infirmités dues à l'âge — une surdité profonde et les diffi-cultés qu'il éprouvait à soutenir un effort intellectuel par trop prolongé — ont pu faire croire qu'il était la proie de son entourage et surtout de ses « dauphins ». Qu'il ne pût tout contrôler est certain, mais les orientations fondamentales en politique inté-rieure comme en matière de collaboration d'État sont bien les siennes. Jusqu'au printemps 1944 inclus, il se conduisit en chef de l'État. C'est jouer sur les mots et avec les faits que de prétendre — comme on le fait encore — que le Vichy peu reluisant est le fruit d'un « détournement de vieillard » perpétré par Laval et quelques malotrus.

Philippe Pétain entendait innover : il voulait gouverner avec une sorte d'état-major de campagne (« un qui gouverne à trois, qui gouverne à cent »); c'était au Conseil restreint ou Petit Conseil, qui chaque matin sous la présidence du chef de l'État réunissait quelques ministres de choix, qu'étaient décidées — en principe — les grandes orientations. Les autres ministres et secrétaires d'État jouaient plutôt le rôle de hauts fonctionnaires placés à la tête d'un

1. En 1934, *le Petit Journal* avait organisé un référendum auprès de ses lecteurs qui avaient à désigner le chef de gouvernement le plus idoine : Pétain avait été placé en tête.
2. En septembre 1941, il faisait répondre par Darlan au comte de Paris que la délégation de pouvoir avait un « caractère tout personnel »; en août 1942, Laval offrait au même prétendant le ministère du Ravitail-lement!

ministère[1]. Dans les faits, pourtant, la pratique était beaucoup plus compliquée, car intervenaient pêle-mêle les membres de ses cabinets — civil et militaire —, des intimes — notamment son médecin personnel, Ménétrel —, des membres de son entourage politique (ainsi un Lucien Romier prit une importance croissante); l'hôtel du Parc — où siégeait l'État français — fut un lieu privilégié de manœuvres[2], d'intrigues, de coups fourrés[3]. Au demeurant, et contrairement aux idées reçues, la vie gouvernementale du régime de Vichy fut agitée : rien de moins que sept remaniements ministériels de juillet 1940 à avril 1942 effectués dans des conditions pour le moins originales[4]. La France de Vichy était gouvernée dans une certaine confusion.

Vieux Romains et jeunes cyclistes.

Cette distinction entre les anciens et les modernes, que l'on doit à Moysset[5], est certes schématique, mais s'adapte assez bien à la trame chronologique.

A Vichy, on refusait du monde : c'était à qui se voulait le plus maréchaliste. Un point commun unissait cette cohue : les revanches

---

1. La déflation ministérielle ira en s'accentuant jusqu'en 1942 : 12 ministres seulement sous Darlan; Huntziger, pour sa part, non seulement dirigeait la Guerre mais contrôlait encore les Colonies, la Famille et la Santé, l'Éducation nationale.
2. C'était tout un art subtil de faire inviter X à la table du chef de l'État français et d'empêcher Y de le rencontrer.
3. Belin — ministre du Travail — occupa, au sens littéral du terme, l'imprimerie du *Journal officiel* pour empêcher que le colonel Cèbe — membre du cabinet militaire — ne vînt modifier *in extremis* le texte de la Charte du travail.
4. Les « démissionnés » apprenaient habituellement leur disgrâce à l'issue d'un Conseil des ministres; la démission de Laval, le 13 décembre 1940, eut des allures ubuesques : réunions préalables de comploteurs, intervention musclée d'ex-cagoulards reconvertis en « groupes de protection », vociférations de Laval qui sortait un canif pour se défendre... Même dans ses heures les plus joyeuses feu la République n'avait pas sombré dans pareil burlesque.
5. Moysset déclarait à Darlan : « Votre ministère me rappelle l'enseigne d'un café de ma vieille ville du Ségala : *Aux nouveaux cyclistes et aux anciens Romains.* »

à prendre. Stanley Hoffmann caractérise le régime de Vichy comme la « grande revanche des minorités », Bernanos parlait plus férocement de la « révolution des ratés ». La droite s'étala grassement en faisant une petite place à quelques syndicalistes qui avaient suivi Belin, ex-secrétaire général adjoint de la CGT, promu ministre du Travail. Toutes les droites étaient bien là : des ultras quelque peu assagis (Marion, du PPF, Saivre, des Jeunesses patriotes, etc.), des maurrassiens (Alibert, etc.), de solides réactionnaires (Weygand, Xavier Vallat, etc.) et également ceux qui s'étaient piqués de libéralisme à l'image de Romier de l'Institut et du *Figaro*.

Si on ne s'étonne guère de rencontrer dans les cercles gouvernementaux un bon lot de notables classiques, de membres de l'Institut et de cercles bien-pensants, on est un peu plus surpris de l'irruption en force des généraux et des amiraux [1] qui sont parachutés un peu partout, aux Chantiers de la jeunesse, au Conseil national, à la tête de préfectures, sans que, au demeurant, Vichy soit — à proprement parler — un régime militaire. Les officiers de carrière [2] allégueront — plus tard — qu'ils avaient dû obéissance au pouvoir légal et qu'ils avaient prêté serment au chef de l'État. Ajoutons que la plupart d'entre eux — y compris bien des futurs cadres de la Ire armée française — y trouvaient leur compte : non seulement ils applaudissaient aux finalités de la révolution nationale, mais le régime leur permettait de prendre le pas sur les civils, les politiciens et les parlementaires.

Mais le plus remarquable cependant fut la percée de ceux qu'on dénomme actuellement les technocrates : hauts fonctionnaires ou cadres dynamiques du secteur privé qui avaient « pantouflé », issus des mêmes Grandes Écoles et des mêmes Grands Corps [3]. Avant

1. C'est sous le proconsulat de Darlan que l'invasion des amiraux prit des proportions démesurées. L'évêque de Lille, le cardinal Liénart, dit-on, se demandait « où il [Darlan] trouverait encore un amiral pour [le] remplacer quand [il] mourrait ».
2. Sur l'armée d'active, consulter l'ouvrage bien documenté de R. Paxton, *Parades and Politics at Vichy*, Princeton, 1966, et ceux de J. Nobécourt, *Une histoire politique de l'armée*, Éd. du Seuil, 1967, t. 1, et de P.-M. de La Gorce, *op. cit.*
3. Voir H. Ehrmann, *la Politique du patronat français (1936-1955)*, Colin, 1959; l'article de M. Lévy-Leboyer dans *le Patronat de*

la guerre, ces inspecteurs des Finances, ces polytechniciens, ces centraliens avaient participé à des colloques communs, s'étaient retrouvés dans des cénacles choisis — tel X-Crise fondé par Jean Coutrot —, avaient écrit dans des revues de qualité, tels *les Nouveaux Cahiers*. Ils avaient conclu à la nécessité impérieuse de secouer l'archaïsme des structures économiques et politiques de la France. Paul Reynaud leur avait fait plus de place, mais c'est Vichy qui leur offrit l'occasion de mettre en pratique leur idéologie moderniste et de l'emporter sur les néo-libéraux ; grâce à Darlan, ils occupaient beaucoup de terrain [1]. Parmi ces jeunes loups, figuraient aussi bien Pucheu, sorti de la Rue d'Ulm, qui était passé par Pont-à-Mousson, le Comptoir sidérurgique, Japy, que Lehideux, élève de l'École libre des sciences politiques, qui avait fait ses classes de « manager » à Renault-Billancourt, ou Bichelonne qui passait pour le plus beau cerveau qu'ait forgé Polytechnique, ou Barnaud, polytechnicien, inspecteur des Finances et un de leurs maîtres à penser. Tous — ou presque — étaient nettement marqués à droite, élitistes, épris d'ordre et de rationalité. Les difficultés de la conjoncture donnèrent leurs chances à ces jeunes cyclistes qui prirent partiellement la relève des vieux Romains doctrinaires et firent de Vichy une manière de relais entre l'immédiat avant-guerre et les années cinquante.

Dans l'été 1940, le régime se cherchait au milieu de la pagaille et de la pénurie, tout en se préparant à une *pax germanica*. L'automne apportait une stabilisation relative ; les choix fondamentaux étaient faits : Pétain se prononçait sans équivoque pour la collabo-

---

la seconde industrialisation, cahier du *Mouvement social*, 1979, et R. Kuisel, *Technocrats and Public Economic Policy: from the Third to the Fourth Republic*, Rome, Banco di Roma, 1973.

1. Traditionalistes et collaborationnistes dénoncèrent violemment ces promotions, où ils virent l'action souterraine d'un « mouvement synarchique d'Empire » téléguidé par la « banque Worms » dirigée par Barnaud et par G. Le Roy Ladurie. Ledit Mouvement a bien existé comme un avatar d'une société maçonnique née à la fin du XIXe siècle ; mais il était dénué de tout pouvoir politique ou économique ; et l'arrivée en force de ces « technocrates » modernistes et dirigistes s'explique fort aisément par les contraintes de la conjoncture — lire l'article tout à fait convaincant de R. Kuisel, « The Legend of the Vichy Synarchy », *French Historical Studies*, 1970.

ration d'État; il écartait le projet de parti unique mitonné par Déat [1] et provoquait le départ pour Paris des éléments les plus musclés de l'ultra-droite qui prenaient leurs distances à l'égard des « réactionnaires » de Vichy. Les parlementaires éliminés [2], la révolution nationale pouvait être lancée sous la férule des notables réactionnaires et des doctrinaires — Massis, Gillouin — plus ou moins imprégnés de maurrassisme [3].

La révolution de palais du 13 décembre était suivie d'un intermède relativement confus. Le 13 décembre, en effet, Laval — le dauphin — était à son tour démissionné. Son zèle pour la révolution nationale n'était pas démesuré mais il semblait capable de mener à bien les négociations franco-allemandes. Seulement, il voulait les mener à sa guise. Ses adversaires, qui ne manquaient pas, parvinrent à convaincre Pétain du danger que faisait courir son dauphin à l'État : il ne faisait de rapports sur rien, complotait à Paris, de mèche avec Déat qui venait de publier le 2 décembre un violent réquisitoire contre Vichy, et il attirait Pétain dans un traquenard sous couleur de lui faire présider à Paris le retour du corps de l'Aiglon. Laval renversé, les conspirateurs du 13 décembre mirent en avant Flandin qui devint ministre des Affaires étrangères. Encore qu'il fût l'un des suppôts du parlementarisme abhorré, son ralliement avait pesé le 10 juillet, et son passé d'ultra-munichois aurait dû lui permettre de reprendre langue avec le Reich [4]. Mais il déplut par son inclination à faire la part trop belle à l'ancienne

1. Sur ce projet et son échec, consulter les articles complémentaires d'A. Prost, « Le rapport de Déat en faveur d'un parti national unique (juillet 1940) », *Revue française de science politique*, 1973, et de J.-P. Cointet, « Marcel Déat et le parti unique » (8), 1973; à noter qu'était créé au printemps 1941 un « Comité provisoire du rassemblement pour la révolution nationale » où siégeaient des maréchalistes brevetés. Mais ses finalités en demeurent obscures, et l'entreprise périclita rapidement.

2. Tous les ministres parlementaires — Laval excepté — étaient démissionnés en septembre 1940.

3. L'influence de Maurras ne doit être ni sous-estimée, ni surestimée. Il semble s'être rendu à Vichy une dizaine de fois et il aurait été officiellement consulté par deux fois.

4. N'avait-il pas aussi déclaré à Dijon le 18 novembre 1940 : « Un ordre nouveau naît en Europe. Notre faute inexpiable serait de n'y pas participer. » Consulter *le Procès Flandin*, Librairie de Médicis, 1947.

classe politique : dans le Conseil national [1] qu'il cherchait à mettre en place pour convaincre les hésitants, on ne comptait pas moins de 78 parlementaires ou anciens parlementaires sur les 188 notables nommés. Son impuissance à rencontrer le moindre responsable nazi le condamnait. L'intermède devait durer moins de trois mois.

Ce fut l'heure de Darlan — lui du moins avait pu rencontrer Hitler —, une heure qu'il avait su attendre patiemment. Bien que fils d'un ministre de la IIIe, lui-même faisant fonction de ministre de la Marine, et réputé être belliciste et républicain, il avait su — en juin — basculer au bon moment, entraînant derrière lui une marine intacte et qu'il tenait bien en main. Enfin, il avait su ne pas participer à la lutte des clans. Devenu dauphin le 10 février 1941, il s'était attribué les Affaires étrangères, l'Information et l'Intérieur. Cet homme [2] vraisemblablement assoiffé de pouvoir déconcerte. S'il était moins intelligent qu'il ne le pensait, il ne manquait pas d'habileté, sachant se faire apprécier de Pétain [3] : il lui laissait des rapports écrits et n'omettait jamais de le consulter. Fidèle à sa réputation de pragmatiste efficace, il relança sans tarder — et vers quels abîmes — la collaboration d'État et poussa aux tout premiers rangs les jeunes cyclistes. Au directeur du cabinet civil qui s'étonnait : « Mais vous amenez toute la banque Worms », l'amiral avait répliqué : « Cela vaut toujours mieux que les puceaux de sacristie qui vous entourent; pas de généraux, pas de séminaristes, des types jeunes, dessalés, qui s'entendront avec les Fritz et nous feront bouillir de la bonne marmite [4]. »

2. On fait la révolution ?

Pour les véritables vichyssois, le redressement français ne devait pas venir de l'extérieur, mais bien d'une révolution nationale.

1. Consulter G. Rossi-Landi (45), p. 47-54.
2. Il n'existe pas de bonne biographie de Darlan.
3. Son savoir-faire était renommé : ses adversaires l'avaient surnommé « l'amiral-courbette ».
4. Voir H. Du Moulin de Labarthète (50), p. 326.

Celle-ci demeura inachevée, à cause de la guerre, en raison aussi de ses contradictions.

Régler de vieux comptes.

Pour la plupart des vichyssois, faire la révolution *nationale*, c'était apurer les comptes. Et d'abord avec le suffrage universel. Les deux Assemblées, dont la survie était constitutionnelle, furent réduites à l'état de « congrégations contemplatives » (J. Jeanneney), les quelques réunions informelles tolérées furent supprimées en août 1941 et les Bureaux des Assemblées avaient à cesser toute activité le 25 août 1942. Le Conseil national que Flandin avait créé pour pallier l'absence de tout organe représentatif était placé en liberté surveillée et ne fut jamais réuni en séance plénière. Au plan départemental, les pouvoirs des conseils d'arrondissement et des conseils généraux étaient dévolus aux sous-préfets et aux préfets assistés de « commissions administratives [1] » auxquelles il était interdit de « formuler des vœux » et dont les membres nommés par décrets furent dans une large proportion des notables « apolitiques ». Au plan local, conseillers municipaux et maires étaient nommés dans les communes de plus de 2 000 habitants, ce qui permit une sérieuse épuration.

Parallèlement, on s'attaqua au personnel « républicain » : on jeta en pâture quelques « responsables » de la défaite et on interna un certain nombre de « politiciens » qui refusaient de se rallier [2]. La haute administration fut « assainie [3] ». Les francs-maçons, qui, pour tout bon clérical, étaient des suppôts du diable, et pour tout

---

1. Consulter J. Steel, W. Kidd et D. Weiss (45), p. 55-64.
2. Au nom de la justice retenue, Pétain décidait le 16 octobre 1941 la détention dans une enceinte fortifiée de Daladier, de Reynaud, de Gamelin, de Blum et de Mandel ; Auriol, Dormoy, La Chambre, Jouhaux et bien d'autres furent incarcérés ou internés.
3. C'est le corps préfectoral qui fut le plus atteint : de 1940 à 1941, 94 de ses membres étaient radiés et 104 mis à la retraite. Le préfet de Chartres, Jean Moulin, reçut notification de sa révocation un 11 novembre ; c'est un Allemand — en poste à Chartres — qui dut faire son éloge : « Je vous félicite de l'énergie avec laquelle vous avez su défendre les intérêts de votre administration et l'honneur de votre pays. »

un chacun [1] l'armature de feu la IIIe, furent eux aussi mis sur la
sellette : les loges furent démantelées le 13 août 1940 en vertu d'une
loi prise à l'encontre des « sociétés secrètes »; la fonction publique
était interdite aux dignitaires et à ceux qui auraient dissimulé leur
appartenance. Pour décapiter enfin ce qui subsistait du pouvoir
syndical, un décret du 9 novembre 1940 permettait de dissoudre
les organisations interprofessionnelles au niveau national et départemental.

Il restait encore à « rendre la France aux Français », à savoir
reprendre avec vigueur la chasse aux communistes — moscoutaires
et apatrides —, s'attaquer aussi aux pires des « métèques », les
juifs. C'était l'occasion de se venger des Dreyfus, des Blum, des
Mandel, tout en se posant sans peine en parangons de vertu publique et en trouvant des boucs émissaires commodes pour un bon
peuple sevré de succès nationalistes. Les « juifs de nationalité
française » furent soumis à partir du 3 octobre 1940 à un « Statut »
qui fut sévèrement modifié le 2 juin 1941 : ils furent désormais
exclus de toute fonction élective comme de la fonction publique,
de la magistrature, de l'armée (sauf s'ils étaient anciens combattants); ils ne pouvaient exercer aucune responsabilité dans le
domaine culturel et les médias. Un *numerus clausus* strict limita leur
accès à l'Université (3 %) aussi bien qu'à bon nombre de professions libérales (2 %). Enfin, pour « supprimer toute influence
israélite dans l'économie nationale », les entreprises appartenant
à des juifs pouvaient être aryanisées [2] par liquidation forcée et
nomination de curateurs. On alléguera — plus tard — qu'il s'agissait là d'un antisémitisme d'État et non de peau. C'était pourtant
bien à une définition strictement raciale [3] que répondait le Statut
puisque était « regardée comme juive toute personne issue de
trois grands-parents de race juive [4] ». Quant aux « juifs étrangers »,

1. Consulter D. Rossignol, *Vichy et les francs-maçons*, Lattès, 1981.
2. Cette mesure s'explique pour une part par le souci de limiter le
pillage nazi.
3. Le Statut allait, en l'occurrence, au-delà de la législation du Reich
qui reposait avant tout sur des critères religieux.
4. La législation, de surcroît, varia dans le temps : en octobre était
aussi considérée comme juive toute personne ayant deux grands-parents
juifs et dont le conjoint avait deux grands-parents israélites; en juin,

un décret pris le 4 octobre 1940 donnait pouvoir au préfet de les assigner à résidence et de les interner dans des camps spéciaux : au printemps 1941, 40 000 avaient déjà été raflés et entassés dans les camps de Gurs, Rivesaltes, Noé, etc. Pour une bonne partie d'entre eux, c'était l'antichambre de la mort. La coordination efficace de toutes ces mesures revenait à un Commissariat général aux questions juives, créé en mars 1941 et confié d'abord au très réactionnaire et ultra-xénophobe Xavier Vallat. Il est utile de préciser que la paternité du Statut des juifs revient à Vichy, et à Vichy seul, sans que l'Allemagne nazie ait exercé la moindre pression.

Bâtir une France saine, disciplinée, solidaire.

A la France énervée par des décennies d'esprit de jouissance, il fallait refaire une santé physique et morale. Au physique d'abord, ce serait une France du plein air — non pas celle de Léo Lagrange avec ces auberges de la jeunesse douteuses et ces tandems enfourchés à l'occasion de congés payés démagogiques, mais une France marchant d'un pas vif sinon cadencé, avec salut aux couleurs et feux de camp. Finie également la France de l'apéro : le privilège des bouilleurs de cru était supprimé et apparaissaient des « jours sans » — sans vente d'alcool.

Au moral, on s'efforcera en premier lieu de consolider la famille « cellule de la vie française [1] », pour des raisons autant sociales que natalistes : on mettait à l'honneur les familles nombreuses qui bénéficiaient de quelques dégrèvements fiscaux; on entravait le divorce et on réprimait sévèrement l'avortement [2]. Ensuite, on remodela de fond en comble l'école : ces fiefs intolérables qu'étaient les écoles normales furent fermés, les manuels révisés, la pédagogie transformée par des leçons de morale et des exercices de travaux manuels. Dans le secondaire, pour renforcer la sélection,

---

devenaient juifs ceux qui, pratiquant la religion judaïque, avaient deux grands-parents juifs. Se référer à J. Billig (62); compléter par Ph. Bourdrel (92); se reporter également aux pages 180-184.

1. Sur la politique familiale, consulter l'étude d'A. Coutrot (45), p. 245-263.

2. Au moins une « faiseuse d'anges » fut guillotinée.

le deuxième cycle redevenait payant et les lycées ne dispensaient que les seules humanités classiques.

Pour l'élite furent créées des « écoles de cadres », inspirées de l'expérience du fougueux capitaine Dunoyer de Segonzac, qui dirigea la plus célèbre d'entre elles, celle d'Uriage près de Grenoble : les futurs responsables des Chantiers de la jeunesse, les futurs hauts fonctionnaires s'y forgeaient en quelques semaines une âme de chef, un nouveau style de vie grâce à de rudes exercices physiques et aux débats idéologiques [1].

Pour enraciner la révolution nationale et en finir avec l'individualisme, il fallait rétablir des « circuits de confiance ». Cette tâche était dévolue à cette institution typiquement vichyssoise qu'était la Légion française des combattants créée le 29 août 1940. Si ses structures offrent peu d'originalité (des responsables locaux élus, les dirigeants nationaux nommés [2]), la mission qui lui était confiée est significative : le légionnaire qui devait « collaborer » « à l'œuvre des pouvoirs publics » se muait, quelques mois plus tard, en un « révolutionnaire national » chargé de « promouvoir la révolution nationale, de la défendre, au besoin de l'imposer ». Sans se substituer à l'administration, il lui était dévolu l'honneur d'être dans le pays les yeux et les oreilles du maréchal.

Le régime — comme il se devait — s'efforça d'enrôler, de discipliner, de modeler la jeunesse [3]. Un secrétariat général doté de moyens importants, attribué à un ingénieur adepte de Lyautey, Lamirand, s'y employa. Il finança un certain nombre d'initiatives individuelles, tels les « Compagnons de France » créés par Henry Dhavernas, qui tentait de transformer les jeunes réfugiés de la

1. Proudhon, Maurras, Péguy étaient cependant les auteurs auxquels on faisait le plus volontiers référence. Sur Uriage, consulter P. Dunoyer de Segonzac, *le Vieux Chef*, Éd. du Seuil, 1971 ; R. Josse, « L'École des cadres d'Uriage » (8), 1966, et J. Bourdin, « Des intellectuels à la recherche d'un style de vie : l'École des cadres d'Uriage », *Revue française de science politique*, 1959.

2. Pétain en était le président ; ses directeurs furent successivement : Héricourt, Valentin, Lachal. Sur la Légion française des combattants, consulter la bonne mise au point de J.-P. Cointet (45), p. 123-143.

3. Sur la politique de la jeunesse, se reporter à la mise au point d'A. Coutrot (45), p. 265-284. Sur les Chantiers, consulter R. Josse, « Les chantiers de la jeunesse » (8), 1964.

zone sud en une « avant-garde de la révolution nationale ». Mais l'effort porta surtout sur l'une des réalisations les plus connues de Vichy, celle des Chantiers de la jeunesse. Le général La Porte du Theil avait reçu pour mission d'occuper les quelque 100 000 jeunes recrues qui n'avaient pas été versées dans des unités combattantes. L'expérience parut suffisamment convaincante pour que, malgré la mauvaise humeur manifestée par l'occupant, tous les jeunes Français de vingt ans de la zone sud puissent y accomplir une manière de service national de huit mois. Installés loin des villes et soumis à une discipline quasi militaire, ils étaient astreints à des travaux d'utilité publique — notamment forestiers — entrecoupés de leçons civiques. Encore qu'on n'y dispensât pas à proprement parler une doctrine officielle, l'enseignement prodigué était fortement imprégné de catholicisme et plus encore de maréchalisme : Lamirand, pourtant partisan du pluralisme en matière de mouvement de jeunesse, soulignait qu'il existait « un élément d'ordre civique et politique qu'il appartient à l'État de fournir [1] ».

Vichy s'efforça, tout autant, de modeler les esprits en contrôlant étroitement les médias [2], non seulement la Radio nationale [3] et l'Office français d'information (OFI) qui faisait fonction d'agence officielle, mais aussi la presse écrite. Pour faire pression sur celle-ci, le secrétariat général à l'Information n'était pas dénué de moyens : le plus simple et le plus brutal était la censure officielle, tatillonne, et, si l'on en croit les journalistes, exercée le plus souvent par des tyranneaux qui n'étaient pas des forts en thème ; en y mettant un peu plus de formes, les services officiels dispensaient des « notes d'orientation » (thèses qu'il était vivement recommandé de développer) et surtout une multitude de « consignes » [4] ; plus discrètement, l'État français subventionnait encore un certain nombre de

1. Voir A. Coutrot (45), p. 273.
2. Consulter avant tout l'*Histoire générale de la presse française* (60).
3. En 1943, on comptait, pour toute la France, environ 5 200 000 postes de TSF ; l'audience des radios semble avoir légèrement progressé de 1940 à 1944.
4. Il y en avait des « permanentes » (une bonne cinquantaine, celles notamment qui concernaient la collaboration d'État), des « temporaires » (une petite centaine pour le seul procès de Riom) et des « quotidiennes » (au minimum 3 000 entre juillet 1940 et août 1944) : c'est ainsi qu'il était précisé le 23 avril 1942 que les quotidiens pouvaient, désormais,

journaux publiés en zone sud, notamment la presse parisienne
« repliée [1] », qui rencontrait d'autant plus de difficultés financières
qu'elle ne parvenait pas à gagner de nouveaux lecteurs provinciaux [2].
Au total, cette mainmise étatique fonctionna de façon efficace.
Sans doute les journalistes n'ont-ils pas admis de gaieté de cœur
l'intrusion des ciseaux de Dame Anastasie et certains quotidiens
— *la Dépêche de Toulouse* par exemple — ont-ils mené une guérilla
larvée contre les services du secrétariat général; sans doute, encore,
des journaux se sont-ils sabordés (*le Jour-Écho de Paris* dès mars
1942), surtout après l'irruption de « superviseurs » allemands,
après l'invasion de la zone sud (*le Temps* lui-même devait s'y
résoudre le 29 novembre 1942). Mais, d'une manière générale,
on peut — semble-t-il — partager le jugement que portent Henri
Michel et Claude Lévy : « Dans l'ensemble, ce fut une presse
conformiste [3] » à « l'esprit bien-pensant » et au « ton prédicant ».

 Il restait encore à faire de la société française un tout solidaire.
On crut y parvenir en organisant « la profession sur une base
corporative », l'antidote enfin trouvé contre les méfaits conjoints de
l'individualisme et de l'étatisme. C'est dans l'agriculture [4], où

---

faire état de l'âge du chef de l'État; ou bien encore, il était spécifié le
10 décembre 1943 qu' « il [était] interdit d'annoncer que les lauréats
du concours de la plus belle lettre verr[aient] venir leurs parents en permission; il [était] seulement permis de parler d'agréable ou de bonne
surprise qui les attend[ait] »; voir P. Limagne, *Éphémérides de quatre
années tragiques*, Bonne Presse, 1945-1947, 3 vol., t. 3, p. 1633; parcourir le témoignage précieux de ce rédacteur à *la Croix* qui a très fidèlement noté informations et « consignes » et les a publiées, après la
guerre, telles quelles.

 1. 39 journaux parisiens s'étaient « repliés », dont 9 quotidiens *(le
Figaro, le Journal, le Journal des débats, l'Action française, le Jour-Écho
de Paris, le Petit Journal, la Croix, le Temps* et *Paris-Soir).*

 2. Un certain nombre de quotidiens départementaux durent inter-
rompre leur publication, faute de moyens; en revanche, les grands quotidiens régionaux, aux assises financières plus solides, ne cessèrent de
gagner des lecteurs : d'une manière générale, on a, semble-t-il, plus lu
pendant l'Occupation — en l'occurrence, il fallait aussi se tenir au courant des derniers avatars du Ravitaillement général.

 3. Voir l'*Histoire générale de la presse française* (60), p. 85.

 4. Sur la politique agrarienne, consulter P. Barral, *les Agrariens
français de Méline à Pisani*, Colin, 1968, p. 256-282; P. Barral et I. Bous-

les conflits de classe semblaient moins aigus, que l'entreprise fut tentée : dès le 2 décembre 1940 était promulguée la « loi relative à l'organisation corporative de l'agriculture », communément dénommée loi sur la « Corporation paysanne ». Les buts fixés étaient ambitieux : « Promouvoir et gérer les intérêts communs des familles paysannes dans le domaine moral, social et économique. » Les structures complexes reposaient sur une hiérarchie pyramidale : à l'échelon local, un syndicat unique avec un syndic élu; au-dessus des unions régionales coiffées par un conseil et un délégué nommés; en haut, le Conseil national corporatif flanqué d'un Conseil permanent. En principe, la Corporation devait réglementer « toutes les conditions de la vie paysanne » et « l'ensemble de l'économie agricole », mais, dès le niveau régional, des « commissaires du gouvernement » pouvaient « déférer au ministre toutes les décisions prises ». Ouverts à « tous ceux qui vivent de la terre, ouvriers, chefs d'entreprise, propriétaires exploitants ou non », ce syndicat unique n'était pas obligatoire mais il fallait y être affilié si l'on voulait bénéficier d'un certain nombre de prestations.

C'est bien plus tard, le 4 octobre 1941, et après bien des avatars, que parut la « loi sur l'organisation sociale des professions [1] » des branches « industrielles et commerciales », plus connue sous le nom de « Charte du travail ». Elle instituait en principe 29 « familles professionnelles » subdivisées en 5 « syndicats professionnels uniques » (« employeurs, ouvriers, employés, agents de maîtrise et ingénieurs, cadres administratifs et commerciaux ») et possédant une structure double : d'une part, verticalement, une pyramide de syndicats locaux, d'unions régionales et de fédérations nationales, d'autre part, horizontalement, des « comités sociaux » regroupant à nombre égal les « employeurs, les ouvriers et employés et les autres catégories ». Ces syndicats étaient en principe obligatoires

---

sard (45), p. 211-233; sur la Corporation paysanne, se reporter à I. Boussard (55).

1. Échappaient à son champ d'application, outre l'agriculture, la fonction publique et certaines professions libérales dotées d'un ordre. Sur la Charte du travail, consulter l'étude exhaustive de J. Julliard (45), p. 157-194.

et « appelés à connaître de tous les aspects sociaux et économiques de l'activité professionnelle ».

Des résultats bien minces.

Rarement décalage fut plus grand entre les intentions et les résultats malgré quelques acquis, dont l'allocation de salaire unique, le salaire minimum vital ou la retraite des vieux travailleurs [1]; la révolution nationale est le plus souvent à peine une ébauche [2], et l'œuvre est grosse de contradictions : il suffit d'observer l'emprise de plus en plus grande de l'État et le poids des grands capitaines d'industrie.

Théoriquement, le renforcement de l'autorité au sommet devait être accompagné d'une déconcentration aux niveaux régional et local; en fait, la puissance des préfets fut consolidée, et on institua préfets régionaux et « intendants chargés de l'ordre public et du ravitaillement ». D'une manière générale, les non-conformistes — ou jugés tels — furent rapidement bridés : ainsi Uriage fut soumis assez vite à un contrôle tatillon et dut se priver d'un certain nombre de conférenciers trop hétérodoxes. Le pluralisme officiellement proclamé subit suffisamment d'accrocs pour que la hiérarchie catholique s'inquiète et formule dès février 1941 un avertissement : « Jeunesse unie au service du pays, oui; jeunesse unique, non. » La politique suivie dans le domaine agricole est tout aussi significative : non seulement le repeuplement des régions rurales et la protection des exploitations familiales furent dans une large mesure des échecs [3], mais encore — et surtout — contrairement à l'esprit de la loi du 2 décembre 1940, c'était le ministre qui tirait les ficelles : les syndicats avaient si peu de pouvoirs réels que certains champions du corporatisme agrarien pré-

---

1. Ajoutons qu'une partie de sa législation survivra au régime, ainsi la réorganisation de la profession bancaire.
2. Donnons-en un exemple : en 1944, une seule « famille professionnelle », celle du sous-sol, était censée fonctionner selon le modèle de la Charte du travail.
3. La bruyante campagne centrée sur le « retour à la terre » se solda par l'installation à la campagne de 1 566 familles que 409 d'entre elles quittèrent quelques mois après.

férèrent bouder les organismes officiels ou en démissionner. De surcroît, la « Corporation paysanne » devint presque dès le début un instrument étatique chargé de répartir et de collecter récoltes et produits, ce qui amena les paysans à prendre leurs distances à l'égard d'une institution pratiquant des méthodes coercitives dont ils se sont de tout temps défiés.

On sait que le régime se flattait de loger toutes les catégories sociales à la même enseigne. N'avait-il pas dissous toutes les organisations interprofessionnelles, tant ouvrières que patronales ? N'avait-il pas interdit aussi bien la grève que le lock-out ? La symétrie était pourtant fausse, car ce qu'on cherchait en fait à instaurer, c'était la paix sociale à sens unique. Ce n'est évidemment pas un hasard si la seule réalisation concrète de la Charte du travail fut la mise en place effective de « comités sociaux d'entreprise » entièrement contrôlés par les employeurs. De même que furent encouragées des « associations professionnelles mixtes » défendues par ce super-patron de choc qu'était Jules Verger. D'ailleurs, partout, c'était une reprise en main brutale, chez Renault, chez Berliet, dans les Houillères du Nord [1] et ailleurs.

Si l'on s'en tient, encore, aux déclarations officielles, l'économie et la société française devaient être rééquilibrées et des mesures prises en faveur de l'artisanat et des classes moyennes. On se piquait même volontiers d'anticapitalisme, se flattant d'avoir renforcé le contrôle de l'État sur les sociétés anonymes. Peu de doute cependant que dans les faits le pouvoir économique réel appartînt à la grande entreprise. Les capitaines d'industrie surent remarquablement utiliser à leur profit les organismes officiels qu'imposait la conjoncture : le 16 août 1940 étaient créés des « comités provisoires d'organisation » — il y en aura 234 en 1944 — qui avaient à recenser les ressources disponibles, arrêter les programmes de fabrication et, d'une manière générale, « assurer un meilleur fonctionnement de la branche d'activité dans l'intérêt commun

---

1. E. Dejonghe (« Problèmes sociaux dans les houillères du Nord et du Pas-de-Calais », *Revue d'histoire moderne et contemporaine*, 1970) a décrit avec minutie la remise en cause des conventions salariales, l'aggravation du système des amendes, le renforcement de la discipline et la toute-puissance recouvrée des « petits chefs » — agents de maîtrise et porions.

des entreprises et des salariés »; le 10 septembre 1940 était mis en place un « Office central de la répartition de la production industrielle » chargé de planifier les besoins. En règle générale, la gestion de ces organismes tout-puissants échut au grand patronat et à ses managers : c'est ainsi que Pierre Ricard présida le Comité d'organisation de la fonderie et Auguste Detœuf celui des constructions électriques. L'État exerçait bien un contrôle souverain, mais, sous couleur d'efficacité, il laissa le champ libre aux champions de la grande entreprise [1]. Il se donna même le droit, en décembre 1941, de faire fermer les entreprises qui ne seraient pas suffisamment rentables [2]. C'est à bon droit que Jacques Julliard peut parler d'un « véritable âge d'or du patronat français [3] ».

Ces contradictions de la révolution nationale tiennent en partie aux pesanteurs de l'occupation qui interfèrent sur la conjoncture économique. L'interruption des circuits d'échanges habituels et l'obligation de payer un tribut élevé à l'occupant provoquant le passage brutal à une économie de pénurie [4]. Les plus optimistes espéraient maintenir le niveau de la production à 70 % de celui de 1938, mais dès 1941 il était clair qu'on n'y parviendrait pas. Nécessité faisant loi et pressions allemandes aidant, Vichy dut se convertir — bon gré mal gré — à une économie de guerre dirigiste [5] : contrôle accru des échanges extérieurs, taxation des prix et des salaires, aggravation du rationnement. Dans cette économie de

1. Consulter l'article neuf d'H. Rousso, « L'organisation industrielle de Vichy » (8), 1979.

2. Parcourir le réquisitoire d'un représentant de la Confédération des moyennes entreprises contre l'étatisme et la mainmise du grand patronat, P. Nicolle, *Cinquante mois d'armistice*, Bonne, 1947.

3. Voir (45), p. 161.

4. Lire A. Sauvy (56), et P. Delouvrier et R. Nathan (57); compléter par J.-C. Germain-Thomas, *Un exemple d'économie de contrainte : les idées et l'administration du gouvernement de Vichy en matière économique et sociale*, thèse de droit, multigraphiée, 1969. Se reporter à l'*Annuaire statistique rétrospectif de la France*, INSEE, 1961. Pour un bilan, se reporter aux pages 213-220.

5. Quelques technocrates élaboraient pour l'après-guerre deux plans qui devaient aider l'économie française à « faire son entrée dans l'ère industrielle »; le modèle demeurait cependant néo-libéral. Consulter R. Kuisel, « Vichy et les origines de la planification économique », *le Mouvement social*, 1977.

pénurie, il importait encore plus que naguère de « fermer le circuit », d'éponger le surplus du pouvoir d'achat inutilisé pour brider les tensions inflationnistes : c'est ainsi que l'épargne forcée fut orientée de façon systématique vers les valeurs d'État [1] au point que 40 % des dépenses publiques furent couvertes par l'emprunt.

Tout pourtant ne saurait être expliqué par les aléas de la conjoncture, car la révolution nationale avait montré ses limites avant même que la France ne fût enchaînée à la guerre totale dans laquelle se débattait le Reich. Il en sortit le plus souvent des compromis boiteux, à l'image de la Charte du travail, trois fois remise sur le chantier et dont le texte final mécontenta tout le monde. En fait, le régime, au-delà des apparences verbales, se satisfaisait d'une navigation à vue.

Pétainismes et pétainistes.

La révolution nationale reposait, enfin, sur le postulat d'un consensus recouvré. Dans un premier temps, le régime — tout en appliquant les mesures coercitives que l'on sait — s'efforça à la persuasion : c'est ce que l'on peut appeler l'époque du « pétainisme ouvert ». Mais, même si l'on fait abstraction des opposants, il y avait diverses manières d'être pétainiste qui devaient inégalement résister à l'usure du temps [2].

Ainsi, on peut parler d'un pétainisme par défaut : dans un premier temps, en effet, les structures qui auraient pu accueillir les opposants déclarés sont à créer ou à reconstruire. Ouvrons une rapide parenthèse sur les ultras [3] qui de Paris commençaient de tancer les « réactionnaires » de Vichy : ils étaient encore peu nombreux et plus bruyants que dangereux. C'est bien de la gauche que pouvait venir le principal danger. Mais le PCF, décapité par la répression

---

1. Dans les bourses qui avaient été rouvertes à Paris et à Lyon, l'accès au marché financier était rendu plus difficile; ce qui n'empêche pas une très forte progression des cours (indice des valeurs françaises à revenu variable, Bourse de Paris : 1938 = 100; 1941 = 432; 1944 = 705).

2. On manque encore de bonnes études régionales; citons du moins celle de Monique Luirard (130) et celle de P. Laborie (129).

3. Voir *infra*, p. 223-239.

et encore empêtré dans les retombées du pacte germano-soviétique, cherchait laborieusement un deuxième souffle ; de leur côté, Daniel Mayer et ceux de ses camarades qui étaient demeurés blumistes éprouvaient encore plus de difficultés à épurer la SFIO et à mettre en place le Comité d'action socialiste. Ce qui subsistait des centrales syndicales ouvrières [1] faisait montre d'une grande prudence. Même si elles fournirent bon nombre de résistants de la première heure, elles préférèrent en général céder du terrain : ainsi le 20 juillet, un Comité confédéral national de la CGT décidait de modifier les statuts, supprimant toute référence à la lutte de classe et remplaçant les articles sur la grève par des considérants sur la conciliation et l'arbitrage.

Dans la classe politique, le pétainisme se portait donc bien. Aux pétainistes de conviction, transfigurés par la « divine surprise [2] », s'ajoutaient les pétainistes ralliés. Le gros d'entre eux venait des droites conservatrices et libérales, à l'image d'un Bardoux ou d'un Flandin. Ils n'approuvaient pas toute la politique du nouveau régime — ils blâmaient surtout la disparition de tout système représentatif — mais leurs réticences cédaient devant la paix sociale recouvrée, l'appel aux notables et aux élites, la revanche sur 1936. Ils allaient beaucoup attendre de l'intermède Flandin. Le ventre mou de la gauche [3] était lui aussi bien représenté : il regroupait des marginaux comme Bergery, des désabusés tels Monzie et bon nombre de néo-radicaux de droite, derrière Pierre Dominique.

---

1. Il n'existe pas de bon ouvrage d'ensemble sur le syndicalisme ouvrier entre 1940 et 1944. On peut consulter G. Adam, *la CFTC, 1940-1958*, Paris, Colin, 1964, et avec un peu de précaution, J. Montreuil (*alias* G. Lefranc), *Histoire du mouvement ouvrier en France des origines à nos jours*, Aubier, 1946.

2. C'est le titre d'un article de Maurras paru dans *le Petit Marseillais* du 9 février 1941 où l'on pouvait lire : « Une partie divine de l'art politique est touchée par la surprise extraordinaire que nous a faite le maréchal. On attendait tout de lui, comme on pouvait, comme on devait tout attendre. A cette attitude naturelle, il a été répondu de façon plus qu'humaine. Il n'y manque absolument rien... » L'expression fit grand bruit et Maurras en donna une interprétation assez lénifiante dans *l'Action française* du 15 avril 1941.

3. Sur les hommes de gauche à Vichy, consulter la mise au point de F. Laurent dans sa communication au colloque sur « Le gouvernement de Vichy et la révolution nationale » (45).

La gauche classique n'était pas absente : le 30 mars 1941, des radicaux et certains de renom, tel Maurice Sarraut, donnaient leur approbation à une « Déclaration de Nîmes » qui concluait : « Autour de vous, Monsieur le Maréchal, nous souhaitons vivement pouvoir servir la France... vous nous donnez des raisons d'espérer. » Une fraction, il est vrai minoritaire, de la gauche socialiste et syndicaliste approuvait quant à elle les choix de Belin et de Spinasse, sans pour autant tout approuver; si certains radicaux semblent avoir été pour le moins réticents, leur attentisme bienveillant jouait néanmoins en faveur du pétainisme.

Le régime pouvait également se prévaloir du soutien que lui apportait sans lésiner un groupe de pression qui comptait, celui de la hiérarchie catholique et des catholiques pratiquants [1]. La défaite avait provoqué un virulent défoulement clérical entretenu par un providentialisme sommaire. Mgr Saliège [2] s'écriait : « Pour avoir chassé Dieu de l'école, des prétoires, de la nation, Seigneur, nous vous demandons pardon... Quel usage aurions-nous fait d'une victoire facile en 1940? » Pour sa part, Claudel, qui est représentatif d'un catholicisme français militant, notait le 6 juillet 1940 : « La France est délivrée après soixante ans du joug du parti radical et anticatholique (professeurs, avocats, juifs et francs-maçons). Le nouveau gouvernement invoque Dieu et rend la Grande-Chartreuse aux religieux. Espérance d'être délivrés du suffrage universel et du parlementarisme; ainsi que de la domination méchante et imbécile des instituteurs qui lors de la dernière guerre se sont couverts de honte. Restauration de l'autorité [3]. »

Comme à son habitude, la hiérarchie avait pris son temps pour faire connaître officiellement sa position par rapport au régime; en juillet et en septembre 1941, cardinaux et archevêques des deux zones s'étaient bien gardés — selon une politique éprouvée — de

---

1. Consulter J. Duquesne (52); l'analyse a pu être affinée par des colloques régionaux qui se sont tenus récemment : se reporter aux Actes de celui de Grenoble, en octobre 1976 (53), et de celui de Lille, en novembre 1977 (54).
2. Cette homélie, publiée par *la Croix* le 28 juin 1940, est d'autant plus intéressante que l'archevêque de Toulouse fera preuve tout au long de l'Occupation du plus grand courage.
3. Cité par R. Griffiths (48), p. 305.

Travail, Famille, Patrie
à l'usage des enfants de France

« Il est un beau vieillard, solide et droit comme l'arbre des Druides, un clair regard illumine son visage impassible, clair comme l'eau calme de son pays quand elle reflète un coin de ciel.

» Il va, la démarche ferme, la tête rejetée en arrière sous la triple couronne de chêne, le bras constellé des sept étoiles, la Médaille Militaire sur la poitrine, face au cœur.

» C'est le Maréchal Pétain, notre Maréchal, le Père de tous les enfants de France [qui...] fait don de sa personne à la France.

» Maintenant, il commande à quarante-deux millions de Français accablés, aux cent dix millions d'hommes de la métropole et des colonies.

» Une deuxième fois, au bord de l'abîme, il a sauvé la France meurtrie, mais toujours vivante.

» Il est le signe de l'espoir, la promesse des lendemains nouveaux.

» La terre reverdit au printemps...

» Chef et père, avec dévoûment, intelligence, amour et foi, il a apporté le seul baume qui puisse rendre la France à son grand destin : l'affectueux remède de la Vérité [1]. »

1. R. Descouens, *La Vie du Maréchal Pétain racontée aux enfants de France*, Nice, Éd. de la Vraie France, 1941.

P. 105, *Le Maréchal Pétain, devant le chêne portant son nom dans la forêt de Tronçais*. Photo Keystone.

trancher le problème de sa légitimité, se bornant à exiger des fidèles un « loyalisme sincère et complet envers le pouvoir établi ». Mais d'ajouter aussitôt : « Nous vénérons le chef de l'État et nous demandons instamment que se réalise autour de lui l'union de tous les Français. » En novembre 1940, d'ailleurs, le primat des Gaules, le cardinal Gerlier, avait déclaré : « Travail, Famille, Patrie, ces trois mots sont les nôtres », et il n'avait pas hésité à clamer : « Pétain, c'est la France; la France, c'est Pétain. » Aux satisfactions d'ordre politique et idéologique s'ajoutaient les avantages nombreux que l'État français avait consentis à l'Église, notamment dans ce secteur sensible qu'est la question scolaire : la législation sur les congrégations était notablement assouplie, l'instruction religieuse était réintroduite à l'école comme matière à option, les municipalités recevaient le droit de donner des subventions aux écoles libres, et, pour l'année 1941, l'État octroyait une « aide exceptionnelle adaptée aux circonstances » de 400 millions de francs. Certes, tout le contentieux entre l'Église catholique et l'État n'était pas réglé, la hiérarchie réclamait une plus grande liberté d'action pour ses mouvements de jeunesse et jugeait insuffisante la formule qu'avait défendue un des ministres de l'Éducation nationale, Carcopino, « neutralité religieuse dans les écoles de l'État, liberté de l'enseignement dans la nation »; c'est que, « comme toujours, lorsqu'ils sont les plus forts, les catholiques [menèrent] de front la consolidation de leur propre école et la pénétration de l'école publique [1] ». Dans l'ensemble pourtant, les relations entre une hiérarchie sans conteste séduite et un régime semi-clérical étaient tout à fait satisfaisantes.

De manière spontanée avait, enfin, surgi un maréchalisme de base qui trouvait ses sources profondes dans les traumatismes engendrés par la déroute. On exaltait la verdeur du chef de l'État, son regard limpide, son profil de médaille. On y communiait dans le culte du Père ou du Grand-Père, du Chef ou du thaumaturge. Ces qualités conjointes lui valurent jusqu'à 2 000 lettres par jour. La propagande, il est vrai, favorisa ce culte de la personnalité :

---

1. Voir A. Prost, *l'Enseignement en France, 1800-1967*, Colin, 1968, p. 475.

diffusion d'innombrables calendriers ou almanachs maréchalistes, baptême d'une aiguille Pétain près de Chamonix, consécration en forêt de Tronçais d'un chêne Pétain... on entendit même un curieux *Pater* qui commençait par « Notre-Père qui êtes à notre tête... » et qui se terminait par « Et délivrez-nous du mal, O Maréchal [1] ».

Cette ferveur populaire demeurera longtemps vivace : en 1944 encore, du moins dans la zone occupée, la venue de Philippe Pétain pouvait mobiliser des foules importantes. A ce maréchalisme de base s'associait, en effet, le plus souvent un maréchalisme- bouclier, protecteur et hexagonal, auquel on prêtait toutes les vertus. Beaucoup plus fragile, en revanche, se révéla être le maréchalisme-révolution nationale : le 12 août 1941, Pétain, sensible à « un vent mauvais » qui se levait, gourmandait les Français qui « [avaient] vraiment la mémoire courte ». Après les événements de l'année 1942, il subsistait bien une néo-droite vichyssoise à tous égards pétainiste, se résignant à la collaboration d'État, mais elle perdait du terrain. *A fortiori* le maréchalisme des pétainistes ralliés se dilua-t-il au fur et à mesure de la progression anglo-saxonne.

3. La collaboration d'État

La révolution nationale, y compris ses mesures répressives, incombait à Vichy qui en avait la paternité entière; le Reich — dans une très large mesure — s'en désintéressa. Dans le même temps, l'armistice débouchait sur ce que Stanley Hoffmann appelle la « collaboration d'État », une politique arrêtée par Philippe Pétain en personne. Elle ouvrait un chapitre singulier des relations franco-allemandes tout en déclenchant ce qu'on a pu dénommer à juste titre une « guerre franco-française ». Elle allait diviser les Français d'autant plus durablement que, pour bon nombre de vichys-

---

1. C'était signé Georges Gérard; cité par J. Duquesne (52), p. 59.

sois, c'était « l'ennemi intérieur » bien plus que l'occupant qui
était à éliminer [1].

Les choix de Philippe Pétain, chef de l'État français.

L'armistice à peine signé, Vichy se trouvait confronté à une
situation imprévue : faute de pouvoir s'assurer le contrôle du
ciel anglais, le Reich remettait *sine die* l'invasion de la Grande-
Bretagne et repoussait à plus tard la conclusion de la paix à l'Ouest.
Les responsables de l'économie du Reich considérèrent dès les
premiers jours qu'il convenait d'exploiter les vaincus. A cet égard,
la France, ligotée par les clauses draconiennes de l'armistice,
devenait le joyau de l'Europe occupée. La Wehrmacht, quant à
elle, cherchait à en faire d'abord une base sûre; puis, surmontant
ses méfiances, elle n'exclut pas une collaboration à la carte qui
pouvait offrir en Méditerranée un soutien logistique appréciable.
Pour le maître du Reich, la victoire sur la France devait être
« définitive »; elle ne serait pas polonisée (dans la hiérarchie raciale
de Hitler, les Français n'étaient pas rangés parmi les *Untermenschen*) mais deviendrait conformément aux instructions du 9 juillet
1940 un des potagers de l'Europe nouvelle (« un pays de terriens
pouvant éventuellement assurer certaines productions dans le
domaine de la mode ») et son Luna Park. Si le Führer n'éprouvait
aucun penchant pour une quelconque collaboration, avec l'opti-
misme foncier qui le caractérisa, il en accepta néanmoins par
opportunisme le principe tout en lui fixant des bornes étroites :
le Reich devrait en retirer un profit notable sans avoir à accorder
des concessions d'ordre politique. Voilà qui bridait l' « ambassadeur d'Allemagne à Paris », Otto Abetz, un des rares Allemands

---

1. Sur la collaboration vichyssoise, la littérature est aussi abondante
qu'inégale et contestable. L'analyse minutieuse des archives allemandes
menée aussi bien par R. Paxton (46) que par E. Jäckel (63) rend caduques
quasiment toutes les hypothèses de l'ouvrage de Robert Aron, *Histoire
de Vichy* (Fayard, 1954), qui faisait prime dans les années cinquante. On
lira l'article fondamental de S. Hoffmann (47), p. 41-66, les synthèses
de Y. Durand (5) et de J.-P. Azéma (67), la mise au point problématique
d'H. Michel (64). On complétera par l'étude d'A. Schérer (65), p. 13-38,
par le numéro consacré à « L'Occupation de la France » (8), 1964, et par
l'ouvrage d'A. Hytier (66).

à vouloir effectivement faire de la collaboration franco-allemande la pierre angulaire de la nouvelle Europe vassalisée.

Grâce à la convention d'armistice, le Reich disposait du choix de tous les moyens pour dompter l'État français : la ligne de démarcation, « ce mors dans la bouche d'un cheval », au dire d'un responsable de la Wehrmacht, permettait au besoin d'asphyxier économiquement la zone occupée; le tribut officiel payé au titre des « frais d'entretien des troupes d'occupation allemandes » pouvait être modulé en fonction des circonstances [1]. Les prisonniers internés « jusqu'à la paix » constituaient une remarquable réserve d'otages politiques. Le Reich de surcroît s'était emparé de gages territoriaux [2] : dès août 1940, il avait annexé *de facto* trois départements de l'Est et mettait en place une « ligne du Nord-Est » qui courait de la Somme au Jura, délimitant une « zone interdite [3] » (que les réfugiés de l'exode ne pouvaient franchir) laquelle comprenait une « zone rattachée [4] » (les départements du Nord et du Pas-de-Calais) qui dépendait de la Kommandantur de Bruxelles : placée sous la férule brutale du général Niehoff, elle était interdite aux ministres de Vichy et, jusqu'à l'été 1941, les hauts fonctionnaires français n'y gardèrent qu'un pouvoir déri-

1. Le Reich avait imposé le taux léonin de 1 Reichsmark = 20 francs (en 1939, le RM s'échangeait sur le marché des changes à 6 F), et l'État français eut à payer un tribut journalier d'abord de 400 millions de francs (une somme qui eût permis d'entretenir grassement au bas mot 10 millions de soldats français). Lors des sommets de la collaboration d'État, en mai 1941, elle fut ramenée à 300 millions mais passait à 500 millions à compter de novembre 1942. Précisons une fois pour toutes une échelle de grandeur pour les prix exprimés en francs courants : les indices de transformation pour obtenir des francs 1970 sont respectivement pour l'année 1940 : 0,35; 1941 : 0,29; 1942 : 0,24; 1943 : 0,20; 1944 : 0,17; après quoi, multiplier par deux pour avoir des francs 1978. Pour simplifier, disons qu'il faut *grosso modo* multiplier par 70 les prix de 1940, par 50 ceux de 1942, par 35 ceux de 1944 pour obtenir des prix 1978 exprimés en *anciens francs*.
2. Se reporter à la carte de la page 159.
3. Sans donner la moindre explication, les autorités d'occupation levèrent partiellement l'interdit en septembre 1941 et supprimèrent totalement cette frontière intérieure en mai 1943.
4. Sur l'évolution de la « zone rattachée », consulter E. Dejonghe, *Revue du Nord*, avr.-juin 1978, p. 233-252. Dans des départements encore

soire. Bien plus, en juillet 1940, un général Weyer s'installait à la préfecture d'Ille-et-Vilaine en tant que gouverneur de Bretagne. Même si cette dernière opération semble n'avoir été qu'une fausse manœuvre [1], cette offensive territoriale était préoccupante. Dès l'été quarante, enfin, les autorités d'occupation avaient habilement amené le gouvernement de Vichy, qui tenait à publier dans les deux zones le même *Journal officiel*, à leur soumettre au préalable projets de loi et nominations.

Face à ces contraintes réelles, Philippe Pétain choisit la collaboration économique, qui semblait d'ailleurs inéluctable, mais aussi la collaboration politique dont le principe avait été acquis à Montoire. C'était sans conteste un choix personnel du chef de l'État français [2]. Il ne lui fut pas inspiré par une sympathie pour le régime nazi, dont il se défiait, mais par un pragmatisme qui voulait être réaliste. Il commettait, pourtant, une double erreur d'appréciation : comme bon nombre de stratèges en chambre

---

traumatisés par les souvenirs de l'occupation allemande de 1914-1918 et qui ne tenaient en aucun cas à être annexés, le mouvement séparatiste le plus important, Vlamsch Verband von Frankrijk (la Ligue flamande de France), fondé en 1924 par l'abbé J.-M. Gantois, qui faisait allégeance à Hitler en décembre 1940, ne rencontra quasiment aucun écho ; lire E. Dejonghe, « Un mouvement séparatiste dans le Nord et le Pas-de-Calais sous l'Occupation », *Revue d'histoire moderne et contemporaine*, 1970.

1. Leurs auteurs escomptaient peut-être utiliser au profit du Reich des séparatistes bretons, réfugiés à Berlin, qui revenaient en Bretagne dans les fourgons de l'étranger — tels F. Debauvais et O. Mordrel, deux personnalités du mouvement autonomiste *Breiz Atao* (Bretagne d'abord). Ces séparatistes, cependant, représentaient un courant si minoritaire qu'ils n'osèrent pas, le 3 juillet 1940, proclamer une Bretagne indépendante ; et le Conseil national breton qu'ils mirent en place rencontra l'hostilité déclarée de la hiérarchie catholique (« Jamais Breton ne fit trahison », déclarait en chaire l'évêque de Quimper) et de la grande majorité des autonomistes qui — surtout parmi les notables — faisaient plus confiance à la décentralisation prônée par le régime de Vichy.

2. Se reporter au « Message » tout à fait explicite du 30 octobre 1940. Rappelons quelques-unes des phrases qui, à l'époque, ont fait sensation : « C'est dans l'honneur et pour maintenir l'unité française, une unité de dix siècles, dans le cadre d'une activité constructive du nouvel ordre européen que j'entre aujourd'hui dans la voie de la collaboration... Cette politique est la mienne... c'est moi seul que l'Histoire jugera... »

de l'époque, il misait tout sur la victoire de l'Allemagne; mais, et c'était plus curieux, il eut la naïveté de croire que, grâce à la collaboration, l'État français deviendrait un partenaire politique à part entière du Reich; que, lui, Pétain, obtiendrait des contre-parties politiques qui conforteraient la révolution nationale, la seule chose qui comptait vraiment à ses yeux. C'était mettre la main dans un engrenage dont il restera jusqu'au bout prisonnier. De plus, dans ce marchandage, l'État français disposait avec la flotte et l'Empire de monnaies d'échange appréciables, mais aussi très vulnérables aux aléas de la conjoncture.

Dans une lettre adressée le 9 novembre 1940 à Weygand, Pétain se disait décidé à exclure toute cobelligérance avec le Reich. Mais il avait implicitement accepté un renversement des alliances sinon total, du moins partiel. Il est vrai que, dans le profond différend qui mettait aux prises Français et Britanniques, la France pouvait faire figure de victime. Dès le 16 juin, la flotte française devenait un enjeu qui tournait à l'épreuve de force [1]. Churchill, qui ignorait tout des consignes de sabordage lancées par Darlan [2], n'accorda aucun crédit à la parole de Hitler [3] et fut convaincu qu'il en allait de la survie des îles Britanniques [4]. Il déclenchait, le 3 juillet 1940, l'opération « Catapult » qui visait à rallier ou à neutraliser le maximum de bâtiments de haute mer français. Dans les ports britanniques, comme en rade d'Alexandrie, l'opération se fit bon

1. Devant l'imminence de la crise gouvernementale, Londres avait exigé dans l'après-midi du 16 que « la flotte française soit immédiate-ment dirigée vers les ports britanniques »; mais Reynaud qui recevait peu après le projet d'union franco-britannique n'avait pas donné com-munication du télégramme.

2. Les Britanniques étaient d'autant moins dans le secret que les consignes impératives de l'amiral de la Flotte concernaient toute agres-sion « ennemie ou étrangère ».

3. Pour les Britanniques, Hitler allait dans les plus brefs délais mettre la main sur la flotte française; la preuve en était qu'à Rethondes les Allemands avaient refusé de modifier la clause faisant obligation aux navires de guerre de rejoindre leur mouillage de temps de paix; voir *supra*, p. 73.

4. Lire les critiques formulées par A. Heckstall-Smith, *la Flotte convoitée*, Presses de la Cité, 1964. Il est cependant faux d'affirmer que Catapult fut — au départ — une manœuvre de politique intérieure montée par Churchill.

gré mal gré mais sans provoquer trop de dommages; dans la baie
de Mers el-Kébir, en revanche, l'amiral Gensoul refusait — non
sans légèreté — de prendre en considération toutes les conditions
posées par l'Amirauté britannique [1]; les Anglais ouvrirent le feu,
et les combats firent 1 297 morts chez les marins français. Si
le gouvernement se contenta de rompre les relations diplomatiques,
le pays fut secoué par une violente explosion d'anglophobie qui
pesa lourdement.

Après la guerre, les vichyssois ont affirmé, il est vrai, que les
négociations entre la Grande-Bretagne et l'État français avaient
continué en sous main et que Pétain, tout en se rendant à Montoire, faisait le jeu des Anglo-Saxons : c'est la thèse abondamment
développée du double jeu qui ne résiste pourtant pas à l'examen
méthodique des faits [2]. Il n'est pas niable que, tout au long de
l'automne quarante, Churchill, faisant feu de tout bois et redoutant au plus haut point une cobelligérance franco-allemande, a
non seulement reçu tous ceux qui se présentaient à lui comme des
émissaires officieux de Vichy — et notamment un universitaire,
Louis Rougier —, mais a envoyé missives et messages aussi bien
à Weygand qu'à Pétain. C'est ainsi que le 31 décembre 1940 il
l'adjurait de prévoir la rentrée de l'Empire français dans la guerre
et lui proposait à cet effet des conversations d'état-major ultra-

1. Au procès Baudouin, Gensoul déclarait : « Au point de vue de
l'honneur du pavillon français, et en tant qu'amiral, j'estimais que
sous la menace des canons, fussent-ils anglais, je ne pouvais pas mollir
et accepter les termes de cet ultimatum. » Il précisa qu'il avait « omis »
de transmettre à l'Amirauté française la clause autorisant l'escadre à
gagner les Antilles pour y être neutralisée sous contrôle américain. Au
demeurant, Gensoul avait choisi sur-le-champ de ne pas reculer devant
les Britanniques; voir J.-P. Azéma, « Le drame de Mers el-Kébir »,
l'Histoire, 1980.

2. C'est la « mission du professeur Rougier » qui servit de base aux
spéculations les plus échevelées : si l'on en croyait L.-D. Girard (*Montoire, Verdun diplomatique*, Bonne, 1948), Pétain aurait non seulement
possédé des dons de voyance stupéfiants mais aurait encore été le plus
bel agent double de toute l'histoire. Le général Schmitt (*les Accords
secrets franco-britanniques, histoire ou mystification*, PUF, 1957) a
réfuté bien des allégations de L. Rougier (*les Accords secrets franco-
britanniques*, Grasset, 1954). Sur le « double jeu » de Pétain, consulter
la pertinente mise au point d'H. Michel (64), p. 151-156.

secrètes. Aucune réponse ne vint jamais : non seulement Philippe Pétain s'était toujours profondément défié des Britanniques mais surtout il était alors intimement persuadé que la paix serait allemande.

Les variantes vichyssoises.

Si, à Vichy même, la ligne Pétain ne fut pas à proprement parler mise en cause, du moins des pressions s'exerçaient-elles pour l'infléchir. Schématiquement, deux tactiques s'opposaient. D'aucuns, partisans de « l'armistice, rien que l'armistice », jugeaient inéluctable la collaboration économique tout en se défiant de la collaboration politique. Plus le temps passait, plus celle-ci leur apparaissait dangereuse à tout point de vue; ainsi à Laval qui alléguait en novembre 1942 que, « si les Anglo-Saxons sont vainqueurs dans cette guerre, ce sera le bolchevisme », Weygand rétorquait vertement : « Je vous répète que le gouvernement par sa politique se fait le fourrier du communisme. »

Weygand était très représentatif de ce courant. Lui-même en Afrique du Nord, où Pétain l'avait envoyé comme délégué général du gouvernement, couvrait de son autorité le stockage clandestin de matériel de guerre. Pourtant, quoiqu'il fût décidé à la revanche, il ne bascula pas. A ses yeux, comme pour un certain nombre de vichyssois, nationalistes et germanophobes, cette revanche ne pourrait s'obtenir qu'à travers un redressement intérieur dont la révolution nationale était le modèle [1]. Or, la dissidence non seulement scindait l'armée — faute déjà impardonnable — mais sapait l'Autorité, l'Ordre, la Hiérarchie. C'est pourquoi Weygand fit preuve d'une loyauté inébranlable à l'égard de Pétain et ne répondit pas aux avances répétées des Britanniques.

D'autres, avec Laval, prônaient la tactique opposée : aller de l'avant coûte que coûte. Encore qu'il militât pour une « République » autoritaire, Laval pas plus que Pétain n'était attiré par le nazisme. Il se voulait, comme lui, un adepte clairvoyant de la *Realpolitik*. Au demeurant, il estimait que le sort de l'État français

---

1. Weygand avait rédigé en juillet 1940 un manifeste qui exaltait Dieu, la Famille et la Patrie; cité par E. Berl (43), p. 282-283.

se jouait non sur la révolution nationale mais sur sa politique extérieure. Celle-ci était toute tracée : l'Europe future serait allemande, et il était primordial de s'y préparer la meilleure place possible ; au lieu de jouer au plus fin, ce qui était non seulement inefficace mais criminel, il fallait prendre les devants, pratiquer une collaboration « loyale », forcer la main à l'Allemagne ; après quoi, la France serait en meilleure position au moment de la curée de la paix. Pour ce faire, il préconisait non seulement une collaboration économique sur une grande échelle, mais encore une collaboration politique très large qui n'excluait pas de la part de l'État français une participation ouverte à l'effort de guerre du Reich.

Entre la ligne arrêtée par Pétain et celle défendue par Laval, les différences ne sont pas négligeables, et il est certain que, sous le proconsulat de Laval, la collaboration — du moins du côté français — a été bon train. Il serait toutefois erroné d'opposer de manière irréductible un Vichy-Pétain à un Vichy-Laval. Car il n'existe pas entre les deux une différence de nature : Pétain comme Laval partirent des mêmes postulats de base, et l'un comme l'autre s'en tiendront jusqu'au bout et malgré leurs déboires au cadre de la collaboration d'État. D'ailleurs, c'est en mai 1941, à une époque où Laval n'appartenait plus au gouvernement, que la collaboration d'État atteint ses sommets.

De Montoire à Saint-Florentin : le miroir aux alouettes.

Inaugurée à Montoire en octobre 1940, culminant en mai 1941 dans les « Protocoles de Paris », la collaboration d'État s'était déjà essoufflée lors de l'entrevue de Saint-Florentin en décembre 1941.

Tout au long de l'été 1940, les dirigeants de l'État français s'étaient évertués à rencontrer des interlocuteurs allemands responsables. Soulignons-le bien, encore une fois, c'est Vichy et non le Reich qui est demandeur, c'est Vichy qui est — logiquement — à la recherche d'une collaboration d'État [1]. Laval trouva en

1. Sources allemandes à l'appui, H. Michel en a fait une démonstration rigoureuse (64) ; compléter par E. Jäckel (63) et A. Hytier (66).

Abetz la filière la plus efficace; il revint à Pétain de faire officiellement la première ouverture : le 11 octobre, il se dit prêt à « rechercher la collaboration dans tous les domaines » pour peu que le vainqueur sache « dominer sa victoire ». Hitler se laissa tenter : d'une part, il avait été favorablement impressionné par la résistance des forces vichyssoises à Dakar et, d'autre part, avant de lâcher la Wehrmacht sur les steppes russes, il s'efforçait de bâtir un échafaudage complexe visant à « fermer la porte de derrière », celle de la Méditerranée.

C'est en se rendant en Espagne, le 22 octobre, qu'il reçut Laval; deux jours plus tard, après avoir eu à Hendaye des conversations décevantes avec Franco, Hitler rencontrait, dans la petite ville de Montoire, le chef de l'État français. Dans leur échange de vues, les deux interlocuteurs firent montre d'une grande prudence tout en convenant du principe d'une collaboration entre l'État français et le Reich. Le maître du Reich avait accueilli le vainqueur de Verdun avec beaucoup d'égards et ils avaient échangé une poignée de main qui, par les soins efficaces de la Propagandastaffel, allait faire sensation en France et dans le monde entier. D'aucuns parmi les vichyssois patentés en concevaient pour le moins de l'agacement [1]. C'est pour calmer des « inquiétudes » décelées ici et là que, le 30 octobre, Philippe Pétain plaidait sans appel pour une collaboration politique en jetant dans la balance son autorité et de « Père » et de « Chef ». Le pas décisif était franchi.

Du moins Vichy le pensa-t-il. Et l'État français ne regarda pas à la dépense : il signait un « accord de compensation » léonin, cédait les participations françaises dans des mines de cuivre yougoslaves [2], livrait au Reich l'or que le gouvernement belge avait naguère confié au gouvernement français; Laval, mais également Darlan, Huntziger et bien d'autres dressaient des plans avec des généraux de la Wehrmacht pour reprendre le Tchad à la « dissidence ». En regard de ces concessions faites de bon gré, le Reich

---

1. C'est cette gêne que formulait Maurras dans *l'Action française* : « Êtes-vous partisan de cette collaboration? — Je n'ai pas à en être partisan. — Adversaire alors? — Non plus. — Neutre? — Pas davantage. — Vous l'admettez donc? — Je n'ai pas à l'admettre ou à la discuter » (voir E. Weber (19), p. 513).

2. Voir *infra*, p. 307.

fit quelques gestes, il concéda ainsi à l'État français d'être la puissance protectrice de ses propres prisonniers. Seulement dans le même temps, les deux Gauleiter expulsaient, en novembre, sans crier gare, 150 000 Alsaciens-Lorrains que le Reich jugeait inassimilables, et, le 10 décembre 1940, Hitler signait la directive « Attila », un plan d'invasion — en cas de besoin — de la zone non occupée. La collaboration d'État était à l'évidence mal partie.

Le renvoi de Laval ouvrait un intermède confus. Nous avons déjà souligné les raisons profondes de la révolution de palais du 13 décembre qui visait moins les fondements que les modalités de la politique de Laval. Mais la surprise que provoqua dans l'opinion le renvoi brutal de celui qui passait pour l'artisan le plus convaincu de la réconciliation franco-allemande et la promptitude des réactions allemandes [1] donnèrent à cette révolution de palais un retentissement inattendu et somme toute disproportionné. C'est dans cette disproportion que résida la véritable ambiguïté de cette mini-crise.

Cependant, le gouvernement de Vichy était plongé dans un grand embarras : il avait eu beau protester de la pureté de ses intentions, Darlan répéter à Hitler, qu'il rencontrait près de Beauvais, le 25 décembre, que rien n'était changé à la politique de Montoire, Vichy ne parvenait pas à lever l'ostracisme lancé par Abetz [2] à l'encontre de Flandin, le nouveau ministre des Affaires étrangères. Ce sont les militaires de la Wehrmacht qui débloquèrent la situation. Une fraction du haut commandement allemand, en effet, s'inquiétait de voir le Reich ouvrir incessam-

---

1. Berlin, tout aussi surpris, se prononça — dans le doute — pour la fermeté; Déat, qui avait été arrêté à Paris, dut être immédiatement élargi; Abetz se rendit le 16 avec une escorte de SS en zone non occupée; il y « délivrait » Laval mais échouait à le voir replacé à la tête des Affaires étrangères. Il le ramenait alors à Paris, dans ses bagages.

2. Otto Abetz, qui faisait fond sur Laval, fit, en effet, monter les enchères; Hitler, quant à lui, accordait une moindre importance au renvoi d'un vulgaire politicien dont il se défiait; mais cet épisode le confortait dans sa défiance à l'égard des Français. Au demeurant, il était entièrement tourné vers l'opération « Barbarossa » — l'invasion de l'URSS — et de moins en moins intéressé par les médiocres affaires françaises. Sur les réactions allemandes, consulter la mise au point d'E. Jäckel (63), p. 180-225.

ment un deuxième front sans qu'il en eût terminé avec les Anglais
en Méditerranée. Il réussit à convaincre Hitler de prendre au mot
les multiples déclarations d'intention de Vichy afin d'obtenir un
soutien logistique pour les troupes de Rommel qui étaient en difficulté en Cyrénaïque et pour les insurgés irakiens qui, le 3 avril,
menaient à bien un coup d'État antibritannique. Pétain et Darlan
saisirent la perche tendue. L'amiral de la Flotte, fortement impressionné par les succès foudroyants du Reich dans les Balkans,
entendait, tout comme Laval, obtenir une paix qui se conclurait
aux dépens de la Grande-Bretagne et sauvegarderait la puissance
maritime et les intérêts coloniaux français. Au bout de trois
semaines de pourparlers étaient paraphés, les 27 et 28 mai 1941,
les « Protocoles de Paris » : ils comportaient deux clauses techniques concernant l'Irak et l'Afrique du Nord française, une autre
« de principe » sur Dakar et l'AOF, et un « protocole complémentaire », celui-ci très politique, qui avait été ajouté à la dernière
minute. Aux termes de ces accords, l'État français s'engageait
à fournir aux troupes de l'Axe un soutien logistique approprié
(possibilité d'utiliser voies ferrées, aérodromes, livraison de matériel...) [1] et se déclarait prêt « en principe » à faire de Dakar un
point d'appui pour la Kriegsmarine. En outre, Darlan, qui entendait obtenir des contreparties politiques, avait fait préciser dans
le « protocole complémentaire » que « le gouvernement allemand
[fournirait] au gouvernement français, par la voie de concessions
politiques et économiques, les moyens de justifier devant l'opinion
publique de son pays l'éventualité d'un conflit armé avec l'Angleterre et les États-Unis ». C'était aller très loin et jouer avec le
feu. Fort satisfait de lui, l'amiral, pour sa part, se targuait d'avoir
arraché au Reich plus de concessions qu'il n'en avait jamais
consenti : réduction du tribut légal, réarmement d'une douzaine
de navires de guerre, libération de quelque 100 000 prisonniers
anciens combattants.

Cette nouvelle flambée de la collaboration d'État fut pourtant

---

1. Une trentaine d'avions allemands purent atterrir en Syrie;
20 000 fusils, 200 mitrailleuses, 12 canons prélevés sur les stocks d'armes
de l'armée française entreposés en Syrie parvinrent aux insurgés irakiens.
Consulter M.-C. Davet, *la Double Affaire de Syrie*, Fayard, 1968.

sans lendemain. A Vichy, les Protocoles de Paris furent âprement combattus par Weygand qui, appuyé par Boisson, gouverneur général de l'AOF, reprocha vivement à Darlan d'ouvrir l'Empire à la pénétration de l'Axe, de faciliter par là même le travail de sape de la dissidence et de brader à très court terme les possessions outre-mer. L'argumentation était pertinente et elle ébranla la conviction des excellences vichyssoises. L'État français joua alors à quitte ou double : Darlan réclama à Berlin comme contre-partie politique le rétablissement de la souveraineté totale de l'État français sur tout le territoire. Cette prétention à la parité parut intolérable à Hitler, alors même que les Anglais avaient reconquis Bagdad et neutralisé la Syrie et le Liban. Non seulement il rompit la négociation, mais il fit à nouveau sentir qu'il était le maître : il exigea et obtint de Pétain que Weygand fût rappelé d'Afrique du Nord.

C'était vraisemblablement sans grande illusion que le chef de l'État français s'était rendu à Saint-Florentin pour y rencontrer le 1er décembre 1941 Goering. Au demeurant, l'entrevue tourna à l'aigre : le maréchal nazi tança, menaça, refusa sèchement de prendre en considération un mémorandum français, au point que Pétain se sentit obligé de lui faire la leçon : « J'ai compris que la collaboration véritable impliquait de traiter d'égal à égal. S'il y a en haut un vainqueur et en bas un vaincu, il n'y a plus de collabo-ration, il y a ce que vous appelez un *Diktat* et ce que nous appelons la ' loi du plus fort '... Vous pouvez gagner seuls la guerre, vous ne pouvez faire seuls la paix. Vous ne pouvez faire la paix sans la France. En ne faisant pas une paix de collaboration, vous vous exposez à perdre la paix. » Philippe Pétain prenait conscience qu'il avait été floué, que la collaboration politique avec le Reich était un leurre.

Le bilan de quinze mois de collaboration volontaire était, en effet, pour le moins décevant; un miroir aux alouettes. L'État français n'avait obtenu que des miettes en regard du profit que le Reich avait retiré de la « politique de Montoire » : occuper et exploiter le plus officiellement du monde un pays vaincu tout en évitant la majeure part des inconvénients inhérents à pareille situation. Cette distorsion s'expliquait par un malentendu initial : pour collaborer, il faut effectivement être deux, et seul l'État français désirait réellement collaborer. A Montoire, Pétain (et les Français avec lui) avait endossé tous les risques; pour Hitler, Montoire était une péripétie parmi tant d'autres d'une guerre européenne, un pion dans la partie méditerranéenne qui se jouait avec l'Espagne et l'Italie. Et les dirigeants de l'État français, prisonniers de leur gallocentrisme, apprendront à leurs dépens qu'aux yeux du Führer Vichy comptait peu par rapport à Londres et à Moscou. Marché de dupes, cette collaboration politique était pourtant devenue une sorte de machine de plus en plus difficile à maîtriser, au point que la ligne Weygand pouvait apparaître comme dépassée. Pour Laval, rongeant son frein, la nécessité d'aller de l'avant s'imposait plus que jamais.

4. Les réfractaires

La collaboration d'État, et l'armistice, ceux qui se posèrent très vite en réfractaires les avaient immédiatement refusés. Si, en 1941 encore, ils formaient une ultra-minorité sans grande cohésion, il serait erroné de sous-estimer leur importance politique : ils annoncent une relève et préparent l'unification de la France combattante [1].

Faire quelque chose.

Ceux chez qui un phénomène de rejet et de honte l'avait emporté sur le soulagement cherchèrent vite à « faire quelque chose » (C. Bourdet). Dès juin 1940, le général Cochet appelait les militaires placés sous ses ordres à ne pas désarmer; le 17 juin, Edmond Michelet, dans un tract, affirmait après Péguy que « celui

---

1. Sur les débuts de la Résistance intérieure, parcourir H. Michel (68); lire le panorama exhaustif dressé par H. Noguères (6) et l'étude de H.R. Kedward (125); compléter par C. Bellanger (70) et par les témoignages vécus d'H. Frenay (71) et de C. Bourdet (72).

qui ne se rend pas a raison contre celui qui se rend »; des prisonniers faussaient compagnie à leurs gardiens; le 19 juin, un ouvrier
agricole, Étienne Achavanne, sectionnait les communications
téléphoniques d'un aérodrome occupé par la Wehrmacht; arrêté,
il fut fusillé.

Contrairement à des idées reçues, ces sursauts contre le « mea-
culpisme » et le défaitisme ambiants ne répondaient pas aux
directives d'outre-Manche : il existe bien une spécificité originelle
de la Résistance intérieure. D'une part, les liaisons avec Londres
étaient très aléatoires : c'est en janvier 1941 que Frenay pouvait
faire parvenir — *via* l'Espagne — les renseignements que son
mouvement avait collectés, c'est en octobre qu'était parachuté
Yvon Morandat, le premier émissaire de la France libre chargé
d'une mission politique exploratoire. D'autre part, bon nombre
de réfractaires répugnaient à apparaître comme des émigrés et
estimaient que le très gros du travail devait se faire en France.
A Daniel et Cleta Mayer qui disaient vouloir gagner Londres,
Blum rétorquait : « Vous serez là-bas deux unités de plus sans
compétence militaire et qu'il faudra nourrir. Ici, il y aura du travail
à faire. Il faut poursuivre la guerre, reconstruire le parti, l'orienter
dans la lutte contre l'occupant et contre Vichy. Vous serez plus
utiles ici [1]. »

Autre idée reçue : les premiers résistants seraient des marginaux, pour lesquels le « caractère » aurait plus compté que l'engagement politique. Il est vrai que certains réfractaires — à l'image
de Frenay ou d'Emmanuel d'Astier de La Vigerie — ont dû
rompre avec leur milieu familial, social et politique, et sont devenus
des sortes d'aventuriers sociaux [2]. Il est frappant de constater,
pourtant, que ces résistants se recrutent d'abord dans quelques
familles d'esprit. Il y avait des catholiques militants — dont
Edmond Michelet, ancien président de l'ACJF, est un bon symbole —, souvent lecteurs de *Sept* ou de *Temps présent*, parfois
membres du parti démocrate populaire (PDP) ou de la Jeune

---

1. Voir D. Mayer, *les Socialistes dans la Résistance*, PUF, 1968, p. 12-
13.
2. Ce constat vaut surtout pour un certain nombre d'individualités
issues de la droite nationaliste qui s'étaient engagées rapidement dans
la Résistance.

République; ils seront nombreux dans le mouvement Liberté qui fut fondé à l'automne 1940. Il y avait, également, des militants de la SFIO, ceux du moins qui, sous l'impulsion de Daniel Mayer, de Félix Gouin, de Suzanne Buisson, de Lucien Hussel, étaient demeurés fidèles ou s'étaient ralliés à la ligne Blum; en zone occupée, le militant Jean Texcier passait sous le manteau ses *Conseils à l'occupé*, le député-maire de Roubaix, Jean Lebas, lançait en octobre 1940 *l'Homme libre* et le brigadier Jules Noutour créait en avril 1941 *la Voix du Nord*; des socialistes étaient à l'origine du mouvement Libération-Nord [1]. Des syndicalistes s'engageaient tout autant, aussi bien à la CGT qu'à la CFTC, inspirant un Comité d'études économiques et syndicales qui prenait ses distances à l'égard de Vichy, trouvant des sympathies actives dans un certain nombre de fédérations, telles celles des cheminots et des postiers.

Mais comment?

Tous les réfractaires partageaient un même postulat : la guerre n'était pas finie, elle ne faisait même que commencer. Devant ses juges allemands, lors du procès d'un des premiers mouvements de la zone nord, celui du musée de l'Homme, Léon-Maurice Nordmann proclamait en janvier 1942 : « La mort, on la risque tous les jours sur les champs de bataille; j'ai considéré que nous sommes toujours en guerre contre vous. » Ce postulat excluait *a fortiori* toute forme de collaboration avec l'ennemi. Cela dit, des différences étaient vite apparues dans l'appréciation de la situation qui tenaient en partie à des clivages politiques. Tous ne combattaient pas le même occupant : pour bon nombre de résistants issus de la droite nationaliste, c'était toujours l'ennemi héréditaire; pour les militants de gauche, c'était aussi le produit du système nazi. Autre choix important des tout premiers temps : fallait-il faire un bout de chemin avec le maréchal? Il fallait en passer par là pour des raisons d'ordre tactique selon certains,

---

1. Le militant socialiste et cégétiste Christian Pineau rédigera à lui seul les 70 premiers numéros du journal entre décembre 1940 et avril 1942.

si l'on voulait convaincre les pétainistes de bonne foi ; pour d'autres, souvent proches de l'armée d'armistice [1], Philippe Pétain jouait double jeu ; d'autres encore étaient sensibles au renouveau qu'apportait la révolution nationale [2] et vantaient — comme l'affirmait le journal de Frenay le 25 août 1941 — « les excellentes réformes intérieures qui sont énoncées », entre autres « la suppression des partis politiques [3] ». Il fallut attendre le printemps, voire l'automne 1942, pour que ceux des résistants qui avaient été séduits par Pétain ou la révolution nationale deviennent à la fois « des soldats sans uniforme et des citoyens en révolte [4] », en s'alignant sur la ligne de ceux qui — notamment à Libération-Nord et Sud — avaient immédiatement combattu le régime de Vichy. L'État français, d'ailleurs, avait petit à petit interné ou emprisonné un bon nombre de ceux qui avaient cru au double jeu de Philippe Pétain [5].

La guerre n'était pas finie. Soit. Mais comment la mener, militairement ou politiquement ? La grande majorité des réfractaires de la zone nord, peut-être parce qu'ils étaient directement confrontés à l'occupant, se voulaient avant tout des guerriers ; ainsi l'Organisation civile et militaire (l'OCM) s'était bien dotée d'une section « civile » coiffée par Blocq-Mascart, mais ce mouvement fonctionnait à la manière d'un état-major dirigé par les officiers d'active

1. Ils comptaient sur la fraction de l'état-major qui se prépara à une revanche dans le court terme ; c'était notamment le fait de l'ex-5e Bureau qui, sous le couvert du « bureau des menées antinationales », des services des « travaux ruraux » ou du CMD, faisait du renseignement, éliminait les espions à la solde de l'Axe, camouflait des armes (65 000 armes individuelles, 1 500 véhicules). Sur l'action de ces services secrets, voir R. Paxton (46) et P. Paillole, *Services spéciaux*, Laffont, 1976.

2. Citons Philippe Viannay : « En juillet 1942, en tout cas, je parlais encore de la ' bonne foi et du patriotisme du maréchal ' » (voir H. Noguères (6), t. 3, p. 478).

3. Voir M. Granet et H. Michel (73), p. 87.

4. La formule est d'H. Frenay (71), p. 12.

5. Une victime illustre : Loustaunau-Lacau, un ancien de l'entourage de Pétain, fondateur du réseau Alliance, sera interné, livré à la Gestapo, subira 54 interrogatoires avant d'échouer et de survivre à Mauthausen. Progressivement, Vichy réprimera les milieux nationalistes résistants.

ou de réserve qu'étaient Arthuys, Heurteaux, Touny. En zone sud, en revanche, les résistants se sont en général orientés vers des formes d'action beaucoup plus « politiques [1] ».

Tandis que la plupart des responsables des mouvements plus politiques entendaient mener leur combat de façon autonome, y compris à l'égard des Français libres, ceux qui recherchaient avant tout l'efficacité immédiate s'engageaient plus volontiers dans des réseaux liés aux FFL ou aux services secrets britanniques [2].

Tout — ou presque — était à inventer; personne — ou presque — n'était armé pour ce genre de lutte. Les élites traditionnelles brillaient par leur absence, ce qui provoqua certes un renouvellement bénéfique mais pesa aussi lourdement sur les débuts de la Résistance. Quant aux moyens, ils étaient dérisoires. Le combat armé, on en parlait assez peu, et, de toute manière, les armes, qui avaient été confisquées par l'occupant ou stockées par l'armée d'armistice, étaient d'une très grande rareté. Les fonds n'abondaient pas davantage : au bout de quatre mois de quête incessante, Frenay avait tout juste pu rassembler 14 000 francs. Une misère [3].

Dans une France pétainiste et abasourdie par la défaite, c'étaient là des conditions matérielles propres à décourager les vocations et à faire de ces réfractaires une ultra-minorité. De l'été 1941,

---

1. La ligne de démarcation représenta une coupure durable encore plus qu'un obstacle gênant. Seuls le Front national et — pour quelques mois seulement — Combat purent développer leurs organisations sur les deux zones.

2. En avril 1941, Loustaunau-Lacau, qui se défiait de la France libre, prenait contact à Lisbonne avec un « honorable correspondant » de l'Intelligence Service et montait Alliance, un réseau travaillant pour les Anglais de façon efficace; sur son histoire, consulter M.-M. Fourcade, *l'Arche de Noé*, Le Livre de poche, 1971, 2 vol.

3. On se gardera de toute généralisation abusive : l'industriel Marcel Lebon fournissait au mouvement Défense de la France les fonds nécessaires pour démarrer; l'OCM comptait parmi ses tout premiers adhérents des hommes de finance qui ne lésinèrent pas sur leur cassette personnelle. Force est pourtant de constater qu'en règle générale les résistants des tout débuts n'eurent guère de mécène. Donnons la parole à Frenay : « Le chef d'une grande entreprise, l'un de mes condisciples du lycée Ampère avec qui j'étais resté très lié, m'a remis 5 000 francs, j'en espérais dix fois plus, et le patron d'un chantier naval bien connu m'offrit une somme si dérisoire que nous l'avons refusée » (71), p. 69.

Henri Noguères dressait un bilan médiocre : « Sur l'ensemble de la population française, les résistants actifs ne constituaient même pas en termes de statistiques une minorité appréciable. Et ce qui était plus grave, les ' sympathisants ' même passifs n'étaient guère plus nombreux : dans leur très grande majorité les Français se montraient plus soucieux de ne plus revoir les horreurs de la guerre, de pallier les insuffisances du ravitaillement et d'accueillir leurs prisonniers que de poursuivre la lutte aux côtés des Alliés [1]. » En zone nord, les risques encourus n'étaient pas minces; en zone sud, certains estimaient préférable d'exploiter d'abord les possibilités légales : c'est ainsi qu'un Mounier, antimunichois et antinazi s'il en fut, choisissait de faire reparaître *Esprit* sans rejoindre l'équipe qui, autour du père Chaillet, allait publier les *Cahiers du Témoignage chrétien* clandestins [2]. D'autres — tel Malraux — réagissaient en termes de « réalisme technique » : « Avez-vous de l'argent?... Avez-vous des armes?... Bon [...] revenez me voir quand vous aurez de l'argent et des armes [3]. »

Ajoutons que — les communistes mis à part — peu de cadres de la Résistance avaient la possibilité de mettre rapidement sur pied une organisation réellement populaire. Sans être aussi élitiste qu'un Blocq-Mascart qui écrivait dans le premier *Cahier* de l'Organisation civile et militaire que « ce n'est pas aux masses à établir ce que sera l'ordre nouveau... c'est aux chefs à sortir l'opinion publique du désarroi », les responsables de la Résistance non communiste fréquentaient relativement peu les milieux populaires. Peut-être parce que beaucoup d'entre eux étaient enseignants [4] ou exerçaient des professions libérales.

---

1. Voir (6), t. 1, p. 442.
2. Confronter F. et R. Bédarida, « Une Résistance spirituelle : aux origines du *Témoignage chrétien*, 1941-1942 » (8), 1966, et M. Winock (61), p. 203-238.
3. Voir C. Bourdet (72), p. 73; Malraux entra en liaison avec le SOE britannique en 1943 et s'imposa comme colonel Berger en mars 1944 (consulter J. Lacouture, *Malraux, une vie dans le siècle*, Éd. du Seuil, 1976).
4. Citons quelques historiens : Marc Bloch, P. Brossolette, G. Bidault, et aussi Lucie Samuel-Aubrac, Burgard, Morpain...

Les premières convergences.

En 1940, le hasard présidait à bien des choix : c'est dans un train que Bourdet était contacté par Frenay, on entrait dans tel réseau parce que c'était celui qui était le mieux implanté dans la région. Au fil des mois, la différenciation se fait tandis qu'apparaissaient les premières convergences. Esquissons un calendrier schématique : l'été 1940, c'est le temps des refus plus ou moins symboliques; au cours de l'automne et de l'hiver surgissaient les premières initiatives; en 1941, la Résistance s'était enracinée. Deux types d'organisations fonctionnaient déjà : les réseaux et les mouvements. Selon Claude Bourdet : « Un *réseau*, c'est une organisation créée en vue d'un travail militaire précis, essentiellement le renseignement, accessoirement le sabotage, fréquemment aussi l'évasion de prisonniers de guerre et surtout de pilotes tombés chez l'ennemi; ce qu'on a appelé les ' filières '. Par définition un réseau est en contact étroit avec un organe de l'état-major des forces pour lequel il travaille [...]. Un *mouvement*, au contraire, a pour premier objectif de sensibiliser et d'organiser la population de la manière la plus large possible. Bien entendu il a aussi des objectifs concrets [...] mais au fond on pourrait presque dire qu'il remplit ces tâches par *surcroît*, parce que ce serait absurde de ne pas utiliser aussi ces moyens et parce que chacun de ses adhérents a besoin de se sentir concrètement engagé. C'est avant tout *par rapport à la population* qu'il entreprend ces tâches. C'est *elle* qui est son objectif et sa préoccupation profonde [1]. »

Depuis juin 1940, il y avait eu, en effet, des réfractaires qui agissaient à titre quasi individuel. On connaît le geste de Jean Moulin qui refusait de cautionner un texte déshonorant pour l'armée française; on sait peut-être moins que Vieljeux, ancien officier, plus tard déporté, maire de La Rochelle, refusa d'amener le drapeau; que Pierre Roche était fusillé pour avoir saboté à Royan un câble téléphonique; que Karp Israël subissait le même sort pour avoir levé le poing pendant que défilaient à Bordeaux les

1. Voir C. Bourdet (72), p. 96.

troupes de la Wehrmacht; que Paul Koepfler montait sa filière d'évasion (dans la seule nuit de Noël 1940 il fera passer la « ligne » à 120 personnes menacées). A la même époque, le militant socialiste Jean Texcier commençait de distribuer sous le manteau ses *Conseils à l'occupé* où l'on pouvait lire : « Étale une belle indifférence, mais entretiens soigneusement ta colère, elle pourra servir », ou bien encore : « Mon frère, ajuste avec soin ton beau masque de réfractaire [1]. »

L'hiver venu, ce réfractaire commençait de s'organiser : il hébergeait un prisonnier qui avait réussi là belle ou recueillait des renseignements de tous ordres pour un réseau qui se constituait; ou bien encore, il recopiait, distribuait un tract, voire un « journal » : en octobre 1940, 5 titres avaient déjà émergé, après que Robert Deiss eut sorti *Pantagruel*, vraisemblablement le premier imprimé de la presse clandestine (il eut 16 numéros). Tous les grands mouvements — ou presque — allaient bientôt avoir leur propre journal [2] qui était, bien souvent, leur principale activité militante. Ceux que le besoin d'action démangeait en éprouvaient parfois un sentiment de frustration à l'image du polytechnicien Asher — le futur « Ravanel » — se rendant dans des « réunions parfaitement sympathiques [qui] se déroulaient chez des gens très bien de la société lyonnaise et [dont] il ne sortait pas grand-chose [3] ». Pourtant, ici et là, on ne faisait pas seulement de la propagande. A Montpellier, Jacques Renouvin [4], après avoir peint « Je n'aurais pas collaboré » au bleu de méthylène sur la statue équestre de Louis XIV, mettait sur pied des « corps francs » prêts à intervenir contre les collaborationnistes; à Lyon, des militants de Franc-Tireur et de la JEC interrompaient la projection du film nazi *le Juif Süss*. En zone nord, les sabotages des installations militaires allemandes n'avaient pas cessé (en décembre 1940, on en comptait 51 pour les seuls départements

---

1. Se reporter à C. Bellanger (70), p. 32.
2. Consulter l'*Histoire générale de la presse française* (60), p. 97-176.
3. Cité par H. Noguères (6), t. 1, p. 426.
4. Cet ancien camelot du roi, qui avait rompu avec l'Action française quand Maurras était devenu néo-pacifiste, avait donné une gifle monumentale à Flandin, qui avait envoyé un télégramme de félicitation à Hitler.

du Nord et du Pas-de-Calais); la zone occupée avait été également le théâtre de deux manifestations intéressantes à bien des égards : le 11 novembre 1940, passant outre à l'interdiction, des lycéens et des étudiants, nationalistes, « gaullistes » et communistes mêlés, avaient manifesté [1] contre l'occupant, tenu les Champs-Élysées pendant deux heures avant que les forces allemandes aient ouvert le feu. Le 26 mai 1941 débutait à Dourges une grève qui, jusqu'au 7 juin, allait toucher les trois quarts des mineurs du Nord et du Pas-de-Calais. C'était un mouvement exemplaire : lancé sur des mots d'ordre précis (amélioration de l'ordinaire et des conditions de travail), il se politisait en s'étendant et tournait à l'épreuve de force contre l'occupant [2].

Les débuts étaient toujours laborieux, hasardeux, décevants. Un petit nombre de ces minoritaires verra la Libération; encore moins nombreux furent ceux qui échappèrent à la prison et au camp de concentration; en néophytes ils commettaient trop d'imprudences, ils étaient aussi les victimes de trahison. C'est une dénonciation qui décimait au Havre le groupe Morpain, c'est un traître qui provoquait l'arrestation et l'exécution des principaux responsables (Vildé, Lewitsky, Nordmann...) du groupe du musée de l'Homme. Certaines organisations, pourtant, parvenaient à surmonter ces handicaps initiaux. En 1941, des réseaux de renseignement de taille honorable étaient devenus opérationnels, aussi bien Interallié issu du service de renseignement de l'armée polonaise que la Confrérie Notre-Dame façonnée par Rémy, qu'Alliance qui, sous l'impulsion de Loustaunau-Lacau, Faye et Marie-Madeleine Fourcade, avait déjà recruté une bonne centaine d'agents de valeur (un des plus résolus, l'officier mécanicien Schaerrer, finissait par se faire prendre en juillet 1941 alors qu'il quittait un sous-marin de la Kriegsmarine, plans en poche). Avec un peu plus de retard et plus de tâtonnements, s'organisaient les mouve-

---

1. Sur cette manifestation qui suscita — plus tard — bien des recherches en paternité, consulter H. Noguères (6), t. 1, p. 171-187, et R. Jossé, « La naissance de la Résistance à Paris » (8), 1962.
2. L'occupant ne s'y trompa pas. Tout en accordant quelques satisfactions matérielles, il déporta 224 « meneurs » (dont 126 ne revinrent pas des camps) et prit 94 otages (dont 9 furent fusillés).

ments [1]. En zone nord, l'Organisation civile et militaire (OCM) amalgamait officiers supérieurs et têtes pensantes civiles; Libération-Nord [2], dirigé par Christian Pineau, Robert Lacoste, Jean Texcier, etc., prospectait dans les milieux socialistes et syndicaux; le 14 juillet 1941, Philippe Viannay et Robert Salmon sortaient le premier numéro de *Défense de la France* et recrutaient parmi les étudiants. En zone sud, ceux qui allaient devenir les grands mouvements avaient déjà posé des jalons prometteurs. Après s'être rodé dans une entreprise sans lendemain, la Dernière Colonne, un touche-à-tout talentueux, Emmanuel d'Astier de La Vigerie, ci-devant d'Action française, officier de marine par devoir, et journaliste par tempérament, anima avec deux enseignants, Lucie Aubrac et Jean Cavaillès, Libération-Sud [3], prospectant dans les milieux de gauche et obtenant la caution de Léon Jouhaux. A Lyon, des militants catholiques, Louis Cruvillier, Fernand Belot, Alfonse Drogou, Joseph Hours, et les pères jésuites Chaillet, Fessard, Henri de Lubac, témoignaient de leur résistance spirituelle au nazisme : le premier *Cahiers du Témoignage chrétien* sortait en novembre [4]. A Lyon toujours, des militants de la Jeune République et des radicaux groupés autour d'un entrepreneur, Élie Peju, d'un marchand de confection, Antoine Avinin, et d'un ancien conseiller municipal, Auguste Pinton, fondaient un petit mouvement, France-liberté; ils contactaient Jean-Pierre Lévy, un cadre travaillant dans une entreprise textile, qui parvint rapidement à élargir le mouvement au-delà de la région lyonnaise : en décembre 1941 allait naître Franc-Tireur [5]. Combat, enfin, naissait de la confluence, intéressante à bien des égards, de deux

---

1. Certains des mouvements déjà implantés en 1941 ont fait l'objet de monographies intéressantes : M. Granet et H. Michel, *Combat, histoire d'un mouvement de résistance* (73), M. Granet, *Défense de la France, histoire d'un mouvement de résistance, 1940-1944*, PUF, 1960; A. Calmette, *l'Organisation civile et militaire* (76); D. Veillon, *le Franc-Tireur* (74).
2. On peut consulter M. Granet, « Un journal socialiste clandestin pendant l'Occupation, *Libération-Nord*», *Revue socialiste*, avr.-mai 1966.
3. Lire le témoignage de cet aristocrate nonchalant et aventurier de la politique dévoré par l'action (75).
4. Consulter Renée Bédarida (107).
5. Se reporter à D. Veillon (74).

mouvements. Henri Frenay, un officier d'active évadé, quittait l'armée, révulsé par Montoire; il rompait avec son milieu pour se consacrer totalement à un Mouvement de libération nationale qu'il parvenait à maintenir en survie grâce à l'aide d'une militante remarquable, Bertie Albrecht, et de Claude Bourdet rencontré fortuitement; organisant son mouvement sur le modèle des Bureaux d'état-major, Frenay songeait déjà à en faire la base militante d'une future armée secrète [1]. De leur côté des militants démocrates-chrétiens, Edmond Michelet, François de Menthon, Pierre-Henri Teitgen, Alfred Coste-Floret, avaient fondé Liberté pour lutter politiquement par la contre-propagande contre le défaitisme ambiant. A Grenoble, en novembre 1941, les deux mouvements fusionnaient pour former Combat; en décembre 1941, sortait le premier numéro du journal.

Les communistes : résistants à part entière?

C'est maintenant une tradition solidement établie de l'historiographie non communiste que d'établir jusqu'en juin 1941 une ségrégation entre réfractaires non communistes et communistes. *Grosso modo* deux thèses sont défendues : l'une — maximaliste — soutient que les communistes n'ont résisté que le surlendemain de l'invasion de l'Union soviétique par les nazis; l'autre — plus nuancée — déclare que *des* communistes sont entrés dans la Résistance, mais non le PCF ès qualités. Que ces thèses aient été ou soient encore exploitées à des fins partisanes, et souvent par des politiciens qui ont très rarement laissé des traces impérissables dans les débuts de la Résistance, est peu contestable. Que le PCF, en accumulant omissions, contre-vérités, voire falsifications [2],

1. Lire les témoignages complémentaires d'H. Frenay (71) et de C. Bourdet (72).
2. Contre toute évidence, le PCF a d'abord nié l'existence d'un protocole secret annexé au pacte germano-soviétique, les démarches faites auprès de la Kommandantur pour faire reparaître *l'Humanité* en juin 1940, l'envoi par François Billoux d'une lettre adressée à Pétain pour témoigner au procès de Riom... Sur l'évolution de l'historiographie du PCF (qui a toujours prétendu que la ligne suivie avait été continûment correcte), consulter l'étude de René Galissot, « Les communistes et les débuts de la Résistance », *le Mouvement social*, janvier 1971.

ait donné prise à ce genre de polémiques, est tout aussi évident.
Les documents, dont l'historien dispose [1], sont fragmentaires et
les témoignages contradictoires. Il nous semble pourtant possible
d'aboutir à deux conclusions provisoires : le PCF a bien évolué,
et cette mue s'est opérée avant juin 1941 ; comme l'affirme Tillon,
fonctionnaient alors — en tout cas au niveau de la tactique —
non plus un mais au moins deux partis communistes [2].

Reprenons le survol chronologique du PCF sur ce que Jacques
Fauvet dénomme un « été équivoque ». Le déferlement hitlérien
n'a modifié en rien [3] la ligne du Parti, telle qu'elle s'exprime du
moins dans *l'Humanité* clandestine. Elle affirme — comme naguère
— qu'il faut « mater les gangsters impérialistes » ; et si lesdits
gangsters sont renvoyés dos à dos, c'est à la « Cité de Londres »
que s'en prend le plus vivement l'organe du PCF ; bien plus, dans
quatre numéros successifs, en juillet, il appelle à une fraternisation
(comme en 1917 ?) en des termes tout à fait explicites : « Il est

---

1. On sait que les archives du PCF ne sont pas ouvertes au public.
On ne peut évidemment que le regretter. Les Éditions sociales ont du
moins publié, en 1975, la collection complète de *l'Humanité* clandestine ;
mais Charles Tillon affirme qu'elle avait été au préalable expurgée par
les soins de Jacques Duclos. On lira, malgré tout, avec intérêt l'étude
minutieuse qu'en a faite Claudy Delattre, « L'attitude communiste à
travers *l'Humanité* clandestine pendant l'Occupation, juin 1940-juin
1941 », *le Mouvement social*, janvier 1971.

2. Du côté du PCF, on consultera avant tout le compte rendu des
travaux du colloque organisé en 1969 par l'Institut Maurice-Thorez
et publié en 1971 (77) et le tome VI de l'*Histoire de la France contemporaine* (126). Parmi les ouvrages anticommunistes, on peut lire A. Rossi,
les Communistes français pendant la drôle de guerre, Les Iles d'or, 1951 ;
R. Tiersky, *le Mouvement communiste en France*, Fayard, 1973. Deux
synthèses son aisées à consulter : celle de J. Fauvet (18) et celle d'H. Des-
vages, « L'attitude communiste face à l'occupant », *Politique aujour-
d'hui*, nov.-décembre 1976. On lira obligatoirement la démonstration
argumentée de Charles Tillon (79).

3. Notons pourtant, quelle que soit sa singularité, la démarche faite,
le 6 juin, par Politzer — qui avait maintenu le contact avec un membre
du Comité central — auprès d'Anatole de Monzie pour lui affirmer que
les communistes entendaient « défendre Paris » et participer à la « guerre
nationale » ; une autre approche aurait été tentée quelques jours plus
tard.

particulièrement réconfortant en ces temps de malheur de voir de nombreux travailleurs parisiens s'entretenir amicalement avec les soldats allemands, soit dans la rue soit au bistrot du coin. Bravo, camarades, continuez, même si cela ne plaît pas à certains bourgeois aussi stupides que malfaisants [1]. » Cette ligne neutraliste face à l'occupant se retrouve — infléchie, il est vrai — dans l'appel dit du 10 juillet [2]. Car autant cette longue analyse [3], qui retrouve des accents de la stratégie classe contre classe, déclare sans ambages la guerre à Vichy, autant elle est strictement muette sur la lutte antinazie. Dans cet « Appel au peuple de France », la direction du PCF clandestin, tout en dressant un violent réquisitoire contre la « trahison des classes possédantes » et les politiciens « responsables de la guerre, de la défaite, de l'occupation » (pêle-mêle Doriot, Blum, Laval, Jouhaux, Daladier, Reynaud...), ne manquait pas de dénoncer le « gouvernement de traîtres et de vendus qui siège à Vichy ». Mais c'était pour mieux exiger l'instauration d'une « paix véritable » (à conforter par la « conclusion d'un pacte d'amitié franco-soviétique ») et, comme « il n'y a de paix que dans l'indépendance des peuples », c'était « libre et indépendante » que voulait vivre la France. Le salut résidait dans la mise en place d'un « gouvernement du peuple » sous l'impulsion d'un parti communiste français — le seul parti qui se fût « dressé

1. *L'Humanité* clandestine, 7 juillet 1940.
2. Il est à lui seul tout un symbole. Jacques Duclos a fini par admettre l'évidence : ce texte dit du 10 juillet a été antidaté. La critique interne du texte (numérotation aberrante de l'*Humanité* clandestine, allusion à des faits postérieurs au 10 juillet...) infirmait une datation, choisie, plus tard, à titre symbolique. Si l'on en croit Chaintron (115), p. 532, le 10 juillet avait été publié un court tract de vingt lignes, inséré dans l'*Appel au peuple de France*, qui était, lui, confectionné et distribué fin juillet.
3. Elle est à lire dans son intégralité (elle est notamment reproduite *in extenso* par H. Noguères (6), t. I, p. 459-467). Très contestable est l'affirmation de V. Joannès qu'il ait joué un « rôle décisif dans la naissance et l'organisation de la Résistance »; voir *De la guerre à la Libération*, Éditions sociales, 1972, p. 49. D'autant qu'était rédigé, au début août, un nouvel appel intitulé « Vive l'union de la nation française », qui s'en tenait à une analyse très orthodoxe de la guerre impérialiste et excluant la lutte patriotique jacobine.

contre la guerre », qui demeurât « l'espérance du peuple de France ». Rien n'était dit contre l'Allemagne hitlérienne [1]. Dans le droit-fil de cette stratégie, le PCF, dans l'été 1940, tout en maintenant un appareil clandestin, incitait ses militants à organiser dans des arrière-salles des réunions; de même qu'il s'efforçait de faire reparaître légalement *l'Humanité* en faisant effectuer par deux fois des démarches auprès de la Kommandantur [2]. Le comble est que, pendant ces pourparlers, trois émissaires, Maurice Tréand, Denise Ginollin et Jeanne Schrodt, étaient, le 21 juin, arrêtés par la police française et remis en liberté, le 25, sur ordre des autorités d'occupation. Dans le même temps, ici et là, des communistes ne faisaient pas, eux, l'impasse sur l'antifascisme : dans la région bordelaise, le 17 juin, Charles Tillon donnait comme mot d'ordre de lutter « contre le fascisme hitlérien et les 200 familles »; dans l'Ouest, Auguste Havez, le 22 juin, écrivait qu'il n'y aura « pas de répit avant d'avoir bouté les bottes hitlériennes hors de notre pays », et, dans le Limousin, Guingouin récusait toute neutralité possible. Mais ils étaient des isolés [3].

Au cours de l'automne et de l'hiver, les contours des deux lignes étaient désormais bien dessinés. La ligne antinazie gagnait du terrain dans un certain nombre de régions ou de secteurs. Dans le Nord, les sabotages allaient bon train, et la mobilisation contre l'occupant s'accentuait grâce à de jeunes militants, surprenants

1. Le terme allemand est cité deux fois (« la grande offensive allemande »; « l'occupation de l'armée allemande »); les termes hitlérien et nazi, jamais.

2. Qui a pris l'initiative d'une telle démarche? Tréand ou Duclos? Il n'est pas commode de trancher. En tout cas, elle n'est pas isolée : les communistes belges agissaient de manière similaire. En France, les tractations avec les Allemands, qui se piquaient au jeu, durèrent près de deux mois, sans avoir l'aval — semble-t-il — de Maurice Thorez; lire l'article modèle de D. Peschanski, « *L'Humanité* : légale? », *le Mouvement social*, 1980.

3. Soulignons cependant qu'ils pouvaient être épaulés — le cas échéant — par des syndicalistes, tel Frachon, qui, tout en développant la lutte revendicative, n'épousaient pas totalement la ligne de *l'Humanité*.

d'audace, tels Eusebio Ferrari, Félicien Joly, Charles Debarge [1]...
De même, des intellectuels communistes ou sympathisants, Jacques
Solomon, Georges Politzer, Frédéric Joliot-Curie, Paul Lange-
vin, publiaient *l'Université libre* qui ne dissimulait pas son aversion
pour l'Allemagne hitlérienne, tandis que des étudiants des jeunesses communistes manifestaient contre l'occupant le 11 novembre
1940. La ligne « officielle », elle, ne se modifiait guère; aux yeux
des rédacteurs de *l'Humanité*, l'objectif restait le même : la paix,
une paix qui excluait à la fois « la guerre sous le signe de la collaboration ou la guerre sous le signe d'une prétendue résistance
à l'oppresseur » (numéro spécial publié en janvier 1941). Si les
Britanniques étaient attaqués avec moins de virulence, alors que
la sujétion allemande était dénoncée en termes de plus en plus
vifs, le neutralisme demeurait bien la ligne défendue envers et
contre tout. De même que, bien loin de mettre en œuvre une
stratégie de front patriotique, le PCF n'en finissait pas de régler
de vieux comptes, au point que François Billoux et d'autres communistes emprisonnés écrivaient à Pétain pour être entendus « en
qualité de témoins par la Cour suprême de Riom [2] » et que *l'Humanité* dénonçait « la vie de château » menée, selon elle, par Blum,
Mandel, Reynaud et autres internés du régime de Vichy. Sur
un seul point, le « Centre » infléchissait la tactique : après que
les 5 et 13 octobre des centaines de militants ont été raflés dans
la région parisienne, il est mis fin à la semi-légalité; et, pour protéger les militants, le Parti s'efforce de mettre sur pied « l'Organisation secrète » (l'OS) qui n'a encore que des fonctions de protection.

A partir de décembre 1940, tout bouge. Et d'abord sur le
terrain. *L'Humanité*, quant à elle, exige plus vivement « l'indépendance de la France », tout en défendant, jusqu'en juin la

1. L'ouvrage minutieux et chaleureux de C. Angeli et P. Gillet, *Debout
partisans!* (Fayard, 1971), donne un bon panorama des actions menées
par les antifascistes.
2. La lettre de François Billoux, datée du 19 décembre 1940, est citée
intégralement par H. Noguères (6), t. 1, p. 483-486. Elle était, avant tout,
une justification de la ligne pacifiste adoptée par le PCF depuis
octobre 1939.

thèse du double impérialisme [1]. L'occupant a beau être sèchement
pris à partie, le 20 juin 1941 encore *l'Humanité* condamnait aussi
bien les « traîtres de Vichy » que de Gaulle et Catroux responsables
du sang versé en Syrie. Parallèlement, des armes étaient stockées,
les sabotages se multipliaient; c'est le militant communiste Michel
Brulé qui déclenchait à Dourges la grande grève des mineurs. Et
il semble bien acquis qu'une bonne part de ces actions était
dorénavant orchestrée par des responsables, tel Auguste Lecœur,
directement en prise avec le « Centre ». De même le terrain idéologique était-il réoccupé : en mars paraissait *Révolution et Contre-
Révolution au XXe siècle*, la réfutation faite par Politzer d'une
conférence prononcée en novembre 1940 par le théoricien nazi
Rosenberg; un mois plus tard, Gabriel Péri publiait sa brochure :
Non, le nazisme n'est pas le socialisme. Dans le même temps, le
PCF tendait maintenant la main à des organisations non communistes : en avril, à Toulouse, Marrane, au nom du Parti, contactait *Léo Hamon* en tant que responsable d'un mouvement « gaulliste »; le 15 mai, le PCF lançait le « Front national de lutte pour
l'indépendance de la France » et désormais il ne jetait l'interdit
que sur les « capitulards et les traîtres [2] ».

De ce survol chronologique on doit d'abord conclure avec
Charles Tillon qu'il a bien existé « deux partis selon les régions
et les cadres [3] », une situation relativement exceptionnelle pour
un parti léniniste. Ceux pour qui l'internationalisme prolétarien
signifiait d'abord la solidarité antifasciste au-delà des aléas de la
politique étrangère de l'Union soviétique sont à l'évidence des
réfractaires de la première heure. Et il faut préciser qu'ils se considéraient comme des communistes à part entière et non comme des
militants coupés d'eau.

---

1. En rendant compte de la grève des mineurs, *l'Humanité* du 20 juin
1941 ajoutait ce commentaire : « Dites-vous bien que ce n'est pas dans
la victoire d'un impérialisme sur un autre que réside notre salut commun. »
2. Officiellement, il ne s'agissait pas encore d'un appel à l'entrée en
lutte contre l'Allemagne, et le numéro de *l'Humanité* du 25 mai qui
annonçait sa naissance titrait : « A bas la guerre impérialiste! Vive le
Front national de lutte pour l'indépendance de la France. »
3. Voir (79), p. 326.

Quant à ceux qui — tel Duclos — ont collé jusqu'au bout à la ligne imposée par Staline, le cas est plus complexe. L'invasion de l'Union soviétique par les nazis imprime au discours idéologique un retournement peu contestable; elle infléchit également la tactique (les attentats contre les *personnels* de la Wehrmacht commencent en août) sans représenter pour autant — comme on continue de l'affirmer — un virage à 180 degrés. Tillon dit de façon imagée que ces « courtiers de la diplomatie soviétique » avaient « traîné les pieds jusqu'en mai 1941 [1] ». Pour tenter d'expliquer ces décalages et ces contradictions, il faut recourir à une double lecture simultanée. En bons léninistes, les hommes de l'appareil communiste accordaient un rôle fondamental au Parti et à sa reconstruction; mais ils savaient également d'expérience que l'appareil tourne dangereusement à vide s'il se montre incapable d'embrayer sur les masses. Une fois encore, ces responsables devaient trouver entre les aspirations populaires et les oukazes du Komintern un minimum de convergences. La direction s'évertua donc d'abord à restructurer l'appareil désorganisé par la répression, la guerre et les départs, en renouant les fils grâce surtout aux militantes; parallèlement, elle s'efforça de se donner plus de champ, et on comprend pourquoi elle tenta ce retour aventureux à la semi-légalité, tout en lançant comme mot d'ordre la formation d'un « gouvernement populaire [2] ». La ligne officielle se devait d'épouser jusqu'au bout les choix stratégiques staliniens. Mais, en même temps, le « Centre » était à l'écoute de ceux, de plus en plus nombreux, qui appliquaient une ligne antinazie [3]. Il était à même de basculer, s'il le fallait. L'attaque hitlérienne levait les ultimes contradictions.

Ce long périple allait laisser des traces durables chez les réfractaires non communistes des débuts [4], soit qu'il les ait renforcés dans

---

1. Voir (79), p. 326.
2. Les exégètes n'ont peut-être pas suffisamment insisté sur les références explicites à 1871 et à la pré-Commune.
3. Dans un rapport prémonitoire rédigé au début de juin 1941, le futur responsable FTP pour la région parisienne, Jean Epstein, écrivait : « Si un jour l'Union soviétique entrait en guerre contre l'Allemagne, elle aurait avec elle l'immense majorité du peuple de France. »
4. Le 30 juin 1941, *Liberté*, le journal du mouvement de François de Menthon, écrivait : « Si Hitler va se tuer dans l'aventure, le bolchevisme

leur anticommunisme, soit qu'il ait suscité des réactions de défense tenaces. Pourtant, l'entrée massive des communistes dans la Résistance, leur efficacité, l'audience qu'ils allaient acquérir en se posant en héritiers des soldats de Valmy, modifiaient le cours de la Résistance intérieure.

5. Les dissidents

Hors de l'hexagone, d'autres réfractaires avaient refusé l'armistice, Vichy les dénommait des « dissidents », eux se voulaient des « Français libres [1] ». Ils étaient encore pour l'État français plus une gêne qu'un réel danger : ils n'étaient pas si nombreux à tenter l'aventure et, comme on le sait, les mouvements de résistance se développaient de façon totalement autonome. C'est pourtant dans cette première traversée du désert que Charles de Gaulle forgeait sa légitimité.

Rébellion et légitimité.

« A quarante-neuf ans, j'entrais dans l'aventure. » Ce n'était pas à la portée du premier militaire venu, général de surcroît. Bien plus, cette aventure naissait d'une rupture, d'une rébellion contre le pouvoir considéré comme légal auquel il allait opposer la légitimité nationale.

On sait que tout commença le 17 juin au matin quand de Gaulle s'envola de Bordeaux « sans romantisme et sans difficulté », muni de quelques fonds secrets et flanqué d'un ange gardien britannique,

---

disparaîtra aussi : Hitler rend service à l'Europe sans le vouloir. Détruire est la seule chose que les communistes sachent faire. »

1. Sur le « gaullisme de guerre », lire Charles de Gaulle (7) et J. Soustelle (80); consulter J. Touchard (82) et J. Charlot, *le Phénomène gaulliste*, Fayard, 1970. Sur les débuts de la France libre, consulter H. Michel (81), la mise au point de J.-P. Cointet, *la France libre*, PUF, 1975, et les témoignages de R. Cassin, *les Hommes partis de rien*, Plon, 1974, et d'A. Gillois, *l'Histoire secrète des Français à Londres*, Hachette, 1972.

le général Spears, qui cherchait à ramener dans ses bagages des hommes politiques français « bellicistes » et représentatifs. Le lendemain, on lui laissait un temps d'antenne et il prononçait au micro de la BBC son premier « Appel [1] » dont il allait reprendre dans les jours suivants les grandes lignes.

A l'inverse de Philippe Pétain, il attribuait la défaite de la France à des erreurs d'ordre militaire. A ses yeux, l'armistice qui jugulait le pouvoir politique était un « crime » contre lequel il était légitime de se rebeller. Il fallait donc que « quelque part [...] [brillât] la flamme de la Résistance française ». Il avait, pour sa part, choisi la voie de l'exil, liant le destin de la France libre à celui des puissances maritimes et anglo-saxonnes, qui finiraient par avoir le dessus. Au repli hexagonal répondait un pari planétaire.

Pendant ces premières semaines cruciales, sa démarche n'était pourtant pas dénuée d'ambiguïté. Le 19 juin, il écrivait à Weygand et à d'autres « anciens » en se déclarant prêt à se placer sous leurs ordres, s'ils prenaient la tête de la Résistance; mais, dans le même temps, il déclarait à la BBC que, en sa qualité de « soldat et chef français », il avait « conscience de parler au nom de la France ». Et s'il disait s'adresser aux seuls combattants, « officiers et soldats français [...], ingénieurs et ouvriers spécialistes des industries d'armement », ses « appels » avaient des résonances profondément politiques.

De Gaulle s'était fixé un but : « Remettre dans la guerre non seulement les Français mais la France. » Il trouvait immédiatement un allié en Churchill qui ne barguigna pas. Sans doute ce dernier eût-il préféré traiter avec Reynaud, Mandel ou Daladier, voire avec quelque « grand chef »; mais d'une part, ses émissaires n'avaient pu entrer en contact avec les hommes politiques du *Massilia*, d'autre part, la classe politique tergiversait et, enfin, les militaires obéissaient au « pouvoir légal ». Avec un sens aigu de l'opportunisme, Churchill reconnut donc bien vite ce général, ami de Reynaud et ancien membre du gouvernement, qui lui, du moins,

---

1. Contrairement à une idée couramment reçue, l'Appel du 18 juin ne comportait pas la formule souvent citée : « La France a perdu une bataille, mais la France n'a pas perdu la guerre. » Elle apparut sur une affiche placardée à Londres, en juillet, et antidatée du 18 juin.

voulait se battre en tant que « chef de tous les Français libres »;
et, le 7 août 1940, la « France libre » était habilitée à représenter la
France en guerre et recevait une avance de fonds : les Français
libres n'étaient plus une « légion étrangère dans l'armée anglaise ».

Pour de Gaulle, l'entrevue de Montoire était une faute inexpiable. Dès lors, la personne du chef de l'État français ne méritait pas
d'être ménagée, et il fut clairement établi qu'il « n'existe plus de
gouvernement français ». Il fallait, dans ces conditions, assurer
la continuité institutionnelle de la France en guerre; à cet effet,
de Gaulle, le 27 octobre 1940, lançait de Brazzaville un manifeste,
promulguait des « ordonnances » dont l'une portait sur la création
du « Conseil de défense de l'Empire [1] »; faisait paraître un *Journal
officiel de l'Empire* et créait un « Ordre de la Libération [2] », toutes
mesures provisoires qui auraient effet jusqu'à ce que parole soit
rendue aux « représentants du peuple français ». La France libre,
pourtant, tendait — et sans l'aval du gouvernement de Sa Majesté
— à se transformer en un gouvernement de fait. Un pas de plus
était franchi le 24 septembre 1941 avec l'ordonnance qui créait un
« Comité national français »; il rassemblait sous la présidence de
Charles de Gaulle des « commissaires nommés par décrets...
responsables devant le chef des Français libres ». A raison, ce
dernier écrira dans ses *Mémoires de guerre :* « En somme le Comité
serait le gouvernement, il en aurait les attributions et les structures [3]. » En instituant ce Comité, le chef de la France libre cherchait notamment à se donner une plus grande liberté de manœuvre
en matière diplomatique. La reconnaissance *de jure* n'était pourtant
pas pour demain.

Cette continuité de la France en guerre, la France libre s'estimait
d'autant plus en droit de l'incarner qu'elle avait pris possession,

---

1. Ses 9 membres étaient, à l'exception de René Cassin, des officiers
et des administrateurs coloniaux.
2. Il fut créé le 16 novembre 1940; le 23 janvier 1946, 1 057 croix
avaient été attribuées, 1 036 le furent à des combattants FFL et à des
résistants, dont le plus jeune, Barrioz, mourait à 14 ans sous la torture;
6 femmes furent faites compagnons de la Libération; 18 croix furent
décernées à des unités combattantes; 5 honoraient les villes de Nantes,
Grenoble, Paris, le village de Vassieux-en-Vercors et l'île de Sein.
3. Voir (7), t. 1, p. 219.

dès 1940, de territoires, il est vrai, disparates, de l'Empire français : les Nouvelles-Hébrides, les Comptoirs français de l'Inde, Tahiti et les établissements français de l'Océanie, la Nouvelle-Calédonie et l'Afrique équatoriale française. Cette dernière constituait le morceau de choix : en août 1940, le Tchad, le Cameroun, le Congo-Brazzaville avaient été ralliés grâce à l'action conjuguée de quelques administrateurs coloniaux et de quelques baroudeurs jouant d'audace [1]. La récolte était maigre mais elle contraignait Vichy à maintenir l'Empire français en dehors de l'orbite de l'Axe sous peine de le voir tenté par la « dissidence »; elle fournissait, tout autant, une assise territoriale à un gouvernement qui se refusait d'être un simple gouvernement en exil.

La première traversée du désert.

L'émergence de la France libre fut laborieuse et il lui fallut du temps avant de jouer sa partition dans le concert mondial.

Pour les têtes pensantes qui comptaient à l'étranger, de Gaulle était quasiment un inconnu [2]. Sa carrière d'officier avait été certes fort honorable (Saint-Cyr, la guerre, trois fois blessé, laissé pour mort et fait prisonnier, trois tentatives d'évasion et un séjour dans le camp de représailles d'Ingolstadt, des commandements en Pologne, en Rhénanie, au Liban, l'École de guerre); mais elle n'était pas exceptionnelle. Elle présentait cependant quelque singularité. Lui qui avait passé pour un poulain de « l'écurie Pétain [3] » défendait dans l'un de ses ouvrages [4] des thèses relativement hétérodoxes,

---

1. Sur ce ralliement de l'AEF lors des « Trois Glorieuses » (26, 27, 28 août), lire les *Chroniques irrévérencieuses* — et savoureuses (Plon, 1962) — du premier commissaire de l'AEF libre, Edgard de Larminat.

2. La biographie la plus commode est celle pleine de brio de J. Lacouture (83).

3. Pétain rompit avec son protégé quand celui-ci publia *la France et son armée*, une série d'études sur le soldat français entreprises naguère sous l'égide de Philippe Pétain.

4. Son premier ouvrage, *la Discorde chez l'ennemi* (1924), est un livre de circonstance; le deuxième, *le Fil de l'épée* (1932), est un essai sur la psychologie militaire; c'est le troisième, *Vers l'armée de métier* (1934), qui lui assura une notoriété dans les cercles spécialisés; enfin, *la France et son armée* parut en 1938.

réclamait une réforme profonde du système militaire français pour mécaniser l'armée [1]. Mais il se heurtait à l'opposition irréductible de Pétain et de Weygand ainsi qu'à la méfiance de la gauche, hostile à une « armée de métier ». En 1940, il prenait la tête [2] de la 4e division cuirassée de réserve qui s'illustrait dans les combats de Montcornet et d'Abbeville, avant d'être nommé par Paul Reynaud, le 6 juin, sous-secrétaire d'État à la Guerre [3]. Pourtant, en France, sa renommée était encore un peu mince [4].

Ils n'étaient pas nombreux ceux qui avaient rejoint Londres et Mers el-Kébir, puis, plus tard, l'expédition de Dakar, et les combats de Syrie allaient donner à la France libre une image de marque « anglo-gaulliste » détestable et durable. Certains, qui avaient quitté l'hexagone, estimaient prématuré le projet d'instituer un gouvernement de fait et préféraient, tel Jean Monnet, gagner les États-Unis, où ils s'estimaient plus utiles. A Londres même, la France libre était loin de rassembler tous ceux qui s'étaient réfugiés en Grande-Bretagne ; certains d'entre eux reprochaient à de Gaulle son autoritarisme et tenaient son entourage pour des sectaires d'extrême droite. Ces opposants publiaient un quotidien, *France*, et une revue — très lue — *la France libre ;* il y avait notamment parmi eux des intellectuels, tels Raymond Aron [5] ou André Labarthe,

1. Il pressentit assez vite l'enjeu décisif qu'allaient être les divisions blindées. C'est plus tardivement — on en trouve trace seulement dans le mémoire adressé en janvier 1940 à un certain nombre de personnalités — qu'il perçut l'avenir du couple blindé-avion.
2. Charles de Gaulle attachait une grande importance au combat de Montcornet. Sans vouloir attenter à sa mémoire, il semble qu'on puisse partager ce jugement de Jean Lacouture sur le stratège de Gaulle : « Avec un courage physique qu'attestent vingt faits, un sang-froid presque inhumain, une énergie proverbiale, Charles de Gaulle ne semble pas avoir montré sur le terrain les qualités de coup d'œil et d'invention qui font qu'avec 1 000 aussi bien qu'avec 300 000 hommes, on est Masséna ou Rommel » (83), p. 58.
3. Paul Reynaud avait tenté de le nommer, dès mars 1940, secrétaire général du Comité de guerre, mais il s'était heurté à de très fortes oppositions.
4. Il fut vendu quelque 800 exemplaires de *l'Armée de métier.*
5. Raymond Aron écrira plus tard : « A l'époque je lui reprochais de transformer le mouvement en affaire personnelle... j'étais exaspéré

et des militants socialistes groupés dans le « groupe Jean-
Jaurès » autour de Pierre Comert, Charles et Georges Gombault,
Louis Levy. Au total, il n'y eut pas pléthore de notabilités
civiles ou militaires : deux parlementaires (Pierre Cot et Pierre-
Olivier Lapie) offrirent leurs services, quelques hauts fonction-
naires ou membres de Cabinets ministériels (Georges Boris, De-
jean, Diethelm, Gaston Palewski...), un universitaire de renom
(René Cassin), quelques officiers supérieurs (Catroux, Muselier,
Legentilhomme, Larminat, Montclar...) [1]. C'était maigre.

   La France combattante, « présente au combat pour être partie à
la victoire », avait été vite engagée; les Forces françaises libres
(FFL) étaient aux côtés des Britanniques en Libye et en Érythrée;
ou bien encore, à partir du Tchad, elles conquéraient des oasis
tenues par les Italiens, notamment celle de Koufra. Mais ces forces
souffraient d'une pénurie d'effectifs. Les 130 hommes valides de
l'île de Sein avaient bien rejoint Londres sur leurs bateaux de
pêche et la France libre avait eu beau rallier quelques unités
d'élite, telle la 13e demi-brigade de la Légion étrangère commandée par Montclar, le nombre des engagés ne dépassait pas
7 000 hommes, en juillet; et ce ne fut pas Mers el-Kébir qui permit
d'élargir le recrutement. Après le ralliement de l'AEF, les FFL
comptaient vraisemblablement 35 000 hommes, un an après
peut-être 70 000.

   Les échecs, eux, ne manquaient pas. L'Empire, à quelques
exceptions près, n'avait pas basculé. Il avait fallu s'y reprendre à
plusieurs fois pour contrôler le Gabon. Le chef de la France libre
se persuada malgré tout que l'AOF était à sa portée et, en septembre 1940, il rallia un Churchill d'abord réticent au projet

---

par la férocité du petit milieu gaulliste qui lui faisait perdre la mesure »;
cité par A. Gillois, *op. cit.*, p. 101.
   1. Les officiers subalternes furent relativement plus nombreux et
donnèrent aux FFL des cadres souvent remarquables : Hauteclocque-
Leclerc, Kœnig, Paris de La Bollardière, Petit, Brosset, Massu, Buis,
Dewavrin-*Passy*... Lire le témoignage non conformiste et bien troussé
de Georges Buis, *les Fanfares perdues*, Éd. du Seuil, 1975. Précisons une
fois pour toutes qu'on indique en italiques les pseudonymes adoptés
par les Français libres ou les résistants intérieurs; si ces derniers ont
choisi de conserver leur surnom de guerre, nous le leur maintenons.

d'une expédition montée contre Dakar. Mais ce fut un fiasco, et de Gaulle confiera plus tard qu'il avait alors vécu un de ses pires moments. L'opération, certes, était beaucoup trop improvisée, mais, surtout, les gaullistes débarqués au préalable n'avaient pu convaincre ni l'armée ni la population locale, et il y eut des morts de part et d'autre. De Gaulle, la mort dans l'âme, dut abandonner le siège. Vichy ne manqua pas de clamer que sans l'aide britannique les « dissidents » n'étaient rien.

La pilule était difficile à avaler, et cet échec n'améliorait pas son image de marque dans bon nombre de milieux anglo-saxons. Certes, Churchill avait bien accordé à la France combattante une place privilégiée et il avait soutenu son chef, même après l'équipée de Dakar, mais il n'était pas prêt pour autant à sacrifier la précieuse alliance avec le « Grand Large » (les États-Unis) aux foucades du chef des Français libres. De plus, les vieilles rivalités coloniales surgissaient à nouveau. Et d'abord au Levant [1]. En commettant l'imprudence d'autoriser la Luftwaffe à se poser sur les aérodromes syriens, Vichy donnait aux Britanniques l'occasion de mettre de l'ordre au Moyen-Orient ébranlé par la révolte irakienne et la perte de la Crète. Les Français libres estimaient, quant à eux, que la rupture de la neutralité en faveur de l'Axe pousserait la Syrie et le Liban à basculer sans combat. Il n'en fut rien; il fallait faire appel à des renforts britanniques, et, malgré tout, les hostilités durèrent cinq semaines causant des pertes relativement sévères [2]. L'insuffisance de soutien logistique obligeait le haut-commissaire de Vichy, le général Dentz, à demander l'armistice. Mais l' « accord franco-britannique », signé le 14 juillet 1941, entravait les possibilités de propagande des FFL auprès des troupes qui devaient être rapatriées et, surtout, était muet sur le sort de nations placées jusque-là sous mandat français. Peu de doute que les arabisants du Colonial Office aient cherché à exploiter la situation. De Gaulle tempêta, obtint enfin un « arrangement interprétatif » et une lettre

---

1. Consulter M.-C. Davet, *op. cit.*
2. 6 000 hommes furent mis hors de combat sur les 70 000 (dont 5 000 FFL) engagés. Après l'armistice de Saint-Jean-d'Acre, 6 000 hommes environ rejoignaient les FFL, tandis que 32 000 choisissaient d'être rapatriés en France.

précisant que « la France devrait avoir au Levant une position dominante et privilégiée parmi toutes les nations d'Europe [1] ». La guérilla n'en continuait pas moins entre Catroux et Spears, délégué du gouvernement de Sa Majesté, qui savait jouer avec virtuosité sur les mouvements nationalistes. Avec les États-Unis, les relations manquèrent immédiatement de chaleur et tournèrent vite au psychodrame, même si la Maison-Blanche s'était décidée à aider les pays qui résistaient à l'Axe. Devenant « le grand arsenal de la démocratie », les États-Unis offraient, en mars 1941, par le biais du « prêt-bail », des moyens efficaces pour financer la guerre ; en août 1941, Roosevelt et Churchill signaient la « Charte de l'Atlantique ». Roosevelt, pourtant, devait compter avec le *lobby* isolationniste et, comme toujours, entendait procéder de façon pragmatique. Or, la France libre l'intéressait beaucoup moins que Vichy [2] qui contrôlait encore une flotte de guerre puissante et un vaste Empire. De plus, aussi bien le secrétaire d'État que Roosevelt tenaient de Gaulle pour un ambitieux outrecuidant et dangereux, surtout depuis la folle expédition de Dakar. C'est sur ce fond de froideur qu'éclata l'affaire de Saint-Pierre-et-Miquelon, qui allait avoir des retombées durables. Vichy était soupçonné d'avoir installé dans ces îles un émetteur radio qui guidait les sous-marins de la Kriegsmarine ; après des entretiens infructueux, de Gaulle estima qu'il revenait à la France libre, et à elle seule, de régler le problème. Le ralliement des îles fut obtenu sans coup férir [3], mais il déclenchait une tempête diplomatique [4] qui peut nous sembler

1. Se reporter à Ch. de Gaulle (7), t. 1, p. 145-180.
2. Roosevelt y avait délégué comme ambassadeur l'amiral Leahy avec pour mission d'exercer des pressions sur Pétain et de freiner au maximum la collaboration d'État ; ses relations avec le chef de l'État français furent cordiales, alors qu'il jugeait « les gens du maquis » comme des êtres « bizarres » et ayant « d'étranges idées ». Consulter Langer, *le Jeu américain à Vichy*, Plon, 1948 ; sur la politique extérieure des États-Unis, lire J.-B. Duroselle (84).
3. La petite flotte de l'amiral Muselier débarqua des commandos dont les fusils étaient chargés à blanc. La majorité des îliens se rallia sans réticence à la France libre.
4. Le secrétaire d'État s'emporta jusqu'à parler des « navires soi-disant [*so called*] français libres ». Muselier, il est vrai, avait mené les négociations de façon brouillonne. Mais la véritable raison de cette

disproportionnée; en fait, elle mettait aux prises de Gaulle décidé à donner « un coup de bistouri dans l'abcès » et la Maison-Blanche exaspérée par la prétention de ce chef d'un gouvernement en exil à se jeter en travers de sa stratégie.

La France libre eut beau nouer avec l'Union soviétique en guerre des relations assez rapidement cordiales, elle avait un sérieux handicap à remonter, d'autant que Charles de Gaulle était encore loin d'apparaître comme le dénominateur commun de toutes les résistances.

La France distante.

Pour bon nombre de Français, de Gaulle n'était encore qu'un général relativement obscur réfugié à Londres. Ses premiers appels furent rarement captés, encore moins entendus; et l'émission propre à la France libre « Honneur et Patrie » n'occupait qu'un temps d'antenne réduit par rapport aux autres émissions françaises de la BBC. Pour sa part, de Gaulle connaissait on ne peut plus mal la France réfractaire et ignorait quasiment tout des mouvements qui s'organisaient. De manière symptomatique, il ne lança — jusqu'en 1942 — que des mots d'ordre prudents : des « heures de recueillement » ou bien encore un « garde-à-vous national [1] ». Il disait bien parler au nom de la France bafouée et prête à se dresser à son appel [2], mais la réalité était tout autre.

La France libre parvenait du moins à établir des réseaux de renseignement d'ordre militaire dont les indications étaient centralisées par une sorte de 2e Bureau élargi placé sous l'autorité du polytechnicien et capitaine Dewavrin-*Passy*. Les premiers agents

---

guerre diplomatique tient au fait que l'expédition battait en brèche les efforts de la diplomatie américaine pour neutraliser — sans ouvrir les hostilités — les « autorités locales » des territoires voisins des États-Unis.

1. Au dire de Passy, « il ne fut guère obéi »; voir colonel Passy, *Souvenirs*, Monte-Carlo, Solar, 1947, t. 1, p. 233.

2. Le 23 août 1941, après l'exécution des otages de Châteaubriant, il déclarait : « La guerre des Français devra être conduite par ceux qui en ont la charge, c'est-à-dire par moi-même et par le Conseil national » (7), t. 1, p. 228.

secrets [1] Renault-*Rémy*, Duclos-*Saint-Jacques*, Beresnikoff-*Corvisart*, Fourcaud... avaient obtenu des résultats appréciables, mais les postes émetteurs étaient encore bien incommodes et les débuts hasardeux : déjà le capitaine de corvette Honoré d'Estienne d'Orves et deux de ses compagnons livrés par un agent double avaient été fusillés, comme le seront beaucoup d'autres. A l'automne 1941, seuls deux grands réseaux, la Confrérie Notre-Dame et Brutus, étaient véritablement opérationnels.

La méconnaissance réciproque entre réfractaires et dissidents tenait pour une part à des obstacles d'ordre technique. Mais des barrières politiques les séparaient tout autant. Pour un grand nombre de responsables des mouvements, de Gaulle passait pour être de droite, et maurrassien [2]. De surcroît, son entourage proche, à quelques exceptions près [3], rassemblait des hommes qui ne cachaient pas leur sympathie pour un régime autoritaire, alors que le chef de la France libre s'était passé des services que lui avait offerts Pierre Cot avec la raison avouée qu'il « était trop voyant pour que cela fût désirable [4] ». Bien plus, il avait la réputation — justifiée — de gouverner de façon autoritaire sinon solitaire [5]. Dernier grief, et non le moindre, il n'apparaissait pas encore comme un défenseur intraitable de la République. Non qu'on le soup-

---

1. Lire le témoignage expressif de Rémy, *Mission d'un agent secret de la France libre*, Aux trois couleurs, s.d. ; Rémy allait « tenir » dix-huit mois en France et rejoignait Londres en février 1942.
2. Il est vraisemblable que de Gaulle — après beaucoup d'autres — a subi dans les années vingt l'influence de Maurras. Mais son nationalisme, qui n'est pas excommunicatoire, doit beaucoup plus à Barrès ou à Péguy ; à la fin des années trente, il fréquentait volontiers des cercles démocrates-chrétiens. Rien, il est vrai, ne le prédisposait à une sensibilité de gauche.
3. Il semble peu contestable que Passy et bon nombre de ses camarades de l'époque n'aient pas spécialement porté la démocratie dans leur cœur ; en revanche, René Cassin, Pierre-Olivier Lapie, Maurice Schumann, Georges Boris avaient la tripe républicaine.
4. Voir (7), t. 1, p. 84.
5. Les institutions de la France libre reflétaient une conception toute gaullienne du pouvoir ; ainsi, au départ, « les décisions [étaient] prises par le chef des Forces françaises libres, après consultation, s'il y a lieu, du Conseil de défense ». Plus tard, Pierre Brossolette, devenu un gaullien

çonnât de quelque tiédeur à l'égard de l'Allemagne hitlérienne, mais sa propension à mettre systématiquement dans le même sac la IIIᵉ République et l'État français [1] inquiétait. N'avait-il pas également déclaré à Maurice Schumann que, « pour des raisons de caractère général, [il] souhait[ait] que la devise de nos mairies soit remplacée par celle de nos drapeaux ' Honneur et Patrie ' [2] ». Bref, pour gagner la confiance d'une bonne part des mouvements de résistance, de Gaulle devait à cet égard lever toute ambiguïté et surtout tenir compte de leur existence [3].

---

de stricte obédience tout en ayant gardé son franc-parler, constatait dans une lettre qu'il écrivait à de Gaulle le 2 novembre 1942 : « Il y a des sujets sur lesquels vous ne tolérez aucune contradiction, aucun débat même... Le premier effet en est que dans votre entourage les moins bons n'abondent que dans votre sens ; que les pires se font une politique de vous flagorner ; et que les meilleurs cessent de se prêter volontiers à votre entretien... » (cité par D. Mayer, *op. cit.*, p. 189-190).

1. Le 23 juin 1942 encore, il mettait les deux régimes en parallèle : « Un régime moral, social, politique, économique, a abdiqué dans la défaite après s'être lui-même paralysé dans la licence. Un autre sorti d'une criminelle capitulation s'exalte en pouvoir personnel. Le peuple français les condamne tous les deux. »

2. Cité par A. Gillois, *op. cit.*, p. 299.

3. Ils apparaissaient pour la première fois, en tant que tels, dans un discours prononcé en mai 1942.

4

La France
à l'heure allemande

Bien vite, l'occupant avait été comparé aux doryphores qui ravageaient alors les champs de pommes de terre. On se racontait volontiers une historiette, celle de l'Allemand disant au Français : « Donne-moi ta montre, je te donnerai l'heure. » Et cette heure, en zone occupée, était bien allemande, puisque les autorités d'occupation avaient fait régler montres et pendules sur le fuseau horaire d'Europe centrale. Pour la mémoire collective, ce furent des années noires. Sans doute tout ne fut-il pas uniformément noir : il faut introduire des variantes en fonction de l'année considérée, des catégories socioprofessionnelles, des régions [1] aussi. Au total, pourtant, hormis pour une minorité de profiteurs, ces quatre années furent difficiles à vivre [2] et sans conteste éprouvantes pour tous ceux que le Reich classait parmi les *Untermenschen*, les sous-hommes.

1. Il faut lire la monographie modèle de P. Laborie (129), l'étude solide de M. Luirard (130); on peut parcourir les pages consacrées par Ch. Rougeron au *Département de l'Allier sous l'État français, 1940-1944*, Moulins, Préfecture de l'Allier, 1969.
2. Sur la vie et la mort des Françaises et des Français, lire d'abord H. Amouroux (86); compléter par J. Meyer (87). A. Guérin (89) et F. Renaudot (*les Français et l'Occupation*, Laffont, 1975) ont rassemblé une documentation iconographique d'une grande qualité.

1. Le dessus du panier

L'Occupation — comme c'était prévisible — eut ses puissants temporaires, ses nouveaux maîtres, avides de goûter aux poisons et aux délices du pouvoir. Elle eut tout autant ses mercantis, qui firent — souvent en toute impunité — d'excellentes affaires.

Côté Vichy.

On aurait pu prendre la capitale de l'État français [1] pour une capitale d'opérette, avec son établissement thermal ceinturé d'hôtels blancs. C'est dans ces palaces luxueux, mais à la longue inconfortables, où on gelait l'hiver, peu propices à abriter des ministères, que s'entassaient officiels et officieux. Les chambres étaient transformées en bureaux le jour ou abritaient des « popotes » clandestines qui faisaient le désespoir des hôteliers. L'hôtel du Parc était le centre nerveux du dispositif : c'était là que s'était enraciné le chef de l'État français; les esprits superstitieux s'étaient inquiétés de voir le ministère des Colonies s'installer à l'hôtel d'Angleterre, tandis que d'autres s'étonnaient de voir les planchers de l'hôtel Helder, dont s'était emparée la Marine, lavés à grande eau comme s'il se fût agi d'un bâtiment de la Royale.

La cure d'État n'y était pas très gaie. On y faisait, d'ailleurs, volontiers profession d'austérité, sinon de vertu. Philippe Pétain imposait à cette vie thermale insolite de nouveaux rituels : la promenade quotidienne de midi trente, la messe à l'église Saint-Louis, une paroisse qui y avait gagné bien du beau monde, le lever des couleurs à l'hôtel du Parc, etc. A part cela, les distractions étaient plutôt rares mais on pouvait compter sur cinq ou six cinémas, qui passaient encore quelques films anglo-saxons, et sur les galas — une multitude de galas donnés pour les très nombreuses œuvres

1. Sur la vie à Vichy, consulter H. Du Moulin de Labarthète (50), H. Amouroux (86) et Maurice Martin du Gard, *la Chronique de Vichy, 1940-1944*, Flammarion, 1948.

sociales de l'État français, mais qui se ressemblaient tous un peu trop; il restait le bridge et surtout la bourse aux bobards, même les plus invraisemblables. Le dimanche fournissait prétexte à faire des escapades dans les environs, pour prendre l'air, pour ramener aussi poulets et lapins retenus dans des fermes que s'étaient partagés les ministères et les ambassades étrangères.

En 1940, le moindre galetas se louait une fortune; il est vrai que la nouvelle capitale était cernée par une faune composite, celle que décrit Du Moulin de Labarthète « des quémandeurs, des ruffians, des escrocs, des femmes de tout âge et de toute beauté [1] ». Avec la dureté des temps, les rangs s'étaient éclaircis et les plus avisés avaient fait leurs malles. On y avait gagné des chambres et en morosité. C'était sans déplaisir que bon nombre d'officiels partaient inspecter leurs services parisiens par l'autorail gouvernemental du samedi soir qui repartait de Paris le jeudi matin.

Côté Paris.

Pour ceux qui avaient de l'argent et de l'entregent, la vie parisienne [2] était incomparablement plus gaie. L'occupant, pour sa part, ne dédaignait pas d'en faire un lieu de permission pour le repos de ses guerriers. Car, bien sûr, il fallait s'habituer à ce que Paris fût pour partie allemand. Le drapeau tricolore banni était remplacé par la croix gammée qui bordait les Tuileries, flottait sur la Chambre des députés et le Palais du Luxembourg, sur bon nombre d'hôtels, sur l'avenue Kléber presque entièrement réquisitionnée, tandis que la Tour Eiffel s'ornait d'un gigantesque V flanqué de cette maxime bien prétentieuse : « *Deutschland siegt auf allen Fronten* » (l'Allemagne vainc sur tous les fronts). Les Allemands avaient encore leurs propres restaurants, leurs *Soldatenkino* (cinémas), leurs maisons closes réservées. Ils ne se sentaient nullement dépaysés, et même chez eux, à La Tour d'Argent

---

1. Voir (50), p. 20.
2. Sur la vie parisienne, lire H. Amouroux (86) et P. Ory (100). On peut glaner quelques compléments chez G. Walter, *la Vie à Paris sous l'Occupation*, Colin, 1960, et — en édulcorant le discours — chez H. Le Boterf, *la Vie parisienne sous l'Occupation*, France-Empire, 1974-1975, 2 vol.

et dans d'autres temples de la gastronomie qui offraient à leur intention des menus rédigés en langue germanique. Jusqu'à la fin de 1943, les commensaux ne leur manquèrent pas : un certain nombre de collaborationnistes [1], des trafiquants de tout acabit, et aussi une belle brochette de têtes pensantes ou de gens du spectacle, faisant qui des ronds de jambes, qui des bons mots, courant à des vernissages « culturels », tel celui du sculpteur Arno Breker, où se retrouvait en mai 1942 le Tout-Paris. Sacha Guitry aimait suffisamment la compagnie d'Otto Abetz pour fréquenter volontiers l'ambassade de la rue de Lille, de même que Serge Lifar ne dédaignait pas de faire les honneurs de l'Opéra au gratin nazi; fêté par Radio-Paris, Tino Rossi était la vedette de deux galas donnés, en juin 1941, en faveur des prisonniers, dans le cadre de l'exposition de la France européenne; les prisonniers encore avaient droit aux tours de chant de Maurice Chevalier et d'Édith Piaf, mais cette fois en Allemagne, tandis que Drieu La Rochelle, Brasillach, Thérive, Chardonne et quelques autres gagnaient Nuremberg pour y rencontrer Goebbels; Cortot partait jouer des sonates à Berlin; Albert Préjean, Robert Le Vigan, Danielle Darrieux, Viviane Romance, entre autres, étaient fêtés outre-Rhin, de même que Derain, Vlaminck, Maillol [2]. Certains, sans sauter le pas, n'en étaient pas moins fascinés par l'Allemagne hitlérienne, tel Alfred Fabre-Luce qui se pressait un peu trop de publier en 1942 une *Anthologie de l'Europe nouvelle* [3]; d'autres encore confiaient leur littérature à des journaux qui n'avaient rien d'innocent [4]. La haute couture [5] ne voulait pas être en reste et habillait

1. Sur l'aventure collaborationniste, cf. *infra*, p. 223-239.
2. Tous les exemples cités sont tirés de l'ouvrage d'André Halimi, *Chantons sous l'Occupation*, Marabout, 1976.
3. Cette anthologie s'attachait à démontrer que « l'Europe qu'on a baptisée officiellement en 1940 existait depuis longtemps » (p. III), que les auteurs français y avaient eu leur part en traitant « déjà des thèmes nationaux-socialistes » *(ibid.)*. Et qu'on ne s'y trompe pas, l'idéal européen célébré alors par Fabre-Luce n'était en rien inspiré par un libéralisme éclairé.
4. *Combats*, le journal de la Milice, eut droit aux signatures de Colette, de Paul Morand, de Jacques de Lacretelle, de Pierre Mac Orlan...
5. Consulter les « années allemandes » de Coco Chanel reconstituées par Edmonde Charles-Roux, *l'Irrégulière*, Grasset, 1974, p. 489-556.

tout le beau monde; les élégantes, pourtant, à ce qu'on dit, avaient de graves problèmes : comment, en effet, quand on était à bicyclette, tenir le guidon, maintenir en équilibre des chapeaux démentiels, sans dévoiler ses cuisses? C'est sans doute une des seules épreuves qu'elles aient connues. Il importe finalement moins d'établir un palmarès à rebours, qui de toute manière comprendrait trop de noms, que de constater que le Tout-Paris s'est gobergé sans se sentir réellement gêné par la cohabitation avec l'occupant.

En contrepoint, surgissait à Paris le mouvement dit « zazou [1] », qui entendait réagir, à sa manière, aussi bien contre le moralisme vichyssois que contre la faconde des tyranneaux locaux [2]; cette sorte de ras-le-bol, orchestré par des jeunes, avait au départ des racines culturelles : un goût pour la littérature et les films américains, désormais interdits, et surtout pour le jazz, vilipendé par *Je suis partout* comme une musique « judéo[forcément!]-négro-américaine », qui avait du même coup un « goût de fruit défendu » (Jean-Louis Bory); à l'exaltation du rythme « swing » s'ajouta la provocation vestimentaire : vestes défraîchies, pantalons étroits, chevelure longue et abondante, qui déclenchait irrésistiblement l'ire des tenants musclés du cheveu court. Dès l'automne 1942, policiers et collaborationnistes se mirent à chasser le zazou.

Le Parisien moyen avait des préoccupations plus prosaïques. Son souci primordial était de ramener de quoi faire chauffer la marmite : nous en reparlerons. D'ailleurs, même dans les milieux aisés, il n'était pas déplacé pour les invités d'apporter une partie du dîner dont le taux de réussite gastronomique dépendait des ressources du marché noir. La pénurie d'essence perturbait aussi le mode de locomotion du Parisien qui pouvait prendre des autobus

1. Lire J.-C. Loiseau, *les Zazous*, Le Sagittaire, 1977. Ce mouvement, il est vrai, véhicula aussi bien des règlements de comptes entre générations qu'une protestation subversive prise en charge par des étudiants au quartier Latin, qu'une mode adoptée par la jeunesse dorée sur les Champs-Élysées.
2. Parmi les nouveaux tsars culturels, citons le critique théâtral de *Je suis partout*, A. Laubreaux, qui tranchait de tout et de haut; peu de pièces échappaient à ses critiques acerbes qui tombaient comme des oukazes. Une, du moins, baptisée *les Pirates de Paris* (un navet de première grandeur sur l'affaire Stavisky), trouva grâce et fut couverte de fleurs : sous le pseudonyme de Michel Daxiat, il en était l'auteur.

difformes, marchant au gazogène et suffisamment poussifs pour qu'il leur préfère le métro, toujours bondé, mais où il faisait chaud l'hiver et qui pouvait — à l'occasion — servir d'abri pendant les alertes; sinon on enfourchait sa bicyclette, et, si l'on était pressé et argenté, on pouvait prendre un vélo-taxi, une caisse plus ou moins bien rembourrée et suspendue que tirait un néo-cycliste breveté. Le soir, on se calfeutrait avec grand soin pour répondre aux ordres de black-out total et éviter de se faire rappeler à l'ordre par le chef d'îlot de la défense passive.

Malgré tout cela, Paris avait gardé son renom de capitale intellectuelle [1]. « Premières » et « événements littéraires » se succédaient comme naguère : c'est la sortie de *la Reine morte* qui consacrait Montherlant comme homme de théâtre; c'est encore plus la première, le 25 novembre 1943, du *Soulier de satin*, que Claudel se désespérait de voir jamais monté, qui réunissait tout ce qu'il convenait de têtes pensantes; dans un tout autre genre, la séance de signatures organisée le 3 octobre 1942, à la librairie Rive-Gauche, pour Rebatet et ses *Décombres*, mettait en effervescence la colonie collaborationniste et quelques autres. Pendant ces années, toujours, se profilait une relève, celle de l'immédiat après-guerre : Sartre comme écrivain de théâtre *(les Mouches, Huis-clos)* et tout autant Camus *(l'Étranger, le Malentendu, le Mythe de Sisyphe).* La production littéraire continuait allégrement, en dépit des restrictions de papier, et, en 1943, les éditeurs annonçaient plus de titres qu'en 1941; il sortit un peu plus de films que dans l'immédiat avant-guerre. Le public, lui, suivait. Non seulement les music-halls, les spectacles de chansonniers, les cabarets faisaient le plein mais bon nombre de pièces de théâtre se jouaient à bureaux fermés, les cinémas étaient combles et les bibliothèques n'avaient jamais connu autant de lecteurs. Sans doute y avait-on moins froid que chez soi, mais il apparaît bien que le degré calorifique n'était pas seul en jeu et que bien des Parisiens, oisifs ou non, venaient y oublier pour quelques heures la dureté des temps.

Alors fallait-il chanter sous l'Occupation? Il est incommode de

---

1. Nice pour le cinéma et, encore plus, Lyon où s'était installée une bonne partie des quotidiens et des revues de la zone sud, maintenaient une certaine vie intellectuelle. Mais Paris gardait sa primauté.

trancher en pareille matière, tant l'écrivain ou l'artiste entretiennent des rapports ambigus avec leur temps. Certains puristes — et parmi eux André Halimi qui a dédié son livre et son film « à ceux qui n'ont pas chanté » — estiment que le silence, seul, était décent. Mais dans leur grande majorité, ceux qui ont chanté récusent un moralisme qu'ils jugent puritain. D'ailleurs, quasiment tous ceux qui allaient s'illustrer dans la Résistance — Aragon entre autres — n'avaient-ils pas publié des œuvres qui n'étaient pas spécialement engagées? D'aucuns soulignent qu'il fallait bien vivre. D'autres — en assez grand nombre — ajoutent volontiers un couplet patriotique : distraire les Françaises et les Français était — somme toute — le meilleur moyen de préparer à des lendemains qui chanteraient. C'est un couplet qui est manifestement de trop. Car la très grande majorité d'entre eux ont continué d'écrire, de jouer, de chanter, comme si l'Occupation ne les concernait pas directement [1]. Après la guerre, Jean-Paul Sartre soulignera avec pertinence l'ambiguïté profonde de leur situation : « Me comprendra-t-on si je dis à la fois qu'elle [l'Occupation] était intolérable et que nous nous en accommodions fort bien [2]. » Il est du moins certain qu'assez peu d'écrivains ayant pignon sur

1. Après coup, on se livra volontiers à des travaux d'exégèse ingénieux, trop ingénieux souvent pour emporter la conviction. Ainsi les inconditionnels de Sartre voulurent faire coûte que coûte des *Mouches* une pièce résistante puisqu'elle dénonçait une composante de l'idéologie dominante, le mea-culpisme. Mais à ce compte-là pourquoi ne pas faire résistant d'honneur Anouilh pour son *Antigone* si l'on estime que la sœur rebelle triomphe moralement de Créon, le collaborateur pour raison d'État? Disons avec plus de prudence que les deux auteurs, pourtant dissemblables à bien des égards, avaient mis en situation des thématiques qui étaient dans l'air du temps. On peut aussi pratiquer le jeu des allusions « patriotiques ». Mais ce n'est pas la réplique souvent applaudie de *la Reine morte* (« En prison se trouve la fleur du royaume ») qui permet de transfigurer l'auteur du *Solstice de juin* en un jacobin de l'An II. Et il nous semble assez peu vraisemblable que les célèbres séquences de la fin des *Visiteurs du soir*, où le Diable (Jules Berry) flagelle Anne (Marie Déa) statufiée mais vivante, aient pu être comprises par les spectateurs de l'époque comme le vain combat que mènerait Hitler contre la France qui résistait.
2. Lire dans A. Halimi (*op. cit.*, p. 179-182) un condensé des variations sartriennes sur la liberté sous l'Occupation. Se reporter à J.-P. Sartre, *Situations II*, Gallimard, 1948, p. 48-53, 120-122, 244-280.

rue et encore bien moins de comédiens ou d'artistes ont participé
de près ou de loin à la Résistance intellectuelle [1] ou autre.

Prenons pour conclure l'exemple du cinéma de l'Occupation [2]
qui nous paraît intéressant à bien des égards. On peut — nous
semble-t-il — partager le jugement global que porte Joseph Daniel
dans son rapport au colloque sur « Le gouvernement de Vichy et
la révolution nationale » : « Ce cinéma, souvent qualitativement
brillant, mais presque toujours conformiste, aspirant à la neutralité, politiquement terne, est un cinéma du silence. » Ce cinéma,
effectivement, se portait bien : il produisit 220 longs métrages et
quelque 400 courts métrages; il révéla de jeunes talents ou confirma
la réputation de jeunes réalisateurs, les Bresson, Autant-Lara,
Clouzot, Becker. Globalement, les milieux cinématographiques
ne se laissent pas prendre au piège culturel nazi [3], et les quelques
films fortement imprégnés de l'idéologie collaborationniste, tel
Forces occultes, une diatribe contre la franc-maçonnerie, bien plate,
tournée — selon toute vraisemblance — par Jean Mamy, n'ont pas
rencontré l'audience escomptée. Le cinéma engagé se complaît
beaucoup plus dans le mea-culpisme et le moralisme vichyssois,
mais il est rare qu'il émerge de l'océan des bons sentiments. Citons

1. Sur la Résistance intellectuelle, voir *infra*, p. 261-263.
2. Consulter J. Siclier (131), R. Régent, *Cinéma de France*,
Bellefaye, 1948, et Joseph Daniel (96); compléter par G. Sadoul, *le
Cinéma français*, Flammarion, 1962, p. 88-100; on peut également
se reporter aux *Cahiers de la cinémathèque*, Perpignan, décembre 1972
et été-automne 1973, et encore lire le recueil d'articles rédigés par
André Bazin, *le Cinéma de l'Occupation et de la Résistance*, 10/18, 1975,
et consulter le bon dossier pédagogique établi par J.-P. Jeancolas et
D.-J. Jay, *Cinéma d'un monde en guerre*, La Documentation française,
« Documentation photographique », août 1976.
3. Les autorités d'Occupation interdirent tous les films anglo-saxons
et les productions sorties après octobre 1937. Une société allemande,
le groupe « Continental », non seulement commandita une bonne trentaine de films français mais s'efforça de distribuer le maximum de films
allemands et nazis : les plus notables furent *le Juif Süss* de Veit Harlan,
le Jeune Hitlérien et *Président Kruger*, qui reçurent un accueil à peine
passable. En revanche, la Propaganda Abteilung put mettre la main sur
les actualités (Actualités mondiales puis France-Actualités) qui devaient
être obligatoirement passées entre le documentaire et le grand film et
dans des salles à demi éclairées pour couper court à toute manifestation.

le Voile bleu, l'histoire édifiante d'une veuve (Gaby Morlay) qui se voue corps et âme à l'éducation d'adolescents qui pourront devenir des chefs, ou bien *la Nuit merveilleuse*, un remake à l'eau de rose d'une naissance dans une étable entre bœuf et âne, mais cette fois la parturiente court les routes de l'exode; et surtout *la Fille du puisatier*, un film de Marcel Pagnol, qui tint l'exclusivité à Paris pendant 21 semaines. La fille du puisatier ou comment une demi-caleçonnade bien de chez nous est sublimée par l'irruption du devoir rédempteur : un aviateur porté disparu revient au moment idoine pour « réparer » la faute (il avait engrossé la fille du puisatier, demoiselle) et l'épouser, comme il faut, quasiment au son d'un « Message » de Philippe Pétain. Cependant, dans leur grande majorité, les réalisateurs, la censure aidant, se cantonnèrent dans des genres plus intemporels[1]. Recours à l'histoire qui pouvait cependant fournir de temps à autre quelques sujets ou dialogues à demi subversifs, tel *Pontcarral colonel d'Empire* de Jean Delannoy; fuite dans le merveilleux avec *la Nuit fantastique* de Marcel L'Herbier; intrigues policières ou films noirs, qui valurent à certains de leurs auteurs quelques ennuis à la Libération, ainsi *les Inconnus dans la maison* réalisé par Henri Decoin et surtout *le Corbeau* tourné par Henri Georges Clouzot; plongée dans le passé littéraire : *la Duchesse de Langeais* (Jean de Baroncelli), *les Dames du bois de Boulogne*, dont Bresson commence le tournage au printemps 1944, *l'Éternel retour* de Delannoy et Cocteau; sans oublier sa variante, le « réalisme poétique » dont *les Visiteurs du soir*, un film sorti en 1942 réunissant le trio Carné-Prévert-Kosma et une équipe d'excellents acteurs, est le modèle achevé. On peut même dire que ces *Visiteurs* sont — à bien des égards — l'œuvre filmée la plus représentative du cinéma de l'Occupation.

---

1. Quelques metteurs en scène et acteurs avaient rejoint Hollywood : Ophuls, Renoir, René Clair, Duvivier, Michèle Morgan, Jean-Pierre Aumont, Gabin (qui s'engage dans les FFL)... La Résistance ne rencontra qu'un faible écho dans les milieux cinématographiques.

Au bon beurre.

Ce titre, *Au bon beurre*, fit le succès de Jean Dutourd. En dépit d'un poujadisme à rebours trop systématique pour être tout à fait convaincant, le livre est un bon témoignage de l'ascension sociale des intermédiaires de tout acabit, comme dans toute époque où l'offre est notoirement insuffisante. Parmi eux, le Français moyen a fait un sort particulier aux boutiquiers, aux bouchers, aux crémiers, aux épiciers, aux boulangers même, promus par les vertus du rationnement aux fonctions de nouveaux petits chefs craints et respectés mais *in petto* maudits ou à tout le moins jalousés. La boutique, c'est vrai, ne fut pas à plaindre [1], mais les profits qu'elle réalisa furent finalement peu de chose en regard des fortunes qui s'édifièrent dans les strates supérieures du marché noir.

A en croire Alfred Sauvy [2], le « marché noir » n'a joué qu'un rôle d'appoint médiocre et d'autant plus médiocre que l'occupant s'y serait constamment opposé. Il est vrai que la collaboration économique n'a laissé que des traces fugitives. Mais les quelques documents sûrs dont l'historien dispose permettent d'infirmer les thèses de Sauvy. Si les Allemands, en effet, qui effectuaient un prélèvement quasi légal sur la production française n'avaient *a priori* aucun intérêt à en voir soustraire une partie, ils n'en raflèrent pas moins, de façon systématique, et cela jusqu'au printemps de 1943, un certain bon de produits, en les payant seulement au prix fort; ce en quoi d'ailleurs, ils se conformaient à la technique du butin qui avait la préférence d'une partie des

1. On constata dans le secteur commercial une régression notable des mises en liquidation judiciaire (on en compte 48 en 1943 pour 2 221 en 1937) et des faillites.
2. Alfred Sauvy (56) se laisse abuser par les sources qu'il privilégie, ses très chers *Bulletins rouge brique*, portant sur la situation économique et rédigés par l'Institut de conjoncture. Donnons volontiers acte à Sauvy qu'ils n'étaient pas inspirés par les autorités vichyssoises et qu'ils ont pu être utiles aux services économiques d'Alger. Mais les enquêteurs de l'époque n'étaient pas à même de tout appréhender et les quelques autres sources sérieuses dont on dispose prouvent bien la réalité du marché noir.

dignitaires nazis [1]. C'est ainsi qu'ils installèrent un certain nombre de bureaux d'achat clandestins, possédant une couverture commerciale et bénéficiant de protections officieuses. Le premier du genre semble avoir été le « Bureau Otto », dirigé par un agent de l'Abwehr, Brandel, et gérant une trentaine d'officines, qui achetèrent à tour de bras quantité de produits les plus divers (cuirs, fourrures, outillage, etc.). Pour accroître leur rentabilité, ces organismes utilisèrent pour leur service des rabatteurs français. Le rapport du contrôle économique estime qu'on peut raisonnablement évaluer à 50 milliards de francs la valeur des achats effectués par le seul « service Otto » pendant les vingt mois de son existence. Ce qui n'est quand même pas rien ! On a recensé jusqu'à 200 bureaux d'achat qui stockaient leurs produits dans des docks qui leur étaient réservés et qui étaient acheminés en Allemagne par convois spéciaux. Ainsi, entre l'été 1942 et le printemps 1943, partent 72 tonnes de poêles à frire, 10 tonnes de cartes à jouer, 154 tonnes de chaussures, etc. Il fallut pourtant fermer ces bureaux lucratifs après que le ministre français Bichelonne renouvela vertement ses plaintes en mars 1943 auprès du Dr. Michel, responsable des services économiques allemands en zone occupée : l'anarchie engendrée par le marché noir allemand empêcherait à court terme l'État français d'honorer des livraisons qu'il s'était engagé à fournir au Reich.

Parallèlement, et souvent de connivence avec l'occupant, s'était développé un marché noir français dont certains bénéficiaires défrayèrent la chronique [2] : Szolkonikoff, dit « Monsieur Michel », qui, malgré sa qualité de juif apatride, bénéficia des plus hautes protections allemandes, ce qui lui permit de faire peut-être 2 milliards de bénéfices ; ou bien, « Monsieur Joseph », Joanovici, avant la guerre chiffonnier spécialisé dans la ferraille, dont le

---

1. Se référer à l'étude très solide d'A. Milward (99). Un bon aperçu des prélèvements semi-clandestins allemands est donné par le rapport rédigé par l'administration du contrôle économique qui a été publié dans le tome 4 du Comité d'histoire de la guerre (mai 1950) ; lire aussi l'enquête documentée de J. Delarue (88). Sur les stratégies économiques allemandes, voir *infra*, p. 213-220.

2. Szolkonikoff semble avoir été assassiné en Espagne, en 1945 ; Joanovici, quant à lui, a fini par passer en jugement, malgré la précaution qu'il avait prise de financer — sur le tard — un réseau de Résistance.

chiffre d'affaires a dû avoisiner 4 milliards. Parmi ces nouveaux riches, on trouve de tout : du « beau monde », des mandataires des Halles, le directeur d'une « grande et vieille maison » textile du Nord, qui, au prix fort, vend d'un coup au Bureau Otto 58 000 mètres de lainage peigné, le fondé de pouvoir d'une « importante usine de cotonnades des Vosges », ou bien encore le « directeur d'une grosse firme de bonneterie lyonnaise », etc. [1]. Les petits pouvaient espérer devenir gros, à l'exemple de cette modeste entreprise de ficelle et de papier d'emballage dirigée par Marcel et Ferdinand V..., qui passa de 3 millions de chiffre d'affaires en 1938 à 112 millions pour les sept premiers mois de 1944, après s'être spécialisée dans la confection et la vente au prix fort de filets de camouflage pour la Wehrmacht [2].

C'est pourquoi l'administration du contrôle économique a pu établir que, « de plus en plus nombreuses, des maisons de commerce ou des firmes industrielles, alléchées par l'importance inusitée des commandes, en vinrent à revendre leurs marchandises aux organismes d'achat allemands qui acceptaient, sans grande discussion, les prix les plus élevés. Il est malheureusement trop certain que ces innombrables complicités françaises ont seules pu permettre au marché noir allemand de réaliser à un pareil degré la dévastation de la France [3]. » Et Jacques Delarue conclut ainsi le chapitre qu'il a consacré au marché noir : « Vingt ans après, quelques initiés seulement ont encore, parfois, un mouvement de recul en lisant certains noms dans la chronique financière, en reconnaissant certains visages sur les photographies de mondanités, au pesage d'Auteuil ou de Longchamp, aux grandes premières ou même dans de très ' patriotiques ' manifestations. Parfois élégants, souvent puissants, toujours repus et sûrs d'eux-mêmes, ils ne paraissent pas incommodés par l'insupportable odeur de pourriture, de misère, de larmes et de sang qui monte encore de leurs millions mal acquis, et ils en jouissent sans remords. Ceux-là furent les vrais profiteurs de l'Occupation [4]. »

1. Voir J. Delarue (88), p. 99-100. L'inspecteur Delarue a été chargé de mener des enquêtes touchant aux séquelles de l'Occupation.
2. Sur la collaboration économique, voir *infra*, p. 216-217.
3. Voir l'enquête citée, p. 52.
4. Voir J. Delarue (88), p. 139.

La France éclatée

Zone rattachée
au commandement
allemand de Bruxelles

Arras

Zone
interdite

Amiens
Laon
Mézières

Reims
Metz

PARIS
Bar
le Duc

Zone
annexée

S¹-Diziér
Zone
réservée

ZONE D'OCCUPATION
ALLEMANDE

Chaumont
Langres
Belfort

Dijon

Tours
Bourges
Dôle

Moulins

Poitiers
Châteauroux
Nantua

Charolles
VICHY

Ligne de
démarcation

Vienne
(après
l'Armistice)

Angoulême

Valence
Zone
d'occupation
italienne
(après
nov. 1942)

ZONE
LIBRE

Périgueux

Langon

Occupation allemande
(après nov. 1942)

M¹-de-
Marsan

Avignon
Menton
Aix

0   100 km

H. Michel, *La Seconde Guerre mondiale*, PUF, 1968, t. I, p. 190.
Carte reproduite avec l'aimable autorisation
des Presses universitaires de France.

2. Au ras des rutabagas

Monsieur Tout le Monde, Madame et leurs enfants, s'ils vivaient dans une grande agglomération, s'ils n'avaient plus de cousins à la campagne, s'ils n'avaient comme revenus que ceux du Français moyen, ont eu froid et faim. Et plus le temps passait, plus ils prenaient peur.

Contraintes et système D.

C'est le lot de toute guerre que d'imposer un certain nombre de contraintes plus ou moins bien supportées. Les servitudes ou les brimades imputables à l'occupant n'amélioraient évidemment pas la vie quotidienne des Français. Donnons pour seule illustration les difficultés créées par la ligne de démarcation : pour la franchir [1], il fallait jusqu'en mars 1943 — soit encore cinq mois après l'invasion de la zone sud — posséder un *Ausweis* (laissez-passer). Et il était presque aussi incommode de correspondre par voie postale d'une zone à l'autre : dans les premières semaines, on ne pouvait écrire que sur des « cartes interzones » (un format unique avec des indications à biffer), elles devinrent ensuite « familiales » (sept lignes au choix), puis cartes postales ordinaires.

Mais c'est la pénurie qui devint rapidement la préoccupation primordiale; une pénurie due pour partie à l'interruption des échanges traditionnels et au blocus anglais, pour partie aux prélèvements de l'occupant. Bien vite, les chaussures « normales » furent introuvables, mais on éprouvait presque autant de difficultés à se procurer des vis, des pointes, des vitres, du savon, des matières grasses, et le charbon valait son pesant d'or, presque

---

1. Le franchissement de « la ligne » est une péripétie de rigueur dans toute une littérature romanesque. Il est vrai que l'opération était rarement commode. On comprend que le Dr Petiot — qui se faisait passer pour le chef d'un réseau d'évasion vers la zone sud — ait pu attirer tant de victimes pour les tuer, les dépecer et les voler (les enquêteurs retrouvèrent chez lui plus d'une centaine de chemises et de jupes).

autant que le café. L'État français fut rapidement contraint de réglementer [1] ou de taxer la consommation et surtout de la contingenter : dès septembre 1940, le pain, les pâtes et le sucre étaient soumis au rationnement; à l'automne 1941, presque toutes les denrées alimentaires l'étaient, mais aussi les vêtements, les chaussures, le tabac, etc. On rangeait soigneusement des cartes de toutes sortes avec leurs tickets bariolés; il était fortement recommandé de lire attentivement la presse locale pour n'être pas le dernier à apprendre que tel ou tel produit serait débloqué à partir de tel jour et selon des quantités qui variaient en fonction des 11 catégories entre lesquelles étaient répartis Françaises et Français [2].

Il fallut s'y faire en trouvant, si possible, des palliatifs. Fini le gaspillage, on gardait tout, et personne — ou presque — ne jetait même plus un mégot. En ville, on avait appris très vite à faire la queue, en n'arrivant ni trop tôt, ni surtout trop tard. On avait ressorti tous les vieux vélos plus ou moins bricolés : la bicyclette régnait à nouveau sans partage. L'administration multipliait les ersatz; on utilisait le genêt d'Espagne, les cheveux humains pour confectionner des tissus, les semelles de bois remplaçaient les semelles de cuir. La ménagère, elle, déployait des trésors d'ingéniosité pour faire bouillir la marmite, non sans regretter de servir un succédané de café sucré de saccharine. Un légume symbolisa cette gastronomie du maigre : le rutabaga, appelé naguère chou-navet, qui ne tenait pas au ventre mais dont les consommateurs urbains eurent pourtant une indigestion pour leur vie durant. Les plus futés, pour améliorer l'ordinaire, élevaient des lapins — rachitiques, il est vrai — sur des balcons ou dans des caves.

Pour le reste, il fallait s'en remettre au système D : au marché noir et à ses filières plus ou moins bonnes. Avec de l'argent, on

---

1. On imposa des jours « sans » à côté des jours « avec » (pour la viande, l'alcool, etc.), et les menus des restaurants étaient — en principe — sévèrement réglementés. Dans les grandes agglomérations, il était vivement recommandé de s'inscrire auprès d'un commerçant bien précis si l'on voulait voir honorer ses tickets de viande, de tabac, etc.

2. Ils se répartissaient entre les E (moins de 3 ans) et les V (plus de 70 ans) en passant par divers J (dont les J3 de 13 à 21 ans) et les A (de 21 à 70 ans); les deux groupes de travailleurs de force et les femmes enceintes ou qui allaitaient avaient droit à des rations supplémentaires.

pouvait y trouver de tout — ou presque —, aussi bien un balai (payé en moyenne 300 francs au lieu de 50) qu'une « vraie » cravate (vendue pour 1 500 francs, le salaire mensuel d'une dactylo à Paris)[1]. On venait d'abord s'y procurer des denrées alimentaires dont les prix réels variaient en fonction des régions[2] et des saisons. On estime que, dès 1942, la viande, le lait, les œufs valaient au marché noir entre 2 et 5 fois les prix officiels, les pommes de terre 4 à 5 fois, le beurre 6 à 8 fois. L'État, lui-même, fit la part du feu, puisque dans la loi du 15 mars 1942, qui codifiait la répression pour transactions illicites, il en excluait les « infractions qui ont été uniquement commises en vue de la satisfaction directe des besoins personnels ou familiaux ». Et il apparaît bien qu'un bon nombre de citoyens d'abord vertueux au point de se refuser d'acheter au marché noir furent bien obligés de goûter de ce pain-là, qui coûta d'ailleurs de plus en plus cher avec la raréfaction progressive des denrées et la saisie d'un certain nombre de stocks clandestins : le kilo de beurre, dans les Basses-Pyrénées, passa de 250 francs, en mai 1942, à 350, six mois après. Au rationnement officiel se superposait une sélection par l'argent.

Les non-paysans se serrent la ceinture.

Il importait aussi beaucoup d'avoir gardé un tant soit peu de liens avec la campagne. Dans l'immédiat après-guerre, les paysans passèrent aux yeux des non-ruraux pour des accapareurs sordides et égoïstes. N'exagérons rien. Car, eux aussi, rencontrèrent des difficultés pour s'approvisionner en semences, renouveler l'outillage, se procurer des ficelles à botteler qui disparaissaient faute de

1. Pour obtenir des approximations en prix courants, se reporter à la note de la p. 109. Donnons encore un ordre de grandeur tout aussi éloquent : on avait mis en vente des œufs non taxés à 11 francs pièce (voir A. Sauvy (56), p. 127), un prix supérieur au salaire horaire d'un OS de la région parisienne ; en 1978, un œuf vaut un peu moins du vingtième du salaire horaire d'un salarié payé au SMIC.
2. La zone libre — notamment le Midi — fut la plus défavorisée, puisque la zone occupée produisait avant la guerre environ 70 % du blé, 85 % du beurre, 65 % de la viande bovine et la totalité du sucre. La barrière de la ligne de démarcation puis une tendance de plus en plus généralisée à l'autarcie créèrent des situations locales très difficiles.

sisal. Il est certain, en revanche, qu'ils avaient augmenté leur autoconsommation [1]; c'était une manière de protester contre les prélèvements allemands et surtout contre les tarifs jugés dérisoires auxquels le Ravitaillement général leur achetait une bonne partie de leur récolte; certains d'entre eux, par ailleurs, n'étaient sans doute pas mécontents de ramener les « Messieurs de la ville », qui les traitaient naguère de si haut, à des sentiments plus modestes. Laissons la parole à Grenadou [2], paysan beauceron : « Chaque semaine, trois bonshommes menaient chacun deux chevaux et une voiture de deux à trois tonnes de carottes qu'on livrait au syndicat agricole de Chartres. J'étais le seul à en avoir fait et elles se vendaient comme des petits pains. On traversait Chartres et les gens couraient après nous avec des sacs. J'ai gagné de l'argent au poil. De temps en temps, je cachais un veau sous les carottes. C'est là que le marché noir a commencé. A Saint-Loup, le marché noir n'était ni le double ni le triple comme à Paris. On essayait de livrer le moins possible aux Allemands. Des haricots que les Allemands réquisitionnaient à quarante francs, on les vendait cinquante francs à des Parisiens qui venaient par le train... Avec toutes les vaches, les veaux qu'on a tués pendant la guerre, il y a assez de peaux enterrées dans le jardin pour faire les souliers à un bataillon... On tuait le soir chez nous. Je commençais par découper les hampes. Alice les mettait sur le gril et on mangeait nos biftecks. Avec tout le monde qui avait faim, qui parlait de nourriture, on mangeait moitié plus qu'avant la guerre. J'engraissais. Je tuais des moutons. Je fournissais de la viande aux Ponts-et-Chaussées, aux gendarmes, au commissaire de police... » Tous les agriculteurs français n'avaient pas les moyens de jouer sur autant de tableaux à la fois, et il fau-

---

1. Elle n'était pas seule en cause, comme le démontre le circuit de la viande (voir A. Sauvy (56), p. 130-131). Sur une production totale de 1 150 000 tonnes, les paysans prélevaient 250 000 tonnes d'abattement familial, et aussi une quantité équivalente par abattage clandestin; mais les Allemands en emportaient 240 000, les intermédiaires en détournaient 120 000; et quand les prioritaires avaient reçu leurs 100 000 tonnes, il restait aux consommateurs ordinaires 190 000, soit 14 grammes par jour.

2. Éphraïm Grenadou et Alain Prévost, *Grenadou, paysan français*, Éd. du Seuil, 1978, p. 204-205 (1re éd. : 1966). C'est déjà un classique, à lire d'urgence.

drait, en fonction de la taille des exploitations et des régions, nuancer l'image d'un bien-être paysan généralisé. Les statistiques globales que l'on possède donnent raison à Grenadou au moins sur un point : l'autoconsommation paysanne a bien doublé entre 1940 et 1944.

Comme tout le monde, les citadins eurent froid, surtout pendant l'hiver quarante, mais, dans leur grande majorité, ils eurent aussi faim. Le ravitaillement rationné ne cessait de se dégrader [1] et, à Paris, en 1943, les cartes d'alimentation assuraient à peine 1 200 calories. En fait, Alfred Sauvy a calculé que le Parisien disposait en moyenne de 1 800 à 2 000 calories. Mais encore fallait-il pour parvenir à ce total, qui est un maximum, que son revenu fût suffisant ou qu'il eût conservé des relations rurales. En 1941, en effet, le gouvernement autorisait l'envoi de « colis familiaux », dont il réglementait le contenu, et qui étaient destinés — en principe — à des parents ou des amis; dans la pratique, le destinataire pouvait être n'importe qui [2]. On pouvait aussi aller faire son marché, mais en y mettant le prix, dans les campagnes environnantes [3]. Le système et ses palliatifs vouaient les salariés modestes de certaines grandes agglomérations (Paris, Marseille, Bordeaux, Montpellier...) à la misère, surtout s'il s'agissait de couples ayant des enfants adolescents et si la femme ne travaillait pas [4]. Ce sont

1. La ration normale pour un adulte était en septembre 1940 de 350 grammes de pain par jour; elle passa à 275 grammes en avril 1941 pour remonter à 300 en novembre 1943; celle de sucre ne dépassa pas — hormis pendant quelques semaines — 500 grammes par mois; 500 grammes également de corps gras en 1940, qui devinrent 150 en 1944.

2. Ils semblent avoir nourri au moins autant d'estomacs « solvables » que d'estomacs « familiaux ». On dénombre, pour l'année 1942, environ 13 500 000 « colis familiaux », l'équivalent de 279 000 tonnes de denrées. Ils représentaient, malgré tout, un appoint insuffisant.

3. La gare de Toury (Beauce) vit son nombre mensuel de voyageurs-visiteurs passer de 700 avant la guerre à 12 000 en 1943.

4. Se reporter au tableau V dressé par A. Sauvy (56), p. 241, selon lequel le rapport de la dépense alimentaire d'un couple à son revenu est fonction du travail de la femme; si elle était ou non femme au foyer, il était respectivement de 95 % et de 55 % pour un ménage sans enfant, de 126 % et de 91 % pour un couple avec deux enfants âgés de 10 et 14 ans, de 107 % et de 82 % pour trois enfants, de 6, 10 et 14 ans.

d'ailleurs ces adolescents des milieux ouvriers ou de petits fonctionnaires urbains qui accuseront des déficiences en taille et en poids avoisinant 20 %. Ce sont eux, également, qui furent les plus frappés par une surmortalité imputable aux maladies de carence, telle la tuberculose.

Fécondité et insécurité.

Dans de pareilles conditions, on aurait pu s'attendre à voir s'effondrer la natalité et encore plus la fécondité, tandis qu'aurait dû augmenter brutalement la mortalité. Or, il n'en est rien. Certes, la balance des naissances et des décès civils ordinaires demeure négative, mais elle l'est dans une proportion moindre que prévu : autour de 500 000 [1]. On constate même une diminution de la mortalité [2] de 1941 à 1943 (respectivement 17,4 $^o/_{oo}$ et 16,3 $^o/_{oo}$), ce qui semble pouvoir s'expliquer par une relative accoutumance physiologique, du moins chez les adultes [3]. Peut-être encore plus surprenante est l'augmentation du taux de natalité (de 13,1 $^o/_{oo}$ à 15,7 $^o/_{oo}$) qui est due pour une large part à un relèvement de la fécondité, puisque, en 1943 — à la différence de l'immédiat avant-

1. Aux yeux du démographe, les pertes pour faits de guerre sont relativement peu importantes en regard de celles qu'ont subies l'Union soviétique ou l'Allemagne ; globalement, aussi, la Seconde Guerre mondiale a été moins coûteuse en hommes et moins génératrice de classes creuses que la première. Certes, les « civils » ont payé un plus lourd tribut : 170 000 peut-être (en y incluant les morts par bombardements, les déportés politiques et raciaux français, les fusillés et exécutés) ; mais les pertes « militaires » ont été beaucoup moins nombreuses : environ 230 000 (en y comprenant les soldats de la campagne de quarante, les FFL, les FFI, les Alsaciens-Lorrains enrôlés dans la Wehrmacht) ; il faut y ajouter quelque 100 000 prisonniers de guerre et déportés du Travail décédés en Allemagne.

2. Elle est inégale selon les âges, les catégories socioprofessionnelles et les régions : ainsi le Midi connaît-il une relative surmortalité.

3. Si la surmortalité infantile (jusqu'à un an) n'augmente pas de plus de 8 %, les adolescents sont en revanche beaucoup plus vulnérables. Les adultes résistent mieux, du moins au nord de la Loire, d'autant que l'on peut constater une régression notable de la surmortalité alcoolique (le vin ordinaire étant rationné et les privilèges des bouilleurs de cru abolis).

guerre —, le taux de renouvellement des générations est assuré. Alfred Sauvy voit dans cette reprise de la fécondité le fruit d'une politique familiale qui aurait été cohérente depuis 1939. Néanmoins, les variations très contemporaines de la fécondité française nous ont appris que ce type d'explication est insuffisant et qu'il n'est pas aisé d'en discerner les causes profondes. D'ailleurs, on peut aussi bien soutenir que les couples [1] en 1942 ont pu se comporter comme si la guerre était finie et perdue, ou comme si elle devait être finalement gagnée, laissant espérer des lendemains plus prometteurs [2].

Quoi qu'il en soit, ce comportement relativement fécond allait de pair avec un sentiment d'insécurité qui, surtout dans les villes, semble avoir gagné une bonne part de la population, celle qui subit la pression plus vive et plus visible de l'occupant : quartiers cernés, rafles, multiplication des contrôles et chasse — dans les campagnes aussi — aux réfractaires du Service du travail obligatoire. Cette insécurité politique débouchait sur l'opinion plus ou moins formulée, à compter de l'automne 1943, que les risques de guerre civile grandissaient. On avait peur aussi que l'hexagone ne redevienne un champ de bataille dans des conditions telles que les nazis pourraient exercer de terribles représailles sur la population civile. D'ailleurs, dans les villes côtières, dans les agglomérations situées près des gares de triage ou des objectifs militaires, les bombardements semblaient annoncer le pire. Ils n'avaient, il est vrai, jamais cessé (Brest fut bombardé 78 fois de septembre 1940 à mai 1941), mais ils se faisaient de plus en plus meurtriers (à Billancourt, le 3 mars 1942, le bombardement des usines Renault provoquait la mort de 623 personnes) et déclenchaient des peurs paniques collectives : à Nantes, les trois quarts de la population s'égaillaient dans la nature après que la ville eut subi, le 16 septembre 1943, un bombardement qui fit 1 150 morts et que le port eut été pilonné par deux fois dix jours après ; au Havre, c'était « l'exode de dix-huit heures », pour ceux et celles qui préféraient passer des nuits relativement plus tranquilles dans la nature plutôt que d'être

---

1. A noter que la proportion d'enfants illégitimes a augmenté de 20 %.
2. Cette explication de type vitaliste se trouve renforcée par le recul sensible du nombre des suicides.

victimes de bombardements dans leur lit. En 1944, en tout cas, dès que les sirènes annonçaient l'alerte, on se ruait dans les abris, les « caves classées »; c'était, ensuite, pour les sauveteurs, la course contre la montre pour extraire les survivants des déblais ou des caves envahies par les eaux par suite de la rupture des canalisations. En y incluant les victimes des raids allemands de 1940, on peut estimer à au moins 60 000 le nombre des tués par les bombardements.

3. Les soutiers de la gloire

Sous cette expression, Pierre Brossolette désignait les obscurs, dont on évoque rarement la mémoire, et sans lesquels pourtant la Résistance n'aurait pas pu exister. C'est la vie et la mort du réfractaire anonyme qu'on voudrait ici brièvement évoquer [1].

Les sans-grade.

Il est impossible d'évaluer le nombre réel de Françaises et de Français qui ont participé de près ou de loin à la Résistance. On peut seulement affirmer qu'il a été délivré 220 000 cartes de « combattants volontaires de la Résistance ». Il fait peu de doute que les résistants sont demeurés, jusqu'au printemps 1944 inclus, des minoritaires. Mais étaient-ils des ultra-minoritaires comme on l'affirme volontiers? Nous ne le croyons pas. Il faut, nous semble-t-il, réévaluer le nombre de ceux qui d'une manière ou d'une autre, à un moment quelconque, ont aidé les réfractaires à part entière. De nombreux résistants ont attesté que, traqués, ils ont frappé à la première porte venue et qu'ils ont été accueillis et cachés par des inconnus qui risquaient pourtant gros. Francis

1. Sur l'évolution politique de la Résistance intérieure, se reporter au chapitre 5. Sur la vie et la mort des clandestins, on peut notamment consulter A. Guérin, *la Résistance* (89), t. 3, le témoignage très expressif de R. Pannequin, *Ami si tu tombes*, Sagittaire, 1976, C. Bourdet (72)...

Closon dut un jour de ne pas être arrêté parce qu'il croisait un adolescent qui criait : « Les Allemands arrivent là-bas, ils bloquent la rue en force [1]. » Ces obscurs participent, eux aussi, de la Résistance, même s'ils n'ont pas en poche une carte estampillée. D'ailleurs, sans eux, la Résistance institutionnelle n'aurait pu s'enraciner. Et ils ont été suffisamment nombreux pour que, malgré les dénonciations et les trahisons, la Résistance ait pu non seulement survivre mais fonctionner comme poisson dans l'eau, selon la métaphore désormais consacrée.

Jacques Soustelle rendait hommage à tous les soutiers de la gloire en affirmant qu'« il n'y a pas dans la Résistance de premier ou de deuxième rang ». Sans le dévouement des sans-grade, des agents de liaison par exemple, une fonction subalterne, ingrate et dangereuse, mais fondamentale, ni les réseaux ni les mouvements n'auraient pu exister. Soulignons encore la part qui revient à celles qu'a célébrées Aragon, ces « Maries de France aux cent visages », ces jeunes femmes, ces compagnes, ces mères qui non seulement assuraient l'intendance mais qui ont été, plus souvent qu'on ne l'écrit, de véritables militantes. Leur histoire commence de se faire [2].

---

1. Voir (109), p. 165.
2. Le panthéon officiel de la Résistance comporte bien les noms de quelques femmes : Danièle Casanova, la responsable des Jeunesses communistes, morte en déportation, ou bien Bertie Albrecht, celle qui dirigea en second Combat et qui, arrêtée à Mâcon, en mai 1943, criait : « Attention les amis, la Gestapo est là », avant de choisir — selon toute vraisemblance — de se pendre pour échapper aux affres d'une seconde incarcération. Peut-être connaît-on moins Francine Fromond, militante du PCF, torturée de manière abominable et morte sans desserrer les lèvres, ou la princesse Vera Oblensky qui savait tous les secrets de l'OCM et qui fut exécutée en août 1944 sans avoir « parlé », ou la militante socialiste Suzanne Buisson arrêtée en mars 1944 et à jamais disparue, ou Émilienne Mopty qui avait pris en mai 1941 la tête de la manifestation des femmes de mineurs de Hénin-Liétard, qui sera décapitée en janvier 1943, et le nom de tant d'autres... Des récits et des témoignages ont été recueillis par Nicole Chatel et Annie Boulineau, *Des femmes dans la Résistance*, Julliard, 1972, par Ania Francos, *Il était des femmes dans la Résistance*, Stock, 1978, et dans les Actes du colloque tenu en novembre 1975, *les Femmes dans la Résistance*, Éd. du Rocher, 1977.

Le réfractaire n'est pas James Bond.

La mémoire collective retient généralement du résistant une image confuse où s'entremêlent l'agent secret, le justicier ou le hors-la-loi qui tiennent de l'acteur de western, du chevalier sans peur et sans reproche faisant sauter, mitraillette au poing, un nombre incalculable d'usines et de trains. Certes, il y eut bien des épisodes étonnants, voire rocambolesques [1], mais ils étaient l'exception. La réalité quotidienne de la grande majorité était beaucoup plus terre à terre, répétitive, tout en étant dangereuse. Insistons sur le fait que, jusqu'à la fin du printemps 1944, beaucoup de résistants, pour des raisons souvent familiales, n'avaient pas plongé dans la clandestinité totale et menaient presque toujours une double vie, professionnelle et militante ; ces semi-clandestins, après ou pendant leur travail, fabriquaient ou distribuaient tracts ou journaux, recueillaient des renseignements, relevaient des « boîtes aux lettres » et, beaucoup plus rarement, montaient une opération de sabotage.

Les clandestins tout comme les semi-clandestins ont connu la faim. Ils ont, aussi, passé une bonne partie de leur vie militante à couvrir des kilomètres à bicyclette ou à convoyer de train en train du matériel de propagande. Les uns et les autres ont eu pour compagne habituelle la peur, la hantise du coup de sonnette qui n'annonçait pas le laitier, de l'arrivée des tractions noires qui présageait le malheur. L'antidote, c'étaient les instants de détente comme peut les procurer la vie militante dangereuse ; pourtant, si des idylles ont pu naître, la vie amoureuse n'était pas toujours conciliable avec les règles de sécurité inhérentes à la clandestinité [2].

Peu d'entre eux étaient préparés à se conduire en réfractaires ; il fallut en faire l'apprentissage, s'habituer à être rigoureusement

---

1. Quelques réseaux de renseignement ont connu des « affaires » extravagantes, qui — généralement — se terminaient mal : ainsi la destruction du réseau « Interallié » est largement imputable à la vie compliquée d'un agent double, Mathilde Carré, dont la publication des Mémoires (*J'ai été la chatte*, Morgan, 1959) ne s'imposait guère.
2. En principe, le vrai clandestin devait vivre en solitaire ou du moins couper tout lien avec sa famille ; mais la règle souffrait bien des exceptions à l'image d'André Ouzoulias, un militant pourtant discipliné, qui rejoignait sa femme une ou deux fois par mois.

ponctuel [1], à repérer des endroits discrets et anonymes (par exemple un square relativement fréquenté) où donner des rendez-vous, à privilégier les habitations à double entrée [2], à éviter toute « boîte aux lettres » brûlée, à fuir comme des pestiférés les camarades arrêtés, relâchés ou évadés, jusqu'à ce que la preuve ait été apportée qu'ils ne servaient pas — à leur insu ou non — d'appât à la Gestapo. Il fallait surtout savoir être discrets, patients, méfiants et... chanceux. Les matamores, les bavards, les glorieux étaient des proies toutes désignées pour les gestapistes allemands ou français qui les « retournaient » facilement et les transformaient en « moutons » extrêmement dangereux.

Parmi les figures singulières, on trouvait les opérateurs radio, les fameux « pianistes », qui jouaient avec leur quartz pour attraper la bonne longueur d'onde, à heure déterminée, et avoir le contact avec Londres. Émettant le plus souvent à la limite des consignes de sécurité, parce que les messages à envoyer étaient toujours urgents, bon nombre d'entre eux, repérés par les voitures gonio, furent surpris en plein travail; en principe, une phrase clé devait authentifier leur émission et empêcher l'utilisation du poste par le contre-espionnage allemand. Mais il y eut des ratés. Autre personnage un peu mythique, celui du maquisard. Ne nous leurrons pas : jusqu'à l'été 1944, c'était le plus souvent un réfractaire migrateur, vivant de bric et de broc, l'été dans des campements forestiers, l'hiver dans des granges ou des chalets isolés. Rares étaient finalement les maquis qui, tels ceux que dirigeait Guingouin, étaient rationnellement organisés de manière à la fois stricte et souple pour faire face à toute mauvaise surprise [3].

---

1. Faire attendre un camarade plus d'un quart d'heure, c'était multiplier les risques de le faire arrêter. En principe, était prévu un rendez-vous de « repêchage » selon un calendrier fixé à l'avance.

2. Dans les quartiers populaires de Lyon, l'imbrication des immeubles était telle que les réfractaires pouvaient « trabouler » aisément.

3. Lire G. Guingouin (116). Il exigeait que toute personne étrangère au maquis — les dignitaires du PCF compris — soit amenée dans son ultime repaire de la forêt de Châteauneuf, les yeux bandés.

La traque et la chute.

Bon nombre de réfractaires finirent par « tomber », victimes de malchance [1], d'imprudences [2], mais surtout de trahison.

Gestapo et services secrets du Reich parvenaient à introduire dans les réseaux et les mouvements certains de leurs agents ou des résistants « retournés ». Pour de l'argent, Georges Mathieu livra en novembre 1943 l'organisation de la Résistance implantée dans l'université de Strasbourg repliée à Clermont-Ferrand ; libéré de son stalag, Henri Devillers, employé chez Hachette, « donnait » la branche de Combat en zone occupée ; sans avoir été même maltraité, par vanité, le radio Tilden décapitait en novembre 1943 le réseau la Confrérie Notre-Dame ; le cheminot Jean-Paul Lien livrait 150 membres du réseau Alliance.

C'est à la trahison qu'est imputable la très grande majorité des « affaires » qui allaient secouer la Résistance. Il faut faire un sort particulier à celle de Caluire, ne serait-ce que parce qu'elle provoqua l'arrestation et la mort de Jean Moulin [3]. En amont, la trahison de Multon, le secrétaire de l'un des responsables des MUR : par lui, la Gestapo pouvait se saisir de bon nombre de

1. C'est ainsi que ce très grand résistant que fut Jacques Bingen, le délégué civil pour la zone sud, arrêté à la suite d'une trahison, aurait pu fausser compagnie à ses gardiens si une employée de la Banque de France, par un réflexe stupide, n'avait désigné le fugitif aux occupants d'un camion allemand.
2. Le chef de l'Armée secrète, le général Delestraint, était arrêté le 9 juin 1943 à la station de La Muette, parce que l'un des responsables de l'AS, Aubry, avait déposé un message en clair dans une boîte aux lettres « brûlée ». Par un reçu de quittance téléphonique, trouvé sur Roland Farjon, les Allemands parvenaient à un local où se trouvaient des noms et des adresses en clair de responsables de l'OCM : le mouvement allait être décapité. La reconstitution de l' « affaire Farjon » à laquelle s'est livré G. Perrault (*la Longue Traque*, Jean-Claude Lattès, 1975) ne semble pas avoir convaincu la majorité des résistants.
3. Ajoutons que, dans ce qu'il faut bien appeler « l'affaire Hardy », les deux jugements rendus en 1947 et en 1950 relaxant René Hardy contraignent l'historien à s'en tenir à l'impératif de « la chose jugée ». Pour plus de détails, se reporter à l'exposé clair et convaincant d'Henri Noguères (6), t. 3, p. 410-473.

militants de Combat — entre autres Bertie Albrecht —, arrêter
Delestraint et aussi René Hardy, un des responsables de Résistance-Fer, intercepté à Chalon-sur-Saône; ce dernier, interrogé
puis relâché par la Gestapo, ne disait mot de son aventure à ses
camarades [1] et était invité à une réunion provoquée par Jean
Moulin, à Caluire, chez le Dr Dugoujon, pour remédier à l'arrestation de Delestraint; ce 21 juin 1943, la Gestapo était au rendez-
vous; les papiers saisis permettaient à Klaus Barbie de savoir qu'il
détenait *Max;* le 23, il avait identifié Jean Moulin; mais le tortion-
naire en chef de la Gestapo lyonnaise avait « interrogé » son
prisonnier de telle manière que *Rex* sombrait dans un état semi-
comateux et mourait au cours de son transfert en Allemagne [2]
sans avoir parlé.

La chute, en effet, signifiait presque à coup sûr la torture. Inutile
d'entrer dans le détail, il suffit de dire que les nazis utilisèrent
tous les moyens alors répertoriés et que, surtout, ils furent les
premiers à la codifier de manière aussi systématique. Cela aussi
les résistants durent en faire le terrible apprentissage. A juste titre,
Rémy a écrit que « nul au monde n'a le droit de juger sans pitié
celui qui, ayant été torturé, a parlé ». On demandait surtout à
celui qui était « tombé » de gagner coûte que coûte de vingt-
quatre à quarante-huit heures, le temps que l'alerte pût être donnée
et que les coupures nécessaires fussent effectuées. D'ailleurs,
autant qu'on puisse savoir, la grande majorité des résistants

---

1. Henri Noguères peut constater à bon droit que, « si l'on se place
du strict point de vue des règles implicitement acceptées par tous les
résistants, la faute que René Hardy a reconnu avoir commise est sans
excuse ni circonstance atténuante » (6), t. 3, p. 466. Henri Frenay semble
avoir exprimé les sentiments d'une bonne part des résistants en écrivant :
« Chacun des Français qui a connu et vécu cette affaire a sa conviction.
J'ai aussi la mienne. Elle s'est exprimée un jour, et s'exprimera demain,
le cas échéant, en refusant de serrer la main de René Hardy » (71),
p. 490.
2. Sur le calvaire de Jean Moulin, consulter l'enquête minutieuse
menée par sa sœur, Laure Moulin, *Jean Moulin*, Genève, Éd. de Cré-
mille, 1970, 2 vol. La préface de l'ouvrage contient le très beau texte
qu'a prononcé, le 19 décembre 1964, André Malraux lors du transfert
des cendres de Jean Moulin au Panthéon, où il exaltait l'œuvre et le
sacrifice de *Max* : « Pauvre roi supplicié des ombres, regarde ton peuple
d'ombres se lever dans la nuit de juin constellée de tortures. »

arrêtés ont tenu leur langue ou ont pu ruser. Et finalement peu trahirent. On sait que Gabriel Péri refusa la vie sauve contre un reniement, qu'il pouvait écrire la veille de son exécution, le 15 décembre 1942 : « J'ai souvent pensé, cette nuit, à ce que mon cher Paul Vaillant-Couturier disait avec tant de raison que ' le communisme était la jeunesse du monde et qu'il préparait des lendemains qui chantent '. » Pour éviter de lâcher le moindre renseignement, certains parmi ceux qui étaient chargés des plus lourds secrets choisirent le suicide : Pierre Brossolette se jetait le 22 mars 1944 d'un cinquième étage de l'avenue Foch; Fred Scamaroni se tranchait les veines en écrivant de son sang : « Je n'ai pas parlé ». Jacques Bingen, Marchal, François Delimal, Gilbert Védy et d'autres avalaient leur comprimé de cyanure. Parfois, le destin basculait du bon côté : condamné à mort, André Devigny, torturé le jour, s'échappa une nuit de Montluc avec un sang-froid remarquable [1]; 19 FTP creusèrent en deux mois un tunnel de 40 mètres pour s'évader en juin 1942 du camp de Royallieu; en octobre 1943, c'étaient 79 détenus qui, emmenant avec eux un de leurs gardiens, quittèrent la prison du Puy; Lucie Aubrac monta un coup de main remarquable pour arracher des griffes de la Gestapo son mari et 13 des responsables des MUR [2]; la RAF même pilonna la centrale d'Amiens en mars 1944 pour tenter de sauver des chefs de la Résistance promis au peloton d'exécution (mais cette opération « Jéricho » ne se fit pas sans pertes). Le lot commun, cependant, c'était au mieux un séjour plus ou moins long dans une prison « française »; plus souvent la fusillade comme otage annoncée par une affiche bilingue bordée de noir et de rouge, ou l'exécution dans une centrale allemande (à Cologne, Sonnenburg, Kehl, Fribourg, Brücksaal...), ou encore la mort lente dans les camps d'extermination puisqu'une majorité des résistants transférés étaient rangés parmi les déportés qui devaient être éliminés sans laisser de traces.

1. André Devigny en a tiré un récit minutieux (Hachette, 1958) et Robert Bresson un film remarquable de sobriété, intitulés *Un condamné à mort s'est échappé.*
2. Voir A. Vistel (108), p. 312.

4. Les déracinés

On peut adjoindre les Alsaciens-Lorrains germanisés malgré eux à tous les prisonniers et déportés du Service du travail obligatoire qui furent contraints de demeurer pendant des dizaines de mois en dehors de leurs foyers.

Les Alsaciens-Lorrains transformés en « Volksdeutsche ».

Encore que la convention d'armistice fût muette sur le sort des Alsaciens-Lorrains, le Reich était bien décidé à faire — irrémédiablement — des trois départements de la Moselle, du Haut et du Bas-Rhin une marche germanique [1]. Pour des raisons de tactique, il choisit d'annexer *de facto* — et non pas *de jure* — les trois départements. Et cela sans attendre le traité de paix, puisqu'ils étaient rattachés, dès août 1940, à des *Gaue* du Reich et pris en main par deux Gauleiter, Bürckel et Wagner, deux nazis de la première heure. Un mois plus tard, la souveraineté de l'État français était réduite à rien. En Alsace, Wagner comptait jouer sur les mouvements autonomistes qui avaient recruté aussi bien parmi des hommes de droite que chez ces curieux « communistes alsaciens [2] », et dont certains de leurs chefs avaient frayé avec les nazis [3].

Les deux Gauleiter devaient — en dix ans — transformer ces *Volksdeutsche* qui, ethniquement, faisaient désormais partie de la Grande Allemagne en citoyens modèles du Reich. Dès l'automne 1940, ils expulsaient [4] tous ceux qui passaient pour

1. Lire E. Jäckel (63). Pour l'Alsace, se reporter à l'étude exhaustive de L. Kettenacker (90).
2. Dans les années vingt, le PCF avait défendu le droit de l'Alsace-Lorraine à la sécession. Un certain nombre de « communistes alsaciens » — dont Hüber et Mourer — devenaient pendant l'Occupation les hommes de paille des nazis. Lire Ph. Bankwitz, *les Chefs autonomistes alsaciens 1919-1947, Saisons d'Alsace*, Strasbourg, Istra, 1980.
3. Karl Ross était fusillé, en 1940, comme espion.
4. Les premières expulsions firent quelque bruit : en novembre 1940 — trois semaines à peine après Montoire —, 63 convois déversaient en

indésirables ou inassimilables (les juifs naturellement, et aussi les francophiles patentés ou ceux et celles qui s'étaient installés après 1918), population qui fut remplacée, pour partie, par des habitants du Reich. Dans le même temps, on germanisait avec méthode : germanisation de l'économie, des banques, des sociétés d'assurances, des portefeuilles de sociétés; les biens des expulsés étaient confisqués; germanisation aussi de l'enseignement qui devenait un monopole de l'État hitlérien; les prénoms, les rues [1], villes et villages devaient être débaptisés; parler le français ou bien porter le béret basque était considéré comme des délits graves et les récalcitrants pouvaient rapidement se retrouver au camp de Schirmeck. La nazification, elle, fut menée de façon plus graduée : c'est seulement en octobre 1941 qu'était créée en Alsace la première section du parti nazi; mais fonctionnait déjà l'Opferring (le Cercle du sacrifice) où l'on cherchait à attirer la jeunesse; celle-ci fut d'ailleurs contrainte en janvier 1942 de faire obligatoirement partie de mouvements de jeunesse nazis (*Jungvolk* et *Hitlerjugend* pour les garçons, *Jung Maedel Bund* et *Bund Deutscher Maedel* pour les filles).

L'échec du Blitzkrieg allait aggraver le sort des Alsaciens-Lorrains, à commencer par les jeunes des deux sexes qui furent astreints pour une durée d'un an au *Reichsarbeitsdienst*, une manière de Service du travail obligatoire précoce; puis, en août 1942, en dépit de réticences manifestées par certains responsables du parti et de la Wehrmacht, les conscrits des trois départements furent mobilisés en qualité de *Volksdeutsche*. Ils allaient être 130 000 « malgré-nous »; 40 000 d'entre eux furent tués ou portés disparus et 30 000 environ revinrent invalides [2].

En 1944, après quatre ans de germanisation, les résultats obtenus

---

zone libre des réfugiés qui, en règle générale, avaient eu moins d'une heure pour rassembler un maximum de 50 kilos de bagages et emporter 2 000 francs.

1. Les habitants de Mulhouse durent se dire *in petto* que transformer la rue du Sauvage en rue Adolf-Hitler ne manquait pas de saveur.

2. En 1944, la Wehrmacht avait incorporé les classes 10 à 24 en Moselle, 08 à 24 en Alsace. La plupart de ces « malgré-nous » furent envoyés sur le front russe. Les séquelles de cette incorporation forcée ne sont pas toutes disparues.

par les deux Gauleiter étaient médiocres, même si ceux-ci pouvaient se prévaloir du ralliement d'un certain nombre d'autonomistes de renom, même si Wagner se targuait d'avoir recruté en
Alsace quelque 25 000 membres à part entière du Parti. Dans
les deux départements rhénans, la SS avait tout au plus recruté
2 638 hommes. En règle générale, l'occupant se heurtait à une
résistance passive. Les résistants déclarés étaient plus rares :
encore plus vulnérables qu'ailleurs, ils étaient généralement voués
aux camps de Schirmeck, voire à celui de Struthof, tandis que des
représailles étaient exercées sur leur famille, notamment celles
des « déserteurs [1] ». La manière forte n'entamait guère la résolution
des Alsaciens-Lorrains, pas plus celle des francophiles ou des
antinazis que celle de certains autonomistes qui avaient pris
conscience que la germanisation à outrance et la nazification
signifiaient la fin de l'autonomisme.

La longue solitude des Français captifs.

Les désastres de l'année 1940 avaient laissé aux mains de l'Allemagne à peu près 1 850 000 prisonniers [2]; ils étaient environ
1 500 000 à avoir été mis au travail au cours de l'hiver 1940-1941,
il en restait 940 000 en 1944. La moitié donc des captifs avait été
placée en « congé de captivité » (en principe révocable), soit immédiatement dans les *Frontstalags* (camps improvisés en France
même), soit assez rapidement en qualité de « sanitaires », d'Alsaciens-Lorrains, voire de Bretons, s'ils se déclaraient autonomistes.
D'autres le furent au gré des aléas de la collaboration d'État :
des officiers, des anciens combattants de la précédente guerre,
des chefs de famille nombreuse; certains furent échangés au titre

1. Des familles entières furent transplantées en Allemagne, voire
déportées. Des drames éclatèrent au moment de l'incorporation. C'est
ainsi qu'en février 1943, 206 conscrits de Ballesdorf décidèrent de gagner
la Suisse, 183 y parvinrent mais, sur les 23 qui préférèrent rebrousser
chemin, 17 furent fusillés au Struthof.
2. Ce paragraphe doit beaucoup au témoignage d'Henri Dubief.
Consulter P. Gascar, *Histoire de la captivité des Français en Allemagne,
1939-1945*, Gallimard, 1967; et, surtout, Y. Durand (132). Lire, de
R. Ikor, *Pour une fois écoute, mon enfant*, Albin Michel, 1975, et le
récit caustique de J. Perret, *le Caporal épinglé*, Gallimard, 1947.

de la « Relève » ou encore bénéficièrent des libéralités particulières du Führer [1].

Mais l'autre moitié restait outre-Rhin, répartie dans 28 *Oflags* (camps pour officiers) et 69 *Stalags*; ces derniers fonctionnaient avant tout comme des *Kommandos* de travail (on en comptait environ 82 000 dans les débuts de l'année 1941) dont les effectifs variaient entre 6 et 1 000 hommes, administrativement rattachés à des « camps de base [2] »; la moitié des prisonniers travaillaient dans des fermes, le tiers dans des mines et des usines, y compris dans celles fabriquant du matériel de guerre. Ajoutons qu'environ 37 000 prisonniers moururent en Allemagne : près de la moitié furent tués en 1944 et 1945, victimes à la fois des bombardements alliés, des épidémies et de la malnutrition.

En règle générale, les captifs se sentaient moins livrés à des matons que brimés par des adjudants Flick. Il est vrai que le sort des prisonniers a beaucoup varié selon les *Stalags*, que dans certains camps les appels pouvaient durer pendant six heures d'affilée et qu'on risquait d'être tué si l'on se risquait hors de sa baraque passé le couvre-feu [3]. Du moins les Français furent-ils très rarement traités comme les prisonniers russes considérés par leurs gardiens comme du véritable bétail humain.

Cela dit, le prisonnier eut faim, notamment au cours de l'hiver quarante et pendant les derniers mois de la captivité. Le menu ordinaire était maigre, à base de soupes assez claires où nageaient des rutabagas et des soupçons de morceaux de viande. Dans ces conditions, les « colis familiaux » étaient vraiment les bienvenus, mais leur périodicité était strictement réglementée, et il était assez

1. Sur la « Relève », voir *infra*, p. 210; après l'échec de l'opération « Jubilee » que les Anglo-Canadiens avaient montée près de Dieppe, Hitler donna l'ordre de libérer 1 580 prisonniers originaires de Dieppe et des environs.

2. Environ 5 % des captifs étaient à demeure dans les camps de base, dont ils assuraient le fonctionnement; bon nombre des *Kommandos* revenaient y passer la nuit.

3. A mettre à part les camps de représailles, ceux de Colditz et de Lübeck pour les officiers, celui de Ruwa-Ruska pour les évadés des *Stalags* ou les trop fortes têtes : leurs « mitards » et leurs « séances de pelote » — avec exercices physiques choisis — y étaient redoutés, la nourriture réduite à la portion congrue.

rare que leur contenu parvienne intact au destinataire. Après la faim, le prisonnier redoutait, l'hiver, le froid, surtout dans les camps situés le plus à l'Est, et encore les poux et les punaises, qui sévissaient en permanence malgré des séances régulières d'épouillage; pendant le dernier hiver, le typhus fit son apparition. Par-dessus tout, peut-être, il souffrit d'une grande solitude affective, d'un déracinement de plus en plus difficile à supporter au fil des mois, à peine tempéré par les deux lettres — pas une de plus — que le prisonnier pouvait recevoir chaque mois. Dans beaucoup de camps, il est vrai, les captifs cherchèrent à organiser leur solitude, montant des orchestres, des pièces de théâtre, des équipes sportives; des enseignants firent fonctionner des sortes d'université. Malgré tout, nombreux étaient ceux qui se laissaient prendre au piège des innombrables « bouteillons [1] », ces bobards increvables qui pronostiquaient tous une libération générale invariablement imminente. Parfois encore, certains tentaient la belle : on compte environ 71 000 évasions réussies de 1941 à 1944 [2].

A l'automne 1940, le Reich avait autorisé l'État français à être la puissance protectrice de ses propres captifs, mais, si l'on en croit les témoignages de bon nombre de prisonniers, la « mission Scapini » qui devait défendre leurs intérêts était plus préoccupée de faire de la propagande que d'améliorer leur sort. C'est pourquoi, pour éviter le despotisme de « petits chefs », pour négocier avec l'adjudant Flick ou régler les problèmes avec les autres nationalités qui peuplaient les *Stalags*, les plus conscients des prisonniers tablèrent davantage sur leur propre organisation, choisissant avec soin les « hommes de confiance » qui devenaient leur porte-parole.

Les Allemands s'efforcèrent d'endoctriner les prisonniers en éditant à leur intention *le Trait d'union*. Mais sans succès. De même, la propagande collaborationniste n'éveilla guère d'écho.

---

1. Du nom du récipient qui contenait la soupe.
2. A partir de 1944, le jeu devenait très risqué. 3 000 encore y parvenaient en 1944, alors qu'ils avaient été 33 000 l'année précédente. Deux mouvements de résistance recrutèrent en France parmi les prisonniers libérés et les évadés : le MNPGD dirigé par M. Cailliau et *Philippe Dechartre* et le MRPDG de François Mitterrand qui réussissait à s'évader après deux tentatives infructueuses.

En revanche, bon nombre d'entre eux furent — dans un premier temps du moins — influencés par l'idéologie pétainiste, répandue par des « Cercles Pétain »; ce maréchalisme traduisait une manière de « patriotisme passif » en même temps que le rejet de la IIIe République tenue pour responsable de leur infortune. En tout cas, malgré les efforts déployés aussi bien par les autorités allemandes que par Vichy ou les collaborationnistes, il n'y eut tout au plus, en 1944, que 220 000 prisonniers « transformés[1] ». Au total, sans qu'il faille négliger les organisations de résistance nées dans certains *Stalags* ou *Oflags*, le sentiment qui semble l'avoir emporté est celui d'un désenchantement teinté de scepticisme et de gouaille.

Les déconvenues des hommes du STO.

Environ 650 000 Français sont partis, bon gré mal gré, pour le « Service du travail obligatoire[2] ». Les propagandistes aussi bien allemands que vichyssois avaient vanté les avantages matériels notamment, qui attendaient dans l'Allemagne « socialiste » cette autre catégorie de déracinés. Sur place, la réalité était moins rose. Le Reich avait besoin de bras, mais il ne faisait pas de sentiment : généralement, les entreprises d'État ou privées venaient puiser sans ménagement dans cette masse de main-d'œuvre, bonne à tout faire, sans même le plus souvent se soucier de sa qualification. La plupart d'entre eux étaient installés dans des camps[3] qui ressemblaient comme des frères à ceux de leurs camarades prisonniers. Et d'ailleurs, leurs conditions d'existence étaient semblables sur bien des points : une journée de travail longue (en moyenne onze à douze

---

1. Pour obtenir une amélioration de leur productivité, les Allemands offrirent aux prisonniers d'être « transformés » en travailleurs civils, avec versement d'une paie en conséquence et une plus grande liberté de mouvement; ils accordèrent même des sortes de permissions, mais les supprimèrent bien vite, car bon nombre de ces permissionnaires omettaient de regagner l'Allemagne.

2. L'appellation « déportés du travail », qu'ils revendiquent volontiers, leur est déniée par bon nombre de résistants et par les tribunaux; sur le STO, consulter J. Évrard (91), et *infra*, p. 211.

3. On en dénombrait à l'automne 1943 environ 22 000.

heures), un environnement matériel médiocre, et, pour reprendre l'expression de Jacques Évrard, « le despotisme du souvenir, le despotisme de la faim ». Solitude et malnutrition furent suffisamment pesantes pour que, en 1946, près de 60 000 d'entre eux dussent être soignés pour tuberculose [1]. Pendant le travail, comme dans les camps, la discipline était fort stricte et les récalcitrants comme ceux qui tentaient de quitter le Reich étaient envoyés dans des camps disciplinaires [2] avec cachots et « séances de pelote »; quelques-uns finirent même en camps de concentration. 35 000 environ, peut-être un peu plus, moururent en Allemagne [3], dont une partie sous les ruines des villes allemandes bombardées.

5. Les réprouvés

A peine né, le Reich hitlérien arrêtait, internait, parquait tous ceux — les juifs entre autres — qu'il considérait comme ses ennemis idéologiques. Avec l'irruption de la guerre totale, l'État SS forgeait son univers concentrationnaire.

Le calvaire des juifs.

L'antisémitisme avait été pour le national-socialisme une arme de choix, à la fois bouc émissaire et dérivatif commode et efficace. Le IIIe Reich avait réduit les juifs allemands et autrichiens à l'état de non-citoyens tout en les rassemblant progressivement dans ce qui devenait de nouveaux ghettos. Les responsables nazis hésitèrent jusqu'en 1941 sur la stratégie ultime : en l'automne 1940 encore, ils transféraient en zone libre 7 000 juifs du pays de Bade, et certains nazis établissaient des plans pour reléguer à Madagascar

---

1. Il est vrai que la « mission Bruneton », mise en place en 1943, fut plus efficace que ne l'était la « mission Scapini » pour les prisonniers, notamment dans le domaine sanitaire.
2. Citons Grossbeeren, Spergau, Luxendorf...
3. Ajoutons que peut-être une petite dizaine de milliers d'hommes du STO choisit de demeurer en Allemagne après la guerre.

tous les juifs de l'Europe nazifiée. En juillet 1941, pourtant, la Gestapo recevait l'ordre de mettre à l'étude la « solution finale », l'extermination de tous les juifs européens ; le principe en était définitivement adopté le 20 janvier 1942, à la conférence de Wannsee et, en juin 1942, la section de la Gestapo chargée des questions juives était chargée de planifier la déportation des juifs de France, de Belgique et des Pays-Bas.

Selon des estimations vraisemblables, vivaient en France, à la veille de la guerre, un peu plus de 300 000 juifs, dont la moitié avait la nationalité française et dont le quart était né de parents français. Tous furent frappés, dès 1940, par des dispositions réglementaires prises à la fois par les autorités d'occupation et par Vichy. Le Reich et l'État français n'avaient sans doute pas les mêmes objectifs mais l'un comme l'autre entendaient transformer les Israélites soit en des parias soit en des demi-parias [1].

Knochen, Dannecker, Roethke et les autres responsables du Sonderkommando antijuif firent feu de tout bois : ils utilisèrent la législation de Vichy [2], tout en y imposant leur marque. Ils s'efforcèrent, sous couvert d' « aryaniser » les entreprises, de faire main basse sur les biens juifs et s'approprièrent immédiatement bon nombre d'œuvres d'art saisies pour les « mettre à l'abri » *(sic)* ; en décembre 1941, le pillage continuait par la taxation — fixée à un milliard de francs — de la communauté juive. Dans le même temps, ils imposaient en zone occupée un recensement systématique des personnes sur la base d'une ordonnance du 27 septembre 1940 qui considérait comme juifs ceux et celles qui

1. Consulter M. Marrus et R. Paxton (92) ; compléter par J. Billig (62), G. Wellers, *l'Étoile jaune à l'heure de Vichy,* Fayard, 1973, et J. Laloum, *la France antisémite de Darquier de Pellepoix,* Syros, 1979. Un grand nombre de documents et d'ouvrages sont rassemblés à Paris au Centre de documentation juive contemporaine.

2. Ils jouèrent également sur l'antisémitisme ambiant. Un médecin français, H. J....., s'opposa au mariage que projetait son fils Jean avec une Israélite, Annette Zelman, au point d'alerter le Commissariat aux questions juives qui transmettait l'affaire aux responsables nazis. Encore que les deux jeunes gens aient déclaré renoncer à leur mariage, Annette Zelman fut arrêtée en mai 1942, déportée par le convoi numéro 3 du 22 juin 1942 et ne revint pas d'Auschwitz...

pratiquaient le judaïsme, ou dont plus de deux grands-parents avaient été pratiquants ; la grande majorité des juifs, français ou étrangers, qui n'avaient pas encore perdu toutes leurs illusions [1], tombèrent dans le piège. En mai 1942, tous les Israélites âgés de plus de six ans durent porter cousue et bien visible une étoile jaune. Quelques semaines plus tard, les mesures vexatoires allaient se multiplier : les juifs étaient dorénavant exclus des lieux publics (cafés, cinémas, théâtres, bibliothèques, piscines, foires, parcs...) et ils ne pouvaient faire leurs emplettes que dans l'après-midi, à une heure où il ne restait quasiment rien dans les magasins d'alimentation. A cette date, le premier convoi de la mort était déjà parvenu à Auschwitz. L'État français, pour sa part, sans vraiment préconiser une extermination raciale, imposait avec hargne ce que Xavier Vallat allait dénommer après Maurras et avec la bénédiction de Pétain « l'antijudaïsme d'État ». Cette prophylaxie xénophobe, si l'on en croit ses inspirateurs [2], entraînait l'exclusion des juifs possédant la nationalité française de la fonction publique, en tout cas des grands corps de l'État, de la Justice, de l'Enseignement, du corps des officiers et des sous-officiers, de la police, et devait les priver de toutes fonctions électives. Vichy avait encore imposé un *numerus clausus* (2 %) pour la plupart des professions libérales et limité à 3 % le nombre des étudiants juifs. Tous les Israélites avaient dû également se faire recenser et faire apposer sur leur carte d'identité la mention « juif ». Les juifs français n'étaient plus des citoyens à part entière.

Dès l'année 1941, une nouvelle étape avait été franchie : la France se couvrait de ghettos. Le 4 octobre 1940, les préfets de zone occupée avaient reçu pouvoir d'interner les juifs étrangers ou apatrides. En février 1941, 40 000 d'entre eux étaient entassés dans des camps sordides à Gurs, Rivesaltes, Vernet, Noé... d'où ils allaient être transférés à Drancy en 1942 et 1943. Les nazis, eux, avaient installé à Pithiviers, Beaune-La-Rolande, à Drancy surtout, des camps de transit pour ceux qu'ils avaient raflés dès

---

1. A la Libération, une partie des milieux juifs critiqua vertement l'Union générale des Israélites de France, créée par Vichy le 29 avril 1941, qui crut possible et nécessaire de faire la part du feu.
2. Sur les mesures prises par l'État français, voir *supra*, p. 92.

1941 : le 14 mai 1941, des milliers de juifs d'Europe centrale avaient été arrêtés et internés ; le 15 août, c'était tout un arrondissement de Paris, le XIᵉ, qui avait été cerné ; le 12 décembre, 743 personnalités juives de nationalité française étaient appréhendées, transférées à Royallieu : au bout de trois mois de détention, une centaine était déjà morte, les autres, à quelques exceptions près, partirent pour Auschwitz : l'État français — à l'évidence — se révélait incapable de protéger des ressortissants de nationalité française qu'il proclamait placer sous sa sauvegarde. Les autorités d'occupation obtinrent même que ce soient des policiers français qui, les 16 et 17 juillet 1942, encadrent l'opération « Vent printanier » au cours de laquelle 12 884 hommes, femmes et enfants israélites furent arrêtés à Paris [1]. Et c'est sous le contrôle de l'État français que furent opérées en août 1942, un peu partout en zone sud, des rafles d'étrangers ou que, en janvier 1943, des juifs français et étrangers furent appréhendés lors de la destruction du vieux port de Marseille [2].

C'est au printemps 1942 que les premiers convois de « déportés raciaux [3] » s'étaient ébranlés vers la « solution finale [4] ». Ils furent au minimum 75 721 qui partirent de France [5]. Sur les 70 000 pour lesquels on possède des renseignements d'état civil suffisamment précis, on compte un peu plus de 10 000 enfants ou adolescents

---

1. Voir *infra*, p. 210.
2. Sur cet épisode, consulter J. Delarue (88). Les juifs étrangers crurent pendant une dizaine de mois trouver un havre relatif dans la zone d'occupation italienne, après son extension en novembre 1942 ; ils n'y furent nullement maltraités ; mais, en septembre 1943, la Gestapo réalisait un gigantesque coup de filet dans Nice et ses environs.
3. C'était dans leur quasi-totalité des juifs ; les nazis n'ont pas eu le temps de transférer dans les camps de la mort tous les Tziganes internés en France.
4. Consulter S. Klarsfeld, *le Mémorial de la déportation des juifs en France*, Éd. B. et S. Klarsfeld, 1978, H. Langbein, *Hommes et Femmes à Auschwitz*, Fayard, 1975, et L. Poliakov, *Auschwitz*, Julliard, 1964.
5. C'est le chiffre auquel est parvenu, en utilisant les sources allemandes, de manière tout à fait rigoureuse, Serge Klarsfeld dans l'ouvrage — le dernier en date qui est un modèle du genre — qui devrait définitivement river leur clou à tous ceux qui osent encore affirmer qu'Auschwitz et la solution finale sont des affabulations propagées par la « juiverie internationale ».

de moins de dix-huit ans [1]; on dénombre aussi environ 23 000 ressortissants français [2] et 47 000 étrangers. Ils partirent en 76 convois,
presque tous de la gare de Drancy-Le Bourget et presque tous
rejoignirent Auschwitz; le premier était mis en route le 27 mars
1942, le dernier le 31 juillet 1944. A l'arrivée, à Auschwitz, tous
ceux — la grande majorité — dont la rentabilité physique était
jugée médiocre étaient immédiatement éliminés, les autres, les
« sélectionnés », étaient exterminés par le travail forcé [3]. Sur les
28 754 « sélectionnés » partis de France (20 717 hommes et
8 037 femmes), il en revint environ 2 190 (dont 740 femmes)
d'Auschwitz. On peut estimer — selon toute vraisemblance —
qu'ont survécu moins de 2 500 « déportés raciaux » de France, soit
3 % des partants [4].

L'univers démentiel des concentrationnaires.

Il y eut des déportés raciaux, il y eut aussi des déportés politiques et résistants, des déportés de droit commun, des déportés
par erreur. Il est presque impossible de décrire cet univers concentrationnaire enserré dans une logique démoniaque. Tout au plus
peut-on tenter d'en faire une esquisse [5] qui ne saurait répondre ni

---

1. Les moins de six ans représentaient 2,7 % des Israélites déportés
de France; les enfants entre 6 et 12 ans, 5,8 %; les adolescents entre 13
et 18 ans, 5,8 % également; les premiers enfants déportés apparaissent
dans le convoi 19 du 14 août 1942.
2. 14 469 d'entre eux étaient de vieille souche française, les autres
étaient naturalisés de plus fraîche date.
3. Donnons l'exemple du convoi numéro 17 du 10 août 1942 : il
emmenait 997 déportés raciaux (525 femmes, 472 hommes), 766 furent
immédiatement éliminés; à la libération du camp, de tout le convoi, il
y avait un seul survivant.
4. C'est l'estimation donnée par Serge Klarsfeld.
5. On se reportera d'abord à l'ouvrage d'Olga Wormser et d'Henri
Michel (93) qui contient un grand nombre de témoignages et de nombreuses références; on peut lire aussi la thèse précise et nuancée d'Olga
Wormser (94); compléter par E. Kogon, *l'État SS, le système des camps
de concentration allemands*, Éd. du Seuil, 1970, C. Bourdet (72), G. Tillon,
Ravensbrück, Éd. du Seuil, 1973, et *la Déportation*, FNDIRP, 1967. Il
est indispensable d'aller voir *Nuit et Brouillard* (95).

aux questions que se posent ceux qui l'ont vécu, ni satisfaire aux interrogations de ceux qui ne l'ont pas connu.

Le camp de concentration est intrinsèquement lié au système totalitaire nazi : dès 1933, le IIIe Reich ouvrait près de Munich le *Konzentrationlager* de Dachau. Isolés, les ennemis du régime y devaient être rééduqués et au besoin exterminés. Avec l'extension de l'Europe vassalisée et l'accroissement des opposants au Reich, le système concentrationnaire prenait une ampleur démesurée[1]. A compter de l'été 1942, il remplissait une double fonction : vider les prisons et exterminer les ennemis idéologiques du nazisme, tout en fournissant à l'économie de guerre du Reich une main-d'œuvre quasi gratuite et corvéable à merci, jusqu'à la mort comprise. Schématiquement, jusqu'en 1942, l'extermination pure et simple prévalut; dans l'année 1943, l'accent fut mis — sauf pour les déportés raciaux — sur le travail forcé[2], placé souvent sous

---

1. Placé sous la férule de Himmler et de ses SS, le système comprenait une vingtaine de camps dont dépendait un grand nombre de *Kommandos*; leur répartition a varié dans le temps; en principe, avaient rang de camps ceux de Stutthof, Neuengamme, Bergen-Belsen, Ravensbrück, Orianen-burg-Sachsenhausen (le camp directeur), Osnabrück, Esterwegen, Buchenwald, Gross-Rosen, Auschwitz, Maïdanek, Theresienstadt, Flossenburg, Mauthausen, Dachau, Struthof, Schirmeck. Les deux derniers étaient installés en Alsace : Schirmeck était un camp de rééducation où ont été internés quelque 15 000 Alsaciens transformés en bagnards. Struthof-Natzwiller était un véritable camp d'extermination où furent transférés à partir de juillet 1943 des « politiques » de nationalité française; les déportés étaient astreints à des *Kommandos* de travail exténuants (il était rare que le cercueil à quatre places emmené chaque jour revienne vide); ils étaient achevés à coups de pelles, de matraques, ou précipités dans le « ravin de la mort » où les sentinelles abattaient les « évadés ». Les politiques y furent systématiquement abattus, entre autres 108 membres du réseau Alliance tués dans le nuit du 1er au 2 septembre 1944.

2. Dans une lettre qu'il adressait à Himmler le 30 avril 1942, le général SS Pohl soulignait qu'il fallait « porter l'effort maintenant sur le côté économique ». Les déportés furent utilisés à tout : assèchement de marais, extraction de pierres dans les carrières, construction de routes, de camps, d'usines, percement de tunnels, fabrication de matériel de guerre... A terme, c'était aussi l'extermination mais par le travail. Le commandant SS de Mauthausen accueillait les déportés en ces termes : « L'Allemagne a besoin de vos bras, vous allez donc travailler,

la houlette de la grosse industrie allemande [1]; à la fin de 1944 et
en 1945, l'extermination reprit tous ses droits à l'encontre du
moins des NN [2] et des résistants.

Ébauchons l'itinéraire des *Häftlinge* (déportés). Des convois
spéciaux les entassaient à 100 ou 125 par wagon à bestiaux
(destinés théoriquement à 40 hommes), où tout manquait, à
commencer par l'air et la place, qui mettaient de trois à cinq
jours pour arriver à destination : la mort avait déjà opéré son
premier choix [3]. Les SS présidaient à l'accueil dirigé par des *Kapos*
vociférant *Los, los, Schweinerei* (plus vite, espèce de cochons!)
et maniant la matraque. Éventuellement, une première sélection
désignait ceux qui allaient être immédiatement éliminés; les autres
subissaient une quarantaine, entassés à trois ou quatre par châlit,
d'où ils sortaient rasés de la tête aux pieds, parfois tatoués, vêtus
de loques (seuls ceux qui étaient affectés aux travaux extérieurs
du camp devaient obligatoirement porter « pyjama rayé » et cas-
quette). Lever l'été entre quatre et cinq heures, l'hiver un peu plus
tard, toilette rapide, appel par n'importe quel temps qui durait
aussi longtemps que le voulait le bon plaisir des SS, un premier
« repas », le départ des *Kommandos* pour une journée de travail
longue de onze à douze heures (avec en principe repos le dimanche
après-midi), entrecoupée d'un « déjeuner », le soir un troisième

mais je tiens à vous dire que vous ne reverrez jamais vos familles.
Lorsqu'on entre dans le camp, on en sort par la cheminée du créma-
toire »; sur le travail concentrationnaire, voir O. Wormser (94), p. 294-
402.

1. Dès février 1941, l'IG Farben installait une usine « Buna » à
Auschwitz; en 1942, les usines Krupp d'Essen utilisaient, en plus de
18 000 prisonniers de guerre, 5 000 « pyjamas rayés »; Siemens, Roech-
ling et d'autres moins grands capitaines d'industrie utilisèrent sans la
moindre gêne cette main-d'œuvre d'esclaves qu'ils achetaient à la SS.

2. Le décret du 7 décembre 1941 classait NN (la meilleure interprétation semble être *Nacht und Nebel* — nuit et brouillard) les déportés
dont on devait perdre la trace, avant qu'ils ne soient systématiquement
exterminés.

3. Au départ de Compiègne, 2 521 déportés partaient le 2 juillet 1944
pour un périple, il est vrai, particulièrement éprouvant : 984 étaient
morts à l'arrivée; en 1945, 121 d'entre eux seulement avaient survécu.

« repas », le repos, enfin, dans des chambrées envahies par la vermine.

C'est trop peu dire que les *Häftlinge* furent torturés jour et nuit par la faim : au total, un demi-litre de décoction le matin, un litre de soupe à base de rutabagas et de soupçons de déchets de viande à midi, un litre de bouillon maigre le soir, une livre de pain par jour, avec de temps à autre un doigt de margarine; les Alliés délivrèrent des squelettes dont le poids pour les hommes ne dépassait guère en moyenne 45 kilos; certains — on les dénommait « musulmans » — en pesant moins de 35. Ajoutons à cela le froid l'hiver, les poux et les punaises, les épidémies surtout (tuberculose, dysenterie, typhus) contre lesquelles les médecins déportés affectés parfois au *Revier*[1] disposaient de moyens dérisoires. La mort, c'étaient aussi les séquelles de bastonnades, de matraquages, de « séances de sport » ou de séjours dans des cachots. L'exécution pouvait aussi être une cérémonie publique — notamment pour les évadés quasiment toujours repris — qui se déroulait parfois en musique, par pendaison, en présence de tous les déportés au garde-à-vous. Pour être plus expéditifs, les nazis utilisèrent le gaz[2], dans des autocars spécialement aménagés et le plus souvent dans de fausses salles de douche où ils déversaient du Zyklon B, un gaz à base d'hydrate de cyanure. Les cadavres étaient jetés dans des fosses communes, ou brûlés sur de gigantesques bûchers ou enfournés dans des fours crématoires à l'odeur délétère.

Le commandant SS de Mauthausen n'avait pas menti : les déportés entraient bien dans un univers clos régi par des rites et des usages diaboliquement agencés. Au sommet, trônait la hiérarchie[3] des SS à tête de mort; peu nombreux, ils se frottaient rarement à la multitude des *Untermenschen*. Ils régnaient par personnes interposées en utilisant un ensemble de « petits chefs »,

1. C'était en principe l'infirmerie. Il pouvait permettre de reprendre souffle lorsque les *Häftlinge* médecins parvenaient à s'imposer. Il était tout autant l'antichambre de la mort; parfois, même, il était un lieu d'expériences (mutilations, stérilisations, inoculation de maladies...) pratiquées par des médecins SS sur des cobayes vivants.
2. Lire nécessairement P. Vidal-Naquet, « Un Eichmann de papier », *Esprit*, 1980.
3. Elle s'appuyait dans les camps de femmes sur des *Aufseherinnen*.

généralement redoutables, avant tout les *Kapos* et leurs seconds qui dirigeaient aussi bien la cuisine, le *Revier* et surtout les différents *Kommandos* de travail [1]. En règle générale, ils étaient sélectionnés avec soin; les avantages inhérents à leur fonction [2] garantissaient leur docilité et leur efficacité. La race des seigneurs savait diviser pour mieux gouverner ces agrovilles insolites [3] en jouant sur les rivalités entre les diverses catégories et nationalités des déportés [4]. Assez rares semblent avoir été les camps et les *Kommandos* où les *Häftlinge* les mieux armés politiquement ou spirituellement aient pu suffisamment s'organiser pour enrayer autour d'eux une décrépitude généralisée non seulement physique mais intellectuelle et éthique; les camps tendaient à se transformer en une jungle humaine où l'épouvante cessait d'être un sujet d'étonnement. Parfois même, le choix dans l'horreur devenait insoutenable, à l'image de ces médecins déportés qui, à Ravensbrück, devaient tuer les nouveau-nés en les faisant passer pour mort-nés afin que leur mère ne soit pas exterminée en même temps que leur enfant.

Il peut paraître étonnant que des hommes et des femmes aient pu survivre dans de pareilles conditions. Il est vrai que tous les camps n'étaient pas — à proprement parler — des camps d'extermination systématique et que, si l'on excepte les déportés raciaux

1. En dessous était installée une hiérarchie subalterne de doyens de *Block*, de secrétaires, de doyens de chambrées... On comptait en moyenne 25 intermédiaires pour 1 000 déportés.
2. Ils pouvaient — en règle générale — manger à leur faim, sans être astreints à des travaux forcés. Bon nombre d'entre eux — quelques politiques et surtout des droits communs — se conduisirent comme des tyranneaux brutaux. Si l'on en croit André Lacaze (*le Tunnel*, Julliard, 1978), des droits communs, pour satisfaire leurs besoins homosexuels, forçaient les déportés à se prostituer; dans certains camps, des femmes qui avaient été déportées étaient prostituées dans des maisons closes réservées le plus souvent à la SS et aux *Kapos*.
3. Buchenwald pouvait contenir jusqu'à 40 000 déportés.
4. Chaque déporté portait un triangle (vert pour les droits communs, rouge pour les politiques, violet pour les objecteurs de conscience, rose pour les homosexuels...) et un sigle indiquant sa nationalité. Certains furent l'enjeu d'une lutte serrée entre les droits communs et les politiques. En règle générale, la vie quotidienne du camp était placée sous la férule brutale de droits communs allemands.

et les NN, il y eut des temps de répit; il fallait encore être suffisamment jeune et avoir un tant soit peu de « chance », être, par exemple, affecté dans des *Kommandos* relativement tranquilles. On ne connaît pas avec toute la précision souhaitée — sauf pour les déportés raciaux — le nombre exact des hommes et des femmes déportés de France. Les enquêtes minutieuses menées au niveau départemental par le Comité d'histoire de la Deuxième Guerre mondiale recoupent les données recueillies en Allemagne par M. Garban : elles donnent un total approximatif de 63 000 déportés non raciaux, dont environ 41 000 déportés résistants [1]. Selon les mêmes sources, le taux de mortalité moyen — pour les non-raciaux — s'établit autour de 40 % [2].

1. Le Comité d'histoire de la Deuxième Guerre mondiale a dénombré, en plus des résistants, un peu plus de 9 000 personnes prises dans des rafles, quelque 8 000 « politiques » arrêtés à titre préventif, un millier environ de droits communs et 5 000 indéterminés.
2. Il semble avoir varié en fonction des camps (on mourait moins à Buchenwald qu'à Mauthausen ou au Struthof) et aussi de l'âge du déporté; les ultimes semaines, où les épidémies sévissaient à l'état endémique, et les derniers transferts furent particulièrement meurtriers.

5

Les relèves

Le sort de la guerre se joua entre l'été 1942 et le printemps 1943. A la fin de l'été 1942, l'Axe crut pouvoir l'emporter : la « bataille de l'Atlantique » tournait à l'avantage des « sous-marins en meute » de la Kriegsmarine qui chaque mois envoyaient par le fond des centaines de milliers de tonnes; la route de Suez était ouverte et l'Afrikakorps atteignait le col d'El-Alamein, aux portes du Caire; la deuxième offensive d'été menée par la Wehrmacht en Union soviétique atteignait Voronej, Stalingrad, les lisières du Caucase; cependant que le Dai Nippon connaissait dans le Pacifique et dans l'Asie du Sud-Est sa plus grande extension.

Mais le matériel américain parvenait malgré tout en Grande-Bretagne et en Union soviétique; Rommel perdait la bataille d'El-Alamein et, le 3 novembre 1942, devait battre en retraite, alors que les Anglo-Saxons allaient réussir leur débarquement en Afrique du Nord française; surtout, devant Stalingrad investie depuis septembre, après des combats d'une violence inouïe, la Wehrmacht subissait une défaite déterminante à bien des égards : ne pouvant empêcher la capitulation le 2 février 1943 de la VIe armée commandée par le maréchal Paulus, elle reculait devant les contre-attaques de l'Armée rouge.

Les Alliés avaient repris l'initiative sur l'Axe qui se barricadait dans la « forteresse Europe ». Pour le Reich, l'époque glorieuse et fructueuse du « Blitzkrieg » était dorénavant révolue; l'Allemagne hitlérienne était plongée, elle aussi, dans la « guerre totale », qu'elle entendait malgré tout gagner en surexploitant les nations vassalisées [1].

1. Lire le précis d'H. Michel, *la Seconde Guerre mondiale*, PUF, 1975; consulter les études plus fouillées d'A. Latreille, *la Seconde Guerre mondiale*, Hachette, 1965; J. Vidalenc (2); H. Michel (3).

1. Le vent mauvais

Dès l'été 1941, la révolution nationale marquait le pas; dans le discours qu'il prononçait à Saint-Étienne le 12 août 1941, le chef de l'État français constatait que, « de plusieurs régions de France, je sens se lever depuis quelques semaines un vent mauvais... l'inquiétude gagne les esprits, le doute s'empare des Français... un véritable malaise atteint le peuple français ». Le régime, tout autant, muait : au pétainisme par la persuasion succédait le pétainisme dur. C'est pourtant à l'automne 1942 que se situe pour l'État français la cassure décisive : en novembre 1942, Vichy perdait tout, ou presque, de ses moyens de marchandage; la collaboration d'État, fonctionnant à sens unique, allait broyer les Français; la désaffection à l'égard du régime allait grandissant au point que Laval affirmait vouloir « faire le bonheur des Français malgré eux ».

La relève de la garde.

Six mois avant les événements de novembre, Laval revenait au pouvoir. Les mémorialistes et bon nombre d'historiens ont accordé à cette relève de la garde une importance, nous semble-t-il, démesurée, même s'il ne faut pas en sous-estimer les effets.

Le 16 avril 1942, donc, Pierre Laval nommé « chef du gouvernement » revenait aux affaires dont il avait été évincé le 13 décembre 1940. Darlan avait finalement déçu, il godillait à vue sans obtenir des résultats suffisamment probants. En dépit des efforts prodigués par les ADD (les amis de Darlan) qui truffaient l'administration, l'amiral de la Flotte n'était guère populaire. Ses technocrates de choc avaient eu beau résorber le chômage, relancer la production, le ravitaillement demeurait médiocre et le marché noir s'étendait. Darlan, qui était enfin parvenu — avec l'aide du Reich — à enlever à Weygand son commandement en Afrique du Nord, s'était montré incapable d'arracher à Hitler la moindre contrepartie politique [1] : les prisonniers demeuraient dans leurs *Stalags* et la France était toujours garrottée par la ligne de démarcation. Le Reich, non plus, n'était pas satisfait : le Führer s'était déclaré scandalisé par le « spectacle effondrant » offert par le procès de Riom, où les accusés s'étaient faits accusateurs et avaient transformé cette machination montée contre le « bellicisme » en un réquisitoire à l'encontre des défaitistes et des responsables — Pétain compris — de l'impréparation de l'armée; le procès avait dû être remis *sine die* « pour supplément d'information [2] ».

Depuis janvier 1941, Laval rongeait son frein. Ce qu'il voulait, ce n'était pas seulement sa revanche sur le 13 décembre, c'était le pouvoir; il était également très intimement convaincu d'être — et lui seul — celui qui pourrait se faire entendre du Reich. Pourtant, hormis Abetz, quelques vichyssois « européens » et Doriot qui, se voyant déjà ministre, lançait une campagne de presse en sa faveur, il n'y avait pas foule pour le soutenir. Laval, d'ailleurs, avait toujours été un homme seul. Pétain n'excluait pas une relève de la garde, dès lors que Darlan pataugeait, mais il la plaçait sous l'égide de maréchalistes orthodoxes et partisans résolus de la révolution nationale [3]. Quant à Hitler, et ce contrairement aux idées reçues, il se défiait de Laval qu'il tenait pour le modèle achevé du politicien façonné par l'exécrable démocratie libérale [4]. C'est Darlan qui précipita le retour aux affaires de son rival : pour parer à toute éventualité, il crut habile de brandir la mise en garde formulée sèchement par Roosevelt à l'encontre de Laval.

---

1. Échaudé par l'échec des Protocoles de Paris, Hitler, malgré les efforts déployés par Abetz et Benoist-Méchin pour relancer la collaboration politique (voir E. Jäckel (63), p. 304-308), maintenait le *statu quo*.

2. Déjà condamnés par Philippe Pétain à la détention dans une enceinte fortifiée en vertu de la justice retenue, Blum et Daladier étaient — malgré eux — les vedettes d'un procès ouvert à grand fracas le 19 février 1942; consulter P. Mazé et R. Génébrier, *les Grandes Journées du procès de Riom*, La Jeune Parque, 1945, et H. Michel, *le Procès de Riom*, Albin Michel, 1980.

3. A Vichy, le bruit courait que Romier et Barthélémy étaient bien en cour. Laval avait eu alors deux entretiens avec Pétain au cours desquels il avait brandi le spectre d'une polonisation.

4. Sources allemandes à l'appui, E. Jäckel (63) et G. Warner (98) soulignent les réticences manifestées par le Reich à l'égard de Laval.

Abetz put alors manœuvrer et contraindre Vichy à choisir entre les États-Unis et le Reich. Pétain, bon gré mal gré, rappela donc Laval, en espérant qu'il saurait au moins rentabiliser la collaboration d'État; et certains milieux vichyssois surent même gré à Laval de n'avoir embarqué avec lui aucun collaborationniste parisien.

Pierre Laval [1] n'était pas fils d'archevêque : son père était un petit aubergiste de village et Laval se fit « pion » pour poursuivre des études supérieures. C'est vraisemblablement à ses origines rurales qu'il devait sa défiance des idéologies, son pragmatisme, la certitude que tout est négociable, une mentalité de « maquignon », aurait dit Blum. Du monde paysan, il avait encore hérité un pacifisme viscéral. Grâce au barreau, il sort de l'anonymat et devient suffisamment connu dans les milieux socialistes et antimilitaristes pour être inscrit sur le « carnet B », parmi les personnalités de gauche à arrêter le jour de la mobilisation. Élu député en 1914, battu en 1919 et réélu en 1924, il avait débuté sa carrière parlementaire sous l'égide de la SFIO, mais bien vite il prenait ses distances à l'égard de l'appareil du parti, pour se ranger parmi les socialistes « indépendants », puis parmi les « modérés » après qu'il fut entré au Sénat en 1927. Il avait également été élu maire d'Aubervilliers en 1923, et la campagne municipale qu'il avait dû mener à la force du poignet contre ses rivaux communistes avait exacerbé ses sentiments profondément antibolcheviques. Il entama en 1925 une carrière ministérielle classique qui lui valut d'être président du Conseil de janvier 1931 à février 1932; bon manœuvrier parlementaire, il ne s'imposa pas pour autant comme un homme d'État hors pair [2].

1. Sur Laval, consulter deux outils de travail commodes : A. Kupferman, *Pierre Laval*, Masson, 1976, et H. Cole, *Pierre Laval*, Fayard, 1964; la biographie la plus fouillée — qui n'est malheureusement pas traduite — demeure celle de G. Warner (98). La fille unique de Laval, José de Chambrun, s'est fait un devoir de rassembler à la mémoire de son père des témoignages à décharge dans trois gros volumes intitulés abusivement *la Vie de la France sous l'Occupation*, Plon, 1957 : à utiliser avec circonspection.
2. Il menait parallèlement une carrière d'homme d'affaires, lucrative; il en profita pour acquérir à bon prix le contrôle d'organes de presse

La notoriété, il allait surtout l'acquérir comme ministre des Affaires étrangères, en succédant à Barthou et en devenant à nouveau président du Conseil entre juin 1935 et janvier 1936. Il rêvait d'être un second Briand — un des rares hommes d'État qui l'ait impressionné — et se crut en mesure d'imposer une politique de détente. Il s'essaya à finasser avec Staline, fit des avances à Hitler pour relancer une politique de collaboration franco-allemande, tout en jouant à fond la carte italienne. Mais, à tout prendre, sa grande politique européenne se révéla être plus brouillonne que féconde : il n'avait modifié en rien la stratégie hitlérienne, la France sortait de l'affaire éthiopienne à demi brouillée avec la Grande-Bretagne, et Mussolini, amer, estimait avoir été dupé [1].

Il s'ensuivit quatre années de pénitence : le Front populaire s'unifia en combattant sa politique déflationniste et sa tolérance à l'égard des ligues factieuses. Il sortit de son hibernation parlementaire en septembre 1939, mais tout au long de la drôle de guerre son attitude ne fut pas dénuée d'ambiguïté : reconnu pour un des chefs du clan pacifiste, il ne menait l'attaque contre Daladier en mars 1940 que pour lui reprocher de mal conduire la guerre. Il ne refit véritablement surface qu'en juin 1940, devint membre actif de la « Commune de Bordeaux », et, après une ultime fausse manœuvre, s'imposa à Pétain en provoquant et en contrôlant le hara-kiri parlementaire.

Au printemps 1942, la stratégie de Laval était claire : la France n'avait à attendre son salut que d'une relance de la collaboration d'État. Encore fallait-il avoir les mains libres et être à l'abri d'une seconde révolution de palais.

Il obtint facilement les garanties institutionnelles souhaitées: l'Acte constitutionnel numéro 11, du 17 avril 1942, stipulait que

---

régionaux, tel *le Moniteur du Puy-de-Dôme.* A noter que, sous l'Occupation, les cartes interzones furent imprimées par une de ses entreprises.

1. Dans les entretiens qu'il avait eus avec Mussolini en janvier 1935, Laval avait laissé entendre que la France laisserait les « mains libres » à l'Italie fasciste, ce que le Duce estimait devoir s'appliquer à la lettre dans l'affaire éthiopienne; il s'offusqua des tergiversations de Laval et s'opposa au projet de le voir nommé en 1938 ambassadeur de France au Quirinal; voir F. Kupferman, *op. cit.,* p. 65-66.

« la direction effective de la politique intérieure et extérieure est assurée par le chef du gouvernement nommé par le chef de l'État et responsable devant lui ». Pétain, en prenant des distances à l'égard de la marche des affaires publiques, concédait à son « chef du gouvernement » — le titre était nouveau — une latitude d'action certaine que les événements de novembre 1942 allaient encore renforcer [1]. Mais ce dernier n'agissait que par délégation et le même Acte constitutionnel lui faisait obligation de « rendre compte de ses intentions et de ses actes » à un chef de l'État qui entendait le demeurer [2] et était considéré comme tel aussi bien par la puissance occupante que par les occupés. D'ailleurs, Laval, évitant les bévues de l'automne 1940, ne manquait pas d'aller chaque jour discuter des affaires de l'État avec Philippe Pétain. Et si les sentiments que se portaient réciproquement les deux hommes n'étaient pas plus chaleureux que naguère, ils affirmaient mener une politique commune [3]. Ce n'est qu'à l'automne 1943 que, conscient de l'impopularité croissante de son chef de gouvernement et cherchant à utiliser les revers de l'Axe, Pétain tentera — mais en vain — de se débarrasser de Laval [4].

Le nouveau gouvernement fut relativement stable [5]. Laval avait fait la part des choses [6], gardant des pétainistes chevronnés (Bar-

1. En pleine crise, Laval avait arraché à Pétain l'Acte constitutionnel numéro 12, du 17 novembre 1942, qui lui conférait de nouveaux pouvoirs : « Hors des lois constitutionnelles, le chef du gouvernement pourra sous sa signature promulguer les lois ainsi que les décrets... »
2. Pétain s'était gardé des possibilités de manœuvre : c'est Darlan qui demeurait le dauphin désigné et qui devenait le commandant des forces militaires.
3. Pétain a multiplié les manifestations de bonne entente; c'est ainsi que, devant des responsables de la Légion des combattants, il déclarait le 10 juin 1942 : « Quand M. Laval parle, il est d'accord avec moi, comme je le suis moi-même avec lui, quand je m'adresse à vous. Il est responsable du gouvernement. Il trace la ligne à suivre. C'est la communion parfaite de nos idées et de nos actes. »
4. Voir *infra*, p. 304.
5. Jusqu'au printemps 1944, l'équipe gouvernementale n'allait subir que des modifications minimes.
6. Pierre Cathala, « radical indépendant », un avocat proche de Franklin-Bouillon, s'était lié à Laval qui en avait naguère fait un ministre; Max Bonnafous, ulmien, agrégé et préfet, avait transité par les

thélémy et surtout Romier), ou ceux de l'équipe Darlan qui lui semblaient utilisables (Benoist-Méchin ou Bichelonne), tout en confiant des postes difficiles (les Finances à Cathala, le Ravitaillement à Max Bonnafous) aux rares hommes qui avaient sa confiance [1]. Lui-même s'était réservé les Affaires étrangères, l'Information et l'Intérieur (ce qui provoquait le départ de Pucheu). Il tolérait peu d'incartades et les Conseils des ministres étaient menés tambour battant.

Sans être foncièrement hostile à la révolution nationale, il la jugeait désuète et, en tout cas, inadaptée aux circonstances. Il ne soutint pas La Porte du Theil qui s'efforçait d'obtenir un sursis au STO pour les jeunes des Chantiers de la jeunesse et il fit fermer définitivement l'École d'Uriage [2]. Ses préférences allaient plutôt à une « République plus humaine, plus pure, plus forte [3] » (ce qui lui valut de *Je suis partout* le sobriquet de « républicain musclé [4] »). A l'apolitisme bien-pensant de naguère, il préférait une repolitisation efficace : il aurait voulu élargir les soutiens politiques du régime, en puisant dans la classe politique ou parmi des hauts fonctionnaires naguère frappés d'ostracisme à cause de leur passé d'hommes de la IIIᵉ République; de même, prit-il des contacts avec d'ex-responsables de la CGT [5].

Il allait de soi que cette « République » serait autoritaire. A vrai dire, il n'avait guère à innover en la matière : depuis août 1941, l'État français s'efforçait de combattre le « vent mauvais » : magis-

---

néo-socialistes avant de se rapprocher de Laval. Ce dernier avait également placé des fidèles, J. Guérard, G. Hilaire, Rochat et R. Bonnefoy, à des postes de responsabilité politique.

1. Il avait toutefois éliminé de façon systématique, s'ils n'avaient pas d'eux-mêmes démissionné, ceux qu'ils suspectaient d'avoir appartenu à la cabale du 13 décembre : Bouthillier, Belin, Caziot...

2. Une fraction des anciens stagiaires d'Uriage gagnait le Vercors avant de rejoindre les maquis de la montagne Noire.

3. Voir F. Kupferman, *op. cit.*, p. 143.

4. Voir J.-M. Dioudonnat (102), p. 372.

5. Comme successeur de Belin, il avait choisi pour le ministère du Travail H. Lagardelle, un théoricien du socialisme qui avait eu, dans les années 1900, du succès dans les milieux anarcho-syndicalistes, mais qui déçut tout le monde.

trats, officiers et hauts fonctionnaires [1] avaient dû personnellement prêter serment de fidélité au chef de l'État; le 29 septembre 1941 était créé un « Conseil de justice politique » chargé de statuer sur les « responsablilités incombant aux personnalités politiques de la IIIᵉ République; toutes les réunions politiques étaient désormais soumises à l'autorisation préalable... Restait encore à créer une véritable police politique, Laval allait instituer la Milice.

La collaboration presse-citron.

Tout dépendait donc, aux yeux de Laval, de la relance de la collaboration politique. Dix-huit mois après Montoire, les temps étaient pourtant tout autres. Et puis, le débarquement allié en Afrique du Nord ruinait définitivement les fondements de la stratégie de Laval. La collaboration d'État fonctionnait désormais à sens unique; il restait tout au plus à maquignonner.

Laval n'était pas plus séduit que naguère par le régime nazi [2], mais il continuait à penser que l'Allemagne sortirait vainqueur de la guerre, que la paix serait allemande; en tout cas, elle devrait être coûte que coûte allemande à l'Est : en bon vichyssois, Laval amalgamait *Realpolitik* et anticommunisme, ce qu'il formulait de manière sacrilège dans son discours, annonçant la « Relève », du 22 juin 1942, jour anniversaire de l'invasion de l'Union soviétique : « Je souhaite la victoire de l'Allemagne, parce que, sans elle, le bolchevisme s'installerait partout. La France ne peut rester passive ou indifférente devant l'immensité des sacrifices que l'Allemagne consent pour édifier une Europe dans laquelle nous devons prendre place [3]. » Et de récidiver le 13 décembre 1942 : « La vic-

---

1. Parmi les conseillers d'État, un seul refusa de prêter serment : E. Blondeau, le directeur du cabinet de J. Jeanneney.
2. De Gaulle, pour sa part, écrira dans ses *Mémoires de guerre*, t. 2, p. 299 : « Sans doute [...] chercha-t-il à servir son pays. Que cela lui soit laissé... »
3. Lors du Conseil des ministres du 26, aucune excellence ne critiqua une allocution qui avait pourtant scandalisé ou choqué la grande majorité des Français; Darlan, quant à lui, écrivit une belle lettre, ne lésinant pas sur les félicitations : « Permettez-moi, mon cher Président, de vous adresser mes vifs compliments pour votre émouvante et courageuse allocution »; des compliments qui contredisent la thèse qui voudrait que

toire de l'Allemagne empêchera notre civilisation de sombrer dans le communisme. La victoire des Américains serait le triomphe des juifs et du communisme. Quant à moi, j'ai choisi. »

Convaincu que depuis le 13 décembre Vichy avait fait la politique de Gribouille, qu'à jouer au plus fin, on ne pouvait récolter que des clopinettes, Laval voulait à nouveau prendre les devants, forcer Hitler à collaborer, pour réserver à la France une place de choix dans l'Europe allemande. Pour ce, il réglait les affaires en litige, proposait au Reich des ouvriers français [1], inventait le système de la Relève, autorisait la Gestapo à venir débusquer — en zone libre — les postes émetteurs des réfractaires, etc. [2]. Les temps lui semblaient à nouveau mûrs pour un autre Montoire. C'était, à dire vrai, se faire bien des illusions sur la véritable stratégie de Hitler. Et puis, les Américains débarquaient en Algérie et au Maroc.

Il ne serait pas excessif de clore à cette date la collaboration d'État : après novembre 1942, l'État français à demi satellisé ne disposait plus de réels moyens de négociation. Ce nouveau rebondissement non seulement compromettait la collaboration politique mais rendait bien aléatoire une neutralité attentiste [3]. L'État français pouvait, tout au plus, tenter de limiter les dégâts.

---

l'amiral, lui aussi, eût mené double jeu. Quant à Pétain, à qui le discours avait été au préalable soumis, il avait élevé une simple objection de forme : « Vous n'êtes pas militaire, vous n'avez pas le droit de dire : ' Je crois ', vous n'en savez rien »; et Laval, discipliné, avait déniché une formulation plus civile : « Je souhaite. » Une trouvaille! Sur l'élaboration du texte, consulter L. Noguères (35), p. 397-406.

1. Dans la lettre qu'il adressait à Ribbentrop le 12 mai 1942, Laval faisait des offres bien dangereuses : « L'Allemagne a mobilisé, en vue de la grande bataille de l'histoire, les éléments les plus jeunes et les plus actifs de son peuple; elle a, par conséquent, besoin d'hommes. Je comprends ces nécessités et je suis prêt à mettre mon aide à votre disposition »; consulter O. Abetz, *Pétain et les Allemands*, Gaucher, 1948, p. 158.

2. Sur les marchandages de Laval, voir *infra*, p. 205-220.

3. Les maréchalistes — notamment Paul Auphan dans son livre *les Grimaces de l'histoire* (Les Iles d'or, 1951) — s'efforcèrent d'accréditer la thèse selon laquelle Pétain aurait incité Darlan à faire rentrer l'Afrique du Nord dans la guerre contre l'Axe. Il faut impérativement

L'Afrique du Nord avait été laissée, pour les raisons que l'on sait, en dehors de la convention d'armistice. Pendant son pro-consultat africain, Weygand avait pris grand soin de maintenir l'Afrique française dans une stricte neutralité défendue par une armée forte de 120 000 hommes; il avait seulement accepté de conclure avec le consul américain Murphy un accord [1] qui permet-tait de desserrer le blocus britannique.

Vichy fut pris de court par l'opération « Torch [2] ». Le débarque-ment anglo-saxon mettait à mal sa stratégie et, dans un premier temps, Pétain n'hésita pas sur la conduite à tenir, cherchant à défendre coûte que coûte les positions de l'État français [3] : il répondait sèchement à Roosevelt que rien ne saurait justifier pareille « agression », concluant : « Nous sommes attaqués, nous nous défendrons », tandis que l'Amirauté française prévenait la commission d'armistice qu'elle pourrait être amenée à utiliser la

---

se reporter à la chronologie et procéder à une critique stricte des sources, celles rassemblées par A. Kammerer, *Du débarquement africain au meurtre de Darlan*, Flammarion, 1949, et, surtout, par L. Noguères (35), p. 407-547; ce dernier, en effet, a publié les notes prises sur le moment par Ménétrel, le médecin confident de Pétain, elles sont précieuses, mais on se défiera de l'interprétation qu'a pu en donner *après coup* (en 1945) son auteur; c'est ainsi qu'il traduisit l'annotation qu'il avait portée en date du 10 novembre 1942 : « Am. Auphan télégr. à D. personnel d'acc. à » (p. 448) par ce commentaire : « Dès ce moment, le maréchal avait approuvé et encouragé l'amiral Darlan qui avait fait cesser le combat et s'entendait avec les Américains » (p. 449). C'est à la vérité solliciter à la fois le texte et la chronologie, et il est aisé de démontrer que ledit télégramme répondait à un câble de Darlan exprimant tout au plus une attitude neutraliste. Sur cette question complexe et embrouillée de surcroît par l'existence de « télégrammes secrets » échangés entre Vichy et Alger, lire nécessairement l'ouvrage précis, clair et convaincant de P. Dhers (97).

1. Il était ratifié par Vichy en février 1941. Les États-Unis qui vou-laient s'assurer que l'Axe ne mettrait pas la main sur les approvisionne-ments livrés à l'Afrique du Nord avaient cependant imposé la présence de 12 « vice-consuls », plus aptes, il est vrai, à faire du renseignement qu'à briller dans la diplomatie classique.

2. L'Amirauté avait d'abord cru que les deux convois qui avaient franchi le détroit de Gibraltar gagnaient Malte.

3. Sur l'évolution de la situation en Afrique du Nord, se reporter à notre chapitre 3.

flotte de haute mer. Darlan, qui se trouvait à Alger pour des raisons fortuites [1], reçut des instructions fort claires : « Ordre du Maréchal, défendre nos territoires. » L'État français se montrait d'autant plus résolu qu'il appréhendait les réactions allemandes. Actionné par Abetz, le Reich avait proposé son aide [2], puis exigé des points d'appui aériens en Tunisie; Hitler, pour sa part, tout en laissant quelque peu la situation se décanter, donnait ordre à la Wehrmacht de se tenir prête à déclencher l'opération « Attila », l'invasion de la zone sud. Laval chercha à gagner du temps. Il accepta bien volontiers de constater la rupture des relations diplomatiques avec les États-Unis, se résigna à l'arrivée de renforts aériens allemands en Tunisie, mais crut nécessaire de proposer à Hitler l'ouverture de négociations d'ensemble : il gagnait Munich, pessimiste, mais décidé à obtenir enfin du Reich garanties et contreparties politiques.

Vichy faisait déjà de l'acrobatie, écartelé qu'il était entre deux négociations qui se déroulaient simultanément, l'une à Alger entre Darlan et les autorités militaires américaines, l'autre — prioritaire — entre Laval et Hitler. Dès le 10 novembre, quarante-huit heures à peine après le débarquement anglo-saxon, l'État français était pris de vitesse et se montrait incapable de tenir la distance. A Alger, Darlan, pressé par les Américains, tentait, lui aussi, de gagner du temps et de couper l'herbe sous le pied d'une « dissidence » non maréchaliste; mais il devait, malgré lui, accorder un cessez-le-feu valable d'abord pour la seule ville d'Alger puis étendu à l'ensemble de l'Algérie et du Maroc. « Au nom du maréchal », affirmait-il, il prenait « autorité sur l'Afrique du Nord » et ordonnait « la neutralité la plus stricte »; il avertissait dans le même temps Vichy « qu'il n'était pas possible de faire

---

1. On a prétendu (et encore récemment P. Ordioni, *Tout commence à Alger*, Stock, 1972) que la présence de Darlan à Alger s'expliquait par le déclenchement de l'opération « Torch ». Aucun document ne permet d'étayer pareille thèse; Darlan et, encore plus, son ami l'amiral Fenard avaient bien été contactés par des émissaires américains, mais rien n'était sorti de ces conversations. Darlan avait été rappelé à Alger par l'aggravation de l'état de santé de son fils unique, Alain.
2. Dans le texte reçu par Vichy, cette proposition était assortie d'une alliance offerte « *durch Dick und Dünn* » (à travers tous les obstacles). Pour E. Jäckel (63), p. 344-349, cette offre d'alliance serait, selon toute vraisemblance, un additif personnel d'Abetz.

mieux ». L'État français, empêtré, dut improviser la parade : Pétain, redevenu le « commandant en chef », désavouait ouvertement son dauphin désigné : « J'avais donné l'ordre de se défendre contre l'agresseur, je maintiens cet ordre », tout en lui faisant savoir discrètement que ce désaveu brutal était imposé par des circonstances précises : « Comprenez que cet ordre était nécessaire pour les négociations en cours [1]. » Discipliné, encore loyaliste mais désireux de temporiser, Darlan, sans annuler son ordre de cessez-le-feu, décidait de se constituer « prisonnier de guerre [2] ». A Munich, la négociation tournait au désastre. Laval comprit vite qu'il était hors de question de déboucher sur un nouveau Montoire : placé en position d'accusé, il fut d'abord sommé de laisser les troupes de l'Axe installer une tête de pont en Tunisie, ce à quoi il finit par acquiescer (et le Reich pourra proclamer que le débarquement des forces de l'Axe se faisait « en accord avec le gouvernement français et sur sa demande ») tout en réclamant des garanties sur l'intégrité de l'Empire, des contreparties nécessaires, etc. Ces tergiversations verbales convainquirent Hitler qu'il était plus que temps de déclencher l'opération « Attila » rebaptisée « Anton [3] » : l'invasion de la zone « libre » tomberait un 11 novembre, ce qui n'était pas pour déplaire au Führer qui avait le sens des anniversaires.

En moins de trois jours, c'en était fini des illusions : Hitler informait Pétain qu'il avait donné l'ordre « à [son] grand regret » de faire occuper « temporairement » la zone sud pour prévenir un débarquement anglo-saxon sur les côtes méditerranéennes. L'opération Anton se déroula sans encombre : les forces italiennes [4] et allemandes contrôlèrent en moins de vingt-quatre heures toute la

1. C'est là le contenu du premier « télégramme secret » transmis dans un code ultra-secret qui pourra être utilisé jusqu'au 14 novembre. On en voit la portée précise et limitée. Il aurait été suivi immédiatement par un autre télégramme secret, dont on ignore la teneur puisqu'il aurait été détruit.
2. Vichy donnait alors pleins pouvoirs au général Noguès.
3. C'est Abetz qui, à Munich, fut chargé de réveiller Laval à quatre heures du matin pour lui annoncer la nouvelle.
4. La zone d'occupation italienne, jusqu'alors exiguë, s'arrondissait et s'étendait aux départements des Alpes-Maritimes, du Var, des Hautes- et Basses-Alpes, de la Savoie et de la Haute-Savoie, de la Drôme,

zone libre, à l'exception toutefois du périmètre défensif de Toulon
où stationnait le gros de la flotte de haute mer. Sur ordre [1] du
général Bridoux, secrétaire d'État à la Guerre, un adepte résolu
de la collaboration, l'armée d'armistice dut rester dans ses casernes;
seul — ou presque — le général de Lattre de Tassigny refusa
d'obtempérer mais il était vite cerné [2] avec quelques centaines
d'hommes qui l'avaient suivi. Le maréchal Rundstedt pouvait se
déclarer satisfait : « L'armée française, loyale, aide les troupes;
la police française est empressée et pleine de bonne volonté;
l'attitude de la population est le plus souvent indifférente, excepté
les régions de Marseille et de Roanne ouvertement hostiles [3]... »
A Vichy, malgré Weygand, rappelé en consultation, qui exigeait
qu'on « se raidît », malgré Auphan [4] et quelques autres, la ligne de
Laval triomphait : la collaboration d'État continuait, l'armée
d'Afrique devait continuer à se battre en Afrique du Nord
— notamment en Tunisie — contre les Anglo-Saxons; il fallait
« continuer de lutter jusqu'au bout de vos forces dans l'intérêt de la
France et de l'Empire ». On prenait garde, toutefois, à ne pas
proposer au Reich une alliance militaire en bonne et due forme.

Dans le même temps, Vichy perdait le contrôle politique de
l'Afrique du Nord. Darlan et Noguès avaient beau tenter de faire
la part du feu, ils devaient constater que « l'armistice [était]

----

et mordait sur ceux de l'Isère et du Vaucluse. La Wehrmacht l'occupait
à son tour, le 8 novembre 1943, après que le maréchal Badoglio eut
capitulé.
   1. Il annulait — sur ordre du gouvernement — les consignes du
général Verneau, le chef d'état-major et futur dirigeant de l'Organisation de résistance de l'armée, qui avait prescrit à l'armée d'armistice
de quitter ses cantonnements en cas d'invasion de la zone sud. Bridoux,
par la suite, contraignit les officiers à livrer à l'Axe les dépôts d'armes
clandestins, ce qu'ils firent dans une proportion notable.
   2. Vichy s'efforça de le faire passer pour un mégalomane; il fut
condamné à dix ans de réclusion, mais il s'évada de la centrale de Riom.
   3. Voir E. Jäckel (63), p. 357.
   4. Depuis l'invasion de la zone libre et la pénétration des forces de
l'Axe en Tunisie, Auphan, qui s'était d'abord montré partisan de la plus
grande fermeté à l'encontre des Anglo-Saxons, voulait dorénavant qu'on
s'en tînt à une double neutralité stricte; quelques jours plus tard, il
démissionnait en compagnie de Gibrat et de Barnaud.

rompu » alors que « nos engagements [avaient] été remplis ». Le 13 novembre, bousculé par les Américains, Darlan prenait du champ et déclarait : « J'assure la responsabilité du gouvernement en Afrique avec l'assentiment des autorités américaines avec lesquelles j'ai convenu de défendre l'Afrique du Nord. » Le 15, il sautait le pas : « Le maréchal se trouve dans l'impossibilité de faire connaître sa pensée intime aux Français... dans ces conditions, je déclare que les officiers et les fonctionnaires de tout rang qui ont prêté serment de fidélité au maréchal doivent considérer qu'ils sont fidèles au maréchal en exécutant mes ordres [1]. » Pour parfaire l'opération, il se livra à un véritable tour de passe-passe en altérant la teneur d'un nouveau télégramme secret envoyé par Auphan dans l'après-midi du 13 novembre et libellé comme suit : « Accord intime du maréchal et du président mais avant de vous répondre on consulte les autorités d'occupation. » Faisant référence à un télégramme transmis par Noguès, ce fameux câble — dit de l'accord intime — ne constitue pourtant en rien l'ordre de faire rentrer dans la guerre l'armée d'Afrique [2]. Au demeurant, le « président » [Laval] ne s'est jamais vanté — on l'aurait su — d'avoir encouragé pareille sécession patriotique [3]. La ficelle était un peu grosse, mais Darlan sut habilement se prévaloir de cet « accord intime » d'un « maréchal empêché » et apparaître ainsi comme le mandataire légitime. Après guerre, les pétainistes orthodoxes emboîteront le pas et

1. Il fut alors frappé d'excommunication majeure : « Jusqu'à ce jour je me suis refusé à croire à la trahison de l'amiral Darlan... je ne suis pas homme à céder à une contrainte, insinuer le contraire serait me faire injure... En se mettant au service de l'étranger, l'amiral Darlan s'est placé en dehors de la communauté nationale »; toutes ces citations sont extraites de l'ouvrage de P. Dhers (97).

2. Noguès, déchiré et inquiet, pressait Vichy de lâcher du lest, ne cessant de souligner que « l'essentiel [est] de maintenir l'Afrique du Nord autour du maréchal et non au nom de la dissidence ». Dans son télégramme du 12 novembre, il recommandait à Vichy de charger à nouveau Darlan de mener officiellement les négociations sur place. C'est très vraisemblablement cette recommandation qui rencontre « l'accord intime du maréchal et du président ». Pour plus de détails, se reporter à l'argumentation de Pierre Dhers qui demeure, jusqu'à nouvel ordre, de loin la plus rigoureuse.

3. Quant aux « autorités d'occupation », il y avait belle lurette qu'elles ne se souciaient plus des finasseries de Darlan.

feront de « l'accord intime » le couronnement du « double jeu »
mené par Pétain depuis 1940. Nous avons déjà dit ce qu'il en est
du double jeu ; l'Afrique du Nord, elle, rentrait bien dans la guerre,
mais malgré Vichy.

En ce mois de novembre, Vichy avait tout perdu — ou presque.
La double neutralité que préconisait Weygand n'avait pas résisté
à la pression des faits ; lui-même était intercepté par les services
de sécurité du Reich et interné en Allemagne. Pétain était le grand
perdant. Non seulement il avait subi l'événement, mais lui qui
s'était désormais rallié à la ligne de Weygand était impuissant et
prisonnier de l'engrenage de la collaboration d'État [1]. Il prit
cependant soin d'exclure toute cobelligérance [2]. Une fois n'est
pas coutume, faisons de l'histoire-fiction : supposons donc que
Philippe Pétain eût alors gagné l'Afrique du Nord, il y a gros
à parier que malgré Montoire, malgré les Protocoles de Paris,
malgré les « bavures » de la collaboration d'État, il eût été sacré et
consacré « libérateur du territoire » et que son nom eût été donné
à plus de places, avenues, lycées que n'en fut honoré feu M. Thiers.
Mais la logique du système sur lequel était fondé l'État français
l'emportait : Pétain resta — et restera — jusqu'au bout fidèle à la
stratégie hexagonale qu'il avait arrêtée en juin 1940. Laval, quant
à lui, n'avait toujours pas compris. Rien n'est plus significatif à
cet égard que l'altercation qui mit aux prises le 11 novembre ces
deux anticommunistes patentés qu'étaient Weygand et Laval.
A ce dernier qui affirmait : « J'ai la certitude que si les Anglo-

1. Il continuait, d'ailleurs, à alterner protestations (il déclara sèchement le 11 novembre : « Je proteste solennellement contre ces décisions
incompatibles avec la convention d'armistice ») et professions de bons
sentiments (il écrivit à Hitler le 5 décembre 1942 : « En accroissant les
pouvoirs du président Laval, chef du gouvernement, j'ai marqué ma
volonté de voir s'établir entre nos deux pays des rapports de confiance
réciproque pour une politique d'entente »); voir L. Noguères (35),
p. 538-539.

2. Pétain avait assorti l'acte constitutionnel numéro 12, qui accordait
à Laval la signature des « lois ainsi que des décrets », d'une contre-lettre
restrictive qui en la matière mettait nettement les points sur les *i* : « Vous
n'engagerez ou ne laisserez engager, directement ou indirectement, la
France dans une guerre contre quelque puissance que ce soit; vous ne
constaterez pas davantage un état de belligérance entre la France et une
nation ou une puissance militaire quelconque. »

Saxons sont vainqueurs dans cette guerre, ce sera le bolchevisme »,
le premier rétorqua : « Je vous répète que le gouvernement se fait
le fourrier du communisme [1]. » Le même jour, Laval continuait de
rêver tout haut : « La France ne devra plus être traitée en vaincue
mais comme une alliée. » Comme s'il pouvait en décider !

Car l'État français, désormais, était nu : l'Algérie et le Maroc
étaient placés sous protectorat américain, par Darlan interposé,
la Tunisie était un champ de bataille, l'AOF était ralliée à Darlan,
le 23 novembre, après que Boisson se fut persuadé de la validité
de « l'accord intime ». De l'Empire donc, il ne restait que des
miettes. L'armée d'armistice, elle, s'était volatilisée; Hitler, de plus
en plus méfiant, déclenchait le 27 novembre 1942 l'opération
« Lila » : ce qui restait de troupes à l'État français était désarmé
puis démobilisé; au petit matin, l'Axe tentait un coup de main [2]
sur Toulon : le gros de la flotte de haute mer choisissait de se
saborder [3]. Il subsistait bien encore un État français, mais c'était
parce que le Führer estimait cette survie profitable au Reich et
que, de toute manière, il le tenait à sa merci.

Laval crut jusqu'à l'automne 1943 que tout pourrait s'arranger,
qu'on devait coûte que coûte continuer de marchander. Il lui
fallut du temps pour comprendre qu'il faisait un marché de dupes
et que grâce à ces maquignonnages le Reich pouvait exploiter avec
encore plus d'efficacité la France, ce joyau de l'Europe vassalisée.

Il n'avait pas su discerner les modifications profondes qui
avaient affecté l'Allemagne hitlérienne. Durant la période faste
du Blitzkrieg, l'Allemagne était demeurée un « sanctuaire civil ».

1. Voir L. Noguères (35), p. 479.
2. Hitler, qui ne pensait pas s'en emparer intacte, en avait fait cadeau
à Mussolini; voir E. Jäckel (63), p. 360.
3. Consulter A. Kammerer, *la Passion de la flotte française*, Fayard,
1951, et, surtout, H. Noguères, *le Suicide de la flotte française à Toulon*,
Laffont, 1961. A Vichy, Laval voulait « négocier » et il fit télégraphier
à Toulon : « ... éviter tout incident... ceci modifie intégralement tous
les ordres antérieurement reçus » (voir H. Noguères, *op. cit.*, p. 143-145).
Mais l'amiral Laborde et ses subordonnés firent exécuter les consignes
anciennes en sabordant une soixantaine d'unités, un cuirassé, 9 croi-
seurs, 25 sous-marins... seuls les équipages de 4 sous-marins décidaient
de gagner le large : 3 d'entre eux, le *Casabianca*, le *Marsouin*, le *Glorieux*,
parvinrent à rejoindre l'Afrique du Nord.

Dorénavant, pour combler les vides en hommes et subvenir aux besoins impérieux de la Wehrmacht, les pays conquis seraient pressurés jusqu'aux limites de la rentabilité. La France ne ferait pas exception; Hitler et bon nombre de hauts dignitaires nazis étaient bien décidés à ne plus ménager en rien l'ennemi héréditaire; le Führer déclara le 13 décembre 1942 aux responsables de la Wehrmacht : « La souveraineté française sera maintenue, mais dans la seule mesure où elle servira nos intérêts; elle sera supprimée dès l'instant où elle ne pourra être conciliée avec les nécessités militaires [1]. » En maintenant l'État français, le Reich obtiendrait légalement — et plus efficacement que par la force — ce qu'il désirait et pourrait utiliser à son profit l'appareil d'État. Laval, on le jugerait aux actes [2], en brandissant, quand il le faudrait, l'épouvantail des collaborationnistes parisiens; en avril 1943, il semblait encore donner satisfaction, puisque Ribbentrop confiait à un dignitaire italien que Laval, embarqué « pour le meilleur et le pire », était le « meilleur répondant possible pour l'Axe [3] ». Il lui fut, d'ailleurs, accordé quelques satisfactions : la suppression de la ligne de démarcation en mars 1943, l'autorisation de recruter 2 800 hommes formant le « Premier Régiment de France », la libération de quelques milliers de prisonniers. C'est pourquoi, également, Hitler prit soin d'avertir Pétain le 28 avril 1943 qu'il tenait à ce que Laval restât à son poste tout en refusant à Laval de dissoudre — comme ce dernier le lui réclamait — les mouvements collaborationnistes de zone nord. Mais il fallait payer. Le Reich attendait de l'État français une collaboration pour quatre objectifs jugés prioritaires : une aide contre les « terroristes », la livraison de juifs, le transfert de main-d'œuvre en Allemagne, une mobilisation économique sans précédent.

La collaboration, en matière de répression, allait déjà bon train

---

1. Voir E. Jäckel (63), p. 371.
2. Ciano rapporte avec délectation l'entrevue que Laval eut avec Hitler le 19 décembre 1942 : « Après deux jours passés en chemin de fer, ils l'ont fait asseoir d'abord à une table de thé, ensuite à une table à dîner, sans lui laisser ouvrir la bouche; chaque fois qu'il essayait d'aborder un sujet quelconque, le Führer l'interrompait pour lui faire la leçon »; voir Ciano, *op. cit.*, p. 501.
3. Voir G. Warner (98), p. 368.

quand Laval revint aux affaires. Après qu'eut été tué, le 22 août 1941, l'aspirant Moser[1], l'État français, alléguant qu'il fallait éviter le pire, s'était prêté aux exigences de l'occupant : il bâclait une loi d'exception, antidatée (pour sauver les apparences) du 14 août, et à effet rétroactif[2] ; le 27 août, une « Cour spéciale », désignée à la hâte, envoyait à la mort, après une parodie de procès, trois militants communistes déjà condamnés à des peines d'emprisonnement : l'État français, y compris son chef qui avait approuvé de la manière la plus formelle toute la procédure, se couvrait de boue. Deux mois plus tard, le ministre de l'Intérieur de Vichy, Pucheu, récidivait : il laissa remplacer[3] une liste d'otages à exécuter qui comportait à son gré trop d'anciens combattants par une autre liste dont il était pour une bonne part l'inspirateur et sur laquelle ne figuraient, à quelques exceptions près, que des communistes : une partie d'entre eux devaient être fusillés à Châteaubriant. Laval, lui, officialisa cette collaboration répressive, tout en la

1. Sur les attentats et les exécutions d'otages, voir *infra*, p. 240-242.

2. On sait que la non-rétroactivité des lois est un principe sacrosaint du droit français ; les nazis, que les arguties juridiques n'embarrassaient guère, se félicitèrent d'un tel retournement. Il est vrai que certains responsables de Vichy allaient au-delà de ce que réclamait la Wehrmacht ; ainsi J.-P. Ingrand, parlant au nom de Pucheu, déclarait : « La sentence prononcée par le tribunal spécial sera exécutée de manière exemplaire par décapitation à la guillotine sur une place de Paris », voir E. Jäckel (63), p. 270 ; au point que Bœmelburg, stupéfait, s'était exclamé, si l'on en croit H. Villeré (l'*Affaire de la Section spéciale*, Fayard, 1972, p. 201) : « Et il m'a demandé si les Allemands seraient satisfaits ! ». L'un des 5 juges s'éleva contre cette parodie de justice, mais ne put éviter la condamnation et l'exécution d'Émile Bastard, d'Abraham Trzebrucki, d'André Bréchet ; il parvint à sauver — provisoirement — la tête de trois autres inculpés communistes. D'autres tribunaux spéciaux étaient installés dans les deux zones et fonctionnaient de façon aussi expéditive.

3. Pucheu a toujours nié qu'il eût été un « trafiquant d'otages ». Pourtant, à la Libération, les archives livraient la lettre accablante du sous-préfet de Châteaubriant à la Kommandantur : « Comme suite à notre entretien de ce jour, j'ai l'honneur de vous confirmer que M. le ministre de l'Intérieur a pris contact aujourd'hui avec le général von Stulpnagel afin de lui désigner les internés communistes les plus dangereux parmi ceux qui sont actuellement internés à Châteaubriant » (cité par H. Giraud, *Un seul but, la victoire*, Julliard, 1949, p. 279).

négociant, comme à son habitude : les accords Bousquet-Oberg, signés en août 1942, qui seront étendus à la zone sud un peu plus tard, plaçaient sous les juridictions allemandes les seuls auteurs d'attentats contre l'armée d'occupation; en contrepartie, les services de répression français collaboreraient étroitement avec les services de sécurité du Reich dans la lutte menée contre les « terroristes ». Dès le mois d'août, la Gestapo lançait avec l'accord de Laval l'opération « Funkspiel » : une centaine de véhicules — dont une trentaine de voitures « gonio » — où avaient pris place Allemands et policiers français triés sur le volet sillonnèrent la zone libre à la recherche des postes émetteurs et des « pianistes ». Les « brigades spéciales » furent renforcées par des policiers français qui furent des tortionnaires aussi redoutés que les hommes de la Gestapo [1]. Oberg, d'ailleurs, se félicita auprès d'Abetz de « l'attitude exemplaire » de la police française tandis que, en août 1943 encore, son subordonné Knochen, tout en regrettant certains flottements, estimait qu'elle demeurait efficace contre les résistants, surtout s'ils étaient communistes [2]. C'est à cette époque que, sans se faire trop prier, Vichy livrait à l'Allemagne, entre autres personnalités politiques, Blum, Daladier, Reynaud, Mandel...

En janvier 1942, les responsables nazis décidèrent l'extermination des juifs d'Europe et leur transfert dans les camps de concentration. La France, on l'a dit, comptait environ 300 000 juifs, dont 150 000 de nationalité française. Placé devant les exigences nazies, Laval biaisa et marchanda : les juifs de nationalité française — à l'exception de ceux qui pourraient être « dénationalisés » — ne partiraient pas en Allemagne; en contrepartie, l'État français prêterait son appareil d'État pour livrer les juifs de nationalité étrangère ou apatrides. Ce qui fut fait dès l'été 1942. A Paris, Darquier (dit de Pellepoix), ultra et antisémite forcené, qui succédait à Xavier Vallat à la tête du très vichyssois Commissariat aux questions juives, dirigeait en personne l'opération « Vent printanier »;

---

1. La seule « brigade spéciale » du commissaire David procéda à 2 071 arrestations; elle livra aux Allemands 495 résistants, dont 125 furent fusillés.
2. Hitler s'exclamait le 1er décembre 1942 : « Rien n'est plus haï que la police dans [ce] pays [...]. Elle nous suppliera un jour de ne pas quitter le pays »; voir E. Jäckel (63), p. 375.

les 16 et 17 juillet 1942, environ 900 équipes de policiers français arrêtaient 12 884 hommes, femmes et enfants [1] transférés à Drancy et au Vel' d'hiv' où on les entassa dans des conditions insoutenables. Les 26, 27 et 28 août, d'autres rafles méthodiques ratissèrent les villes de la zone sud, tandis que se vidaient les camps, où, depuis octobre 1940, avaient été internés — entre autres « indésirables » — des juifs étrangers [2]. Ils étaient parqués à Pithiviers, à Beaune-La-Rolande et finalement à Drancy, l'antichambre des camps d'extermination. Quoi qu'on en ait dit [3], l'État français avait collaboré — dans les limites qui viennent d'être dites — à la « solution finale ». Mieux même, par une logique aberrante, il put aller au-devant des exigences hitlériennes. C'est ainsi que, le 6 juillet 1942, Dannecker écrivait à Berlin : « Le président Laval a proposé, lors de la déportation des familles juives de la zone non occupée, d'y comprendre les enfants âgés de moins de seize ans; la question des enfants restant en zone occupée ne l'intéresse pas [4]. » Rappelons également que tous les juifs de nationalité française n'échappèrent

1. 3 031 hommes, 5 802 femmes, 4 051 enfants, selon les statistiques allemandes; un certain nombre de juifs, grâce à des indiscrétions ou en prêtant attention aux rumeurs, avaient pu échapper au piège. Sur ces journées de juillet, consulter C. Lévy et P. Tillard, *la Grande Rafle du Vel' d'hiv'*, Laffont, 1967. Le film de Losey, *Monsieur Klein* (1976), n'est pas sans intérêt.

2. Dans les 26 camps que comportait la zone sud, les juifs étrangers composaient la majorité des « indésirables » internés; les transferts furent d'abord sélectifs, puis, à compter de l'automne 1942, fut supprimée toute considération d'âge ou d'état de santé.

3. Avec une belle constance paraissent des plaidoyers blanchissant les responsables de Vichy; à titre d'exemple, lire dans *le Monde* des 11 et 23 septembre 1971 les assertions de René de Chambrun et les réponses argumentées de ses contradicteurs; se reporter à la bibliographie donnée p. 181.

4. Se reporter à S. Klarsfeld, *op. cit.* Brasillach faisait écho à Laval en tançant l'archevêque de Toulouse qui s'était vivement élevé contre ces rafles : « ... car il faut se séparer des juifs en bloc et ne pas garder de petits, l'humanité est ici d'accord avec la sagesse. Mais il [Mgr Saliège] oublie de dire que ces brutalités sont le fait de policiers PROVOCATEURS qui veulent apitoyer les pauvres idiots d'Aryens » (*Je suis partout*, 25 septembre 1942); cité par P. Ory, *la France allemande* (100), p. 81. On sait qu'au moins 10 000 enfants et adolescents juifs furent envoyés dans les camps de la mort; il en revint quelques dizaines.

pas aux camps de la mort, puisque au moins 23 000 d'entre eux furent déportés.

Pour l'emporter dans cette guerre totale, le Reich avait impérieusement besoin de main-d'œuvre active pour remplacer les travailleurs allemands mobilisés. Le Reich utilisait déjà des « travailleurs volontaires [1] », attirés en Allemagne par la propagande et la promesse de hauts salaires, mais leur nombre était très insuffisant en regard des besoins. C'est pourquoi Hitler désignait comme « planificateur général pour le recrutement de la main-d'œuvre » un ancien Gauleiter de Thuringe, Fritz Sauckel, un nazi bon teint, pillard et fruste, qui fut surnommé le « négrier de l'Europe ». Sa mission consistait à faire venir en Allemagne, de gré ou de force, le plus grand nombre de travailleurs. De l'État français, il exigea au cours du printemps 1942 un « apport *unique* de 250 000 hommes » (dont 150 000 ouvriers qualifiés). Pour amortir le choc, Laval crut trouver un biais en faisant « relever » les ouvriers transférés par des prisonniers qui seraient placés « en congé de captivité ». Hitler condescendit au troc, à ceci près que serait échangé un prisonnier pour trois travailleurs, alors que Laval avait espéré la proportion de un pour un. Le 22 juin 1942, Laval lançait la « Relève » célébrée par tous les services de propagande réunis, allemands et français; le 11 août 1942 — Hitler n'était pas pressé —, le premier convoi de prisonniers libérés [2] croisait en gare de Compiègne un train d'ouvriers en route pour les usines du Reich. En dépit de la mobilisation de tous les médias, la Relève n'obtint pas le succès escompté; la persuasion ne suffisant plus, on procéda en zone nord à des rafles ou à des fermetures inopinées d'usines. En décembre 1942, Sauckel avait cependant obtenu — à quelques milliers d'hommes près — le tribut exigé. Laval — et surtout les Français — n'étaient pourtant pas au bout de leurs peines, car l'effort imposé ne fut pas « unique » et, dès l'été 1942, Sauckel annonçait une nouvelle « action ». Pour prendre les devants

1. Il est entré en Allemagne vraisemblablement 185 000 volontaires français; en juin 1942, il en restait environ 70 000 et, en septembre, 43 000 qui devront demeurer dans le Reich jusqu'en 1945.
2. Ces prisonniers placés « en congé de captivité » avaient été en principe choisis parmi les plus âgés, les sanitaires ou les pères ayant plus de quatre enfants.

et se protéger d'empiétements sur sa souveraineté, l'État français promulguait le 4 septembre 1942 une « loi sur l'utilisation et l'orientation de la main-d'œuvre » qui mobilisait en puissance tous les hommes âgés de dix-huit à cinquante ans et les femmes célibataires agées de vingt et un à trente-cinq ans, pour « effectuer tous les travaux que le gouvernement jugera utiles dans l'intérêt supérieur de la nation ». Sauckel n'avait cure d'un texte de loi; ce qu'il exigeait sur un ton de plus en plus impérieux, c'était de la chair fraîche, et dorénavant sans la contrepartie de la relève de prisonniers. Laval, le 16 février 1943, mobilisait pour deux ans trois classes d'âge que le baby-boom de l'après-guerre avait bien étoffées : tous les hommes [1] nés entre le 1er janvier 1920 et le 31 décembre 1922 devaient partir pour l'Allemagne : le Service du travail obligatoire (STO) était né. Vichy eut beau le justifier en prêchant la solidarité nécessaire entre toutes les catégories de Français (la « Relève », en effet, n'avait affecté que les ouvriers), en couvrant de son autorité cette déportation de travailleurs, il commettait une erreur irréparable. A son tour, Sauckel dut déchanter; le planificateur général, après les deux premiers « apports » exigés, avait d'abord plastronné : « Seule la France a rempli le programme à 100 % », grâce aux bons soins de Vichy. Mais, à compter de l'automne 1943, la Résistance trouvait la parade et « l'armée Sauckel » alimentait les premiers maquis. C'est pour pallier l'échec relatif des troisième et quatrième « actions Sauckel » que le nouveau ministre de l'Armement du Reich, Speer, s'empressa de répondre aux avances faites par le ministre français Bichelonne pour intégrer l'économie française dans une « économie de guerre européenne [2] ». Speer s'efforçait de faire admettre au parti nazi une nouvelle orientation dans l'exploitation de l'Europe allemande [3];

1. Rares étaient les catégories officiellement exemptées : les mineurs, les cheminots, les pompiers, les policiers...
2. Ce super-X, qui avait dépassé le total des points obtenu par Arago, possédait un flair politique médiocre. Il se rapprocha de l'Allemagne nazie vraisemblablement parce qu'elle lui semblait la seule capable de créer l'ordre technocratique européen dont il rêvait.
3. Speer, l'architecte préféré du Führer, n'était pas en odeur de sainteté auprès des dignitaires du Parti; eux s'en tenaient au pillage; lui n'excluait pas que le Reich pût devenir, après la victoire, le centre d'une zone de libre-échange européenne. Sur la stratégie et les choix tactiques

il fallait, disait-il, déconcentrer l'effort de guerre, transférer le moins de main-d'œuvre possible, pour pouvoir augmenter rentabilité et productivité. Dans les entretiens qu'ils eurent à Paris, en septembre 1943, Speer et Bichelonne tombèrent rapidement d'accord : un bon nombre d'entreprises françaises seraient classées *Speer-Betriebe (S-Betriebe)*, leur main-d'œuvre serait protégée contre tout transfert en Allemagne et elles seraient prioritaires pour les livraisons de matières premières; en contrepartie, elles travailleraient à raison de 80 % (en moyenne) de leur potentiel productif pour le Reich. Ce n'était pas mal imaginé et, en tout cas, le système Speer se révéla être plus efficace que les rafles de Sauckel [1]. On peut estimer [2] que le nombre des déportés du travail — au titre du STO — se situe entre 625 000 et 700 000 hommes. Au total, le Reich a remarquablement su exploiter cette main-d'œuvre; Jean-Marie d'Hoop a calculé [3] que, à un moment ou à un autre, et pour un laps de temps plus ou moins long, 4,5 millions de Français ont travaillé pour l'Allemagne nazie; au début de 1944, on peut évaluer leur nombre à 3 600 000 (40 000 volontaires, 650 000 au titre du STO, 900 000 prisonniers utilisés dans les *Kommandos* de travail ou comme « travailleurs libres », un million d'hommes dans les *Rüstungs-Betriebe* [4], un autre million dans les *S-Betriebe* [5].

---

du ministre de l'Armement du Reich, consulter l'excellent ouvrage de A. Milward (99); on peut lire *Au cœur du Troisième Reich*, Fayard, 1974, par Albert Speer.

1. Sauckel s'efforça de contrecarrer l'action de Speer. Il gardait d'ailleurs la haute main sur la main-d'œuvre non protégée. Mais les quatrième et cinquième « actions Sauckel » rapportèrent à grand-peine 80 000 hommes.

2. Les statistiques françaises et allemandes diffèrent : les premières prennent en compte les chiffres officiels des départs de France et les secondes les effectifs des travailleurs du STO à un moment donné.

3. Consulter sa très bonne mise au point critique : « La Main-d'œuvre française au service de l'Allemagne » (8), 1971; elle rectifie en hausse les chiffres officiels fournis par la France au tribunal de Nuremberg.

4. On dénommait *R-Betriebe* les entreprises étrangères qui tournaient à 100 % pour le Reich; en y ajoutant celles qui travaillaient pour les organisations Todt, elles incluaient, déjà en 1942, 850 000 salariés.

5. 580 000 salariés à l'automne 1943, 770 000 en 1944 travaillaient dans les *S-Betriebe*; on peut leur adjoindre 240 000 cheminots.

Cette mobilisation sur place ou les transferts en Allemagne étaient la partie la plus visible d'une exploitation systématique de l'économie française. Pendant la période dite du Blitzkrieg, le Reich, après avoir fait main basse sur un butin considérable, s'était quasiment contenté d'exiger un tribut financier, versé ponctuellement, tous les dix jours, sur un compte spécial de la Banque de France. On peut, il est vrai, raisonnablement estimer qu'il était utilisé pour moitié à d'autres fins que celles prévues par la convention de Genève, notamment à alimenter le marché noir allemand. Le potentiel industriel n'avait été exploité qu'avec précaution et dans des secteurs bien précis : minerai de fer et bauxite; constructions automobiles, aéronautiques, navales et industries chimiques. De même, les prises de participations financières avaient été peu nombreuses [1]. Avec la guerre totale, la stratégie hitlérienne changeait brutalement : la France devait fournir, bon gré mal gré, le gros de l'effort imposé à l'Europe occupée. L'agriculture française nourrirait encore plus d'Allemands et les usines françaises travailleraient de plus en plus pour l'économie de guerre du Reich [2]. L'aspect financier de l'opération était accessoire puisque le taux de change imposé par l'Allemagne dès l'été 1940 (1 RM = 20 F) permettait d'acquérir les marchandises françaises presque à moitié

---

1. Elles concernaient surtout les avoirs français dans l'Europe centrale et balkanique (notamment les mines de Bor en Yougoslavie) qui seront rachetés pour une somme globale de 4,5 milliards de francs. En France même, le capital allemand nouvellement investi ne dépassait pas 1,5 milliard de francs; l'industrie des colorants fut la plus touchée avec la création de Francolor, où participaient Kuhlmann, la Société des matières colorantes et des produits chimiques de Saint-Denis, la Compagnie française des produits chimiques et matériaux colorants de Saint-Clair-sur-Rhône, que contrôlait à 51 % des capitaux IG Farben. Robert Aron s'appuyant sur le rapport envoyé par Barnaud à Vichy conclut que, dans cette affaire, « le moins que l'on puisse dire est que l'attitude des industriels français ne fut pas héroïque » (voir R. Aron, *Histoire de l'épuration*, t. 3, vol. 1, *le Monde des affaires*, Fayard, 1974, p. 152).

2. Donnons des exemples tirés des archives des comités d'organisation (voir H. Rousso, *op. cit.*) : en 1942, en 1943, en 1944, l'industrie automobile française a fourni au Reich respectivement 65, 60 et 70 % de sa production; celle des constructions mécaniques, 72, 82, 78 %; celle de l'aéronautique, 57, 100, 100 %.

LA COLLABORATION D'ÉTAT
EN DONNÉES CHIFFRÉES[1]

1. Versements de l'État français au Reich

	EN POURCENTAGE DU REVENU NATIONAL FRANÇAIS DE 1938 [3]	EN POURCENTAGE DE LA PIB [2] DE 1938 [3]
1940	10,9	9,3
1941	19,3	16,5
1942	20,9	17,7
1943	36,6	31,3
1944	27,6	23,6

2. Frais d'occupation et finances du Reich [4]

	RECETTES	IMPÔTS ET REDEVANCES	« REVENU SPÉCIAL TIRÉ DES PAYS ÉTRANGERS »
1940-1941 [5]	39 500	27 200	6 000
1941-1942	50 100	32 500	11 000
1942-1943	70 600	43 000	19 000
1943-1944	73 300	35 000	28 000

3. Total des versements effectués par l'État français et produit national brut (PNB) du Reich

	PNB ALLEMAND [4]	FRAIS D'OCCUPATION PAYÉS PAR LA FRANCE [6]	TOTAL DES VERSEMENTS DE L'ÉTAT FRANÇAIS [7]	TOTAL DES VERSEMENTS EN % DU PNB DU REICH (8)	(9)
1940	145 000	80 000	81 600	2,8	3
1941	156 000	121 500	144 300	4,6	5,3
1942	162 000	109 000	156 700	4,8	5,5
1943	170 000	194 000	273 600	8	9,1
1944	175 000	126 900	206 300	5,9	6,7

4. Production agricole française à destination du Reich[10]

	RÉCOLTES 1941-1942	RÉCOLTES 1942-1943
Céréales	485 000	714 000
Fourrages	458 000	686 000
Viande	140 000	227 000
Légumes	98 000	107 000
Fruits	59 000	118 000

5. Balance commerciale du Reich et échanges avec la France[11] (en valeur)

	PRODUITS IMPORTÉS DE FRANCE EN POURCENTAGE DU TOTAL DES IMPORTATIONS	PRODUITS EXPORTÉS VERS LA FRANCE EN POURCENTAGE DU TOTAL DES EXPORTATIONS
1938	3,7	4,5
1939	2,6	2,8
1940	4,6	0,3
1941	11,1	4,6
1942	16,6	7,3
1943	17,1	6,5
1944[12]	18,3	5,6

1. Se reporter à Alan Milward (99), p. 273, 270, 271, 135, 76.
2. PIB : production intérieure brute.
3. En francs 1938.
4. En millions de Reichsmarks courants.
5. Du 31 mars au 1er avril de l'année suivante.
6. En millions de francs courants.
7. En y incluant le déficit de l'accord de compensation.
(8) Au taux de change imposé pendant la guerre.
(9) Au taux de change de 1938.
10. En tonnes.
11. En y incluant l'Empire français.
12. De janvier à juillet.

prix; de surcroît, l'accord dit de compensation, signé le 14 novembre 1940, était un pseudo-accord de clearing [1] : le déséquilibre commercial de la France a été évalué à 165 milliards de francs (soit 40 % du déficit global de toute l'Europe occupée).

Cette exploitation se fit sans que le patronat français — pris dans son ensemble — eût offert une très grande résistance. Toute généralisation [2] serait sans nul doute abusive, d'autant que les sources dont dispose l'historien en ce domaine sont trop éparses. Les quelques indications que l'on possède [3] semblent pourtant indiquer que bon nombre d'entrepreneurs et de banquiers ne se montrèrent guère regardants sur la nationalité de leurs partenaires commerciaux ou sur la nature des services demandés. A la Libération, ils plaidèrent devant des juges souvent compréhensifs [4] l'antériorité des relations commerciales, les mécanismes du marché, l'obligation de faire tourner l'entreprise pour éviter le chômage. Soit. Il y a là

1. Le principe en était classique : le gouvernement français payait en francs les achats faits en France par des entreprises allemandes qui réglaient en Reichsmarks au gouvernement allemand. Et vice versa. La balance commerciale française devint fortement excédentaire, mais il avait été judicieusement prévu que c'était à la Banque de France de faire, en cas de déséquilibre, les avances nécessaires jusqu'au rétablissement de l'équilibre.

2. Ainsi la fraction germanophobe du patronat du Nord et de l'Est refusa — en règle générale — la collaboration économique; un bon exemple en est fourni par François de Wendel (lire l'épilogue de la thèse de J.-N. Jeanneney, *François de Wendel en République*, op. cit.). De même peut-on citer les ruses efficaces d'H. Ardant, directeur général de la Société générale; il sera fondé une Union des cadres industriels de la France combattante animée par Léon Blanchard, directeur général de l'Énergie électrique du Rhône et du Jura, qui — avec l'accord de Charles Schneider — organisa le sabotage de l'usine électrique du Creusot, et par Eugène Roy, directeur général des Aciéries de Longwy.

3. On trouvera un certain nombre de renseignements dans l'ouvrage — systématiquement indulgent — de Robert Aron, *Histoire de l'épuration, op. cit.*

4. Henry Ehrmann (*op. cit.*, p. 99) rapporte cette apostrophe gaullienne lancée à une délégation patronale venue lui exprimer, en 1944, ses doléances : « Je n'ai vu aucun de vous, messieurs, à Londres... ma foi, après tout, vous n'êtes pas en prison. » Selon Robert Aron (*Histoire de l'épuration, op. cit.*, p. 332), à peine le dixième des entreprises traduites devant la Commission nationale interprofessionnelle fut condamné : l'épuration, du moins économique, se fit à pas comptés et feutrés.

une part de vérité. Mais on méditera aussi ce jugement porté par un des hommes de confiance de Louis Renault [1], qui entendait pourtant défendre sa mémoire : « Les erreurs des quatre dernières années, c'est pour la [son usine] garder qu'il les a commises. Il n'aimait pas les Allemands. Pourquoi les aurait-il aimés, lui qui n'a jamais aimé personne? Mais il craignait qu'ils ne lui prennent ses machines, qu'ils ne lui réquisitionnent ses véhicules. Devant cette crainte, il était aussi faible qu'un enfant. Il leur a tout cédé pour tout conserver et il a tout perdu [2]. » Jusqu'à preuve du contraire, la direction du Crédit lyonnais se laissa également faire sans trop de violence pour financer illégalement l'exportation d'œuvres d'art en Allemagne; pour sa part, la Banque de Paris et des Pays-Bas octroya jusqu'à un milliard de francs de caution aux industriels français travaillant pour l'Allemagne, sans parler des facilités de caisse et d'escompte généreusement accordées; la célèbre banque d'affaires, il est vrai, ne souffrit guère de la dureté des temps [3].

L'État français, quant à lui, s'efforça bien de limiter les effets de cette mise en coupe réglée, mais il avait toujours été implicitement admis qu'on pouvait, tout au plus, contrôler la collaboration

1. Lire dans le livre de Fernand Picard, *l'Épopée de Renault* (Albin Michel, 1976), une bonne description de l'engrenage de la collaboration économique.

2. Voir F. Picard, *op. cit.*, p. 265. Après chaque bombardement allié, Louis Renault n'avait qu'une obsession : relancer coûte que coûte la production; au bas mot 30 000 engins furent livrés à l'Allemagne (il en vendait 3 500 en France). Renault, d'ailleurs, ne fut pas la seule entreprise prise dans l'engrenage : Citroën produisait pour le Reich à peu près le même nombre de véhicules. Notons encore qu'en mars 1944 le conseil de famille Berliet refusait de procéder au sabotage des chaînes travaillant pour l'Allemagne, comme le lui demandait la Résistance; deux mois plus tard, les usines étaient à moitié détruites par la RAF. Il en advint pareillement des usines Michelin de Clermont-Ferrand; leurs responsables firent répondre au futur commissaire de la République Ingrand que le sabotage était une opération « indécente et inutile » (voir Henry Ingrand (116), p. 85).

3. Entre 1940 et 1944, la Banque de Paris et des Pays-Bas faisait plus que doubler son capital (il passait de 300 à 675 millions de francs); ce qui n'était pas si mal, même en faisant la part de l'abondance des liquidités sur le marché financier.

économique. De surcroît, comme à son habitude, pour protéger ceci, Vichy accordait cela. Le « cela » pouvait aller jusqu'à du matériel de guerre fabriqué par des usines françaises travaillant dans les deux zones; d'abord du matériel dit défensif (des obus antichars aussi bien que des camions porte-chars livrés par Berliet — sur ordre de Vichy — à partir de juin 1941); puis, bien vite, du matériel plus offensif, tels des moteurs et des avions de chasse [1] fabriqués après qu'un accord eut été signé le 28 juillet 1941. Entre 1940 et 1943, l'État français livra pour 31 milliards de francs de matériel de guerre (dont la vente d'avions représentait à peu près la moitié). Au total, Vichy devenait de plus en plus un bouclier percé et l'économie française était de plus en plus exsangue [2]. Ce dépérissement n'est pas imputable aux seuls effets de la collaboration économique et du pillage nazi, la perturbation des échanges, les contraintes inhérentes à toute économie de guerre y ont leur part, mais on peut raisonnablement affirmer que les exigences allemandes portèrent le coup de grâce. Si la production agricole, malgré la diminution des surfaces cultivées et la pénurie en main-d'œuvre, tint vaille que vaille le coup, il en fut différemment de la production industrielle asphyxiée par l'insuffisance des livraisons de houille, la pénurie en matières premières et en moyens de transport (le parc de la SNCF avait été pour partie transféré en Allemagne ou placé au service des troupes d'occupation) [3]. Les équilibres d'en-

1. Consulter l'article de P. Facon et F. de Ruffray, « Aperçus sur la collaboration aéronautique franco-allemande » (8), 1977; en septembre 1942, les usines françaises, sans avoir, il est vrai, honoré toutes les commandes reçues, avaient livré 1 540 avions; à compter de 1943, le Reich allait transférer les machines-outils en Allemagne et s'annexer toute l'industrie aéronautique française.

2. Se reporter aux données statistiques d'ensemble et aux références bibliographiques données par A. Sauvy (56), P. Delouvrier-R. Nathan (57), A. Piatier (65), p. 57-73, et J.-C. Germain-Thomas, *op. cit.*; pour les données financières, se reporter aux *Statistiques et Études financières*, supplément de mai 1955 et décembre 1960.

3. Indice de production agricole (1938 = 100) : 83 en avril 1943, 78 en avril 1944; indice de production industrielle (1938 = 100) : 72 en mai 1941, 61 en mai 1942, 55 en mai 1943, 43 en mai 1944; en 1944, on peut estimer que la production de tissus n'atteint pas 25 % de celle de 1938.

semble ne pouvaient plus être tenus. La hausse des prix officiels (ne parlons pas de ceux pratiqués au marché noir) fut plus forte que dans la plupart des grandes nations belligérantes [1] alors que les salaires étaient systématiquement comprimés [2].

Le « circuit » ne pouvait non plus être fermé; le déficit des finances publiques allait croissant et il est incontestable que la charge du tribut y était pour beaucoup : sur 1 466 milliards de francs de dépenses budgétaires entre juin 1940 et août 1944, il pesait pour 632 milliards [3]. Les recettes budgétaires [4] ne couvraient en moyenne que 28 % des dépenses : la nécessité d'éponger les liquidités disponibles entraîna le lancement de nombreux emprunts, pour une part à court terme; il fallut malgré tout avoir recours aux avances de la Banque de France pour 31 % des dépenses en moyenne. Jean-Marcel Jeanneney a pu calculer que globalement la dette publique avait été multipliée par quatre de 1940 à 1944. Les hommes de la Libération allaient se trouver confrontés à une

1. Les prix progressèrent en moyenne de 50 % en Grande-Bretagne, de 30 % aux États-Unis, de 10 % en Allemagne; en France, entre 1940 et 1944, les prix de gros industriels progressèrent de 62 %, les prix de gros agricoles de 122 %, les prix de détail de 156 %.

2. Les autorités d'occupation exercèrent de fortes pressions sur Vichy pour que les salaires demeurent bloqués; deux augmentations seulement furent autorisées, l'une en 1941, l'autre en 1943. A Paris, le salaire horaire d'un ouvrier qualifié est passé de 1940 = 100 à 1944 = 163. Même en tenant compte de l'augmentation de la journée de travail (moyennant un surcroît de fatigue), le salaire réel ne cessa de diminuer.

3. A cette somme, qui était due au titre des « frais d'entretien des troupes d'occupation allemandes », il faudrait ajouter celle versée pour les frais de cantonnement et des réquisitions diverses : on obtient 680 milliards, sans compter les 22 milliards de francs versés au gouvernement italien. Ces données étant chiffrées en francs courants, et en tenant compte de la dépréciation du franc, on rappellera, à titre de référence, que le budget de 1938 s'élevait à quelque 150 milliards de francs et que le revenu national a été évalué, pour la même année, à 330 milliards : on peut estimer (voir A. Sauvy (56), p. 98) que le tribut représentait annuellement environ 25 % de la production d'avant la guerre. Pour obtenir l'équivalence approximative en francs courants actuels, se reporter à la note de la p. 109.

4. La guerre n'avait pas modifié les bonnes habitudes fiscales françaises. A titre de comparaison, on saura qu'en Grande-Bretagne la pression fiscale couvrait en moyenne 50 % des dépenses publiques.

situation économique et sociale ardue; elle était encore plus périlleuse qu'il n'y paraissait car toutes les conditions techniques et psychologiques étaient réunies pour déclencher une inflation que ne contenait encore que la pression soutenue du Reich qui n'avait aucun intérêt — commercial et politique — à voir la France en proie à l'inflation galopante.

L'épouvantail parisien.

Laval allait échouer sur toute la ligne : il n'y aurait pas de nouveau Montoire et le régime n'allait pas trouver un deuxième souffle. Ses partisans s'efforcent de démontrer qu'il sut du moins contenir les collaborationnistes. La thèse est à demi controuvée, car la collaboration parisienne fonctionna avant tout comme un épouvantail politique à l'usage de Vichy; de surcroît en devenant de plus en plus répressif, l'État français faisait le jeu des « nouveaux messieurs » de Paris.

A la fin de l'année 1941, c'en était fini de la mystique de la révolution nationale. Bouthillier a pu écrire : « L'opinion, si chaleureuse au début, enthousiaste même, devint ombrageuse, susceptible, méfiante, enfin peu à peu hostile. Le divorce se fit lentement à partir du milieu de 1941, imperceptible d'abord comme une fêlure, puis à partir de 1942 de plus en plus brutal et évident [1]. » Rien de bien neuf, en tout cas, ne pouvait être porté à l'actif du régime : ni l'extension du marché noir, ni le fiasco d'une collaboration d'État, qui n'avait jamais été populaire, notamment depuis le STO [2]. Si Pétain gardait encore — surtout en zone nord — une partie de son auréole, Laval battit vite des records d'impopularité.

Cette désaffection avait progressivement touché tous les milieux sociaux. Le régime n'avait plus aucune chance de gagner la classe ouvrière, même si des ouvriers étaient naguère venus nombreux à Montluçon, Commentry ou Saint-Étienne écouter Pétain qui avait

---

1. Voir (36), t. 2, p. 7.
2. Pierre Limagne (*op. cit.*, t. 2, p. 1051) note à la date du 28 février 1943 : « Mécontente, la bourgeoisie collaborationniste a commencé d'évoluer; maintenant qu'on parle d'envoyer ses enfants dans les usines allemandes bombardées, c'est un beau concert d'indignation! »

rencontré un succès de curiosité. Mais la montagne avait accouché d'une souris : la Charte du travail, incroyablement compliquée, fonctionnait au seul avantage du patronat, tandis que le salaire réel ne cessait de se dégrader, que croissait la charge de travail, que les jeunes devaient partir en Allemagne. La paysannerie que le régime avait pourtant encensée et avantagée (par un relèvement substantiel des prix à la production) renâclait, elle aussi : elle supportait de plus en plus mal les contrôles tatillons, les taxations jugées abusives et les réquisitions insupportables, surtout si elles devaient engraisser la Wehrmacht. La Corporation paysanne se révélait être un simple instrument de coercition au service du « Ravitaillement général »; à compter de février 1941, les paysans, pour certaines denrées, avaient à remplir des « contrats de culture » (ils fournissaient par unité de production un surcroît de leur récolte moyennant le versement de primes et la livraison prioritaire d'engrais) ou, à défaut, devaient obtempérer à des « ordres de production » (sans recevoir de primes); pour les autres cultures dites « libres », il fallait faire des déclarations d'emblavures, de production; au-dessus d'une surface déterminée, la récolte était mise au service du Ravitaillement général. Or, malgré les rappels à l'ordre de plus en plus sévères, la part faite au marché noir et à l'autoconsommation — nous l'avons vu — ne cessait de croître : c'était symptomatique. Quant aux autres catégories socioprofessionnelles, leur attitude est plus difficile à cerner. Tout semble pourtant indiquer que dans leur grande majorité les fonctionnaires étaient devenus pour le moins attentistes. La jeunesse, elle aussi, loin d'être conquise par la révolution nationale, boudait ou entrait en dissidence, et, en dépit des consignes maintenues par La Porte du Theil, demeuré maréchaliste, une fraction des Chantiers de la jeunesse passait aux maquis.

Le découragement — ou la prudence — gagnait ceux des pétainistes qui s'étaient ralliés. Un certain nombre de maréchalistes pur-sang prenaient également leurs distances. Il en allait ainsi d'une fraction du PSF [1] : son chef, tout en émettant des réserves

1. Consulter Ph. Machefer, « Sur quelques aspects de l'activité du colonel de La Rocque et du *Progrès social français* pendant la Seconde Guerre mondiale » (8), 1965.

sur tel ou tel aspect du régime, avait pourtant donné l'ordre formel de faire totalement confiance à Pétain, et lui-même avait approuvé, après Montoire, le « principe d'une collaboration »; mais, déçu, La Rocque entrait en contact avec un réseau travaillant pour l'Intelligence Service [1]. Sans aller aussi loin, des pétainistes de raison se laissaient gagner à l'idée du giraudisme, apparu à point nommé pour amorcer les transitions nécessaires. La hiérarchie catholique, également, faisait montre de mauvaise humeur. Elle cautionnait toujours le régime établi et elle demeurait attachée à l'idéologie et aux avantages de la révolution nationale, mais le STO [2] et surtout les rafles des juifs [3] mettaient mal à l'aise bon nombre d'évêques. Pétain gardait pour lui des maréchalistes de base toujours convaincus que le vainqueur de Verdun était l'homme-bouclier providentiel, des notables encore nombreux en province, adeptes de la révolution nationale et décidés à jouir de leur revanche sur 1936, des réactionnaires rassis, au premier rang desquels on trouvait les maurrassiens — ceux du moins qui étaient demeurés fidèles à Maurras — emportés par leur haine de « l'ennemi intérieur ». Maurras avait beau ressasser le même avertissement : « La France, la seule France », il avait dû avaler les couleuvres de la collaboration d'État, Montoire mais encore la Relève, acte de collaboration concrète, si l'on en croit *l'Action française* du 28 août 1942, où il écrivait de surcroît : « Avec tous les Français, les prisonniers heureusement libérés remercient Monsieur Hitler »; en même temps qu'il se déchaînait contre les « terroristes » et applaudissait à la création de la Milice [4]. Mais Maurras, pas plus que naguère, ne représentait le pays réel.

1. Vraisemblablement en 1942 — La Rocque sera déporté en 1943.
2. Il fut l'objet de débats passionnés. De manière significative, le cardinal Liénart — antinazi mais maréchaliste patenté — déclarait, en substance, le 21 mars 1943 qu'un catholique pouvait en conscience ne pas partir pour l'Allemagne; consulter H. Claude, « La hiérarchie catholique, le gouvernement de Vichy et l'occupant, dans la zone réservée » (54), p. 253-285.
3. Consulter notamment F. Delpech, *la Persécution des juifs et l'Amitié chrétienne* (53) et *la France et la Question juive, 1940-1944*, Éd. Sylvie Messinger, 1981.
4. Il écrivait dans *l'Action française* du 3 mars 1943 : « ... une troisième affaire est en vue : la Milice, ô bonheur pour celle-là. [...] avec le

Devant son impopularité croissante, Laval feignait l'indifférence. Il se disait, en revanche, beaucoup plus préoccupé par ce qui se passait à Paris. A Vichy, Laval aimait à paraître comme une sorte de paratonnerre contre les « nouveaux messieurs » parisiens qui lui servaient, malgré eux, de faire-valoir. Mais à Paris, ces derniers étaient utilisés par le Reich comme un épouvantail contre Vichy.

Fascinés — comme c'est souvent le cas — par les minorités agissantes, mémorialistes, essayistes, cinéastes ont beaucoup brodé sur ceux que Robert Brasillach dénommait, lors de son procès, les « collaborationnistes ». Cette séduction n'est pas, en elle-même, dénuée d'intérêt. Mais il faut faire la part des choses [1] entre le mythe et la réalité [2]. Car ceux qui se voulaient les révolutionnaires triomphants d'un nouveau XXe siècle, des partenaires à part entière d'une Europe nouvelle, servirent — au mieux — d'épouvantail à Laval, — au pire — de rabatteurs pour le compte d'une Allemagne hitlérienne plus pangermaniste que désireuse de construire une Europe fasciste.

Il serait erroné de faire de la collaboration parisienne un tout homogène façonné par les seules familles de l'extrême droite : la réalité est plus complexe, et les variantes « de gauche », ces « convertis » profondément imprégnés de pacifisme et d'anticommunisme, ne sont pas à négliger. Mais c'est bien l'ultra-droite qui donna le ton et forma le gros des ultimes bataillons. Soulignons bien qu'être collaborationniste, c'est bien sûr prôner l'alliance avec l'Axe, mais tout autant, sinon plus, prendre des revanches sur l'ordre ancien et vouloir imposer des pratiques politiques « révolution-

---

concours d'une sûre et bonne police, nous pouvons chez nous frapper d'inhibition toute velléité révolutionnaire et toute tentative d'appuyer les hordes de l'Est, en même temps que nous défendrons avec nos personnes, nos biens, nos foyers, notre civilisation tout entière. Voilà ce qu'il faut comprendre et ce qui est trop méconnu. »

1. Lire nécessairement les ouvrages de P. Ory (100) et celui de B. Gordon (133); compléter par Michèle Cotta (101).

2. Il est d'ailleurs frappant que, dans cette période pourtant faste, le fascisme français n'a produit aucune œuvre doctrinale marquante; Drieu La Rochelle, tout comme Brasillach et bien d'autres ont tout au plus narré, illustré l'aventure collaborationniste; on peut notamment lire : P. Sérant, *le Romantisme fasciste*, Fasquelle, 1960.

naires ». De manière précoce, dès l'automne 1940, Déat écrivait dans *l'Œuvre* : « Que la France fasse donc sa révolution, qu'elle devienne autoritaire et l'Allemagne n'aura aucun intérêt à la maltraiter. Annexion? La question n'est pas là. Notre véritable intérêt à nous Français est qu'il n'y ait plus de frontières, que nous acceptions l'insertion dans l'Europe de Hitler [1]. » Deux ans plus tard, les collaborationnistes, tout en ménageant pour la forme la personne du « vieux con » (Pétain), se déchaînaient contre Vichy. Eux se disaient des révolutionnaires, *les* révolutionnaires, qui voulaient établir un régime certes tout aussi autoritaire et hiérarchisé que l'État français, mais qui ne serait plus contrôlé par une gérontocratie « réactionnaire » et cléricale [2]. Ils incarnaient, selon eux, la jeunesse, une force de rupture, à canaliser dans un parti unique ou, à défaut, dans un front uni, capable de marier les impératifs nationalistes et la nécessaire révolution sociale. A vrai dire, ladite révolution sociale était généralement à peine esquissée (en principe on plaidait pour un néo-corporatisme), et la grande majorité des collaborationnistes étaient moins anti-capitalistes que foncièrement antibourgeois : à eux d'assurer la relève de cette classe sociale sclérosée et décadente. Mais, pour l'heure, ils en étaient réduits à faire une surenchère continuelle sur Vichy, jugeant dérisoire la répression menée par l'État français (« Vite et tous » préconisait pour sa part le PPF), inefficace l'anti-sémitisme d'État mis en œuvre par Vichy (il faut lire les articles délirants de *Au pilori*, cette feuille infâme) et suicidaires les finas-series déployées pour fuir la lutte contre le bolchevisme, « une entreprise juive, la plus exorbitante entreprise de bobarderie crapuleuse jamais fricotée par les youtres au cours des siècles » (P.-A. Cousteau — citant Céline — dans *Je suis partout* du 7 mars 1942). Devenue fasciste, la France aurait pu, selon eux, occuper toute la place qui lui revenait dans la nouvelle Europe nationale-socialiste. La collaboration d'État n'était qu'un pis-aller; la colla-boration, il fallait la pratiquer sur la plus grande échelle et l'élargir

---

1. Cité par Raymond Aron (85), p. 41.
2. Les « jeunes cyclistes » technocrates n'avaient pas plus trouvé grâce à leurs yeux : ils étaient rangés parmi les dirigeants du célèbre et très redoutable Mouvement synarchique d'Empire; voir *supra*, p. 88.

à tous les domaines, opérations militaires comprises. A quelques exceptions près, les collaborationnistes récusaient pourtant la « dénationalisation » : « Nous n'avons pas prétendu combattre pour la révolution fasciste ou nationale-socialiste, mais pour la révolution populaire française et l'avènement de l'État populaire français », déclarait M.-Y. Sicard [1], un des responsables du PPF. Avec plus de finesse, Brasillach notait le 11 avril 1942 dans *Je suis partout* : « Ce que nous voulons, autant que cela dépende de nous, ce n'est pas la collaboration, c'est l'alliance. » Mais c'était là, précisément, que le bât blessait.

Depuis la défaite, ils avaient les uns et les autres suivi des itinéraires à peu près identiques. Quasiment tous (Déat, comme Doriot, comme Rebatet et tant d'autres) s'étaient proclamés avec plus ou moins de conviction, et pour un laps de temps plus ou moins long, des « hommes du maréchal ». Puis, plus ou moins rapidement, jugeant leur carrière à Vichy sans avenir, ils s'étaient retrouvés à Paris. Mais, encore au début de l'année 1941, leurs sentiments à l'égard du Reich étaient mitigés; pour un Déat déjà collaborationniste à part entière, combien d'autres « chefs » demeuraient sur la réserve, répudiant, en tout cas, le pacte germano-soviétique. L'invasion de l'Union soviétique libérait réticences et énergies : la collaboration totale devenait un objectif prioritaire puisque le Reich prenait en charge la mission qui justifiait sa prééminence dans l'Europe nouvelle : l'écrasement définitif du bolchevisme. Un Mgr Baudrillart prophétisait dans l'été 1941 : « Voici les temps d'une nouvelle croisade. J'affirme que le tombeau du Christ sera délivré [2] »; plus prosaïquement, Eugène Deloncle constatait : « Depuis le 22 juin, je me trouve en accord avec la politique du Reich et ainsi j'ai repris ma pleine activité [3]. » Si on remonte un peu dans le temps, les itinéraires se révèlent être plus complexes, sans être pour autant totalement déroutants. C'est sans se faire prier que ceux qui étaient déjà pronazis dans le comité France-Allemagne ou militants d'une « Internationale blanche »,

1. Saint-Paulien, *Histoire de la collaboration*, L'Esprit nouveau, 1964, p. 259.
2. Cité par J. Duquesne (52), p. 169.
3. Consulter Ph. Bourdrel, *la Cagoule*, Albin Michel, 1970, p. 259.

tels Bucard et les francistes, se retrouvaient collaborationnistes. Déjà plus surprenante est l'évolution et la place prise par ceux des ex-maurrassiens qui cédaient à la tentation fasciste et que représente bien l'équipe de *Je suis partout* [1]. Beaucoup d'entre eux avaient déjà été séduits, avant la guerre, par le modèle de l'homme nazi, voire par le système hitlérien, mais comme le rappelle Rebatet dans *les Décombres* [2] : « Maurras avait beau nous déconcerter souvent, son autorité nous troublait toujours; nous n'avions pas l'audace de transgresser ensemble et publiquement son catéchisme [3]. » La rupture était dorénavant consommée [4] et, la lutte contre le bolchevisme aidant, ils passèrent d'un « collaborationnisme de raison » à un « collaborationnisme de cœur [5] », celui que traduira bien Brasillach [6] : « Qu'on le veuille ou non, nous aurons cohabité ensemble; les Français de quelque réflexion durant ces années auront plus ou moins couché avec l'Allemagne, non sans querelles, et le souvenir leur en restera doux [7]. » Pour ces germanophobes repentis, la révolution nationale-socialiste, élevée au rang de modèle universel, régénérerait l'Europe décadente. D'autres, encore, étaient franchement des « convertis » : c'était des militants de gauche, naguère antifascistes, mais aussi pour la plupart d'entre eux anticommunistes et pacifistes de toujours; en règle générale, encore, ils avaient été exclus de leur parti ou y avaient défendu une ligne minoritaire. On rencontrait même parmi

1. Lire P.-M. Dioudonnat (102).

2. Événement politico-littéraire de l'année 1942, c'est un témoignage expressif sur la mue fasciste (à lire — si possible — dans l'édition originale de chez Denoël et non dans celle plus récente mais expurgée de J.-J. Pauvert).

3. *Les Décombres*, p. 59.

4. C'était chose faite en 1942 : Maurras reniait ses disciples iconoclastes qu'il rangeait définitivement dans le « clan des *Ja* ».

5. R. Brasillach, *La Révolution nationale*, 4 septembre 1943.

6. Ce fils d'officier, ulmien, essayiste de talent, symbolisa à sa manière les jeunes gens en colère de l'extrême droite des années trente (il en raconte l'itinéraire dans *Notre avant-guerre*, publié chez Plon en 1941), séduits par l'Alcazar et presque autant par les congrès de Nuremberg; il fut feuilletoniste littéraire à *l'Action française* de 1931 à 1939, tout en devenant en 1937 rédacteur en chef de *Je suis partout*; il retrouvait cette dernière fonction à son retour d'Oflag au printemps 1941.

7. *La Révolution nationale*, 19 février 1944.

eux des communistes [1] qui avaient rompu avec le PCF dans
l'automne 1939 et retrouvaient Doriot six ans après son exclusion.
Plus significative était la percée de ceux des néo-socialistes qui
avaient suivi Déat dans son périple idéologique : lui qui avait
contesté dans les années trente la tactique de la SFIO en était venu
à préconiser un socialisme de plus en plus autoritaire dans un cadre
national; dès 1940, il sautait le pas. C'est ce que faisaient également
d'anciens responsables de la CGT, le plus souvent membres de la
tendance *Syndicats*, déçus par Vichy et son paternalisme réactionnaire [2]. Enfin, occupant une position marginale, des socialistes,
encore militants de la SFIO en 1939, qui, se réclamant du planisme
et du pacifisme, entendaient « collaborer sans se renier [3] » et
bâtir une Europe réellement socialiste; ils publiaient un hebdomadaire, *le Rouge et le Bleu*, que dirigeait Charles Spinasse, un
ancien ministre du gouvernement Léon Blum.

Au total, si l'on peut admettre que le collaborationnisme mer-
cantile [4] a été un phénomène accessoire, il reste qu'il n'est pas aisé
de faire exactement la part des pesanteurs sociopolitiques, de la
volonté de puissance ou des accélérations imputables à la conjoncture. Ceux que l'on pourrait dénommer — après Gramsci — des

---

1. Citons, parmi ceux qui rejoignirent le PPF : Gitton, Clamamus,
Albert Clément, Émile Nedelec...
2. Ils avaient fondé le Centre syndical de propagande, tandis que les
ex-socialistes militaient volontiers dans le Front social du travail. Un
hebdomadaire avait été fondé, *l'Atelier*, où écrivaient le vieil anarcho-
syndicaliste Dumoulin, P. Vigne, M. Roy, M. Lapierre, G. Albertini...
3. Ils ne renièrent pas en effet leur participation à un Front populaire,
qu'ils jugeaient, malgré tout, insuffisamment « social »; ils étaient oppo-
sés à la création d'un parti unique.
4. Dans l'orbite des collaborationnistes gravitèrent d'innombrables
malfrats, que la Gestapo saura, le plus souvent, utiliser pour ses basses
besognes. Un inspecteur de police révoqué, Bonny, et un escroc, Chamberlain — dit Lafont ou pour les intimes « Monsieur Henri » —, avaient
monté une redoutable association spécialisée à la fois dans le racket et
les « interrogatoires poussés » : c'était la « Gestapo de la rue Lauris-
ton »; sur cette faune de la collaboration, consulter les pages solidement
documentées de J. Delarue (88). A noter aussi que des grands seigneurs
de la collaboration parisienne, tel Luchaire, ne dédaignèrent nullement
de faire, eux aussi, des affaires : consulter Claude Lévy (104), p. 54-71.

« intellectuels organiques » (prenant donc, eux aussi, en charge des fonctions répressives) ont été profondément marqués par l'obsession de la décadence de l'Occident, la fascination de l'homme fasciste viril, l'espérance en une nouvelle Rome qui refoulerait les nouveaux Barbares [1]. Mais, au bout du compte, tous étaient hantés par le pouvoir. Déat et Doriot, pour ne parler que des grands « chefs », ont d'abord misé sur Pétain, puis sur Laval, avant de jouer à fond la carte allemande. Les servitudes de la guerre totale allaient enfin opérer un dernier tri entre ceux qui se refusaient à faire du « maurrassisme à l'envers [2] » (Brasillach) et ceux qui épousaient sans espoir de retour le sort de l'État-SS. La quasi-totalité des socialistes qui voulaient « collaborer sans se renier [3] » s'étaient assez vite retirés sur la pointe des pieds; au cours de l'été 1943, des dissensions éclataient aussi bien au parti populaire français (PPF) qu'au Rassemblement national populaire (RNP), tandis qu'à *Je suis partout* Brasillach, traité de « fasciste en peau de lapin », devait quitter l'hebdomadaire avec ceux de ses amis qui ne voulaient pas être « dénationalisés ». Le gros des collaborationnistes jusqu'au-boutistes affirmaient à qui voulait les entendre qu'ils n'étaient pas des « dégonflés »; d'aucuns organisaient même des « banquets de condamnés à mort » (par la Résistance). Certains, tel Déat, demeuraient totalement convaincus que le Reich finirait par sortir vainqueur; d'autres, tel Darnand, étaient trop engagés pour pouvoir faire machine arrière; d'autres encore se laissaient avant tout guider par leur haine viscérale contre « l'ennemi intérieur » et rien au monde n'aurait pu les empêcher

1. Dans son *Journal d'un homme occupé* (Les Sept Couleurs, 1955), Brasillach écrivait qu'il aurait été criminel de « livrer la civilisation commune de Racine, de Shakespeare, de Dante et de Goethe à des hordes de Mongols fanatisés par l'alcool révolutionnaire et judaïque » (p. 190).
2. *Ibid.*, p. 248-249; lire la lettre significative que Brasillach adressait le 14 août 1943 à Rebatet.
3. Au bout de dix mois de publication, en août 1942, *le Rouge et le Bleu* devait se saborder. Il est vrai qu'il n'avait guère été ménagé par ses nouveaux confrères; Costantini, dans *l'Appel* du 13 août 1942, réclamait, entre autres amabilités, que « Spinasse soit envoyé dans un camp de concentration chez ses amis juifs; ou mieux encore qu'il soit arrêté et qu'il aille rejoindre son chef et ami, Blum ».

de régler jusqu'au bout les vieux comptes accumulés. Tous acceptaient la guerre civile. Déat écrivait froidement : « La France se couvrira, s'il le faut, de camps de concentration et les pelotons d'exécution fonctionneront en permanence. L'enfantement d'un nouveau régime se fait au forceps et dans la douleur [1]. » Une partie d'entre eux servirent de rabatteurs à la Gestapo. Dès septembre 1943, en tout cas, la rupture était définitivement consommée avec Laval. Presque toutes les têtes pensantes parisiennes exigeaient dans un « Plan de redressement national français » publié le 17 septembre 1943 la formation d'un « gouvernement réellement socialiste et révolutionnaire », bref, le pouvoir. C'était pourtant une exigence prématurée et il leur faudra attendre Sigmaringen. Pour l'heure, le Reich n'était pas encore acculé à introniser ces ultras.

Et, d'ailleurs, que représentaient-ils à l'époque [2]? Relativement peu de chose. Ils se voulaient, certes, des minorités agissantes, mais incapables de provoquer des mouvements de masse, ils demeurèrent des minoritaires enfermés dans un monde de plus en plus clos. Passons vite sur les hallucinés [3] et sur les groupements à demi confidentiels, riches en « chefs » bruyants, mais pauvres en effectifs [4]. Il en alla autrement — dans un premier temps —

1. Cité par J. Delperrie de Bayac (105), p. 61.
2. Pour une approche sociopolitique consulter (8), juillet 1973, janvier 1975, octobre 1977.
3. On peut ranger parmi eux un député de la IIIe République, relativement obscur, Maurice Delaunay, qui se mit en 1941 à vaticiner en qualité de « Maître du Feu ».
4. Citons la Ligue française de Costantini, un officier aviateur qui possédait la seule singularité d'avoir déclaré — à titre personnel — la guerre à l'Angleterre en août 1940; le parti français national-collectiviste de Clementi, un journaliste de l'ultra-droite; le Front français créé par Boissel, un architecte violemment antisémite; le Comité d'action antibolchevique de l'officier de marine ultra-anglophobe Chack; le groupe Collaboration rassemblait surtout des intellectuels, et son chef, l'écrivain Alphonse de Châteaubriant, était plus connu comme directeur de *la Gerbe*. Les autonomistes, qui jouèrent la carte allemande, tels les ultras qui faisaient scission du parti national breton derrière Le Coz, dit Laisné, ou s'engageaient dans la « Milice Perrot » de sinistre mémoire, eurent une audience tout aussi limitée; consulter P. Ory (100), p. 168-200.

pour le francisme et le Mouvement social révolutionnaire (MSR);
ils offraient plus de répondant, mais furent bien vite déchirés par
de profondes dissensions internes. Le francisme avait été fondé
en 1933 par Marcel Bucard, un ancien combattant couvert de
médailles et de surcroît bon orateur, qui devenait membre de
l' « Internationale blanche »; réorganisé en 1941, le mouvement
stagnait, et ni son chef, malade, ni Paul Guiraud ne purent enrayer
une régression patente en 1943. Quant au MSR, il était la résurgence au grand jour du CSAR, *alias* la célèbre « Cagoule ». Son
fondateur, Eugène Deloncle, avait d'abord créé avec Déat le RNP
et, lors de leur rupture consommée à l'automne 1941, il parvint
à attirer au MSR les trois cinquièmes du mouvement : il pouvait
alors rassembler de 12 000 à 15 000 militants, et ses groupes paramilitaires étaient redoutés. Mais, en mai 1942, le MSR éclatait,
Filliol et d'autres ultras éliminaient *manu militari* Deloncle et
quelques autres pères fondateurs [1]; déchiré, phagocyté par le PPF,
il perdait de son efficacité. Deux mouvements, le Rassemblement
national populaire et le parti populaire français, allaient occuper
de bout en bout la scène parisienne et symboliser, chacun à leur
manière, la pratique fasciste. Le fondateur du RNP [2], Déat, était
un doctrinaire [3] à la recherche d'un modèle; il avait toujours eu
l'ambition de marquer son époque, mais, en 1940, il était pour
la classe politique un marginal : grand espoir de la SFIO, il devenait l'un des chefs de file des « Néos » et finissait par être exclu
du parti sans rallier suffisamment de militants; quant à sa carrière
ministérielle (il fut ministre de l'Air dans un gouvernement Sarraut), elle avait été fort brève. Toujours convaincu que, dans le
différend qui l'avait opposé à Blum, il avait eu raison de vouloir

---

1. Deloncle fut abattu en janvier 1944 dans des circonstances demeu-
rées mystérieuses. Fut-il la victime d'un règlement de comptes interne
au MSR, ou de la lutte mettant aux prises la Gestapo et l'Abwehr?
Consulter Ph. Bourdrel, *op. cit.*
2. Le RNP cherche encore son historien; l'ouvrage de Claude Va-
rennes [G. Albertini], *le Destin de Marcel Déat* (Janmaray, 1948), est un
peu court.
3. Il avait une formation d'universitaire : ulmien, il enseigna la
philosophie, avant d'être élu député. De façon significative, Déat
rédigeait, une semaine à l'avance, presque tous ses éditoriaux de *l'Œuvre*.

intégrer les classes moyennes vulnérables dans un front anticapitaliste mieux adapté à un cadre national, Déat s'orienta de plus en plus vers un régime de type autoritaire. En 1940, il se retrouvait fasciste, adepte du parti unique, et pouvait fonder, grâce à Abetz (Déat préconisait alors le retour de Laval), le RNP. Après une fausse manœuvre — l'alliance avec le MSR qui, il est vrai, avait apporté en dot ses groupes paramilitaires —, il reprenait sa liberté d'action [1] et s'attelait à façonner un parti de masse encadré par les classes moyennes; il créait, à cet effet, une Union des enseignants, un Front social du travail, des Jeunesses nationales populaires... et, bien sûr, des Milices nationales populaires qui devenaient opérationnelles en 1943. Lors du « congrès doctrinal » tenu en juillet 1942, il en appelait à un socialisme moderne, national, autoritaire, populaire, corporatiste, avec en prime « l'épuration et la protection de la race ». Doriot [2], le chef du PPF, n'aurait probablement rien renié du programme de son rival, mais, à dire vrai, l'idéologie n'avait jamais été son fort, c'était avant tout un animal d'action, foncièrement opportuniste. D'abord bruyant supporter du « maréchal [3] », il se prêta encore à une campagne de presse lancée pour ramener Laval aux affaires et l'introduire, lui, au gouvernement; dans le même temps, il s'était engagé dans des manœuvres très compliquées entre les différents groupes de pression hitlériens, en misant à fond sur la LVF [4], afin de devenir l'interlocuteur privilégié du Reich. Il voulait faire du PPF, fondé en 1936, moins un parti de masse qu'un mouvement de militants

1. Déat suspecta fortement Deloncle d'avoir armé Paul Collette qui le blessa assez grièvement, ainsi que Laval, en août 1941.
2. Sur Doriot, consulter D. Wolf (103); parcourir — avec précaution — deux ouvrages écrits par deux responsables du PPF : l'*Histoire de la collaboration*, *op. cit.*, par M.-Y. Sicard et *Du communisme au fascisme*, Albin Michel, 1978, par V. Barthélemy.
3. Il prit ses distances dans le printemps 1941; Doriot reprochait vivement à Pucheu, ex-membre du PPF, et à Weygand de brimer son parti tant en zone libre qu'en Afrique du Nord.
4. Il était en froid avec Abetz qui s'en défiait; en revanche, assure D. Wolf (103), p. 335 : « Au milieu de mai 1941, au plus tard, Doriot entrait en rapport avec le SD [le service de sécurité du Reich] de Paris. » Engagé à la LVF comme sergent, il était promu lieutenant et décoré de la Croix de fer.

expérimentés et dévoués [1]; il attachait, également, une grande importance aux médias, et les hommes du PPF étaient nombreux dans les rédactions de la presse parisienne et à Radio-Paris.

Tous ces chefs étaient en bien grand nombre, et, de surcroît, ils se refusèrent à mettre en place ne serait-ce qu'un cartel des mouvements collaborationnistes. On ne connaît qu'un seul exemple d'entente durable, celle conclue en septembre 1941 entre le PPF et la Ligue française de Costantini. Sinon, l'histoire quotidienne de la collaboration parisienne fut une guérilla compliquée [2] et stérile où les militants usèrent l'essentiel de leur énergie. L'ultra-droite était coutumière du fait, mais, l'appétit du pouvoir aidant, les chefs s'en donnèrent à cœur joie. Doriot et Déat voulurent jouer au plus fin, en fonction du rapport des forces; ainsi Doriot refusait en 1942 — la bonne année pour le RNP — d'intégrer le PPF dans un Front national révolutionnaire, tout en proposant une « union à la base » (il avait conservé de son passage au PCF quelques réflexes) et un « Front du travail français ». On vit même s'échafauder, pour quarante-huit heures, un « Front uni des révolutionnaires européens », le temps de préparer une bonne salle à Darnand qui venait vanter, à Paris, le 19 décembre 1943, les mérites de la Milice. Ajoutons que l'ambassade d'Allemagne à Paris, pour mieux régner, jetait volontiers de l'huile sur le feu. Cet émiettement était une première source de faiblesse. L'impuissance à élargir leur audience en était une autre, tout aussi asphyxiante. Sans doute pouvaient-ils faire illusion, emplir des salles de meeting pour les grandes occasions ou voir la vente de quelques journaux augmenter (*Je suis partout* tirait à 100 000 exemplaires en 1941, à 300 000 à 1944). Mais ces succès relatifs ne doivent pas masquer un dépérissement généralisé. Globalement, la presse collaborationniste très engagée, même si l'on tient compte du contingentement du papier, n'a pas gagné de lecteurs : *l'Œuvre* de Déat

---

1. Il n'est pas très regardant sur les moyens utilisés : c'est ainsi que Simon Sabiani et ses sbires mettaient Marseille en coupe réglée.
2. C'était une suite toujours recommencée de coups tordus, d'échauffourées, de règlements de comptes; l'estime mutuelle n'était pas non plus ce qui les caractérisait le mieux; Drieu La Rochelle déclarait, avec modération, en 1943 que le « chef Doriot n'était en fait qu'un politicien du même acabit qu'un radical-socialiste ».

plafonnait à 130 000 exemplaires. Les effectifs des militants stagnaient tout autant : le RNP, qui semble avoir le plus recruté, a — vraisemblablement — disposé tout au plus de 20 000 adhérents actifs, et le mouvement ne cessa de régresser de la fin de l'année 1942 à 1944 [1]. Finalement, dans cette population collaborationniste, seuls les intellectuels et les journalistes étaient véritablement surreprésentés. Malgré le sang frais venu de la gauche, les fascistes parisiens, comme dans les années trente, n'étaient pas parvenus à percer et à contourner l'obstacle représenté par les conservateurs.

Dernière désillusion, en effet, et non la moindre, l'échec politique. Ils piaffèrent et crurent approcher le pouvoir (Doriot ne baptisait-il pas « congrès du pouvoir » un rassemblement de 7 200 délégués organisé en novembre 1942?), être en mesure de supplanter à court terme l'État français. Mais ils se méprirent quasiment jusqu'au bout sur la stratégie du Reich. Sans doute, dominaient-ils la vie politico-littéraire de la capitale, contrôlaient-ils une bonne partie de la presse parisienne [2] et surtout Radio-Paris dont l'audience était appréciable [3]; enfin, ils disposaient de milices paramilitaires. Mais, jusqu'en 1944, ils n'eurent guère les coudées franches.

1. Le RNP était parvenu, en 1942, à mordre sur certaines franges des électeurs de la SFIO et avait su mener une campagne vigoureuse et relativement rentable sur la Relève des prisonniers. Mais il pâtissait des revers de l'Axe.

2. C'est ainsi que C. Jeantet et P.-A. Cousteau, l'un et l'autre collaborationnistes patentés, étaient devenus rédacteurs en chef respectivement du *Petit Parisien* et de *Paris-Soir* (édition de Paris).

3. Radio-Paris diffusait quotidiennement, en 1943, 10 bulletins d'informations — très orientées — et ses magazines réguliers ne l'étaient pas moins (telle l'émission « Un neutre vous parle » présentée par Dieudonné [G. Oltramare], Suisse de son état et ultra-collaborationniste); Jean Hérold-Paquis, qui avait été un journaliste marginal, jusqu'à ce qu'il se révèle un homme de radio sur les ondes franquistes de Radio-Saragosse, avait acquis une notoriété certaine, à compter de 1942, comme chroniqueur militaire en terminant ses commentaires par « cette vérité, c'est que, pour que la France vive, l'Angleterre, comme Carthage, doit être détruite »; la BBC et la Résistance intérieure avaient répliqué par ce slogan : « Radio-Paris ment, Radio-Paris ment, Radio-Paris est allemand. »

Les hommes au pouvoir à Vichy, tout en sachant les utiliser à l'occasion, se défiaient de ces candidats au pouvoir, dont ils ne partageaient pas le projet de société fasciste et dont ils redoutaient les initiatives. Laval, qui s'était servi d'eux, s'efforça, dès qu'il fut revenu aux affaires, de diluer la LVF qu'il jugeait — à juste titre — trop inféodée aux Parisiens, en une « Légion tricolore » qu'il voulait placer sous le contrôle de Vichy [1]. Mais c'est surtout à l'obstacle allemand qu'ils allaient se heurter. Ils ne comprirent pas, ou ne voulurent pas comprendre, que la stratégie hitlérienne cherchait non pas à créer une Europe nationale-socialiste, en tant que fédération de nations fascistes, mais à imposer le *Deutschtum*. Pour l'heure, Berlin avait choisi de maintenir en survivance le régime de Vichy, plutôt que d'imposer un Quisling : aux collaborationnistes était réservé le rôle ingrat de jouer les épouvantails. Ils étaient, au dire d'Abetz, « un instrument politique qui pouvait se mettre, à un moment donné, en opposition ouverte contre Vichy et proclamer un gouvernement populaire qui serait davantage à notre convenance [2] ». Raison de plus pour contrôler de près tout ce petit monde un peu trop remuant. Non seulement des « orientations » étaient fournies à la presse parisienne par la Propaganda Abteilung [3], mais le « groupe Hibbelen » dépendant du Presse-gruppe du Reich contrôlait, en 1943, à peu près 50 % des journaux parisiens [4]. Abetz n'hésita pas à interdire la manifestation que le chef du PPF avait montée pour terminer en beauté son « congrès du pouvoir »; tandis que la Wehrmacht accordait au compte-

1. Le Reich s'opposa cependant à cette manœuvre et le projet dut être abandonné dès l'automne 1942.

2. Voir O. Abetz, *op. cit.*, p. 148.

3. Ces « orientations » étaient imposées dans deux conférences hebdomadaires sur la situation politique et militaire; d'autres traitaient des problèmes économiques.

4. De 1940 à 1944 parurent à Paris 12 quotidiens et 18 hebdomadaires; la Propaganda Abteilung inspirait très directement *la France au travail;* quant aux *Nouveaux Temps*, quotidien fondé par Luchaire, le président de la Corporation nationale de la presse parisienne, il passait pour l'organe officieux d'Abetz. Consulter C. Lévy (104) et P.-M. Dioudonnat, *l'Argent nazi à la conquête de la presse française*, Picollec, 1981.

gouttes des permissions au lieutenant Doriot, qui ne put pratiquement pas quitter ses cantonnements de la LVF entre mars 1943 et janvier 1944.

L'histoire de la LVF, la Légion des volontaires français contre le bolchevisme [1], symbolise à elle seule les déboires des collaborationnistes. Les débuts avaient pourtant été prometteurs : moins d'un mois après l'entrée des nazis en Union soviétique, tous les mouvements — ou presque — prônaient à qui mieux mieux la collaboration militaire pour soutenir le Reich dans le combat décisif contre le bolchevisme, suscitant un meeting commun, tenu, dans l'enthousiasme, le 18 juillet 1941. Les « réactionnaires » de Vichy avaient manifesté quelque froideur à voir cette nouvelle Légion aux mains des Parisiens, mais ils avaient autorisé la création de la LVF, en tant qu'association privée. Cette relative tiédeur n'avait étonné qu'à moitié. En revanche, une première mauvaise surprise attendait ces « Européens » : Hitler limita à 15 000 hommes le contingent de volontaires, et, dans le même temps, l'un des hauts responsables de la Wehrmacht, Brauchitsch, déclarait en privé qu'il leur ferait « décharger à l'arrière des sacs de pommes de terre [2] ». Deuxième surprise, tout aussi pénible : il n'y avait pas foule pour pourfendre, dans les steppes, le bolchevisme exécré, et les effectifs furent toujours inférieurs au contingentement imposé par le Führer [3]; on a pu écrire que « le chef du PPF n'a pas exagéré quand il a comparé plus tard le convoi des légionnaires à un trans-

1. Consulter J. Delarue (88) et A. Merglen, « Soldats français sous uniforme allemand » (8), 1977. La LVF a suscité une littérature abondante, entre autres les romans de Saint-Loup [M. Augier], qui relève le plus souvent de l'hagiographie.
2. C'est du moins ce qu'affirme Saint-Paulien, *op. cit.*, p. 243.
3. Si l'on en croit des statistiques sérieuses, la LVF ne reçut pas plus de 13 400 demandes d'engagement entre 1941 et 1944. De juin 1941 à mai 1943, quelque 11 000 hommes se portèrent volontaires, 6 500 environ furent incorporés, 170 furent tués, 550 blessés; le 1er juin 1944, sur un effectif théorique de 6 800 hommes, 2 200 seulement étaient prêts à monter en ligne. A noter que, Doriot excepté, les « chefs » qui, en juillet 1941, avaient déclaré vouloir faire, sur le terrain, leur devoir antibolchevique, estimèrent vite qu'ils porteraient des coups décisifs au bolchevisme en manœuvrant à Paris.

fert de forçats[1] ». Placée sous le commandement du colonel
Labonne, qui était plus un militaire de salon qu'un homme de
commando, elle fut engagée près de Moscou dans des conditions
d'impréparation telles qu'elle dut être relevée au bout de quatre
heures de combat, ramenée à l'arrière et réduite à faire la chasse
aux Partisans soviétiques. Au bout d'un an, elle était devenue
avant tout un lieu d'empoignade politique ; à la longue, elle passa
sous le contrôle politique des doriotistes, mais une fraction de ces
légionnaires se considérait de plus en plus ouvertement comme
de simples mercenaires à la solde du Reich. La LVF d'ailleurs
ne constituait-elle pas le 630e régiment de la Wehrmacht, portant
l'uniforme de l'armée allemande, à l'exception d'un écusson
tricolore cousu discrètement sur une manche.

Cette collaboration mercenaire, d'autres la pratiquaient déjà,
comme Waffen-SS français (l'État français en avait autorisé le
recrutement en juillet 1943) rassemblés dans une *Sturmbrigade* ;
ou comme « gestapistes français[2] » aussi impitoyables que leurs
maîtres nazis. La majeure part de ces mercenaires allaient traquer
les résistants en 1944. C'était l'ultime étape qui mettait à nu les
contradictions profondes du collaborationnisme : pour se développer, le fascisme avait besoin d'un fonds de nationalisme exacerbé ;
or, les fascistes français étaient acculés à la « dénationalisation ».
Drieu La Rochelle avait cru, naguère, trouver la parade : pour
résister à l'expansionnisme des régimes fascistes, la France devait
devenir fasciste. Que fit-on ? On régla l'arriéré de comptes accumulés depuis les années trente tout en chaussant les bottes de
l'étranger.

Au fil des mois, les collaborationnistes devenaient cependant
embarrassants pour Vichy. Laval s'efforça de les brider. Il y parvint dans une certaine mesure, mais en pratiquant un jeu dangereux : pour couper l'herbe sous le pied des Parisiens, il imposait

---

1. Voir Wolf (103), p. 350. On avait dû faire garder l'itinéraire suivi
par le premier contingent de légionnaires qui gagnait la gare d'embar-
quement.
2. Consulter Ph. Aziz, *Au service de l'ennemi*, Paris, Fayard, 1971.
Un indicateur régulier touchait en moyenne 15 000 à 20 000 francs par
mois et recevait pour une « belle prise » une prime de 5 000
à 10 000 francs.

au gouvernement de Vichy, effrayé par le spectre d'un « gouvernement populaire » dirigé par Doriot, une politique de plus en plus coercitive. Dans la lutte menée contre les réfractaires, les milices collaborationnistes se retrouvaient au coude à coude avec les forces répressives de l'État français : Vichy allait payer cher cette collusion.

L'institution d'une police politique et paramilitaire, la Milice [1], est, à cet égard, exemplaire. Dès 1941, des activistes de la zone sud avaient estimé que la Légion des combattants — celle de Vichy donc — manquait de ressort et d'efficacité; ils se mirent à créer un Service d'ordre légionnaire (SOL) : il était formé de volontaires qui auraient à protéger les manifestations de la Légion des combattants, mais qui devraient également être, dans l'esprit de ses fondateurs, aptes à lutter efficacement contre l'ennemi intérieur [2]. Des ministres, à Vichy, Pucheu et Marion en tête, donnèrent leur aval à ces initiatives, et, passant outre aux réticences manifestées par François Valentin, le directeur de la Légion, l'État français officialisait, en janvier 1942, le SOL [3] qui ne tarda pas à prendre de l'ampleur : il possédait ses propres écoles de cadres, avait sa propre hiérarchie qui tendait de plus en plus à doubler celle de la Légion, montait aussi des expéditions punitives.

Laval héritait de troupes de choc, mises en réserve, mais dont il n'avait pas encore besoin. Il en alla autrement à l'automne 1943, lorsque Vichy eut perdu son armée et qu'il eut peur d'être démuni face aux surenchères parisiennes. L'État français — avec l'aval du Reich — décida donc de mettre sur pied une police qui pût être utilisée contre les réfractaires et lui servir, le cas échéant, de garde prétorienne. Ce fut la « Milice française [4] », créée le 30 janvier 1943, une association « reconnue d'utilité publique » composée

1. Voir l'ouvrage exhaustif de J. Delperrie de Bayac (105).
2. Le SOL se développa surtout là où les réfractaires étaient actifs, en Haute-Savoie, en Haute-Garonne, à Montpellier — et dans les Alpes-Maritimes, un fief d'activistes, où régnaient Darnand, Bassompierre, Gallet, Gombert...
3. Se reporter au programme en 21 points du SOL. Voir J. Delperrie de Bayac (105), p. 117; consulter aussi J.-P. Cointet (45), p. 137-155.
4. Le milicien portait un uniforme — bleu — avec un insigne distinctif, le γ, symbole du bélier têtu et tenace; la Milice publiait *Combats*.

de « volontaires... aptes non seulement à soutenir l'État nouveau mais aussi à concourir au maintien de l'ordre ». On ne pouvait plus clairement annoncer la couleur. Pour parer à toute éventualité, Laval s'en nomma président. Mais il crut habile de désigner comme secrétaire général Darnand, déjà inspecteur de la Légion et du SOL pour le Sud-Est, dont, pourtant, il se méfiait. C'était, avant tout, un homme d'action, un soldat de commando connu pour les raids qu'il avait menés pendant les deux guerres; il se sentit déclassé, parce qu'on lui avait refusé, en 1919, de passer officier; préfiguration du « fascisme plébéien [1] », il se retrouvait vite à l'ultra-droite. Après quoi, il fut profondément maréchaliste et partisan convaincu de la révolution nationale; puis, il hésita, pendant un certain temps : fallait-il suivre les « militaires » de la Milice, ces adeptes d'un pétainisme dur, mais qui voulaient conserver à la Milice des fonctions strictement policières, ou s'embarquer avec les « politiques » (Gallet, Tissot, Bout de l'An...) aux yeux desquels le « maintien de l'ordre » n'était qu'une étape transitoire qui permettrait à la Milice, le noyau dur du futur parti fasciste, de se roder. Darnand choisit au cours de l'été 1943, en prêtant serment à Hitler et en devenant *Sturmbannführer* (commandant) de la SS. Dès lors, il s'efforça d'étendre la Milice à la zone nord et d'armer la « Franc-Garde » active [2], ce que le Reich se déclarait prêt à lui accorder pendant l'hiver 1943.

Avec la Milice, on se trouve bien à la croisée des chemins entre l'État français et les collaborationnistes. Peu de doute que les pétainistes orthodoxes aient été inquiets de la ligne imprimée par Darlan et ses « politiques ». Mais la Milice fonctionna comme un organisme officiel et c'est seulement en août 1944 que Pétain

---

1. Se reporter à B. Gordon, « Un soldat du fascisme : l'évolution politique de Joseph Darnand » (8), 1977; compléter par J. Delperrie de Bayac (105). Darnand fut camelot du roi avant de quitter l'Action française, en traitant Maurras de « vieux con », pour devenir un membre très actif de la Cagoule et faire un bref passage au PPF.

2. A partir de 1944, Darnand développait la « Franc-Garde », la Milice encasernée, composée de volontaires jeunes, où se côtoyaient des fils de notables provinciaux, des déclassés et des jeunes fuyant le STO. Les militants ou sympathisants adultes formaient une sorte de réserve, tandis que les adolescents entraient dans la Jeunesse de l'Avant-Garde.

désavouait Darnand; de surcroît, l'État français n'hésita pas — avec l'aval de Pétain — à utiliser la Franc-Garde contre les maquisards, notamment aux Glières [1]. La Milice, d'ailleurs, ne fait pas figure d'exception : d'autres solidarités de fait s'étaient établies entre Vichy et ces messieurs de Paris. Pétain, qui se défiait de la LVF, n'avait-il pas cru devoir envoyer à Labonne, en novembre 1941, une lettre qu'on pouvait difficilement prendre pour un désaveu. Qu'on en juge : « Je suis heureux de savoir que vous n'oubliez pas que vous détenez une part de notre honneur militaire... En participant à cette croisade dont l'Allemagne a pris la tête, acqué-rant ainsi de justes titres à la reconnaissance du monde, vous contribuez à écarter de nous le péril bolchevik : c'est notre pays que vous protégez ainsi, en sauvant également l'espoir d'une Europe réconciliée [2]... » Les uns et les autres partageaient encore des haines communes. Certains itinéraires individuels sont, enfin, exemplaires, tel celui de Philippe Henriot, ce fils d'officier, profes-seur de l'enseignement libre, militant catholique et orateur en vue de la Fédération nationale catholique (FNC), qui représente bien cette droite catholique et conservatrice qui se retrouva quasi naturellement maréchaliste. Convaincu que tout se jouait entre le bolchevisme et le christianisme, il passait au collaborationnisme, devenait une des vedettes de la Milice, tout en demeurant un édito-rialiste écouté de Radio-Vichy, la radio officielle. On est alors en droit d'estimer que la solidarité des Collaborations l'emportait sur leur diversité.

2. L'armée de l'ombre

Pendant ces deux années charnières, les réfractaires élargirent notablement leur audience et jetèrent les bases d'un État clan-destin. Sans doute les progrès furent-ils discontinus, sans doute des différends nouveaux surgirent-ils, liés à l'unification inachevée

1. Voir J. Delperrie de Bayac (105), p. 308-353.
2. Lire le texte intégral dans L. Noguères (35), p. 357.

de la Résistance intérieure. Il n'empêche, le plus dur était fait et on était en droit de définir la Résistance comme une armée de l'ombre : ceux qu'Henri Frenay désignait comme « des soldats sans uniforme et des citoyens en révolte contre le pouvoir établi » menaçaient les arrières de l'occupant et préparaient en métropole la relève politique [1].

Poussées et accélérations.

La progression de la Résistance, bien loin d'être linéaire, procéda par à-coups avec trois accélérations notables : l'incorporation du PCF, les mutations politiques de l'année 1942, l'apparition des maquis.

C'est l'entrée en force du PCF dans la Résistance armée qui eut l'effet le plus déterminant, aussi bien à court terme en posant de manière aiguë le problème crucial de « l'action immédiate » que dans le moyen terme en modifiant par l'audience acquise à travers la lutte armée le rapport interne des forces de la Résistance.

Le 22 août 1941, à la station Barbès-Rochechouart, l'aspirant de Marine Alfonse Moser [2] était tué par un commando de trois jeunes communistes emmené par Pierre Georges — le futur colonel Fabien —, un ancien des Brigades internationales et militant éprouvé des « Bataillons de la jeunesse ». Deux jours plus tard, quatre Allemands tombaient dans le Nord; deux mois plus tard, les 20 et 21 octobre, deux équipes des mêmes Bataillons de la jeunesse abattaient à Nantes le *Feldkommandant* et à Bordeaux un conseiller de l'administration militaire. Ces jeunes communistes inauguraient une nouvelle forme de lutte armée en s'attaquant non plus seulement aux installations mais encore aux hommes

---

1. Sur le développement de l'armée de l'ombre, consulter H. Noguères (6), t. 2 et 3, et lire les témoignages de H. Frenay (71), C. Bourdet (72) et A. Vistel (108). Sur les rapports entre les Français libres et la Résistance intérieure, se reporter à Passy (110), Frenay (71) et F. Closon (109). Consulter encore J. Sweets, *The Politics of Resistance in France*, Northern Illinois University Press, 1976; en attendant la publication de l'ouvrage décisif consacré à *la Mission Rex* par Daniel Cordier, qui fut secrétaire de Jean Moulin.

2. Maurice Le Berre avait déjà blessé mortellement un Allemand, le 13 août, à la porte d'Orléans.

de l'armée d'occupation. Elle suscita — et suscite encore — de très vives controverses [1]. Le « geste individuel », il est vrai, n'avait pas bonne presse dans l'opinion, y compris chez les communistes [2]; on le jugea, dans un premier temps, comme une pratique suicidaire d'une efficacité douteuse en regard du système des otages [3] adopté par les autorités d'occupation.

Les premières exécutions eurent lieu le 16 septembre 1941, mais c'est en octobre que la répression allemande frappa de plein fouet l'opinion française : 98 otages étaient fusillés en moins de 48 heures les 22 et 23 octobre [4]. L'occupant multiplia les fournées jusqu'à l'été 1942 (95 fusillés en décembre 1941, dont Gabriel Péri, Sampaix..., 93 en août 1942, dont Louis Thorez, etc.) puis en réduisit la fréquence à compter de l'automne 1942, comme si les autorités d'occupation avaient moins confiance en cette technique d'intimidation publique [5]. Elle avait d'abord été suffisamment efficace pour que des communistes de la région nantaise aient exigé que les responsables de la mort du *Feldkommandant* se livrent aux autorités allemandes. Et de Gaulle a bien traduit le sentiment de la majorité des réfractaires en déclarant le 23 octobre qu'il était bien dans la logique de la guerre que des soldats allemands soient

1. Une bonne mise au point dans H. Noguères (6), t. 2, p. 147-165.
2. Marcel Cachin désavouait les attentats individuels dans une lettre écrite en septembre 1941.
3. L' « ordonnance des otages », promulguée le 22 août 1941, faisait de tout Français détenu en zone occupée par les Allemands un otage virtuel. Aux termes du « Code des otages », du 10 juillet 1942, pouvaient être fusillés tous les proches masculins d'un « terroriste », en ligne ascendante et descendante, âgés de plus de 18 ans, beaux-frères et cousins compris, les femmes étant condamnées aux travaux forcés; consulter E. Jäckel (63), p. 265-284.
4. 27 d'entre eux étaient fusillés à Châteaubriant (26 communistes dont Ch. Michels, J.-P. Timbault, G. Môquet...), 16 à Nantes, 5 au Mont-Valérien, 50 au camp des Souges près de Bordeaux (dont 42 communistes).
5. Entre le 30 juin 1940 et le 31 mai 1941, 14 Français avaient été exécutés pour sabotage ou espionnage; au 31 octobre 1941, 123 otages avaient été fusillés, au 31 octobre 1942, 1 478; entre juin 1942 et décembre 1942, le nombre des victimes tomba à 254; mais les exécutions dans les prisons allemandes et les transports dans les camps de concentration, où ils étaient classés *Nacht und Nebel*, ne cessèrent, eux, de croître.

tués sur le sol français mais que la « tactique » imposait de mettre fin au « massacre de nos combattants momentanément désarmés [1] ». Par la suite, d'ailleurs, la controverse portera moins sur la légitimité morale ou politique et sur l'efficacité de la tactique préconisée par les plus combatifs des communistes, que sur l'opportunité de la lutte armée en tant que telle. Fabien et ses camarades pressaient la Résistance de répondre à une question fondamentale : fallait-il se lancer dans « l'action immédiate » ou attendre, en se préparant, le jour J ? Pour sa part, le journal des FTP, *France d'abord*, déclarait en février 1942 que « les patriotes français proclament qu'il ne suffit pas de résister pour sauver l'honneur mais qu'il faut combattre pour sauver la France ».

Un certain nombre de responsables de mouvements non communistes continuaient, il est vrai, de soupçonner les communistes français de calquer leur stratégie sur celle de l'Union soviétique. En octobre 1942, *France d'abord* n'affirmait-il pas que récuser la lutte armée, c'était « reculer l'heure du second front en désertant le front de France [2] ». Et puis, surtout, l'audience du Parti allait grandissante [3]. Tout en rencontrant plus de difficultés que ne le prétend une historiographie volontiers triomphaliste, il avait remis sur pied une organisation qui — en 1942 — tranchait par son sérieux sur celle de bon nombre de mouvements non communistes. Articulée sur des « groupes de trois », une pyramide cloisonnée juxtaposait cellules, sections, régions, interrégions, toutes coiffées par des « triangles de direction ». Dès l'hiver 1941, sa branche armée devenait opérationnelle; les FTP [4] naissaient en février 1942, issus des groupements les plus combatifs (Organisation spéciale, Bataillons de la jeunesse, Main-d'œuvre immigrée [5]).

1. Voir Ch. de Gaulle (7), t. 1, p. 228.
2. Se reporter à Ch. Tillon, *les FTP*, Julliard, 1967, p. 123-124.
3. Sur la Résistance communiste, privilégier Ch. Tillon (79), A. Ouzoulias (78), l'*Histoire de la France contemporaine* (126) et S. Courtois (127).
4. Cette dénomination amalgamait les francs-tireurs de la guerre de 1870 et les Partisans soviétiques. Sur les FTP, consulter le livre passionné (et qui se ressent de la Guerre froide) de Ch. Tillon, *les FTP, op. cit.*, à compléter nécessairement par son ouvrage plus récent (79).
5. La MOI put conserver des unités autonomes, notamment juives, tels le « Deuxième détachement de Paris », la « Carmagnole » à Lyon

En devenant la branche militaire du Front national, ils avaient été ouverts à des non-communistes, mais les principaux responsables étaient des communistes éprouvés [1]. Ces FTP surent rapidement s'adapter à la guérilla — notamment urbaine; l'unité de base se composait de deux équipes de trois hommes [2], un véritable état-major clandestin [3] supervisant sections, compagnies, bataillons. Sous l'impulsion vigoureuse de leur chef, Tillon, les FTP s'employèrent à détruire le potentiel de guerre de l'occupant en alternant coups de main, sabotages, attaques contre les soldats et les officiers de l'armée d'occupation [4]. Grâce à leur lutte multiforme les FTP constituèrent d'après Rémy « la seule organisation clandestine armée qui luttait efficacement contre les Allemands [5] ». Précisons cependant que ce jugement de valeur ne vaut que pour l'année 1942 et qu'il concerne avant tout la zone nord [6]. Ce dynamisme dans l'action se doublait d'une stratégie politique tous

---

ou la « 35e brigade » commandée par M. Langer et B. Frankel à Toulouse; sur cette dernière, consulter *les Parias de la Résistance*, Calmann-Lévy, 1970, de C. Lévy; sur la Résistance juive d'obédience communiste, se reporter à D. Diamant, *les Juifs dans la Résistance française*, Le Pavillon, 1971, et J. Ravine, *la Résistance organisée des Juifs en France (1940-1944)*, Julliard, 1973; (la Résistance sioniste fut bien moins active; on pourra consulter A. Latour, *la Résistance juive en France*, Stock, 1970).

1. A la compagnie Valmy avait échu la charge d'assurer la protection des dirigeants du PCF clandestin et de châtier ceux des renégats qu'il tenait pour des traîtres dangereux : c'est ainsi que Gitton fut exécuté le 4 septembre 1941.

2. Pour accroître son efficacité, Epstein élargira l'unité de base à une vingtaine de combattants. A noter que, jusqu'au printemps 1944, la plupart des combattants FTP menaient une double vie, professionnelle et militante.

3. Il comprenait notamment Charles Tillon, Eugène Hénaff, Dumont, Marcel Prenant, André Ouzoulias, Georges Vallet.

4. Les responsables des FTP maintinrent contre vents et marées la tactique inaugurée par *Fabien*. En octobre 1942, *France d'abord* donnait comme mot d'ordre : « A chacun son Boche. »

5. Sur les entretiens qu'eut Rémy avec des membres du PCF, voir H. Noguères (6), t. 2, p. 161-163, 654-657.

6. Les FTP, comme au demeurant toutes les organisations du Front national, étaient beaucoup moins bien implantés en zone sud, où jouait, entre autres facteurs, l'ancienneté des mouvements regroupés dans les MUR.

azimuts qui donnait, elle aussi, des résultats appréciables. Elle s'appuyait sur le « Front national de lutte pour l'indépendance de la France » que le PCF avait créé en mai 1941 et qu'il tenait toujours bien en main. Ce mouvement à vocation nationale [1] présentait la particularité d'être non seulement implanté dans les deux zones mais surtout d'être articulé sur une base socioprofessionnelle [2]. Affirmant être le seul véritable trait d'union patriotique et politique, il ne lançait d'exclusive ni religieuse (des ecclésiastiques y adhérèrent) ni politique : il cherchait à attirer des compagnons de route au sens précis du terme — et accueillit aussi bien certains responsables venus de mouvements de zone sud (Georges Bidault qui avait d'abord milité à Combat, Yves Farge à Franc-Tireur...) que des personnalités politiques que rien dans leur passé ne prédisposait à pareille convergence (le radical Justin Godard, le démocrate-chrétien Max André, l'ami de Louis Marin, Jacques Debû-Bridel, le ci-devant PSF Jacques Bounin). Ainsi non seulement le PCF avait-il pu sortir du ghetto politique dans lequel il s'était confiné depuis 1939, mais il était parvenu à réorganiser l'appareil du Parti, à embrayer à nouveau sur les masses, tout en conjuguant le nationalisme jacobin avec la défense de la patrie socialiste soviétique. Toutes les conditions semblaient à nouveau réunies pour que le PCF puisse renouer avec la période faste de 1936-1937 et refaire un bond en avant.

Dans les rangs des mouvements non communistes, pareille vitalité subjuguait certains compagnons de route, mais elle suscitait tout autant, sinon plus, méfiance et animosité. Cette défiance, qui avait été avivée par le pacte germano-soviétique, n'avait pas désarmé : le PCF était encore soupçonné de mener « sa » Résistance en étant la courroie de transmission de la stratégie soviétique; il

1. Il était articulé en deux comités directeurs, celui de zone nord dirigé par Pierre Gunsburger-*Villon*, celui de zone sud par Marrane.
2. Le Front national avait pu facilement mettre sur pied des branches somme toute classiques, tels le Front uni des jeunesses patriotiques ou l'Union des femmes françaises; il avait également pu se développer dans des milieux relativement bien disposés, les étudiants (lire le témoignage significatif d'E. Morin, *Autocritique*, Julliard, 1959, p. 27-62), les universitaires, les professionnels du spectacle, les écrivains; il avait tout autant lancé des antennes dans des professions naguère très hostiles, telles celles des médecins, des commerçants, des policiers.

convenait donc d'être d'autant plus vigilant que les communistes étaient de plus en plus suspectés de s'infiltrer systématiquement dans tous les mouvements, notamment en zone sud. C'est pourquoi les phénomènes de rejet à l'égard du Front national furent flagrants parmi les dirigeants des mouvements « apolitiques » de zone nord, mais tout aussi patents chez bon nombre de responsables de Combat : ainsi Frenay put, dans un premier temps, faire refuser l'entrée du Front national dans le comité de coordination des mouvements de zone sud. Les plus iréniques auraient pu volontiers faire leur la formule lapidaire lancée par Claude Bourdet en 1943 : « Toute leur place aux communistes, mais pas toutes les places [1]. » Il n'était donc pas à exclure — comme en témoigne l'exemple d'un certain nombre de pays européens — que cette poussée communiste ne provoque des affrontements et des conflits; comme nous le verrons, pourtant, les risques d'éclatement étaient — dans une très large mesure — conjurés dès l'année 1943.

La satellisation de fait de l'État français à l'automne 1942 provoqua des mutations qui, pour n'être pas aussi déterminantes que la progression des communistes, ne doivent pourtant pas être sous-estimées.

Auparavant déjà, le retour de Laval et ses souhaits sacrilèges formulés le 22 juin avaient scandalisé ceux des dirigeants des mouvements qui avaient jusqu'alors ménagé la personne du chef de l'État français : Combat larguait alors ses dernières amarres [2], se donnait une ligne idéologique beaucoup plus ferme et dénonçait en octobre 1942 la politique criminelle du « sinistre vieillard ». De même, le mouvement Défense de la France devenait-il clairement antivichyssois.

Une fraction des attentistes et des hésitants étaient encore plus

1. Voir (72), p. 277.
2. Henri Frenay avait jusque-là conservé des relations informelles avec des officiers chargés du renseignement dans l'armée d'armistice; surtout, en février 1942, avec l'accord de son comité directeur, il avait été amené à rencontrer, à Vichy, par deux fois, Pucheu. Le chef de Combat, en l'occurrence, avait avant tout cherché à gagner du temps pour faire libérer des responsables du mouvement emprisonnés (lire son témoignage (71), p. 153-164). La démarche était pourtant suffisamment ambiguë pour susciter en dehors de Combat des critiques souvent vives.

ébranlés par l'évolution sans issue de la collaboration d'État et se rapprochaient progressivement de la Résistance. Au besoin d'ailleurs, le giraudisme offrait les transitions nécessaires. Ainsi un Aimé Lepercq, qui présidait le Comité d'organisation des houillères, adhérait à l'OCM par l'intermédiaire de Pierre Lefaucheux; un François Valentin, ex-directeur de la Légion des combattants, choisissait le troisième anniversaire de la fondation de celle-ci pour lancer un appel à la Résistance. De même, une partie des cadres de la défunte armée d'armistice, qui aimait à croire en un double jeu de Philippe Pétain, basculait et se regroupait, sous l'impulsion du général Verneau, dans une Organisation métropolitaine de l'armée [1], placée sous l'autorité du général Frère. Il y avait de tout parmi ces ralliés à la mi-temps. Pour certains, qui tablaient sur une victoire anglo-saxonne, ce qui primait était de se refaire à bon compte une virginité politique. Pour d'autres, cependant, la démarche était moins intéressée : un Émile Laffon par exemple estimait que « le moment [était] venu pour les élites de se séparer des indifférents [2] », parce que — à ses yeux — la Résistance avait désormais acquis suffisamment de sérieux et de maturité; de même, quelques nationalistes finissaient par prendre conscience que privilégier la lutte contre « l'ennemi intérieur » tout en s'abaissant devant l'occupant conduisait à une impasse mortelle. Ainsi François Valentin déclarait le 29 août 1943 : « Notre erreur a été de croire que l'on pouvait relever un pays avant de le libérer. »

Dans cette maturation de la Résistance intérieure, l'apparition des maquis, nés du refus du STO, est l'autre étape décisive. Mais si leur importance est généralement soulignée, on dit moins combien la mise en place de cette « armée Sauckel » fut laborieuse; et c'est à l'honneur des MUR comme du Front national que d'avoir su accueillir puis intégrer ceux qui n'étaient d'abord que des réfractaires inorganisés et le plus souvent désemparés. La chronologie,

---

1. L'OMA — qui deviendra l'ORA — se mit en place au cours de l'hiver 1942. Elle se considérait comme l'antenne métropolitaine de l'armée d'Afrique, fut dès l'abord très giraudiste et prit immédiatement ses distances à l'égard des mouvements (surtout les MUR et le Front national) qu'elle jugeait trop politisés et brouillons.
2. Cité par Ch.-L. Foulon (117), p. 63.

au demeurant, souligne bien les difficultés de l'entreprise. Sans doute éclataient ici et là des manifestations relativement précoces et déjà efficaces : ainsi, à Montluçon, le 6 janvier 1943, c'est seulement 20 requis sur 160 qui rejoignirent l'Allemagne. Mais, en règle générale, il fallut attendre l'été 1943 pour que le mouvement de refus prenne de l'ampleur : dans le Lot, qui semble être un bon département témoin, en juin, le nombre des réfractaires n'était encore que de 20 sur 168 requis, pour passer à 81 sur 85 en août.

« Transformer les réfractaires en combattants », telle était la tâche que se donnaient aussi bien le Service national des maquis, créé rapidement par les MUR, que le Front national. Dans l'hiver 1942, les premiers réfractaires furent recueillis dans des camps-refuges improvisés le plus souvent au gré d'initiatives locales; ainsi, dans l'Ain, Henri Romans-Petit jetait-il en décembre les bases de ce qui allait devenir un maquis modèle. Le printemps venu, les mouvements firent un gros effort avec des moyens financiers dérisoires et une absence criante de cadres : rares, pour ne pas dire très rares, furent les officiers de l'ex-armée d'armistice qui acceptèrent alors d'encadrer les futurs maquisards, un Valette d'Osia ou un *Tom*-Morel et leurs camarades du 27e bataillon de chasseurs alpins firent figure d'exception. Malgré tout, des structures d'accueil furent mises en place, des écoles de cadres créées, la propagande contre le STO décuplée. La Résistance recueillit les fruits de son travail militant pendant l'été. C'était d'autant plus méritoire que, à Londres, on sous-estima l'enjeu politique et militaire; plus tard, les responsables de la France libre préconiseront des « maquis mobilisateurs » mais au nom — comme nous le verrons — d'une tout autre stratégie. Jean Moulin lui-même, d'ordinaire plus réceptif aux besoins de la Résistance, rognait sur le budget mensuel qu'il allouait aux mouvements de la zone sud [1] et voyait dans le Service national des maquis un subterfuge trouvé par les mouvements pour mettre en place une armée secrète autonome de Londres [2].

1. Des difficultés financières de plus en plus aiguës incitèrent les dirigeants de Combat à entrer en négociation avec les services secrets américains installés en Suisse. Mais la tentative fut sans lendemain dès lors que la France libre s'y opposa fermement.
2. Consulter l'important rapport, daté du 7 mai 1943, qu'il transmettait à Londres; il est cité dans son intégralité par F. Closon (109), p. 80-96.

L'hiver 1943 sera encore pénible pour bon nombre de maquisards réduits à l'inaction faute d'armes. Mais, à défaut d'être opérationnels militairement, ils pesaient déjà politiquement. Le refus graduel du STO [1] non seulement ébranlait l'autorité de l'État français englué dans la collaboration d'État, mais surtout permettait à la Résistance d'intégrer, de façon quasi inespérée, des hommes jeunes et disponibles qui, jusqu'alors, ne s'étaient guère engagés. C'était pour elle le moyen d'élargir à tous égards ses bases sociologiques, tout en décuplant ses possibilités virtuelles d'intervention paramilitaire. Mais les maquis, dans le même temps, modifiaient l'équilibre des forces et relançaient en termes nouveaux le débat sur l'action immédiate.

L'épaississement.

Au fil des mois, la Résistance intérieure s'agrandissait. Parallèlement, l'improvisation des débuts cédait peu à peu la place à l'organisation : en 1943, l'année des maturations, les fondements d'un État clandestin étaient posés.

En deux ans, le champ d'activité s'était notablement étendu. Des réseaux nouveaux naissaient, tandis que se multipliaient les « agences ». De ce développement multiforme, on retiendra les réseaux d'action directe, spécialisés dans les coups de main ponctuels, y compris le châtiment des traîtres; les réseaux d'évasion avaient diversifié leurs filières qui menaient vers des zones réputées moins dangereuses ou vers la mer, la Suisse, les Pyrénées [2], en prenant en charge des évadés, des juifs traqués, des résistants « brûlés » qui devaient « se mettre au vert » ou des aviateurs alliés; les réseaux de renseignement étaient de loin les plus nombreux et les plus étoffés. Tout renseignement recueilli avait sa valeur mais les plus prisés concernaient les installations de la Kriegsmarine [3], le déplacement des grandes unités de la Wehrmacht

1. Citons un des slogans : « L'ordre nouveau! c'est le travail forcé, loin de la famille, contre la patrie. »
2. Sur la traversée des Pyrénées et ses aléas, consulter H. Amouroux (86), t. 1, p. 133-157.
3. Philippon-*Hilarion* allait quitter Brest après avoir fourni à Londres des renseignements de tout premier ordre; l'ingénieur Stosskopf, qui

ou la mise en place des nouvelles armes secrètes. Ces renseignements étaient, en règle générale, transmis codés par émetteurs-récepteurs, sinon ils prenaient le premier courrier pour Londres. L'Intelligence Service contrôlait toujours un certain nombre de réseaux [1], cependant que la « section française » du SOE mettait en place quelques équipes de sabotage et d'action bien rodées; le plus grand nombre de ces réseaux était désormais relié au BCRA, soit directement, soit par l'intermédiaire des mouvements qui, quasiment tous, possédaient leur service de renseignement. Pour allier sécurité et efficacité, Passy s'était résolu en 1943 à installer des « centrales » qui coiffaient, en France même, plusieurs réseaux importants [2]. Après la guerre, 266 furent homologués (dont 254 reconnus comme unité combattante), tandis que quelque 150 000 agents (« occasionnels » non compris) étaient effectivement dénombrés.

Les mouvements étaient, eux aussi, en pleine croissance, au point qu'il est presque impossible d'en montrer toute la complexité [3]. Désormais, ils recrutaient dans tous les milieux. Observons plus particulièrement ceux chez lesquels la Résistance non communiste avait rencontré, dès l'abord, des sympathies actives. Les syndicalistes formaient toujours un vivier précieux et Yvon Morandat pouvait lancer le Mouvement ouvrier français (MOF) dans l'espoir de développer en zone sud une résistance ouvrière spéci-

---

affichait des sentiments ultra-collaborationnistes, transmettait, lui aussi, des informations remarquables sur la base sous-marine de Lorient...

1. Citons Alliance, toujours efficace, et maintenant dirigé par Marie-Madeleine Fourcade, ou les réseaux « Gilbert » organisés à partir de la Suisse par le colonel Groussard. Quelques réseaux travaillaient pour les services secrets américains. Quant aux Soviétiques, ils utilisèrent les services de l'Orchestre rouge célébré de manière talentueuse par G. Perrault (Le Livre de poche, 1971).

2. Ainsi la « Centrale Coligny » collectait les renseignements recueillis par la CND de Rémy, Centurie (le réseau de l'OCM), Cohors (celui de Libération-Nord), Fana (celui du Front national).

3. Se reporter à la bibliographie de la p. 128; y ajouter l'excellente étude de Marie Granet sur *Ceux de la Résistance* (106) et la monographie minutieuse de F. Bruneau (Yvette Gouineau), *Essai historique du mouvement né autour du journal clandestin « Résistance »*, Besançon, SEDES, 1951.

fique parmi les cégétistes restés fidèles à la ligne Jouhaux et les syndicalistes chrétiens engagés derrière Gaston Tessier [1]. Mais si la CGT et la CFTC poussaient leurs militants à s'engager dans les mouvements, elles entendaient maintenir une ligne confédérale relativement autonome, ce qui explique pour une part que le MOF n'ait pas donné tous les résultats escomptés. Du moins la réunification de la CGT acquise aux Accords du Perreux [2] allait-elle le plus souvent donner une nouvelle impulsion à la Résistance ouvrière. La Résistance d'essence chrétienne élargissait également son audience tout en demeurant chez les catholiques très minoritaire; elle pouvait puiser rigueur et fermeté doctrinale dans les *Cahiers du Témoignage chrétien* (quinze Cahiers sortiront de novembre 1941 à juin 1944) : d'une très grande tenue intellectuelle, avec comme maître d'œuvre le père Chaillet, ils dénonçaient vigoureusement au nom des principes du christianisme le nazisme, son amoralisme, son racisme et affirmaient en décembre 1941 « qu'il n'y a pas de paix avec Hitler dans l'honneur français, humain, chrétien ». Les persécutions menées contre les juifs avaient fait sortir de leur attentisme un certain nombre de catholiques et de protestants qui apportèrent leur concours aux Amitiés chrétiennes ou à la Cimade qui s'efforçaient de cacher les enfants israélites. Des militants chrétiens, à l'image d'un Gilbert Dru, estimaient cependant qu'il fallait aller plus avant; le plus souvent jeunes, venant de la

1. Jouhaux, interné à diverses reprises, fut livré à l'Allemagne et déporté. Ses amis avaient totalement pris leurs distances à l'égard de Vichy et des « fédéraux » qui suivaient Belin. A la CFTC, ceux qui restaient fidèles à l'État français avaient perdu de leur influence puisque, le 27 juin 1943, malgré les pressions exercées par la hiérarchie catholique, la Charte du travail était dénoncée par 63 % des mandats. CGT et CFTC entendaient néanmoins occuper le terrain, maintenir une politique de la présence tout en s'efforçant de contrôler des organismes officiels.

2. Ces accords mettaient fin à la scission provoquée par le pacte germano-soviétique tout en rendant plus aléatoire le projet caressé par d'aucuns de faire fusionner la CGT de Jouhaux et la CFTC. La nostalgie de l'unité perdue, les actions unitaires menées à la base l'avaient ainsi emporté sur la profonde défiance qui séparait les appareils des ex-unitaires et des ex-confédérés. Les négociations — laborieuses (les premiers contacts datent de mai 1941) — aboutissaient le 17 avril 1943. L'appareil syndical devait être réorganisé au prorata des mandats que les tendances détenaient en 1938.

JEC ou de la JOC, ils s'insurgeaient contre les prises de position et les silences de la hiérarchie ou la pusillanimité d'une bonne partie de l'ACJF; à travers eux émergeait une nouvelle génération de catholiques, plus radicaux dans leur engagement temporel [1]. Les plus anciens des mouvements s'efforçaient de varier au maximum leur recrutement; certains d'entre eux, cependant, continuaient de prospecter en priorité des milieux relativement spécialisés : ainsi l'OCM sous la direction conjointe du colonel Touny et de Blocq-Mascart multipliait ses antennes en direction du haut personnel administratif et des cadres du secteur privé tout en contactant des officiers germanophobes; de même que la grande cohésion de Libération-Nord tenait à sa forte proportion de militants socialistes et syndicalistes. Des nouveaux étaient également apparus : sur les décombres de Combat décapité en zone nord, Lecompte-Boinet relançait un nouveau mouvement, « Ceux de la Résistance », qui, avec l'aval de Frenay, devenait totalement autonome; le Dr Renet *(Jacques Destrée)* lançait avec quelques amis de la Jeune République *Résistance* qui reprenait la voie de *Valmy* maintenant anéanti. Globalement, la progression est peu contestable, sans qu'on puisse pourtant la chiffrer avec toute la précision souhaitée. Donnons seulement des ordres de grandeur : l'OCM revendiquait, en 1943, quelque 100 000 adhérents, estimation qui nous semble très exagérée, même si c'était après le Front national le mouvement le plus développé en zone nord. Plus proches de la réalité nous semblent être les 14 000 militants recensés par Ceux de la Résistance ou les 50 000 hommes que les MUR se faisaient fort de pouvoir rassembler dans la seule armée secrète. Ces chiffres peuvent surprendre par leur faiblesse, mais il faut y adjoindre un bien plus grand nombre de sympathisants : prenons l'exemple de Défense de la France qui, selon

---

1. De manière symptomatique, le père Chaillet se résolut à lancer en mai 1943 une deuxième feuille clandestine, *le Courrier français du Témoignage chrétien* (12 numéros sortiront jusqu'à la Libération), accessible à un public plus large et moins cultivé; il accordait également une attention plus grande à l'engagement temporel et une place plus importante à de jeunes laïcs, tel André Mandouze. Sur l'évolution du mouvement Témoignage chrétien, se reporter à l'ouvrage modèle de Renée Bédarida (107).

Marie Granet, « a compté environ 2 500 militants vraiment actifs et des dizaines de milliers de sympathisants [1] ».

Cette progression numérique s'accompagnait le plus souvent de mutations internes favorisant des positions généralement plus radicales. Dans un certain nombre de mouvements émergeait pour ainsi dire une deuxième génération plus décidée à en découdre immédiatement et ne se sentant pas concernée par les querelles mettant aux prises les « chefs historiques [2] » : à Combat, arrivaient Degliame-Fouché, Jean-Guy Bernard..., à Libération-Sud, Pascal Copeau, Pierre Hervé, Kriegel-*Valrimont*, Malleret-*Joinville* [3]... A son retour de Londres, en février 1944, Lecompte-Boinet, le fondateur de Ceux de la Résistance, se retrouvait perdu dans son propre mouvement, qu'une nouvelle équipe dirigée par Voguë-*Madelin* avait relancé tout en radicalisant sa ligne politique.

Cette progression était tout autant sanctionnée par une répression accrue menée conjointement par les polices françaises et les services spécialisés de l'occupant : Abwehr, service de sécurité du Reich, Gestapo, enfin, officiellement installée en zone nord au printemps 1942. Imprudences et trahisons décimaient bon nombre de réseaux : à l'été 1942, parmi ceux qu'avait mis en place le BCRA, seule survivait la Confrérie Notre-Dame de Rémy, elle-même affaiblie par les renseignements fournis par le radio *Phœbus* et l'agent de liaison *Capri*. En 1943, tous les grands réseaux avaient subi des pertes sévères. Les mouvements étaient tout autant éprouvés : de janvier à avril 1942, chez les communistes, Danièle Casanova, Arthur Dallidet, Georges Politzer, Félix Cadras, Jacques Decour, Yves Kermen... « tombaient »; au printemps 1943, l'OCM était ébranlée par les arrestations de Touny, de Simon, de Farjon, tandis qu'en octobre un coup de filet décapitait Ceux de la Résistance; après avoir vu son antenne en zone

1. Voir Marie Granet (106), p. 133.
2. Avec ce qu'il faut d'impertinence à un néophyte qui se raconte, P. Copeau déclare : « Quand je suis arrivé, j'ai eu un peu l'impression de tomber au milieu d'une organisation d'anciens combattants »; voir H. Noguères (6), t. 2, p. 547.
3. Un certain nombre étaient des militants communistes; il serait pourtant erroné d'y voir seulement une consigne d'« entrisme » donnée par le PCF. Sur cette problématique, voir p. 318.

nord anéantie, Combat perdait des militants aussi remarquables qu'étaient Bertie Albrecht, Jacques Renouvin, Edmond Michelet, Marcel *Peck*, etc.

Cette répression de plus en plus impitoyable n'empêchait pas la Résistance de s'affirmer et d'étendre son activité militante. Elle s'exprimait à travers des manifestations multiformes. Certaines d'entre elles ont frappé l'opinion, tels les réquisitoires prononcés au procès de Riom par Daladier ou par Blum. Ce dernier qui se disait flatté d'être « promu au grade d'inculpé » se mua au fil des jours en un procureur implacable et fit mieux que remplir le contrat qu'il s'était fixé : « Si la République reste l'accusée, nous resterons à notre poste de combat comme ses témoins et ses défenseurs [1]. » De même, la lettre pastorale rédigée par Mgr Saliège, archevêque de Toulouse, en août 1942 pour protester contre les persécutions des juifs « traités comme un vil troupeau », et lue dans toutes les paroisses de son diocèse, ne passa pas inaperçue. D'autres gestes plus confidentiels mériteraient d'être connus, tel le refus du juge Paul Didier de prêter serment à un chef de l'État prônant la collaboration [2].

C'était de plus en plus dans la rue que la Résistance se montrait; elle le faisait les 14 juillet et 11 novembre dans des commémorations « patriotiques [3] » que l'État français et l'occupant interdisaient (le 24 juillet 1941, l'ouvrier métallurgiste André Masseron était fusillé « pour avoir chanté *la Marseillaise* le 14 juillet »); les lycéens de Buffon [4] organisaient une manifestation pour protester

---

1. Voir J. Lacouture, *Léon Blum, op. cit.*, p. 470.
2. Juge à la cour de Paris, il était sur-le-champ arrêté puis interné au camp de Châteaubriant.
3. Elles permettaient notamment de faire de la propagande active : le 14 juillet 1943, de jeunes militants de Défense de la France n'hésitaient pas à distribuer dans le métro 5 000 numéros du journal. On frôlait souvent le drame : le 11 novembre 1942, à Brive, les manifestants conduits par Mme Michelet et ses sept enfants évitèrent de justesse les colonnes allemandes pénétrant en zone sud. Certaines se terminèrent en traquenards : à Grenoble, le 11 novembre 1943, devant le « Monument des Diables bleus », les unités allemandes chargèrent à la baïonnette, tuèrent et raflèrent les manifestants dont 450 furent déportés...
4. Parmi eux, Arthus, Baudry, Benoit, Grelot, Legros, seront arrêtés après avoir plongé dans la clandestinité, et fusillés le 8 février 1943.

contre l'arrestation d'un de leurs professeurs d'histoire, Raymond Burgard, le fondateur de *Valmy*. C'était aussi pour célébrer la Fête des mères à leur manière que le 31 mai 1943 des militantes communistes envahirent rue de Buci un magasin spécialisé dans le commerce avec l'occupant et en distribuèrent les denrées (la même opération était répétée le 1er août, rue Daguerre). A Lyon, après un récital donné par le Philharmonique de Berlin dans une salle déjà houleuse, le maître Paray venait diriger un « concert expiatoire » de musique exclusivement française terminé par une *Marseillaise*...

Pour beaucoup de résistants, la collecte des renseignements était une forme d'action privilégiée. Il est vrai que le réseau des complicités s'élargissait, que la technique également s'améliorait : ainsi l'ingénieur Keller établit en avril 1942 une ligne d'écoute dérivée sur le câble reliant le QG des troupes d'occupation à Berlin : ce fut la « source K ». Passy estime, pour sa part, que le volume du courrier d'un réseau d'importance moyenne représentait une cinquantaine de pages dactylographiées au début de l'année 1942 et un bon millier douze mois plus tard. C'est sur leurs indications minutieuses que des commandos britanniques faisaient sauter à Bruneval en février 1942 un relais de détection antiaérien ou détruisaient la grande cale sèche de Saint-Nazaire. En 1943, les côtes de la Manche n'avaient plus aucun secret pour l'état-major allié.

Pour d'autres réfractaires, c'était l'action paramilitaire qui devait primer. Les sabotages [1] étaient devenus monnaie courante. Pour mener à bien « la bataille du rail », on avait appris à déboulonner les rails sur une grande longueur sans couper le courant alimentant les signaux. Les FTP comme les groupes francs des autres mouvements s'attaquaient au potentiel industriel : ceux de Franc-Tireur rendaient inutilisable en octobre 1942 l'entreprise Francolor de Roanne, ceux des MUR sabotaient en septembre 1943

---

1. Abetz déplorait officiellement 3 802 sabotages réussis entre le 1er janvier et le 30 septembre 1943 (dont 781 contre les installations de l'armée allemande, 122 contre des firmes françaises travaillant pour l'Allemagne, 1 262 contre des voies ferrées...).

la centrale électrique de Chalon-sur-Saône. D'autres s'attaquaient aux installations militaires, tel Aimé Requet qui, le 13 novembre 1943, faisait sauter à Grenoble le parc d'artillerie de l'armée allemande. Les agressions armées contre les membres de l'armée d'occupation n'avaient pas cessé [1], menées le plus souvent par des FTP qui pratiquaient aussi des attentats à la grenade dans les autobus, restaurants, cinémas, réservés à l'occupant; des têtes nazies tombaient [2]. Renouvin avait d'abord organisé des « kermesses [3] » puis monté des expéditions punitives contre des chefs collaborationnistes ou les auxiliaires trop zélés de la répression vichyssoise [4]. Symétriquement, des coups de main spectaculaires permettaient de sauver des camarades : ainsi Lucie Aubrac lançait une opération qui délivrait le 21 octobre 1943 son mari et 13 responsables des MUR pendant leur transfert du fort Montluc au siège lyonnais de la Gestapo. Les maquisards, enfin, se chargeaient des opérations de guérilla et se préparaient à la lutte armée. En bonne règle, ils auraient dû être regroupés dans des unités relativement modestes ne dépassant pas la cinquantaine d'hommes, entraînés aux coups de main à l'exclusion de la bataille rangée. Dans la pratique, régnait une grande diversité, qui était fonction de l'environnement géographique et social, de l'armement reçu, de la perspicacité des cadres, également. Certains maquis réunissaient des réfractaires oisifs, indisciplinés et souvent mal adaptés à leur nouveau type de vie. D'autres, en revanche, furent des

1. Selon la même statistique d'Abetz, et pour la même période, 281 attentats avaient été commis contre des soldats allemands, 79 contre des policiers français, 174 contre des collaborationnistes.

2. Un détachement de la MOI manqua Schaumburg, commandant du *Gross-Paris*, mais abattit Julius Ritter, délégué de Sauckel pour la France; à Dijon, le chef de la Gestapo, Werner, était enlevé, jugé et exécuté.

3. Elles avaient été conçues pour endommager à la même heure et dans des villes différentes des officines collaborationnistes et des kiosques vendant la presse allemande.

4. Le procureur Lespinasse qui avait déployé un grand zèle pour faire guillotiner Marcel Langer était abattu en octobre 1943; de même qu'était exécuté en décembre le président du tribunal spécial de Lyon, Faure-Pengali...

Carte de la Résistance
novembre 194.

1. Reproduite avec l'aimable autorisation de M. Saulière
pour le Comité d'histoire

ns le département du Tarn[1]
août 1944

LEGENDE

ROUTES PRINCIPALES
VOIES FERREES
ZONES BOISEES
EMPLACEMENT DES MAQUIS
COMBATS
SABOTAGES VOIES FERREES
SABOTAGES
PARACHUTAGES
CAMPS D'INTERNEMENT

après la carte établie par ses soins en 1976
la Deuxième Guerre mondiale.

modèles du genre à l'image de l'organisation souple et rigoureuse
qu'avait mise sur pied Guingouin, le « préfet du maquis ». Autre
exemple, celui du maquis « Surcouf [1] » qui s'établissait en Normandie, à l'ouest de la Risle : en novembre 1942, un épicier de
trente-deux ans, Robert Leblanc, prenait en charge une dizaine
de réfractaires; ils étaient une trentaine en mai 1943, en novembre
de la même année ils constituaient 7 groupes de 16 hommes,
faisant des coups de main sur les lignes de communication allemandes; ils étaient 250 en juin 1944, un peu plus en juillet; 130
des leurs devaient disparaître (71 tués au combat, 59 fusillés ou
morts en déportation).

Cette activité multiforme, encore fallait-il l'ordonner. Globalement, la Résistance parvint à surmonter les difficultés de tous
ordres et à faire preuve d'une imagination créatrice en jetant les
fondements d'un État clandestin.

Les grands réseaux de renseignements étaient désormais agencés
selon des méthodes éprouvées pour allier sécurité et efficacité [2];
l'épine dorsale en était formée par les services généraux placés
sous le contrôle direct des responsables du réseau : l'intendance
(faux papiers, logement...), le chiffre (codage et décodage), la
recherche du renseignement, les liaisons maritimes et aériennes
avec Londres, les transmissions radio. Un grand réseau installait
jusqu'à une vingtaine d' « agences », couvrant ainsi plusieurs
départements, chaque agence coiffait 5 ou 6 chefs de secteurs,
qui utilisaient le plus souvent des informateurs occasionnels. Les
« boîtes aux lettres » étaient, en règle générale, relevées chaque
semaine par des agents de liaison.

Bon nombre des grands mouvements possédaient une organisation tout aussi solide [3]. Le modèle du genre en était Combat qui
avait vite débordé l'organigramme originel des 5 bureaux d'état-
major chers à Frenay. Lors de la fusion des trois grands mouvements de zone sud, au printemps 1943, ce sont précisément les

---

1. Son histoire est rapportée par M. Baudot, *Libération de la Normandie* (116), p. 105-108.
2. Se reporter à la description précise qu'en fait Passy dans ses
Souvenirs, op. cit., t. 2, p. 286-331.
3. A. Vistel en donne un bon panorama (108), p. 122-350.

structures de Combat [1] que les MUR vont dans une très large mesure adopter : les militants de base étaient regroupés en sixaines et trentaines dépendant d'instances départementales; les régions (il y en avait 6 en zone sud [2]) constituaient un relais essentiel entre les départements et les divers « services nationaux » que, pour des raisons de commodité, on avait répartis entre des services « action » et ceux relevant de « l'organisation civile ». Sous cette dernière rubrique on peut placer les services qui diffusaient la presse clandestine, ceux des liaisons [3], ceux des faux papiers [4], du logement, du service social [5] et du Noyautage des administrations publiques (NAP) [6]; les services « action », quant à eux, réunissaient les diverses « agences » de renseignement collectées par le réseau « Gallia », l'armée secrète [7], les groupes francs que Renouvin avait armés pour mener à bien des missions ponctuelles et urgentes, l'Action ouvrière montée par Degliame-Fouché pour préparer le sabotage industriel, la Résistance-Fer [8], le Service national des

1. A l'époque, Combat comportait 14 « services nationaux », utilisant une bonne centaine de permanents totalement clandestins, coiffés par un « centre » dirigé par Frenay, B. Albrecht, J.-G. Bernard, C. Bourdet. Consulter les pages bien documentées de M. Granet et H. Michel (73).

2. Se reporter à la carte dressée par H. Noguères (6), t. 2, p. 46.

3. Un rouage — on le sait — essentiel; pour la seule ville de Lyon les MUR disposaient en 1944 d'une quarantaine d'agents de liaison.

4. Leur confection était devenue du grand art; certains même, ceux qui étaient visés par des commissaires membres du NAP, étaient de vrais faux papiers.

5. Il aidait matériellement des détenus et leurs familles tout en s'efforçant de nouer des complicités à l'intérieur des prisons.

6. M. Peck et C. Bourdet avaient d'abord cherché à établir des filières sûres dans certaines administrations; dès l'été 1943, le NAP était devenu un véritable cheval de Troie à l'intérieur de l'appareil d'État vichyssois, notamment dans l'administration préfectorale, celles de la police, des PTT, des transports... Un peu plus tard, Maurice Nègre entreprenait de noyauter les ministères proprement dits : c'était le super-NAP.

7. Sur les problèmes posés par l'armée secrète, voir *infra*, p. 269.

8. Pour mener à bien la « bataille du rail », J. *Lacroix* avait lancé les bases d'une véritable SNCF clandestine developpée par René Hardy et Max Heilbronn.

maquis, les équipes spécialisées dans les opérations aériennes et la récupération des parachutages [1].

En zone nord, la Résistance non communiste n'était pas aussi bien organisée; du moins, en 1943, les 5 régions et bon nombre de départements étaient-ils pourvus d'un responsable civil et d'un chef militaire. Parallèlement à la création du CNR, l'armée secrète se développait en zone nord, Résistance-Fer fusionnait avec son homologue de zone nord, tandis que le NAP étendait ses ramifications aussi bien au nord qu'au sud. A l'automne, un air traversait la Manche, cet *Ami entends-tu* qui devait servir de chant de ralliement [2].

A noter que ce perfectionnement dans l'organisation s'accompagna souvent d'une concentration de l'autorité. Claude Bourdet reconnaît qu' « il était impossible de diriger démocratiquement un mouvement clandestin [3] ». Ce constat vaut pour tous les grands mouvements, à l'exception peut-être de Franc-Tireur qui s'efforça de maintenir une assez large concertation afin d'éviter que l'autoritarisme ne provoque à la longue accès de mauvaise humeur et dissensions diverses.

C'est sur la contre-propagande, qui fut pour la plupart des mouvements leur première raison d'être, qu'on terminera ce panorama des activités de la Résistance. Le journal en demeurait l'instrument privilégié [4]; c'était encore, le plus souvent, un mini-journal de 4 pages petit format où se pressaient un court éditorial,

---

1. Il fallait d'abord sélectionner des terrains plans, non labourés, à l'écart des lignes électriques et des agglomérations, puis les faire homologuer par la RAF; ils pouvaient servir de zones de parachutage ou mieux d'aires d'atterrissage pour des monomoteurs, des Lysander, amenant et emportant le courrier et trois passagers; à compter de l'été 1943, des bimoteurs purent se poser ayant à leur bord une douzaine de passagers.

2. Il fut baptisé un peu plus tard *Chant des partisans;* sa créatrice en fut une musicienne poète, Anna Marly; Kessel et Druon en adaptèrent le texte définitif que d'Astier publiait en septembre 1943 dans les *Cahiers de la Libération.*

3. Voir C. Bourdet (72), p. 134.

4. Certains grands mouvements (l'OCM, Ceux de la Résistance, Ceux de la Libération), il est vrai, ne possédaient pas un journal en propre. Sur la presse clandestine, consulter C. Bellanger (70).

quelques articles de fond, un résumé des principales informations captées à la BBC et un compte rendu des opérations menées par les militants [1]. Le catalogue, vraisemblablement incomplet, des périodiques clandestins ne comprend pas moins de 1 034 titres. Certes, bon nombre d'entre eux furent mort-nés ou disparurent en cœurs de route, cependant *Libération-Nord* parvenait à publier 190 numéros, tandis que *Combat* entre décembre 1941 et juin 1944 en sortait 58, *Défense de la France* 47, etc. C'est ce dernier qui détient le reccord absolu de diffusion en tirant un numéro de janvier 1944 à 450 000 exemplaires; à la même date, le tirage de *Combat, Libération-Sud, Franc-Tireur* oscillait entre 125 000 et 150 000 exemplaires. Si l'on tient compte de l'interdiction de vendre papier, encre, stencils et de la surveillance étroite des imprimeurs, ces tirages étaient à leur manière de vrais exploits renouvelés chaque semaine ou chaque mois, grâce notamment au courage de petits imprimeurs [2] qui y laissèrent souvent leur vie.

La Résistance, enfin, utilisa avec un certain bonheur l'arme culturelle, placée sous le signe de l'engagement militant. Elle posséda une manière de maison d'édition clandestine — dénommée judicieusement les Éditions de Minuit — montée par le romancier Pierre de Lescure et son ami le graveur Jean Bruller-*Vercors* [3].

---

1. Certains mouvements s'assurèrent le concours de journalistes professionnels, tels Georges Altman et Yves Farge à *Franc-Tireur*, Roger Massip à *Libération*, plus tard Pascal Pia et Camus à *Combat*.

2. Citons pour la région lyonnaise : Martinet, Pons, Chevalier, Agnel, Villemagne...; dans la région parisienne, Geraerdt, De Rudder... Pour des raisons de sécurité, il fallait parfois composer chez X et tirer chez Y (le plus souvent sur d'humbles « bécanes » tirant à plat). Certains mouvements purent assez vite acquérir leur autonomie : dès décembre 1941, *Défense de la France* mettait la main sur une Rotaprint qui était installée dans les caves de la Sorbonne; plus tard, sous la direction d'un jeune polytechnicien, Bollier-*Velin*, à qui Martinet avait appris le métier, *Combat* se donnait une remarquable imprimerie, dotée d'une grosse « bécane », rue Viala à Villeurbanne : c'est là que Bollier et ses compagnons tombaient les armes à la main, le 17 juin 1944; en février 1944 était arrêté avec tout le personnel des imprimeries des frères Lion, à Toulouse, un jeune apprenti résistant qui sera déporté : il s'appelle Georges Séguy.

3. Elle fut ensuite dirigée par Vercors, Paulhan et Éluard, avec l'aide d'Aragon, de Cassou, de Chamson, de Mauriac.

Elle publia dans la clandestinité 25 petits volumes [1] dont le *Cahier noir*, une méditation lucide écrite par *Forez* (Mauriac), *les Amants d'Avignon*, les tribulations douces-amères d'une agent de liaison, contées par *Laurent Daniel* (Elsa Triolet), des *Contes*, brèves variations sur les années noires composées par *Auxois* (Édith Thomas), *la Marque de l'homme*, un drame de la jalousie dans un oflag écrit par *Mortagne* (Claude Morgan), *le Temps mort*, la plongée dans la nuit, l'arrestation, la déportation, dépeinte par *Minervois* (Claude Aveline). *Le Silence de la mer*, qui fut le premier de la série, était distribué sous le manteau en février 1942 [2].

Les résistants publièrent des revues littéraires engagées dont la plus connue fut l'organe du Front national des écrivains, *les Lettres françaises*. Le premier numéro sortait après bien des difficultés [3] le 20 septembre 1942, jour anniversaire de Valmy. Un certain nombre d' « intellectuels » décidèrent de « faire quelque chose » à leur manière [4]. Aux yeux d'un Éluard, « il fallait bien que la poésie prenne le maquis », et c'est au nom de cet engagement militant qu'Aragon composait un nouvel *Art poétique* inspiré par « [ses] amis morts en mai [1942] » et écrivait, à la mémoire de Gabriel Péri, la « Ballade de celui qui chanta dans les supplices », aussi bien que « La rose et le réséda » (« celui qui croyait au ciel,

---

1. « Publiés sous l'oppression aux dépens de quelques lettrés patriotes. »
2. La sortie du roman dut être retardée de six mois pour des raisons de sécurité ; ce retard fit que certains résistants crurent à tort y discerner un plaidoyer déguisé — seul le silence semblant digne face à l'occupant — en faveur de l'attentisme.
3. C'est un agrégé d'allemand et romancier, membre du PCF, Jacques *Decour*demanche, qui conçut le projet de publier une revue clandestine qui fût à la fois militante et ouverte à toutes les familles spirituelles de la Résistance ; il eut l'appui immédiat de Paulhan et de Jacques Debû-Bridel. Après son arrestation, le romancier Claude Morgan et l'historienne Édith Thomas eurent à confectionner à eux seuls les tout premiers numéros ; par la suite, le Comité directeur s'élargissait à Aragon, Blanzat, Guéhenno, Mauriac, le RP Maydieu, Vildrac. *Les Lettres françaises* publièrent 20 numéros avec des articles de : C. Bellanger, Cassou, M.-P. Fouchet, L. Parrot, R. Queneau, C. Roy, J.-P. Sartre, P. Seghers, J. Tardieu, E. Triolet...
4. Suivre avant tout P. Seghers (111) dans son très précieux périple rétrospectif aussi précis que chaleureux.

celui qui n'y croyait pas ») qu'il dédiera en décembre 1944 à
« Estienne d'Orves et Gabriel Péri comme à Guy Môquet et
Gilbert Dru ». Ces militants durent avoir recours à des subterfuges
(le même Aragon sut remarquablement utiliser toutes les ressources
que lui offrait l'histoire tant dans *le Crève-cœur* que dans *Aurélien*)
avant de se réfugier dans l'anonymat, voire dans la clandestinité
totale [1]. Le 14 juillet 1943, sortait *l'Honneur des poètes*, 22 poèmes
anonymes recueillis par Éluard [2]; en octobre, *le Domaine français*
rassemblait une soixantaine d'œuvres. En tant que littérature
engagée, elle allait susciter concert de louanges et déferlement
de critiques. Pour s'en tenir à ces dernières, on trouvera pêle-
mêle des beaux esprits qui n'avaient guère brillé par leur courage
politique, des sceptiques, des perfectionnistes [3]. En pareil domaine,
on ne saurait généraliser [4], et, comme on le sait, les beaux sentiments ne font pas forcément de la bonne littérature [5]. Il nous
semble à tout le moins nécessaire de souligner l'influence politico-
culturelle que ces intellectuels engagés eurent à l'époque, même
si tous ne pouvaient prétendre à l'éternité littéraire.

1. Cette littérature militante rencontra des soutiens en dehors de
l'hexagone : Max-Pol Fouchet et sa revue *Fontaine* publiée à Alger ou
l'éditeur genevois François Lachenal... Supervielle, pour sa part, faisait
paraître en Argentine ses très beaux *Poèmes de la France malheureuse*.
2. L'anonymat dissimulait entre autres Aragon, Desnos, Éluard,
Guillevic, Francis Ponge, Pierre Seghers, Tardieu, Vercors; deux
poèmes n'ont pu être identifiés, écrits par des inconnus vraisemblablement disparus dans la Résistance.
3. Retenons *le Déshonneur des poètes*, pamphlet iconoclaste publié en
1945. Benjamin Péret y estimait — ce qui est parfaitement son droit —
que « ces poésies ne dépassaient pas le niveau lyrique de la publicité
pharmaceutique », tout en réglant — ce qui peut apparaître plus contestable — un arriéré de comptes avec les staliniens, les curés, les jacobins
et bien d'autres pour exalter une « poésie révolutionnaire » qui — par
perfectionnisme peut-être — brilla surtout par son absence.
4. Soulignons le fait qu'un René Char choisissait de ne rien publier
tout en étant devenu le capitaine Alexandre. Inversement, Picasso
continua, somme toute, de peindre comme si de rien n'était.
5. Il est tout aussi vrai que les mauvais jours ne font pas forcément
les beaux comportements. Ainsi Gide utilisa ces quatre années à cultiver
avec la plus grande circonspection son moi favori et tyrannique au
point qu'il lui interdit de s'associer à la pétition lancée contre les exécutions de Châteaubriant.

Le temps des confluences.

Entre 1942 et 1943, enfin, la France combattante sortait de la nuit : la Résistance intérieure et la France libre convergeaient, et cette jonction incitait les mouvements de résistance à coordonner leur action. La création du CNR au printemps 1943 symbolisait ce double mouvement fondamental. Sans doute, tout le monde ne travaillait pas à l'unisson et des difficultés nouvelles avaient surgi, il n'empêche : cette relative cohésion forgée entre Résistance extérieure et Résistance intérieure — communistes compris — fait de la France combattante un élément singulier de la Résistance européenne.

On l'a dit, la Résistance intérieure avait eu l'incontestable mérite de secouer l'apathie ambiante, de contrer la propagande adverse, de préparer la relève d'élites défaillantes. Bon nombre de ses responsables étaient pourtant conscients que la Résistance ne pourrait devenir un mouvement de masse qu'à la condition d'offrir des moyens d'action suffisants. Plutôt que de s'adresser aux Alliés en quémandeurs, il leur apparaissait préférable d'utiliser la France libre comme intermédiaire prolongeant, telle une antenne extérieure, la lutte intérieure. Ces considérations stratégiques se doublaient chez certains d'arrière-pensées plus politiques : le gaullisme pourrait être le pôle fédérateur de l'après-guerre et faire pièce aussi bien au giraudisme néo-vichyssois qu'à la pression communiste. Le chef de la France libre, quant à lui, était avant tout mû par cette « certaine idée » qu'il se faisait du « rang » que la France avait à tenir dans un conflit mondial de moins en moins simple. Il lui apparaissait d'une impérieuse nécessité d'être reconnu, face à Vichy, face aux Alliés, face à Giraud, comme le chef incontesté de toutes les résistances. Pour y parvenir, de Gaulle était décidé aux compromis indispensables, y compris en faisant le bout de chemin nécessaire avec le PCF. Il reste qu'aux yeux du chef de la France libre les résistants étaient des soldats en guerre, qui devaient se tenir « aux ordres », ce que contestaient les responsables des mouvements dans leur grande majorité, lesquels estimaient la Résistance politiquement majeure. Il faudra trouver des compromis.

Il fallut attendre l'année 1942 pour voir les politiques prendre langue. Christian Pineau [1] fut le premier responsable des mouvements à gagner Londres en mars 1942 avec pour mandat de sonder le chef de la France libre. Après lui, bien d'autres devaient faire le voyage, ainsi d'Astier et Frenay qui eurent à l'automne des entretiens décisifs avec de Gaulle. Symétriquement, c'est dans la nuit de la Saint-Sylvestre, le 31 décembre 1941, qu'avaient été largués près de Saint-Andiol, dans les Bouches-du-Rhône, trois hommes [2] dont l'ex-préfet Jean Moulin [3] expressément mandaté par le chef de la France libre pour être son « représentant » en zone sud [4] Au printemps 1943, la « mission Brumaire-Arquebuse » amenai deux émissaires de poids, Passy, chargé des questions paramilitaires, et Brossolette [5], des contacts politiques; menée rondement elle débouchait sur des accords qui allaient faire date en zone nord [6]. Entre-temps, certains partis politiques avaient été contactés

1. Contacté par Rémy grâce à Brossolette, Pineau eut la surprise, à Londres, de devoir quasiment tout apprendre à de Gaulle sur les mouvements de résistance; il repartit avec un manifeste politique que le chef de la France libre accepta *in extremis* d'amender; voir Ch. Pineau, *la Simple Vérité*, Julliard, 1960.

2. Moulin-*Mercier* (et mieux *Rex* ou *Max*) avait été parachuté *blind* avec un opérateur radio, Monjaret, et Raymond Fassin-*Sif*, un instituteur, qui sera chargé de la liaison avec Combat.

3. Élevé dans un milieu profondément laïc et républicain, Jean Moulin avait opté pour une carrière préfectorale qui s'annonçait brillante; sans être nommément inscrit à un parti, il était connu pour être un radical de gauche, jacobin, proche de Pierre Cot, dont il avait été le chef de cabinet; après avoir été révoqué dans les conditions que l'on sait, il faisait le choix de gagner Londres, sans s'engager dans un mouvement; il apparut vite aux yeux du chef de la France libre comme l'intermédiaire nécessaire entre la Résistance extérieure et la Résistance intérieure. Lire la biographie chaleureuse que lui a consacrée H. Calef, *Jean Moulin*, Plon, 1980; se reporter à H. Michel, *Jean Moulin l'unificateur*, Hachette, 1964; en attendant la somme de Daniel Cordier (cf. *supra*, p. 240).

4. Son ordre de mission était ainsi formulé : « Je désigne M. Jean Moulin, préfet, comme mon représentant et comme délégué du Comité national pour la zone non directement occupée de la métropole »; voir de Gaulle (7), t. I, p. 647.

5. Sur les résultats de cette mission bien préparée par les adjoints de Moulin et de Passy, voir *infra*, p. 269.

6. Ulmien et agrégé d'histoire, Pierre Brossolette s'était fait connaître comme journaliste militant (rédacteur au *Populaire*, il avait été speaker

ou avaient recherché le contact, en l'occurrence la SFIO et le PCF. La première envoyait à Londres Félix Gouin et Daniel Mayer et, le 15 mars 1943, Blum tranchait : les socialistes soutiendraient le chef de la France libre sans réserve [1]. Quant au second, à la fois pour accroître l'efficacité de la Résistance intérieure et hâter la constitution du second front, il déléguait en janvier 1943 Fernand Grenier comme représentant officiel du PCF et des FTP auprès de la France libre [2].

Au total, c'est Charles de Gaulle qui semble avoir le mieux atteint ses objectifs : le BCRA avait accru son efficacité, et, surtout, le ralliement des principaux mouvements de résistance [3], comme celui de ceux des partis politiques qui s'étaient réorganisés, élargissait l'audience de la France libre auprès des Alliés. Dès le 9 novembre 1942, au beau milieu des tractations entre les Américains et Darlan, les mouvements de la zone sud envoyaient un télégramme, censuré par la BBC, aux « gouvernements alliés », leur demandant « instamment que la destinée nouvelle Afrique du Nord libérée soit remise au plus tôt entre les mains du général

---

à la radio, du moins jusqu'à Munich), en 1940, il avait pris ses distances à l'égard de la SFIO. Révoqué par Vichy, il avait ouvert une librairie avant d'être un agent du réseau de Rémy; envoyé à Londres en avril 1942, il était séduit par le BCRA et par son chef, et devenait le mentor politique de Passy.

1. Félix Gouin avait recommandé une politique de la présence; quelques mois plus tard, dans une longue lettre adressée à de Gaulle, le vieux leader emprisonné apportait le soutien de la SFIO en se félicitant de ce que le chef de la France libre « avait apporté aux principes démocratiques une adhésion sans réserve ».

2. C'était l'aboutissement de tractations qui duraient depuis une bonne dizaine de mois : au printemps 1942, Rémy contactait Beaufils, un responsable FTP, puis en novembre Fernand Grenier mandaté par le Comité central clandestin; lui succédera à Londres Waldeck Rochet.

3. Libération-Sud, le premier, faisait allégeance en mai 1942 : « Nous constatons qu'à l'heure présente, il n'y a qu'un seul mouvement, celui de la France libre, qu'un seul chef, le général de Gaulle, le symbole de l'unité de la France... » Combat suivit en août, Franc-Tireur en septembre, Libération-Nord, en décembre; Défense de la France, qui se défaisait au plus haut point de l'autoritarisme du chef de la France libre, ne se ralliera qu'en juillet 1943.

de Gaulle [1] ». Jean Moulin, le 15 mai 1943, au nom du CNR qui allait se réunir, câblait : « Le peuple de France n'admettra jamais la subordination du général de Gaulle au général Giraud [2]. » Bon prince, de Gaulle en souligne « l'effet décisif » et estime qu' « il en fut à l'instant même plus fort [3] ». Mais pour obtenir ces ralliements déterminants, le chef de la France libre avait dû transiger : il avait non seulement levé toute ambiguïté sur sa condamnation des pratiques de la IIIe République, mais il n'hésitait plus à prendre les devants comme en témoigne cette admonestation datée du 14 juillet 1943 : « S'il existe encore des bastilles, qu'elles s'apprêtent de bon gré à ouvrir leurs portes! Car, quand la lutte s'engage entre le peuple et la Bastille, c'est toujours la Bastille qui finit par avoir tort [4]. » La France libre et les grands mouvements de résistance s'étaient retrouvés sur un programme d'action minimal : maintenir la France dans la guerre, participer activement à sa Libération; rendre la parole au peuple français. Mais il était bien des manières d'être « gaulliste ». Un bon nombre de résistants étaient des gaullistes gaulliens de fait qui espéraient que de Gaulle fédérerait la Résistance et contrôlerait les communistes. D'autres — et ils étaient nombreux parmi les responsables des mouvements — voyaient seulement dans le chef de la France libre un « symbole » commode et prétendaient en tout cas conserver une entière liberté de jugement à son égard car, comme l'écrit Frenay à Moulin le 8 avril 1943, « ces hommes ambitionnent d'être des soldats tout en restant des citoyens [5] ». Il ajoutait — à juste titre — que c'était la Résistance qui « était le principal soutien » du « gaullisme ». Ces responsables des mouvements entendaient bien recevoir de la France libre les moyens dont ils avaient grandement besoin, de l'argent, des parachutages d'armes [6], mais en faisant de la Résis-

---

1. En lire le texte complet dans H. Noguères (6), t. 3, p. 55.
2. *Ibid.*, p. 397.
3. Voir Ch. de Gaulle (7), t. 2, p. 101.
4. *Ibid.*, p. 515.
5. Un texte important cité par H. Noguères (6), t. 3, p. 277-282.
6. La Résistance intérieure reçut — relativement — plus d'argent que d'armes. Donnons un ordre de grandeur : de janvier 1941 à mai 1943, les mouvements de la zone sud reçurent de Jean Moulin quelque 50 millions de francs.

tance une force politique sur laquelle il faudrait de plus en plus compter.

On s'explique dès lors que les convergences ne se sont pas faites du jour au lendemain. Jean Moulin avait reçu une double mission, celle d'unifier[1] les formations paramilitaires des mouvements de zone sud tout en les plaçant sous l'autorité de la France combattante. Les responsables des grands mouvements étaient certes prêts à mieux coordonner l'action paramilitaire à travers une armée secrète unifiée, voire à se préparer à une fusion, mais ils entendaient conserver leur liberté de manœuvre et récusaient la prétention des stratèges en chambre londoniens d'imposer une séparation stricte entre le « politique » et le « militaire »; car, comme le soulignait Frenay dans la lettre précitée, « la Résistance forme un tout ».

La fusion des mouvements se fit cependant plus aisément que prévu. Les aspirations unitaires de la base prises en compte par la deuxième génération de cadres qui relayait celle des « chefs historiques », tout comme les bons offices de Franc-Tireur, eurent raison en zone sud des réticences initiales. Lors de leur séjour londonien de l'automne 1942, Frenay et d'Astier acceptèrent que soit mis en place un « Comité de coordination » des trois grands mouvements de zone sud, qui, dès le 26 janvier 1943, se fondaient dans les Mouvements de résistance unis[2]. En zone nord, Brossolette parvenait à créer le 26 mars 1943 un « Comité de

---

1. Il mérite bien le qualificatif d'unificateur. Sa tâche ne fut pas facile : il eut à s'imposer aux « chefs historiques » et à lutter contre les particularismes, ce qu'il fit avec fermeté, en demeurant gaullien jusqu'au bout. Il n'en était pas moins proche des résistants de la base dont il fut l'avocat persuasif auprès de Londres.

2. Ceux qu'on appellera plus couramment les MUR devenaient avec le Front national l'organisation la plus importante de la Résistance intérieure; l'étape est décisive : Combat, Libération, Franc-Tireur fusionnaient tous leurs services « nationaux » — à l'exception de la propagande — et leurs organismes régionaux et départementaux; 4 régions sur 5 étaient placées sous l'autorité du responsable de Combat assisté d'adjoints venus de Libération et de Franc-Tireur. A la tête des MUR, un « Directoire » réunissait Frenay et d'Astier, le premier commissaire aux Affaires militaires, le second aux Affaires politiques, Lévy, chargé du Renseignement et de la Sécurité, et Jean Moulin qui présidait.

coordination », moins intégré mais qui incluait le Front national et aussi — innovation d'importance — des « tendances » politiques [1] : le CNR allait pouvoir se constituer. Encore que cette unification des mouvements demeurât imparfaite [2], dans la mesure où plusieurs mouvements non communistes de zone nord reprochaient aux MUR de « faire de la politique » et non la guerre [3], le pas décisif était accompli.

Raison de plus, aux yeux des responsables, pour ne pas s'en laisser conter sur l'organisation de l' « Armée secrète ». Un grand nombre de responsables de mouvements condamnaient le projet très londonien de transformer l'Armée secrète en un instrument strictement « militaire », sélectionné, totalement « aux ordres » et coupé du « politique [4] ». Ce qui provoqua un violent conflit entre Frenay et le premier chef de l'AS, le général Deles-

1. Il rassemblait Libération-Nord, l'OCM, Ceux de la Résistance, Ceux de la Libération et le Front national. Étaient indirectement représentés le PCF, la SFIO, les démocrates-chrétiens, la CGT et la CFTC.
2. Les MUR devenaient en décembre 1943 le Mouvement de libération nationale (MLN) en intégrant des mouvements de zone nord qui n'avaient pas trouvé place au CNR ou qui étaient jugés en zone nord par trop « politiques » : ainsi Défense de la France, Résistance, puis Voix du Nord, Lorraine.
3. Il ne faudrait pas sous-estimer le poids des particularismes ni les pesanteurs du passé; les motivations d'ordre politique avivées par la poussée du PCF semblent l'avoir pourtant emporté. Cet apolitisme déclaré recouvrait assez souvent une idéologie volontiers technocratique, voire autoritaire : elle imprégnait bon nombre des responsables de l'OCM — le mouvement non communiste le plus important en zone nord — au point que le premier de ses quatre *Cahiers*, publié en février 1942 et qui avait été rédigé par Blocq-Mascart, fit scandale dans certains milieux résistants, surtout en zone sud : passe encore que la IIIe République fût vilipendée, mais la hargne manifestée à l'égard du Front populaire qui se doublait d'un antisémitisme explicitement formulé faisait problème.
4. Les responsables tentèrent de mettre en application une partie des directives londoniennes en améliorant le cloisonnement des services de renseignement; mais ils se heurtèrent à des résistances locales. D'ailleurs, explique Copeau, « ils ne voulaient rien savoir tout simplement parce que c'était impossible de distinguer une résistance purement militaire et une résistance soi-disant politique qui serait occupée essentiellement dans l'esprit de Londres de répandre de petits journaux »; voir H. Noguères (6), t. 2, p. 548-549.

traint[1], qui se refusa à prendre en compte ce que pouvait avoir de « révolutionnaire » sa nouvelle armée. Le différend allait rebondir sur celui de l' « activité immédiate », un problème qui devenait de plus en plus aigu au fur et à mesure que les mois passaient. Dans la stratégie de la France libre, l'Armée secrète avait à se préparer méthodiquement pour un jour J, dans le cadre strict du plan interallié, sans mettre en alerte l'ennemi. Ce schéma, la partie la plus politisée de la Résistance le récusait : elle se refusait à instituer des « casernes clandestines » et préconisait au contraire l'autodéfense et des actions immédiates graduées : elles permettraient d'aguerrir les réfractaires et de transformer les mouvements en une organisation de masse arc-boutée sur la classe ouvrière pour les responsables des FTP et ceux de Libération-Sud ou débouchant sur un véritable soulèvement national comme l'espéraient ceux de Combat. L'instauration du STO et l'apparition des maquis les confirmèrent dans leur analyse. De Gaulle se rendit compte assez rapidement du danger qu'il y aurait à laisser s'affronter une Résistance qui serait « aux ordres », qu'on taxerait d'immobilisme à une Résistance qui se voudrait « insurrectionnelle »; il se résolut à lâcher du lest : dans une directive adressée le 21 mai 1943 à Delestraint, il écrivit que « le principe de la nécessité des actions immédiates est admis » et que ces actions seraient déclenchées « presque toujours à l'initiative des mouvements[2] ».

Il restait enfin à préparer l'immédiat après-guerre et une Libération que les uns et les autres, peu ou prou, plaçaient sous le signe d'une transformation profonde du système politique français.

---

1. Le général Delestraint, sous qui de Gaulle avait servi, avait nourri de la sympathie pour la révolution nationale mais condamné sans ambages toute politique de collaboration. Frenay, qui l'avait pourtant recommandé, lui reprochait surtout de voir dans l'armée secrète une armée classique simplement mise en veilleuse et d'y nommer des officiers inexpérimentés ou qui se défiaient de la Résistance; or, affirmait Frenay : « Une armée révolutionnaire nomme ses chefs, on ne les lui impose pas » (lettre de Frenay à Delestraint, du 8 avril 1943, citée par H. Noguères (6), t. 3, p. 82).

2. Lire le texte dans Passy (110), p. 189-191. Delestraint était arrêté trois semaines plus tard. Il eut pour successeur un autre officier d'active, le colonel Dejussieu-*Pontcarral*, qui connaissait bien la Résistance de l'intérieur.

C'était achopper sur un préalable épineux : quelle place fallait-il accorder aux « vieux » partis politiques?

Ces partis, il est vrai, n'avaient pas bonne presse, c'est le moins qu'on en puisse dire : ceux de Londres, mais aussi les résistants de l'intérieur, leur attribuaient volontiers une bonne part des responsabilités dans l'effondrement de 1940. Bien plus, beaucoup brillaient par leur absence dans la Résistance. Les mouvements de droite classique s'étaient volontairement volatilisés et nombre de leurs leaders apportaient leur caution personnelle à l'État français; le parti radical-socialiste s'était également mis en veilleuse et son effacement masquait mal un attentisme qui n'était pas du meilleur aloi [1]. Trois partis, pourtant, s'étaient constitués ou reconstitués pendant la clandestinité et estimaient être en droit de réclamer leurs parts de combattants. D'abord, nous le savons, le PCF qui était parvenu à sortir du ghetto politique dans lequel il s'était enfermé à l'automne 1939; en progrès constants, reconnu ès qualités par le chef de la France libre, il entendait bien occuper toute sa place. Les socialistes, eux aussi, avaient pu reconstruire leur parti dès l'été 1942, qui renaissait officiellement au printemps 1943 [2]; ils exigeaient d'autant plus d'être reconnus qu'on les considérait volontiers comme des parents pauvres [3]. Une

1. Certains de ses « caciques », il est vrai, étaient réduits à l'impuissance, déportés (Daladier) ou internés (Herriot); cependant, aucune personnalité connue ne s'imposa dans la Résistance intérieure, et si Mendès France comme Queuille gagnèrent Londres, ils le firent en leur nom personnel, sans être mandatés.
2. En l'été 1942, après une sévère épuration de l'appareil, les fidèles de Blum installaient dans chaque zone un « Comité d'action socialiste »; en 1943, le parti reconstitué était dirigé par un Comité exécutif de 8 membres et un secrétaire général, Daniel Mayer, assisté de Verdier et de Jaquet. Si l'on en croit D. Mayer, la SFIO aurait alors compté quelque 40 000 militants; consulter M. Sadoun (121).
3. Ils avaient des raisons d'être mécontents puisque, suivant en cela les conseils de Blum, ils s'étaient refusés à créer des structures partisanes et avaient essaimé dans divers mouvements (ils avaient formé la quasi-totalité des premiers militants de Libération-Nord et de Libération-Sud). La progression du PCF et sa reconnaissance par la France libre avaient incité la SFIO à modifier sa stratégie, d'autant que les liens s'étaient distendus avec d'Astier de La Vigerie et que les MUR ne manifestaient aucun empressement à leur faire de la place.

troisième famille, enfin, émergeait, celle des démocrates-chrétiens ;
il y avait parmi eux d'anciens militants du petit PDP d'avant-
guerre, tôt engagés dans la Résistance aux côtés de Frenay, qui
avaient été rejoints par de jeunes catholiques façonnés par la
Résistance, à l'image de Gilbert Dru ; bon nombre d'entre eux
estimaient pouvoir continuer leur combat dans un grand parti
catholique populaire et profondément rénové. Somme toute,
dès l'année 1943, se profilait la structure partisane de l'immédiat
après-guerre que sera le tripartisme. Et ces partis [1] qui avaient
gagné ou regagné leurs galons dans la clandestinité entendaient
non seulement revendiquer leur participation au combat clandestin [2], mais l'exploiter pleinement après la Libération [3].

Ce réveil partisan provoqua un joli tollé chez tous ceux — et ils
étaient nombreux — qui dénoncèrent le retour de « vieilles barbes
politicardes soigneusement camphrées » (Passy). A Londres, où
régnait un solide antiparlementarisme, et où on avait dressé un
peu vite l'acte de décès des anciennes formations politiques,
Brossolette opposait une stratégie déjà spécifiquement gaullienne :
« En France on est gaulliste ou antigaulliste [...] il n'y a pas de
tiers parti possible [...] il faut qu'elles [les diverses familles spiri-
tuelles] se fondent intimement dans le mouvement gaulliste [4]. »
Pour ce faire, ces gaulliens s'efforçaient d'attirer à Londres des
personnalités provenant de tous les horizons [5] et qui s'engageaient

1. L'ultra-gauche (voir Y. Craipeau, *Contre vents et marées*, Savelli,
1977) eut une influence médiocre.
2. C'est le 16 octobre 1942 que pour la première fois apparaissent
dans un tract diffusé dans la région lyonnaise les signatures conjointes
d'un parti (le PCF) et de plusieurs mouvements (Combat, Libération,
Franc-Tireur).
3. Dans sa lettre précitée de mars 1943, Léon Blum défendait avec
vigueur les partis contre la prétention affichée par les mouvements de
se maintenir après la Libération : ils seraient tout au plus des « syndicats
d'intérêts égoïstes et surannés ». Voir D. Mayer, *op. cit.*, p. 211-217.
4. C'est pour contrer des socialistes réfugiés à Londres et antigaulliens
que Brossolette publiait dans *la Marseillaise* du 27 septembre 1942 cette
vigoureuse profession de foi gaullienne. Lire du même auteur le long
plaidoyer adressé à André Philip, le futur commissaire à l'Intérieur
(cité par Passy, *op. cit.*, t. 2, p. 219-230).
5. Citons Lapie, Pierre Bloch, Mendès France, Queuille, Jacquinot,
Antier... et Charles Vallin, ex-vice-président du PSF, ex-membre d'un

à titre strictement personnel. Cette profonde défiance des « anciennes formations » partisanes était partagée par nombre de responsables des mouvements, qui, eux, voulaient également promouvoir une « expression politique révolutionnaire » (Frenay) à travers précisément les mouvements qui deviendraient les « artisans de la rénovation française » (Manifeste de Ceux de la Résistance publié en 1943). Cette double offensive fit pourtant long feu et les détracteurs des formations politiques durent notamment accepter qu'elles soient représentées au sein des institutions de la Résistance. Elles avaient, au demeurant, des partisans, notamment chez ceux des démocrates-chrétiens qui avaient pris leurs distances à l'égard de Frenay, et elles firent tomber certaines réticences. C'est ainsi qu'un Jean Moulin, encore opposé en juin 1942 à la création d'un « Parlement de la Résistance », se convertissait progressivement à l'idée d'un CNR où siégeraient des représentants des formations politiques, à la condition qu'il eût un rôle seulement consultatif et que l'action demeurât sous le contrôle des mouvements de résistance [1]. En février 1943, le chef de la France libre se prononçait à son tour pour la mise en place « dans les plus brefs délais »

« Conseil de justice politique » vichyssois que Brossolette avait ramené dans ses bagages en septembre 1942, vraisemblablement avec l'aval de Charles de Gaulle ; cette arrivée provoqua parmi ceux que Passy (*ibid.*, p. 240) dénomme des « sectaires endurcis » des remous tels qu'on renonça à lui donner une fonction officielle ; il s'engagea et fut tué dans la campagne d'Italie.

1. Moulin ne s'était jamais départi d'une certaine prudence et lors de la séance inaugurale du CNR il précisait que, à ses yeux, la présence de délégués des formations politiques ne signifiait pas « la reconstitution des partis tels qu'ils fonctionnaient avant l'armistice ». Ceci n'empêche pas Frenay de faire de Moulin, en tant qu'avocat d'une représentation des partis, le « fossoyeur de la Résistance » ; voir Passy (110), p. 412 ; il en donne dès 1950 une explication qu'il amplifie dans son dernier ouvrage (*l'Énigme Jean Moulin*, Laffont, 1977) : « Jean Moulin, crypto-communiste, c'est une réponse à mes questions et alors brusquement tout s'éclaira » ; voir Frenay (71), p. 565. Force est pourtant de constater que les seuls faits objectifs de l'argumentation reposent sur les liens unissant Moulin et des proches de Pierre Cot qui allaient devenir progressistes ou « compagnons de route ». Lire la réfutation que fait Closon (109), p. 102-112, de cette thèse. Il est vraisemblable que, en défendant auprès de De Gaulle l'idée d'un Parlement de la Résistance qui inclurait

d'un « Conseil de la Résistance unique... présidé par Jean Moulin, représentant du général de Gaulle [1] » : il réunirait des représentants des mouvements et mandataires des formations politiques et syndicales qui approuveraient une charte commune : lutter contre l'occupant, renverser les dictatures (État français inclus), mener le combat pour la liberté avec de Gaulle [2]. Dans ce choix, les impératifs du « rang » l'avaient emporté : pour que la France puisse retrouver tout son crédit auprès des Alliés, il fallait que le chef de la France libre apparût comme le chef indiscuté d'une Résistance unifiée où seraient représentées des personnalités et des formations politiques connues de la classe politique anglo-saxonne [3]. Brossolette eut beau trouver « une formule transactionnelle » qui donnait une représentation aux seules « tendances fondamentales de la pensée résistante française », c'était un combat d'arrière-garde : le 27 mai, au 48, rue du Four, dans le VIe arrondissement, chez René Corbin, trésorier-payeur et ami de Pierre Cot, se trouvaient réunis 8 représentants des mouvements, 6 mandataires des « tendances » politiques, 2 délégués des organisations syndicales [4]. Le

---

les partis, Moulin ait cherché à éviter la brisure entre des mouvements « apolitiques », d'autres politisés mais récusant les anciens partis, d'autres, enfin, dominés par des partis.

1. Voir l' « Instruction » remise à Jean Moulin, le 21 février 1943 (7), t. 2, p. 445-446.

2. Dans ses *Mémoires*, de Gaulle souligne que le CNR avait un «caractère de représentation et non de direction»; en 1943, cependant, les directives gaulliennes étaient beaucoup plus floues : représentation nationale réduite, le CNR aurait à exercer de plein droit tous les pouvoirs pour le cas où le CFLN ne serait plus en mesure de gouverner; voir la mise au point de R. Hostache (115), p. 396-400.

3. L'Alliance démocratique était ainsi très prisée de Churchill; il fallut prendre un Joseph Laniel dont on croyait qu'il n'avait pas voté les pleins pouvoirs en juillet 1940; quant au délégué de la Fédération républicaine, il fut en pratique désigné par Moulin à la veille de la réunion du CNR, ce fut Debû-Bridel, un proche de Louis Marin.

4. Les mouvements avaient délégué : C. Bourdet, P. Copeau, *Claudius*-Petit (au nom des MUR), J.-H. Simon (OCM), Ch. Laurent (Libération-Nord), Coquoin-*Lenormand* (Ceux de la Libération), Lecompte-Boinet (Ceux de la Résistance), Villon (Front national); les « tendances » politiques avaient mandaté : A. Mercier (PCF), A. Le Troquer (SFIO),

CNR était né [1]. C'était créer un lien institutionnel [2] entre zone nord et zone sud, entre communistes et non-communistes, entre les partis d'antan et les formations neuves issues de la clandestinité.

La naissance du CNR avait été le fruit de compromis ; ceux-ci risquaient d'être remis en cause par la mort de Jean Moulin survenant quelques semaines après. La succession de celui que Charles de Gaulle a célébré comme un « homme de foi et de calcul... apôtre en même temps que ministre [3] » s'annonçait d'autant plus difficile qu'il concentrait sur sa tête de très lourdes responsabilités : il présidait le CNR mais aussi le Comité directeur des MUR tout en étant en même temps le délégué général de la France libre [4]. Cette « délégation », forte d'une quarantaine de permanents, coiffait des « services généraux », tels le Bureau d'information et de presse confié à Georges Bidault [5] ou le Comité général d'études conçu comme une instance de réflexion pour l'après-Libération [6]. C'était encore Moulin qui répartissait les fonds entre les divers mouvements et qui gardait la haute main sur les services de

---

G. Bidault (démocrate-chrétien), M. Rucart (parti radical-socialiste), J. Laniel (Alliance démocratique), J. Debû-Bridel (Fédération républicaine) ; et les confédérations syndicales L. Saillant (CGT) et G. Tessier (CFTC).

1. Au dire de tous les participants, cette séance inaugurale fut très émouvante. Jean Moulin exposa brièvement la raison d'être du CNR et lut un message du chef de la France libre ; les assistants votèrent ensuite une motion présentée par Bidault qui réaffirma la primauté politique de Charles de Gaulle sur Giraud qui était cependant salué comme le « commandant de l'armée française ressuscitée ».

2. Sur les structures du CNR, consulter R. Hostache, *le Conseil national de la Résistance*, PUF, 1958.

3. Voir le portrait qu'en trace de Gaulle (7), t. I, p. 233.

4. Nommé le 21 février 1943 membre à part entière du Comité national de la France libre, il était « le seul représentant personnel du général de Gaulle et du Comité national pour l'ensemble du territoire métropolitain » ; voir Ch. de Gaulle (7), t. 2. p. 445.

5. Il était secondé par Rémy Roure, Louis Terrenoire, Yves Farge, Pierre-Louis Falaize...

6. C'est en juillet 1942 que se réunissaient pour la première fois les quatre premiers « sages » : Paul Bastid-*Primus*, François de Menthon-*Secundus*, Robert Lacoste-*Tertius*, Alexandre Parodi-*Quartus*. Sur le CGE, voir D. de Bellescize, *les Neuf Sages de la Résistance*, Plon, 1979.

transmission et de liaison avec Londres. Si Claude Bouchinet-Serreules, chargé de l'intérim, n'était pas le premier venu [1], il connaissait mal la Résistance de l'intérieur et, laissé sans instructions, dut naviguer à vue. Il se trouva vite confronté à une offensive de ceux des mouvements qui n'avaient accepté qu'à contre-cœur la résurgence officielle des partis politiques. Sous le patronage de l'OCM et de Combat, 8 mouvements créaient un « Comité central de la Résistance », qui se dénommait le 25 août 1943 « exécutif de la Résistance chargé de diriger toutes les activités de la Résistance dans la métropole », et prétendait réduire le CNR à un rôle de figuration. Pour déjouer la manœuvre [2], le délégué par intérim eut l'intelligence politique de faire la part du feu : il ne chercha pas à s'opposer à la mise en place du Comité central, mais en prit la présidence et, surtout, il se résolut à faire un partage entre les fonctions que Jean Moulin avait concentrées dans sa main : dorénavant, le CNR serait présidé par un homme directement issu de la Résistance intérieure [3].

Le chef de la France libre était bien reconnu comme le chef d'une France combattante unifiée; de plus en plus accaparé par l'imbroglio d'Alger et les passes d'armes diplomatiques, il laissait à ses fidèles gaulliens le soin de surveiller l'évolution politique de la Résistance intérieure. Celle-ci ayant pris confiance en elle-même entendait s'affirmer comme majeure politiquement et mettrait en place un État clandestin qui assurerait la relève à la Libération;

1. Chef de cabinet du chef de la France libre pendant deux ans, il avait demandé à partir en mission en France où il arrivait le 16 juin 1943.

2. Les tenants d'un « Comité central », il est vrai, ne se montrèrent guère habiles en cherchant à réduire à la portion congrue non seulement les communistes mais aussi les autres mouvements. Entre-temps, le CNR sut s'organiser avec efficacité, au point qu'un Blocq-Mascart qui l'avait d'abord boycotté venait y siéger.

3. Ce sera Bidault pour lequel Bouchinet-Serreules mènera campagne. Cet agrégé d'histoire s'était déjà assuré avant la guerre une certaine notoriété comme journaliste et militant catholique; il était considéré par les responsables des mouvements comme l'un des leurs (il avait milité après son retour de captivité à Combat avant de faire partie du Front national) tout en ayant l'oreille des démocrates-chrétiens comme des communistes. Il présidera le CNR avec une grande souplesse (que ses adversaires interpréteront comme de l'opportunisme).

mais elle était traversée par des forces centrifuges. La Délégation générale et ses services allaient devoir jouer les intermédiaires entre Alger et la Résistance hexagonale [1].

3. La pétaudière algéroise

Pour la quasi-totalité des résistants de l'Intérieur, la scène politique algéroise faisait scandale. D'expédient provisoire en dyarchie sous protectorat américain, l'Afrique du Nord française libérée connut pendant six mois une histoire agitée. Le gaullisme gaullien sut cependant tirer son épingle du jeu de cet intermède algérois [2].

Opération « Torch » et « expédient provisoire ».

Les Américains parvenaient à débarquer en Algérie et au Maroc, mais, dans le même temps, ils pataugeaient dans un véritable marais politique [3].

L'initiative changeait de camp : les Anglo-Saxons passaient de la défensive à l'offensive pour soulager l'Union soviétique et satis-

1. Son premier titulaire, Bollaert, un préfet patriote mais relativement inexpérimenté, se considéra comme une sorte d'ambassadeur; après son arrestation, son successeur, Parodi, résistant précocement engagé, sut être un médiateur remarquablement efficace.
2. Encore que la littérature sur le sujet soit abondante, il manque à ce jour un précis rigoureux et commode ; il est vrai que les faits eux-mêmes ne sont pas tous clairement établis; on prendra pour guides Y.-M. Danan (112) et A. Kaspi (113); compléter par Ch. de Gaulle (7), t. 2, et J. Soustelle (80), t. 2; le livre le mieux documenté — mais très contestable sur le fond — parmi les ouvrages antigaulliens et adeptes du vichysme algérois est celui de Chamine [Geneviève Dunais], *Suite française*, Albin Michel, 1946-1952, t. 1 et 2; ceux qui l'ont suivie l'ont en règle générale plagiée sans avoir son talent.
3. Lire J.-B. Duroselle et A. Kaspi, « Considérations sur la politique et la stratégie des États-Unis en Méditerranée » (114), p. 359-384; compléter par J.-B. Duroselle, « Le conflit stratégique anglo-américain de juin 1940 à juin 1944 », *Revue d'histoire moderne et contemporaine*, 1963.

faire une opinion publique sevrée de succès. Mais où mener l'attaque? Le Pentagone, pour sa part, défendait une stratégie de concentration : il fallait détruire l'ennemi principal — le Reich — et l'anéantir dans ses retranchements — en Europe. Les Britanniques, eux, militaient pour une stratégie périphérique axée sur le « ventre mou » de l'Axe, qui était selon eux la Méditerranée présentant l'autre intérêt d'être par excellence leur route impériale. Roosevelt, perplexe, estima finalement que tenter au printemps 1943 un débarquement sur les côtes françaises serait trop aléatoire [1] et il opta, en juillet 1942, pour l'Afrique du Nord française : ce serait l'opération « Torch ».

Par son ampleur, c'était une première militaire, difficile, qu'il fallait pourtant réussir coûte que coûte; et si possible à moindres frais, en jouant sur la neutralité de l'Afrique du Nord française. Il était clair que les impératifs militaires devraient l'emporter sur les considérations politiques locales. Sur place, les notables « européens [2] » avaient dans leur très grande majorité [3], semble-t-il, accueilli la révolution nationale avec enthousiasme (en Algérie la Légion des combattants rassemblait 150 000 adhérents pour une population européenne estimée à 1 200 000 habitants) car elle prônait l'ordre et la hiérarchie, et enterrerait à jamais le projet Blum-Viollette et autres élucubrations dangereuses du Front populaire. L'armée d'Afrique, forte d'environ 120 000 hommes, était d'autant plus maréchaliste que, depuis Mers el-Kébir et la guerre de Syrie, elle avait des comptes à régler avec les « anglo-gaullistes ». Weygand avait su maintenir tout son monde dans une stricte neutralité qui se conjuguait avec une fidélité sans faille au maréchal. Rappelé, son départ avait cependant donné vigueur à des groupes

---

1. L'échec de l'opération « Jubilee », montée en août 1942 pour tâter les défenses côtières allemandes, sembla lui donner raison. Les troupes anglo-canadiennes débarquées sur un front de 15 kilomètres près de Dieppe eurent plus de 1 200 tués et 2 300 prisonniers.
2. Se reporter à la bibliographie commentée de J.-P. Rioux (119); privilégier Ch.-A. Julien, *l'Afrique du Nord en marche, nationalisme musulman et souveraineté française*, Julliard, 1972; *le Maroc face aux impérialismes (1415-1956)*, Éd. Jeune Afrique, 1978; et Ch.-R. Ageron, *Histoire de l'Algérie contemporaine*, t. 2, *1871-1954*, PUF, 1979.
3. Une minorité avait rallié le SOL ou le PPF, voire, en Oranie, des groupements « phalangistes ».

activistes recrutant à Alger et à Oran parmi les jeunes et dans la communauté juive (José Aboulker en est un bon exemple) qui pensaient pouvoir compter sur quelques policiers sympathisants, tel le commissaire Achiary. Eux voulaient faire basculer l'Afrique du Nord de la neutralité à la lutte contre l'Axe. On notera que ceux qui se réclamaient du « gaullisme » n'avaient qu'une audience très restreinte et que leur travail militant se bornait à des tâches de propagande.

Tenant compte de ces données, les Anglo-Saxons avaient décidé que les troupes qui participeraient au débarquement seraient exclusivement américaines et n'incluraient, en aucun cas, des Français libres. Ils avaient, aussi, pris des contacts politiques. Cette mission avait été confiée à Robert Murphy, un diplomate, qui était depuis décembre 1940 le délégué personnel de Roosevelt en Afrique du Nord française. Il jeta finalement son dévolu sur un groupe d'activistes, prêts à faire entrer l'Afrique du Nord dans la guerre aux côtés des Américains. Ceux que l'on dénomme généralement le « groupe des Cinq » venaient de la droite : il y avait Lemaigre-Dubreuil, un homme d'affaires qui avait naguère présidé aux destinées de la Ligue des contribuables, c'était un homme-orchestre un peu trop remuant au gré de Murphy mais introduit dans tous les milieux; Rigault, son second, lui aussi très marqué à droite; Henri d'Astier de La Vigerie, un aristocrate séduisant, de sentiments royalistes, qui avait également beaucoup de relations; Van Hecke, un officier connu pour diriger les Chantiers de la jeunesse en Algérie; Tarbé de Saint-Hardouin, enfin, un diplomate ayant de l'entregent. Les « Cinq », aussi bien que Murphy, étaient à la recherche d'un « grand chef » qui fût en mesure de rallier l'armée d'Afrique. A défaut de Weygand qui refusa catégoriquement de se joindre à une quelconque « dissidence », ils entrèrent en rapport avec Giraud dont l'évasion de la forteresse de Königstein, le 17 avril 1942, avait fait du bruit. Sa mégalomanie stratégique [1] inquiétait, mais il possédait cinq étoiles, était disponible et repoussait toute connivence aussi bien avec Londres

---

1. Il se prenait pour le général en chef d'une Europe insurgée à son appel avec l'aide de forces américaines qui seraient débarquées à la fois sur les côtes méditerranéennes et en Bretagne.

qu'avec la Résistance intérieure. Au début de l'automne, le complot prenait tournure, les Cinq s'étaient assuré des complicités [1], civiles et militaires : quelques officiers supérieurs (Béthouart à Rabat, Mast et Jousse à Alger) devaient, après neutralisation des opposants potentiels, prendre le commandement en respectant l'ordre hiérarchique, le temps que les Américains réussissent leurs opérations de débarquement. A Cherchell, le 23 octobre, le général américain Clark prenait contact avec les Cinq, et, le 2 novembre, un accord était conclu entre Giraud et les Américains [2].

Du côté anglo-saxon, l'opération fut saluée comme un succès : trois jours après le débarquement, effectué dans la nuit du 7 au 8 novembre 1942, les troupes américaines s'étaient pratiquement assuré le contrôle du Maroc et de l'Algérie, sans avoir perdu trop d'hommes [3], bien qu'il y ait eu combats en Oranie et au Maroc [4]. Tout, en effet, n'avait pas fonctionné comme prévu; d'une part, en ne dévoilant que très tardivement la date de l'opération, les Américains avaient imposé aux conjurés une précipitation brouillonne; d'autre part, en modifiant à la dernière minute leurs plans, ils avaient pris des risques inutiles : c'est ainsi que, en cherchant à débarquer en force à Casablanca, ils s'étaient heurtés aux troupes de marine très hostiles; enfin, ils avaient

---

1. Sur le complot et ses ramifications, consulter Chamine, *op. cit.*; compléter par l'ouvrage très technique du général Mast, *Histoire d'une rébellion*, Plon, 1969.
2. Les « accords Murphy-Giraud » réaffirmaient le principe de l'intégrité territoriale de la France et de son Empire, accordaient une sorte de « prêt-bail » et spécifiaient que Giraud recevrait un très haut commandement.
3. Si les combats au Maroc firent 1 500 victimes de part et d'autre, on déplora à Alger moins d'une centaine de tués : or, les Américains avaient débarqué à Sidi-Ferruch 2 200 hommes, alors que les forces françaises en regroupaient 12 000.
4. A Oran, le général Boisseau, qui avait été imprudemment mis dans la confidence, résista pendant quarante-huit heures avec vigueur; au Maroc, la conspiration échouait également : Béthouart était arrêté tandis que Noguès donnait l'ordre de repousser l'agresseur. D'une manière générale, cependant, exception faite des forces de l'Amirauté, les troupes, si l'on en croit un télégramme de Noguès envoyé à Vichy, exécutèrent les ordres « sans enthousiasme mais par devoir »; voir L. Noguères (35), p. 454.

aussi pris du retard sur l'horaire programmé : à Alger, les 400 civils qui avaient réussi à prendre en main la ville pour quelques heures n'étaient plus maîtres de la situation lorsque les avant-gardes américaines débouchèrent. Toutes bavures et contretemps qui n'étaient pas faits pour inciter les autorités françaises à se rallier. Surpris par l'événement, choqués par le désordre engendré ici et là et surtout par les remous provoqués dans certaines unités, les responsables militaires s'en tinrent d'abord à la ligne vichyssoise : répondre par une riposte plus ou moins graduée contre cette violation de la neutralité de l'Afrique du Nord.

Deux imprévus d'ordre politique compliquaient encore la situation : l'absence de Giraud [1] et la présence inopinée de Darlan. Ce dernier, on l'a vu, avait d'abord adopté une position loyaliste, mais prenant vite conscience que le rapport des forces devenait, au fil des heures, de plus en plus défavorable, il avait accordé — le 9 — une « suspension d'armes » valable pour Alger, puis le 11 pour l'Algérie et le Maroc. Après l'invasion de la zone libre et le débarquement de troupes de l'Axe en Tunisie, pressé par les Américains qui se déclaraient prêts à imposer Giraud, l'amiral de la Flotte, non sans nouvelles tergiversations [2], s'était converti à une neutralité tous azimuts, avant de basculer dans le camp anglo-saxon en se couvrant de « l'accord intime » du « maréchal empêché [3] ». Le 13 novembre déjà, Eisenhower et Darlan étaient parvenus à un accord aux termes duquel l'amiral serait reconnu comme « haut-commissaire »; l'administration française — et notamment les gouverneurs — serait maintenue; Giraud serait commandant des forces militaires en Afrique du Nord. L'imbroglio algérois eut deux conséquences immédiates. L'une, qui était d'ordre militaire, permettait aux forces de l'Axe de débarquer sans

1. Grâce au réseau Alliance, Giraud avait été transporté en temps utile à Gibraltar; mais là, il perdait un temps précieux, en voulant à tout prix être consacré commandant en chef interallié. C'est seulement le 9 qu'il parvenait en Algérie; trouvant sur son chemin Darlan, il choisit de s'effacer devant lui.

2. Il est quasiment impossible de rendre fidèlement compte du ballet compliqué exécuté par Darlan, Noguès, Juin. Se reporter d'abord à P. Dhers (97).

3. Se reporter *supra*, p. 202-204.

encombre en Tunisie [1] et d'entreprendre une campagne qui allait durer jusqu'en mai 1943; l'autre, d'ordre politique, faisait passer l'Algérie et le Maroc sous ce que Y.-M. Danan a pu qualifier de « vichysme local sous protectorat américain [2] ».

Cette manière de protectorat, les Américains l'inauguraient par ce qu'ils ont dénommé le *Darlan deal* (ce qu'on peut traduire, à la fois, par la donne et le chantage Darlan). C'était le produit conjoint de l'opportunisme foncier de l'amiral et du pragmatisme des responsables militaires américains, laissés sans directives politiques précises et confrontés à un guêpier non programmé. Fâcheusement surpris et décidés à assurer coûte que coûte la sécurité de leurs lignes de communication, ils jouèrent la carte Darlan, puisque lui, du moins, semblait être en mesure de se faire obéir de l'armée d'Afrique [3]. Le *Darlan deal*, auquel s'était prêté Murphy, qui était aussi réaliste que politiquement conservateur, était agréé par Roosevelt lui-même qui voulut d'autant moins désavouer ses généraux qu'il n'entrevoyait guère de solution de rechange. Il lui fallut, cependant, désarmer l'opposition suscitée par l'intronisation de Darlan dans une fraction de l'opinion publique américaine : il déclara le 17 novembre que le *Darlan deal* était, tout au plus, un

---

1. Les responsables en place, les amiraux Esteva et Derrien, le général Barré, furent, il est vrai, soumis à rude épreuve. Qu'on en juge : le commandant à Bizerte, Derrien, après avoir appris l'invasion de la zone sud, donnait l'ordre le 11 novembre, à dix-huit heures, de résister à l'Axe (« Cet ennemi, c'est l'Allemand et l'Italien »); six heures plus tard, dûment chapitré par Vichy et constatant l'expectative d'Alger, il devait faire machine arrière : « Adopter attitude stricte neutralité à l'égard de toutes forces étrangères... » Finalement, les Allemands occupaient Bizerte sans combat, tandis que le général Barré attendait le 19 novembre pour ouvrir les hostilités contre les forces de l'Axe. Voir L. Noguères (35), p. 453-456.
2. Voir (112), p. 2.
3. Si Darlan n'était pas parvenu à rallier la flotte de Toulon, son autorité n'était pas contestée par l'armée d'Afrique; Giraud, en revanche (« ici vous n'êtes rien », lui avait lancé Juin), fut mal accueilli par ses pairs. Le *Darlan deal* était officialisé par les « accords Darlan-Clark » qui étaient en retrait sur les « accords Murphy-Giraud », puisque les Américains pouvaient se prévaloir de leurs pouvoirs « d'occupant ». Sur le jeu américain à Alger, on peut consulter — en faisant la part des choses — R. Murphy, *Un diplomate parmi les guerriers*, Laffont, 1965.

« expédient provisoire [1] ». Ajoutons que ledit expédient rallia aussi bien Churchill (qui passa outre à l'opposition d'une partie de son cabinet) que Staline qui, dans une lettre adressée à Roosevelt, félicitait ce dernier du « grand succès » que représentait l'opération Darlan [2].

A titre provisoire ou non, Darlan s'efforçait de s'enraciner dans ses nouvelles fonctions. Se référant explicitement à sa qualité de dauphin officiel du maréchal — désormais « empêché » —, il se donna le titre de « haut-commissaire de France résidant en Afrique du Nord » et créa un « Conseil impérial ». Sur les conseils, semble-t-il, de Murphy, il s'entoura d'une partie des conjurés du 7 novembre, les introduisant dans un comité qui faisait office de gouvernement [3]. Pour le reste, rien ou presque n'était changé. Son passage aux affaires avait renforcé chez l'amiral son penchant pour l'ordre; et puis la fiction de l' « accord intime » lui interdisait — sous peine de saper sa propre légitimité — de toucher aux lois de l'État français. Et en ce sens, c'était bien Vichy qui se perpétuait avec la neutralité bienveillante des autorités locales américaines.

Darlan eut beau multiplier les acrobaties politiques, il ne se fit pas que des amis ou des alliés. Quelques maréchalistes très orthodoxes estimaient que l'amiral en prenait un peu trop à son aise avec l'auguste vieillard; les gaullistes locaux [4], dont l'audience

1. Darlan affirma, alors, qu'il ne s'éterniserait certainement pas au pouvoir.
2. Dans cette lettre datée du 14 décembre 1942, Staline ajoutait que « la politique d'Eisenhower à l'égard de Darlan, de Boisson, de Giraud et d'autres [était] parfaitement juste »; cité par J.-B. Duroselle, « Les grands alliés et la Résistance extérieure française », *European Resistance Movements*, Oxford, 1964, p. 499.
3. Le Conseil impérial comprenant les grands feudataires (Bergeret, Chatel, Boisson, Noguès) et Giraud serait convoqué dans les circonstances exceptionnelles. Le pouvoir était concentré entre les mains de l'amiral et de son conseiller politique, un ex-ministre de Vichy, le très réactionnaire général Bergeret; ils étaient secondés par une sorte de gouvernement dont faisaient partie deux membres du « groupe des Cinq » : Tarbé de Saint-Hardouin et Rigault, qui était une manière de ministre de l'Intérieur; Henri d'Astier de La Vigerie, quant à lui, faisait fonction de chef de police à Alger.
4. Ils étaient regroupés dans l'antenne algérienne de Combat autour de René Capitant, Paul Coste-Floret, Viard, Fradin, le colonel Tubert.

grandissait, ne désarmaient pas; une part des activistes du 7 novembre, qui s'étaient enrôlés dans un « Corps franc d'Afrique », le tenaient pour un dangereux imposteur. C'est de leurs rangs que sortit le meurtrier de Darlan [1], Fernand Bonnier de La Chapelle, qui avait fait partie des Chantiers de la jeunesse avant de participer à la nuit du 7 novembre. Il tua l'amiral le 24 décembre; jugé hâtivement et à huis clos, il fut exécuté à l'aube du 26 [2].

La mort de Darlan ouvrit une période d'une confusion extrême. Alger, qui ne sera plus jamais une ville simple, baignait dans une atmosphère à demi florentine, était agitée par les innombrables ragots qui couraient dans les bars, à l'hôtel Aletti, et que répercutait à plaisir « Radio-trottoir ». Il est pratiquement impossible — et l'intérêt en serait médiocre — de suivre les méandres compliqués de ces intrigues et « complots ». Une seule donnée demeura constante, la volonté des autorités américaines, de plus en plus déconcertées, de ne plus accepter n'importe quelle solution politique, alors que la campagne de Tunisie se révélait être plus ardue que prévu. Il est vraisemblable que c'est leur opposition qui

---

1. Le meurtre de Darlan a suscité d'innombrables supputations. L'interprétation la plus répandue est celle du « complot monarchiste » : l'assassinat aurait été ordonné — ou suggéré — par le Prétendant et il aurait été organisé par Henri d'Astier de La Vigerie, de sentiment royaliste, et par son second, l'abbé Cordier; les deux hommes, effectivement, allaient être arrêtés et inculpés, mais sur l'ordre de Giraud les poursuites se termineront par un non-lieu. D'aucuns, pour épicer la sauce, y discernent un « complot monarchiste avec un support gaulliste ». Tout est loin d'être tiré au clair, et les derniers ouvrages publiés, *Nous avons tué Darlan* (La Table ronde, 1975) de Mario Faivre, et les souvenirs d'un juge d'instruction, A.-J. Voituriez, *l'Affaire Darlan* (Lattès, 1980), n'apportent pas tous les éclaircissements désirés. Il est vraisemblable que Bonnier de La Chapelle était convaincu de la nécessité politique d'abattre un homme de la collaboration qui bloquait par sa présence toute évolution en Afrique du Nord; Bonnier était peut-être persuadé que le meurtre de Darlan donnerait sa chance au comte de Paris qui pourrait être l'homme de la situation.

2. Le meurtrier — il avait vingt ans — espéra jusqu'au bout qu'il échapperait au peloton d'exécution. Sa grâce fut refusée aussi bien par Noguès que par Giraud, qui justifièrent ce refus au nom de la raison d'État et par peur du désordre. Darlan, quant à lui, fut inhumé en grande pompe.

précipita l'échec de la tentative du Prétendant [1], persuadé qu'il pourrait être investi par le « Conseil impérial », « non plus en prétendant mais en rassembleur ». De même les Américains récusèrent-ils Noguès, mis en avant par Bergeret, afin de n'avoir pas sur les bras un deuxième « expédient proviscire ». Finalement, c'est Giraud qui fut intronisé, le 26 décembre, avec le titre tout à fait inattendu de « commandant en chef civil et militaire en Afrique du Nord ». L'issue de la guerre de succession était logique : Giraud avait le soutien américain, il n'était pas marqué par un passé vichyssois, il pouvait donc prétendre rallier les adversaires de Darlan, sans être à proprement parler classé comme un « dissident », ce qui pouvait lui apporter le soutien du marais. D'ailleurs, bien conseillé par l'entourage de Darlan, qui passait à lui avec armes et bagages [2], il prit grand soin d'assurer, à son tour, sa légitimité par l'intermédiaire du Conseil impérial qui excipa d'une ordonnance — forcément secrète — prise par Darlan en sa faveur. Surtout, il donna des gages au clan réactionnaire, en faisant arrêter et interner les 28 et 29 décembre 1942 ceux des activistes du 7 novembre et les gaullistes qui semblaient rechigner, en se gardant bien de toucher à la législation vichyssoise. On semblait, dans ces conditions, s'acheminer vers une variante politique du *Darlan deal*. Le meurtre de Darlan, cependant, permettait à de Gaulle d'intervenir dans le jeu algérois : dès le 25 décembre, au nom du Comité national français, il invitait Giraud à se concerter avec lui.

1. Après avoir combattu dans la Légion, le comte de Paris avait regagné le Maroc espagnol, où il séjournait à l'ordinaire; il avait incité les royalistes à soutenir le régime de Vichy. Il gagnait Alger — en catimini — le 10 décembre et y avait un certain nombre de contacts politiques que lui avaient procurés Henri d'Astier de La Vigerie et Pose, directeur de la BNCI, royaliste sur le tard et membre du gouvernement Darlan. S'il peut sembler excessif de parler avec Soustelle de « légèreté et d'enfantillage » (voir (80), t. 2, p. 81-82), il apparaît bien que le Prétendant se montra piètre manœuvrier, accumula les bévues et fut, en tout cas, incapable de rallier à sa candidature les membres du Conseil impérial et notamment Giraud.

2. Rigault, Lemaigre-Dubreuil et Tarbé de Saint-Hardouin se retrouvaient à ses côtés en compagnie de Bergeret.

Le pas de deux.

On désigne communément sous ce terme la partie d'un ballet exécutée par deux danseurs. Les historiens parlent plus volontiers de dyarchie [1], de double pouvoir donc, après que de Gaulle et Giraud furent devenus, au terme de nouvelles péripéties, les coprésidents d'un Comité français de libération nationale.

L'erreur serait de réduire cette course au pouvoir à l'ambition égocentrique de deux généraux entrés en politique [2]. A tous égards ils divergeaient sur des points fondamentaux, même si l'un et l'autre voulaient sans conteste combattre l'Axe.

Le général Giraud avait fait une belle carrière à l'intérieur d'un cursus très classique [3]. Du courage physique, il en avait, et son intégrité fait peu de doute; on s'accordait encore à le créditer d'une grande valeur professionnelle, encore qu'il fût peu à l'aise dans la guerre mécanisée. Ces qualités avaient leur envers qu'a formulé avec ô combien de tact Jean Monnet : « Un homme de grande allure, au regard clair et vide, conscient de son prestige d'officier héroïque, intraitable sur les problèmes militaires, hésitant sur tous les autres. Je ne porterai pas de jugement sur son intelligence qui était celle d'un général formé longtemps aux affaires du désert et enclin à la simplification [4]. »

Il avait un projet unique : faire la guerre, ce que symbolisait

---

1. Consulter d'abord A. Kaspi (113); compléter par de Gaulle (7), t. 2; J. Soustelle (80) et les pages bien venues des *Mémoires* de J. Monnet, Fayard, 1976.
2. Il y a une part de vérité dans le jugement porté par Jean Monnet, *op. cit.*, p. 246 : « Giraud ne le cédait en rien à de Gaulle en fait d'égocentrisme. »
3. Comme bon nombre de saint-cyriens de sa génération, il avait longtemps servi dans les troupes coloniales; en 1936, il commandait à Metz, où il avait sous ses ordres un colonel de Gaulle; général d'armée, il était fait prisonnier en 1940 et réussissait en avril 1942 une évasion retentissante.
4. Voir J. Monnet, *op. cit.*, p. 211. Sur le giraudisme, on lira les pages très perspicaces de Jean Planchais, *Histoire politique de l'armée*, Éd. du Seuil, 1967, t. 2, p. 35-61. L'ouvrage de Giraud, *Un seul but, la victoire, op. cit.*, est assez décevant.

son slogan : « Un seul but, la victoire. » Mais la guerre, à ses yeux,
c'était reconstruire une armée et non pas remettre la nation dans
la guerre; on pouvait tout au plus aménager une sorte d'union
sacrée, aux contours politiques les plus flous et les plus ténus
possible. Car il proclamait à tout venant son horreur de « la politique », de toute politique; c'est pourquoi il s'opposait fermement
à la mise en place d'un gouvernement provisoire. De Gaulle
rapporte ce dialogue significatif : « Vous me parlez politique,
dit-il. — Oui, répondis-je. Car nous faisons la guerre. Or la guerre,
c'est une politique. Il m'entendait, mais ne m'écoutait pas [1]. »
De cette défiance résulta son manque de détermination en novembre 1942 [2]. Cet apolitisme déclaré recouvrait en fait un tréfonds
solidement réactionnaire. Il était — somme toute — bien proche
de la révolution nationale [3], antisémitisme compris. Et ce n'est pas
ses pairs de l'armée d'Afrique qui allaient le modérer. D'abord
rejeté par cette armée, il était devenu prisonnier consentant
de ses chefs les plus réactionnaires, tels Bergeret et Prioux.

Les gaullistes gaulliens, de leur côté, avaient vécu l'imbroglio
d'Alger avec stupeur. Leur chef ne s'était pas fait faute de dénoncer
« un quarteron [déjà!] de coupables » qui symbolisent « le déshonneur et la trahison [4] ». Il le faisait au nom de l'antériorité de la
France libre qui avait remis la France dans la guerre aussi bien
contre l'Axe que contre la collaboration d'État. Et les négociations désormais bien engagées avec les chefs de mouvements

1. Voir Ch. de Gaulle (7), t. 2, p. 145.
2. Il se révéla velléitaire et dépourvu de courage politique; il refusa
même de couvrir les rares officiers supérieurs (Béthouart, Mast, Jousse,
Baril) qui avaient choisi son camp en novembre.
3. Il avait, en avril 1942, envoyé une belle lettre d'allégeance à Pétain,
où il l'assurait de son « parfait loyalisme » et se déclarait « pleinement
d'accord » avec lui; mais il n'avait guère eu le choix. En revanche, c'est
de sa propre initiative qu'il envoya, alors qu'il était prisonnier, au même
Pétain, en juillet 1940 un réquisitoire contre le Front populaire, en se
déchaînant notamment contre les « loisirs »; cité par A. Kaspi (113),
p. 46; en 1936, il est vrai, il avait convoqué le préfet pour lui faire savoir
qu'il ne tolérerait pas d'occupation d'usines provoquée par les « partis
de désordre ».
4. Allocution radiodiffusée du 21 novembre 1942; voir Ch. de Gaulle
(7), t. 2, p. 406-407.

de la Résistance intérieure l'autorisaient à parler au nom de la
« France combattante ».

Le gaullisme, estimait son fondateur, devait persévérer dans
son être : c'était bien une nation en guerre qu'il fallait prendre
en charge. La guerre, oui, les FFL [1] la faisaient : les hommes
de Leclerc qui s'emparaient au printemps 1942 des oasis du Fezzan
ou ceux de la brigade commandée par Kœnig connus dans le
monde entier pour avoir tenu tête à Rommel, quinze jours durant,
à Bir Hakeim [2]. Cela tout en ayant défendu avec la plus grande
fermeté les intérêts français, y compris contre les Alliés, au Levant
comme à Madagascar [3]. Et pour mener la nation dans la guerre,
c'était d'un gouvernement dont on avait besoin et non d'un simple
état-major de campagne.

Aux yeux des gaulliens, ce gouvernement existait déjà : c'était
le Comité national français, et ils n'étaient certainement pas
prêts à le saborder pour qu'il soit dilué dans un succédané flou
et apolitique. Il est vrai que, à Londres aussi, les intrigues ne
manquaient pas et que le gouvernement gaullien avait eu à surmonter des crises dont celle provoquée par l'amiral Muselier [4]

1. Elles regroupaient — selon toute vraisemblance — quelque
100 000 combattants.
2. Bir Hakeim n'était pas Stalingrad, mais la bataille eut un retentissement certain. Kœnig avait reçu des Britanniques la mission impérieuse de retarder pour quelques jours l'offensive de Rommel ; s'enterrant
au lieu dit Bir Hakeim, un croisement de pistes, les FFL allaient résister
du 27 mai au 11 juin 1942 aux assauts répétés des forces de l'Axe, avant
de réussir une percée ; elles avaient perdu le quart des leurs.
3. Pour prévenir un coup de main japonais, les Britanniques débar-
quèrent — sans l'aval de la France libre — en mai 1942 à Diégo-Suarez.
Après cinq mois de palabres avec les autorités vichyssoises, ils repri-
rent la conquête de l'île, terminée en novembre. Le règlement politique final donna satifaction aux Français libres.
4. Il passait pour un « amiral rouge » avant de rallier précocement
la France libre et de siéger au Comité national français. Hétérodoxe et
soutenu par des « londoniens » hostiles à de Gaulle, il se heurtait à Passy
et à d'autres gaulliens et tentait en septembre 1941 de confiner de Gaulle
dans des fonctions purement honorifiques ; après avoir mené l'expédition de Saint-Pierre-et-Miquelon, il faisait une nouvelle tentative, mais
il échouait, quittait le CNF et, par la suite, se ralliera à Giraud. Son
ouvrage, *De Gaulle contre le gaullisme* (Éd. du Chêne, 1946), est à
l'origine d'une littérature antigaullienne assez abondante.

avait été la plus dangereuse. Mais l'équipe dorénavant en place au sein du Comité national (Cassin, Pleven, Dejean, Legentilhomme, Auboyneau, Valin, Diethelm, Soustelle, Catroux, Thierry d'Argenlieu) était relativement cohérente et efficace. Tout en exerçant désormais une autorité sans partage, le chef de la France libre prenait toujours soin de consulter ces hommes pour se conforter dans ses choix décisifs. Cédant aux instances de Passy, en qui il avait une totale confiance, il avait élargi la compétence de ses services de renseignements qui devenaient le Bureau central de renseignement et d'action (BCRA) auquel il attribuait l'action politique en France, alors que les relations avec la Résistance intérieure prenaient de l'ampleur.

Échaudé par le *Darlan deal*, Roosevelt, quant à lui, était décidé à maintenir la situation « fluide » jusqu'à la Libération; c'est seulement libérés que les Français pourraient décider de leur sort; en attendant, ils obéiraient à des « autorités locales » placées sous le contrôle plus ou moins discret des autorités militaires américaines [1]. Sa défiance à l'égard de De Gaulle et du nationalisme outrecuidant de la France libre demeurait inchangée; mais, pragmatique, il en vint à estimer qu'une concertation entre gaulliens et giraudistes faciliterait la levée de divisions françaises; cela dit, Giraud comme de Gaulle seraient simplement les *trustees* (gérants) des territoires libérés, ils auraient à organiser l'effort de guerre, non à jouer au chef politique. Pour ce, il offrit ses bons offices et « invita » donc ceux qu'il appelait ses « primas donnas » à venir le rencontrer à Anfa — une banlieue de Casablanca — où Churchill et lui devaient décider de la suite à donner à l'opération « Torch ». Bon gré mal gré [2], de Gaulle dut accepter l' « invitation », mais il refusa de se laisser prendre à l'opération de séduction lancée par Roosevelt et récusa net le plan anglo-saxon; tout

1. Churchill, que Roosevelt avait comblé en adoptant — pour l'Afrique du Nord — la stratégie périphérique britannique, était encore moins que par le passé désireux de se brouiller avec la Maison-Blanche à cause de la France libre.
2. De Gaulle s'était d'abord refusé à rencontrer Giraud en terre quasiment américaine. Il ne céda qu'à un véritable ultimatum de Churchill; il affirmera dans ses *Mémoires de guerre* qu'il s'y était cru « en captivité »; voir (7), t. 2, p. 77.

au plus accepta-t-il de sacrifier au protocole en donnant l'accolade
à Giraud [1] devant ce qu'il fallait de journalistes et de photographes.
Persuadé que de Gaulle serait un jour ou l'autre contraint de céder,
Roosevelt se résolut, quelles que fussent les réserves qu'il ait pu
nourrir à l'égard de l'intelligence politique de Giraud, à désigner
ce dernier comme le « gérant des intérêts français, militaires, économiques et financiers » pour les territoires libérés ; il s'engageait
à équiper une dizaine de divisions françaises ; mais il crut également sage de le flanquer d'un mentor : ce fut finalement Jean
Monnet, un homme discret mais tenace, efficace, et qui était, lui
aussi, résolu à faire coexister de Gaulle et Giraud [2].

Jean Monnet comprit parfaitement qu'il fallait améliorer au plus
vite l'image de marque de Giraud, habiller ce dernier en libéral,
tant pour apaiser les critiques d'une partie de l'opinion américaine que pour forcer les gaullistes à négocier. Sa tâche était on
ne peut plus malaisée : un ex-ministre de Vichy, Peyrouton,
venait d'être nommé gouverneur en Algérie, où des milliers de
détenus politiques continuaient de croupir dans ces bagnes
qu'étaient les camps de Bossuet, Djenien bou Resz, Djelfa... ;
non seulement la législation antisémite n'avait pas été abrogée,
mais il avait été décidé que les Israélites mobilisés seraient versés
dans des détachements de « pionniers » afin qu'ils ne puissent se
prévaloir de la qualité d'anciens combattants. Pourtant avec de
la patience, et parce qu'il pouvait brandir la menace ultime de
voir se tarir la sacro-sainte aide militaire américaine, Monnet
réussit à l'emporter provisoirement sur l'entourage réactionnaire
de Giraud et à lui faire prononcer [3], le 14 mars, ce que ce dernier
dénommera plus tard — avec ingénuité — « le premier discours

---

1. Leurs contacts avaient pourtant manqué de cordialité ; on rapporte
que, comme Giraud narrait avec complaisance son évasion, de Gaulle
lui avait demandé de préciser comment il avait été fait prisonnier !
2. Après s'être défié des visées politiques de la France libre, Jean
Monnet était devenu, aux États-Unis, l'un des artisans du *Victory
Program*. Redoutant l'« égocentrisme » des deux généraux, condamnés
pourtant à s'entendre, il désirait mettre en place une organisation souple
et efficace, qui serait aussi soutenue par les États-Unis dont la France
libérée, estimait-il, aurait encore foncièrement besoin.
3. Cité par J. Monnet, *op. cit.*, p. 223. On lui prête encore cette bou-
tade significative : « Paris valant bien une messe, cet armement américain

démocratique de [sa] vie » ; il s'ordonnait autour de trois thèmes : l'armistice était nul et non avenu ; l'armée française allait renaître de ses cendres ; la souveraineté française serait sauvegardée jusqu'à ce que le « peuple français » puisse s'exprimer conformément aux « lois de la République [1] ». Dans la foulée, le SOL était dissous, les fonctionnaires révoqués étaient réintégrés, les formules républicaines rétablies. La balle était dans le camp gaullien.

De Gaulle n'était pas dupe. Il confiait à Catroux, son plénipotentiaire à Alger : « Toute l'affaire se joue non pas entre nous et Giraud, qui n'est rien, mais entre nous et le gouvernement des États-Unis [2]. » Tout en prenant acte du « tournant républicain » accompli par Giraud, il posait trois conditions à la conclusion d'un accord durable : *primo*, la mise en place d'un gouvernement provisoire habilité à diriger la guerre, à conduire la Libération, et à négocier avec les Alliés ; *secundo*, la subordination dans ledit gouvernement des autorités militaires aux responsables politiques ; *tertio*, la répudiation sans équivoque du régime né de l'armistice, ce qui impliquait l'épuration des hauts dignitaires qui avaient servi Vichy. Au plan tactique, le chef de la France libre affectait de ne point être pressé de gagner Alger, car le temps, selon lui, jouait en sa faveur tant en Afrique du Nord que dans les milieux de la Résistance intérieure, qui lui étaient d'un grand secours. En usant de moyens [3] petits et grands, en jouant déjà de cette arme spécifiquement gaullienne qu'est la dramatisation à usage externe, il sut — selon l'expression de Jean Monnet — « éviter l'irréparable tout en côtoyant la rupture [4] ». Giraud, pressé par un entourage qui estimait insensées les concessions faites à Monnet,

---

valait bien un discours. » Rigault, Lemaigre-Dubreuil et Bergeret n'en démissionnèrent pas moins, estimant que Giraud était décidément un irresponsable.

1. Le texte intégral est cité par Passy (110), p. 285-388 ; se reporter à l'analyse qu'en fait A. Kaspi (113), p. 81-108.

2. Télégramme à Catroux du 2 mai 1943 ; voir Ch. de Gaulle (7), t. 2, p. 469.

3. Lui-même dans ses *Mémoires de guerre* parle d' « éclat délibéré » et ajoute de manière plus métaphorique : « Avant de jeter les dés, je les secouai fortement » ; voir (7), t. 2, p. 113.

4. Voir J. Monnet, *op. cit.*, p. 231.

repoussa d'abord en bloc les exigences gaulliennes : lui voulait un Comité militaire, dont il serait le chef en qualité de commandant des armées; par ailleurs, en homme d'ordre proche de la révolution nationale, il s'opposait à une épuration qui — disait-il — romprait l'union sacrée nécessaire. Il fallut les efforts conjoints de Catroux, de Jean Monnet, du Britannique Macmillan pour trouver un *modus vivendi*. Giraud finit par composer; de Gaulle accepta un compromis provisoire, parce qu'il était temps pour lui de venir à Alger et d'agir désormais de « l'intérieur » : ils seraient l'un et l'autre les coprésidents d'un gouvernement provisoire.

Le 30 mai 1943, après deux mois de guérilla verbale, de Gaulle arriva à Alger; le jour même, il prit un premier bain de foule stimulant. Le 3 juin, après d'ultimes péripéties, pouvait naître le « Comité français de libération nationale » (CFLN), lequel « dirige l'effort français dans la guerre sous toutes ses formes et en tous lieux, [...] exerce la souveraineté française sur tous les territoires placés hors du pouvoir de l'ennemi, la gestion et la défense de tous les intérêts français dans le monde »; ses fondateurs s'engageaient à « rétablir toutes les libertés françaises ». De Gaulle avait marqué un point décisif : c'était bien un « pouvoir central français » qui émergeait et qui resterait en place jusqu'à ce que soit formé un « gouvernement provisoire qui serait constitué conformément aux lois de la République ».

Pour que la fusion puisse s'opérer entre ceux de Londres et ceux d'Alger, on se résolut à installer une manière de semi-monstre institutionnel. Le CFLN était, en effet, dirigé par deux présidents, aux pouvoirs identiques, et qui, à eux deux, faisaient fonction de chef de l'État; la présidence était alternée et leur double signature était nécessaire pour que soient valables ordonnances et décrets. Il comporta à ses débuts 7 commissaires, les 2 coprésidents, qui cooptèrent chacun 2 commissaires (Massigli et Philip pour la France libre, Monnet et le général Georges pour Giraud); le septième, Catroux, fut choisi à la fois par Giraud et de Gaulle.

L'enracinement gaullien.

Ce compromis institutionnel ne tint pas longtemps. En moins de six mois, Giraud était phagocyté, sans avoir pu susciter un

mouvement giraudiste. Jouant avec habileté de la carte nationaliste, de Gaulle parvenait tout au contraire à enraciner le gaullisme gaullien ; l'intermède algérois était venu à point nommé
pour assurer la transition entre la légitimité née le 18 juin 1940
et la consécration de la légitimation populaire acquise le 25 août
1944.

De Gaulle possédait, il est vrai, dans son jeu de gros atouts.
D'abord, la Résistance institutionnelle lui accordait sans la moindre
équivoque la primauté politique sur Giraud et on a déjà dit l'importance que lui-même attribua aux prises de position du CNR.
En outre, les tièdes ou les indifférents — les « gaullistes géogra-
phiques » comme on les dénommait plaisamment — n'étaient pas
insensibles au nationalisme intransigeant brandi aussi bien contre
la « trahison » que contre les Anglo-Saxons qui manquèrent le
plus souvent de tact politique. Enfin surgissait un homme d'État
dont on pouvait croire qu'il serait à même de fédérer les forces
politiques françaises pendant l'interrègne, cette période toujours
si délicate.

En Afrique du Nord, le mouvement gaulliste s'étoffait et s'enra-
cinait dans les milieux populaires. Des notabilités politiques
faisaient également allégeance, Van Hecke — l'un des Cinq —,
Couve de Murville, sans omettre Peyrouton qui, avant même
que se fonde le CFLN, avait remis, à de Gaulle, sa démission de
gouverneur général. Les engagés, eux aussi, se mettaient à voter
avec leurs pieds. Les giraudistes dénonçaient — vainement — les
« débauchages » entrepris par les FFL, que ces dernières bapti-
saient plus pudiquement des « changements de corps spontanés [1] ».
Il est vrai que la majorité des évadés d'Espagne ou des jeunes

---

1. En février déjà, une partie de l'équipage du *Richelieu*, ancré à
New York, était passée avec armes et bagages à la marine des FFL.
Pendant l'été, le mouvement s'accélérait au point qu'une unité célèbre,
créée par Giraud, les Corps francs d'Afrique, passait dans sa quasi-
totalité « à l'ennemi ». Les incidents, en effet, se multiplièrent entre les
hommes en short et chemise à manches courtes et l'armée d'Afrique
(on vit même lors du défilé de la victoire à Tunis défiler, séparées, deux
armées françaises). Ces heurts laisseront, parfois, des traces durables
(dans le film *Français, si vous saviez*, Argoud, trente ans après, n'avait
toujours pas fini de décolérer contre les « Leclerc » qui lui avaient
« piqué des jeeps »).

mobilisés se sentaient plus attirés par les FFL et l'aventure qu'ils représentaient, que par les « Moustachis [1] », l'armée Giraud, terriblement conformiste.

Les innombrables bévues politiques commises par Giraud facilitèrent tout autant la tâche de son rival de coprésident. Giraud était pourtant convaincu qu'il avait bien mérité de la patrie. Incontestablement, il sut obtenir des Américains l'équipement complet de 8 divisions, qui devenaient opérationnelles à l'automne, et il redonna confiance à une armée d'Afrique qui s'illustra dans la campagne de Tunisie [2]. De même qu'il avait su, au moment opportun, apporter un soutien logistique aux résistants corses insurgés et faciliter la libération de la Corse [3].

Mais il fut tout autant un piètre politique et un coprésident médiocre. Velléitaire, balançant entre une attitude pseudo-musclée [4] et la fuite en avant, il assuma rarement les conséquences politiques de mesures qu'il avait pourtant contresignées. Il en vint à décourager ses propres partisans. En outre, il apparut très vite comme une sorte d'homme de paille des Américains [5] : contrairement à

1. Giraud était fier de sa moustache.
2. Les 80 000 Français et indigènes engagés dans la campagne de Tunisie — ils représentaient un peu moins du tiers des effectifs interralliés — eurent près de 13 000 tués. Ils furent engagés dans les combats difficiles sur la « dorsale tunisienne », alors que les troupes américaines faisaient leur apprentissage du feu. C'est seulement après les combats livrés sur la ligne de Mareth que les troupes de l'Axe durent, en avril 1943, battre en retraite et abandonner 150 000 prisonniers.
3. Passant outre aux conseils de prudence prodigués d'Alger, les résistants corses se soulevaient dès que fut connue la capitulation italienne, neutralisaient une partie des forces italiennes — qui passaient de leur côté — et constituaient une sorte de tête de pont autour d'Ajaccio. Giraud y faisait débarquer ses meilleurs commandos et, après des combats difficiles menés en commun par les résistants et l'armée d'Afrique, la Corse était totalement libérée le 4 octobre 1943; consulter le général Gambiez (115), p. 137-162.
4. Avant que ne soit installé le CFLN, Giraud avait fait de Muselier, qui voulait en découdre avec de Gaulle, une manière de préfet de police d'Alger; dans la ville, au demeurant, couraient, à intervalles réguliers, des rumeurs de complots et de putsch.
5. Il n'était pourtant pas spécialement américanophile, mais le Département d'État s'entêta jusqu'en août à ne traiter qu'avec lui et de questions exclusivement militaires, sans pour autant le soutenir à fond.

de Gaulle, il ne protesta pas contre l'intrusion maladroite
d'Eisenhower qui, sur ordre reçu de Washington, convoqua,
le 19 juin, les deux coprésidents, pour leur faire la leçon; il partit
en juillet pour les États-Unis, où ses contacts d'ordre militaire
furent d'ailleurs fructueux, mais, pendant son absence, le CFLN
put enfin fonctionner normalement et de Gaulle administra la
preuve qu'il était un homme d'État. Giraud était de plus en plus
isolé et les conseilleurs qui lui demeuraient fidèles, tel le très
conservateur général Georges, ne lui étaient guère d'un grand
secours. Lui-même se trouvait en porte à faux : son « tournant
républicain » avait brisé la fiction de la légitimité vichyssoise et
lui avait aliéné des maréchalistes, sans qu'il sût pour autant tirer
les conséquences de son discours du 14 mars et obtenir des concours
nouveaux [1]. La troisième voie qu'il semblait prôner était floue,
confuse et mollassonne. Il pouvait, tout au plus, prétendre rallier
des attentistes prudents qui trouvaient dans le giraudisme un
moyen pratique et intellectuellement commode d'opérer en dou-
ceur les transitions nécessaires. C'était là, par définition, des
soutiens fragiles. Il y eut bien un état d'esprit giraudiste, il n'y eut
quasiment pas de mouvement giraudiste.

Très vite, Giraud perdit pied à l'intérieur du CFLN [2] qui comportait, à la mi-juin, 14 commissaires [3]. Non pas que de Gaulle
eût systématiquement le dessus, mais ceux qui faisaient office de
conciliateurs, les Monnet, René Mayer, Henri Bonnet ou Couve
de Murville, convaincus qu'il fallait bien « faire de la politique »,

1. De manière significative, une délégation de parlementaires de
l'Assemblée consultative, qui ne lui était pas *a priori* hostile, se fit
rabrouer parce qu'elle désirait l'entendre condamner sans équivoque le
régime de Vichy.
2. On fera grâce au lecteur des innombrables incidents qui émaillèrent
la vie du CFLN. Certains étaient parfois cocasses, à l'image de la passe
d'armes qui avait pour enjeu Soustelle (que Giraud détestait). A ce
dernier qui tempêtait : « D'abord c'est un civil », de Gaulle répliquait :
« Si cela vous gêne, on l'habillera en général »; voir J. Soustelle (80),
t. 2, p. 303.
3. La France combattante avait désigné : H. Bonnet, Diethelm,
Pleven, Tixier; Giraud avait pris : Abadie, Couve de Murville, René
Mayer. En septembre, entrait François de Menthon, tandis que Pierre
Mendès France, rappelé du groupe aérien « Lorraine », remplaçait
Couve de Murville.

étaient, le plus souvent, amenés à épouser des thèses gaulliennes. Les dernières passes d'armes portèrent sur la compétence du commandant en chef et sur l'épuration. Celle-ci se fit, non sans mal, mais assez rapidement [1]. L'autre affaire fut plus ardue : de Gaulle voulait que le commandant en chef — en l'occurrence Giraud — fût subordonné au pouvoir politique. Il ne manquait pas de se référer aux sacro-saints principes « républicains », mais ce qui l'inquiétait le plus, c'était que Giraud était hiérarchiquement subordonné au commandement anglo-saxon; ajoutons qu'il n'était certainement pas fâché de remettre Giraud à sa place [2].

Il obtint gain de cause après que Giraud eut entrepris son voyage inopportun aux États-Unis. Trois décrets pris, les 31 juillet et 4 août, par le CFLN — et contresignés par Giraud — modifiaient le fonctionnement du Comité : à la présidence alternée était substituée une présidence spécialisée [3]; Giraud, en effet, était seulement chargé du « commandement en chef et de la direction des opérations militaires [4] », tandis que de Gaulle « [dirigeait] les débats et [suivait] l'exécution des décisions du Comité pour ce qui concerne les autres affaires et la politique générale du Comité ». Il était en outre spécifié que, « à partir du moment où Giraud [prendrait] le commandement effectif des forces françaises en opérations, il [cesserait] d'exercer ses fonctions de président du CFLN » : c'était l'acculer à un choix dont l'issue ne faisait de doute pour personne. Le 2 octobre, le CFLN tranchait [5] : le

1. Dès la fondation du CFLN, Catroux avait succédé à Peyrouton; Puaux devait remplacer Noguès comme résident au Maroc, et Bergeret était mis à la retraite. Un peu plus tard, Boisson devait quitter Dakar. En septembre, le CFLN décrétait que tous les ministres du régime de Vichy devraient passer en Haute Cour.

2. Il semble que de Gaulle tînt à lui conserver un commandement important, ce que réclamait, au demeurant, la Résistance intérieure, communistes compris.

3. Sur cette évolution institutionnelle, consulter l'analyse méthodique de Y.-M. Danan (112).

4. En compensation, Giraud recevait le commandement de toutes les forces armées françaises, FFL comprises (en juin, le commandement avait été partagé entre les deux coprésidents).

5. De Gaulle avait su avec habileté sinon avec machiavélisme retourner contre Giraud la libération de la Corse. Il semble faire peu de doute que de Gaulle ait pris ombrage de la réussite de l'opération. Il est vrai,

« CFLN élit son président; le président du CFLN est en fonction pour la durée d'un an; il est rééligible »; le « commandant en chef », quant à lui, serait nommé par décret. Giraud, par lassitude et de plus en plus isolé, avait accepté ce recul en escomptant un grand commandement interallié. Il n'eut même pas cette satisfaction.

C'en était donc fini d'une dyarchie, au demeurant peu viable. Quelques jours plus tard devait se réunir l'Assemblée consultative; quelques semaines après, le CFLN intégrait dans ses rangs plusieurs représentants de la Résistance intérieure. Il possédait dorénavant suffisamment d'autorité pour que les Grands Alliés fussent contraints d'en constater l'existence *de facto*; les États-Unis furent les plus pingres en ne voyant en lui que l'organisme « administrant les territoires d'outre-mer qui reconnaissent son autorité », tandis que les Soviétiques, plus généreux, le définissaient comme le représentant des « intérêts de l'État et de la République française [1] ». Ces variantes signifiaient que le CFLN avait acquis une relative latitude d'action en matière diplomatique.

également, que Giraud, selon sa bonne habitude, n'en avait fait qu'à sa tête sans mettre réellement au courant le CFLN. Par là même, il donnait prise aux critiques, d'autant que, sur place, c'était le Front national animé par Arthur Giovoni et François Vittori qui avait contrôlé politiquement la libération de l'île. Encore que le « danger » communiste fût peu crédible (le PCF comptera en Corse tout au plus 6 000 militants en 1945) et que de Gaulle reçût un peu plus tard un accueil chaleureux, ce dernier sut utiliser l'épouvantail anticommuniste.

1. Le Département d'État s'était beaucoup démené pour retarder au maximum cette reconnaissance et continuer de traiter avec le seul Giraud. Roosevelt ne se considérait d'ailleurs pas lié par cet état de fait, et, selon les plans américains, la France, pendant sa libération, était rangée parmi les « pays occupés militairement ». Les Soviétiques, quant à eux, avaient fait montre d'une bien plus grande souplesse dès la formation du Comité national français.

Libérés et insurgés

Churchill n'avait pas tenu son pari : les arbres avaient perdu leurs feuilles à l'automne avant que ne puisse s'ouvrir un deuxième front à l'Ouest. Mais l'opération « Overlord » était seulement différée ; et les Anglo-Saxons étaient d'autant plus décidés à la mener à bien que l'Armée rouge progressait à l'Est. La formidable machine de guerre forgée outre-Atlantique se mettait en place. Fallait-il, alors, que les Français attendent passivement d'être libérés par les Anglo-Saxons ou devaient-ils participer activement à leur propre libération[1] ? La réponse apportée à ce choix primordial pèserait sur un interrègne qui s'annonçait difficile. Ce volume se termine sur la délivrance d'un Paris à la fois libéré et insurgé. Un bon tiers du pays était encore occupé mais la capitale avait consacré la légitimité de l'homme du 18 juin : il revient à Jean-Pierre Rioux de prendre en compte ce qui devenait le Gouvernement provisoire.

1. Le kaléidoscope français

Quatre ans après le désastre de 1940, la France redevenait un champ de bataille et un enjeu politique et militaire à tous égards capital. C'est cet enjeu qu'il convient d'analyser.

1. L'historiographie de cette période a été totalement renouvelée par les travaux du colloque tenu à Paris en octobre 1974 et dont les Actes ont été publiés en 1976 (115) ; compléter par les ouvrages de la collection « La Libération de la France » (116) qui fournissent des analyses régionales souvent précieuses ; lire encore de Claude Lévy, *la Libération, remise en ordre ou révolution ?*, PUF, 1974.

La France à l'américaine : un pays « ami »
mais « occupé ».

Dans le camp anglo-saxon, les Américains avaient imposé leur stratégie [1] : s'attaquer au noyau dur du dispositif allemand pour le détruire. Elle impliquait une double condition qui sera remplie : la supériorité aérienne et logistique. La préparation du débarquement proprement dit avait été menée avec la plus grande minutie; une armada de 4 000 bâtiments encadrés par 700 navires de guerre était engagée; les premières vagues d'assaut connaissaient leurs objectifs dans les moindres détails; pour éviter de s'enferrer — comme naguère à Dieppe — sur les fortifications portuaires, les troupes devaient débarquer entre l'Orne et la Vire sur des plages de sable fin, en pente douce et relativement peu défendues; deux ports artificiels devaient être immédiatement construits pour servir de poumons logistiques.

L'Europe allait découvrir un nouveau style de guerre, la guerre à l'américaine, un rouleau compresseur terriblement efficace. Dans son planning, le Pentagone avait mis entre parenthèses la population civile et tenu pour relativement négligeables les forces de la Résistance dont il se méfiait. Les FFI devaient exécuter les divers plans programmés pour retarder l'arrivée des renforts allemands et consolider ainsi la tête de pont. Après quoi, elles pourraient être éventuellement utilisées pour mener à bien un certain nombre d'actions ponctuelles sous le contrôle d'équipes spécialisées [2]. Rien, en tout cas, qui ressemblât, de près ou de loin, à une insurrection armée et généralisée.

1. Consulter M. Blumenson (115), p. 191-208.
On connaît la célèbre profession de foi formulée le 5 juin par Churchill devant de Gaulle : « Nous allons libérer l'Europe, mais c'est parce que les Américains sont avec nous pour le faire. Car sachez-le! chaque fois qu'il nous faudra choisir entre l'Europe et le grand large nous serons toujours pour le grand large »; voir Ch. de Gaulle (7), t. 2, p. 224.
2. On avait mis au point des « missions Jedburgh » composées de trois officiers munis d'un poste émetteur. Certaines d'entre elles furent parachutées avant le 6 juin.

Ces impératifs d'ordre militaire justifiaient et reflétaient tout à la fois la politique arrêtée à Washington. Pour la plupart des responsables de la Maison-Blanche, la France, depuis 1940, n'était plus qu'une puissance de second ordre et il revenait aux États-Unis d'assurer sa relève. Prévenu aussi bien contre de Gaulle que contre la Résistance intérieure qui lui avait été dépeinte comme inféodée aux communistes et résolue à déclencher la guerre civile, Roosevelt croyait en toute bonne foi que les Français ex-occupés seraient reconnaissants aux Anglo-Saxons d'assurer l'interrègne : « jusqu'au vote des Français », les territoires libérés seraient placés sous l'autorité d'une administration militaire, l'AMGOT [1]. On avait même prévu que les Français auraient seulement droit à des « films alliés ou inoffensifs ». C'était vouloir par trop les traiter en mineurs.

*La France à l'allemande : un champ de bataille vital
et des vaincus corvéables à merci.*

En mars 1944, Hitler avait arrêté les grandes lignes d'une stratégie adossée à la « forteresse Europe » : l'affrontement décisif se jouerait à l'Ouest [2]. Les Anglo-Saxons, en effet, ne se remettraient pas de sitôt d'avoir été rejetés à la mer, et toutes les forces allemandes pourraient être alors jetées à l'Est dans une contre-attaque colossale, en attendant que les armes nouvelles [3] fassent la décision.

Les côtes françaises avaient donc été tout particulièrement caparaçonnées derrière un « Mur de l'Atlantique » mis en chantier depuis 1943 : 10 000 redoutes fortifiées s'échelonnaient de Dunkerque à la frontière espagnole. Ce système défensif n'était pourtant pas sans défaut car le dispositif manquait de profondeur;

1. L'Allied Military Government of the Occupied Territories avait été expérimenté en juillet 1943 dans la Sicile libérée. Les Anglo-Saxons y avaient interdit toute vie politique.
2. Sur cette stratégie, consulter H. Umbreit (115), p. 243-260.
3. Les V1 et les V2 formaient la première génération à laquelle aurait dû succéder celle des armes atomiques. Ils furent lancés sur Londres à compter du 10 juin 1944.

c'est pourquoi Rommel, que préoccupait aussi l'infériorité de la Luftwaffe, voulait gagner la bataille coûte que coûte sur les plages; mais ses adversaires avaient incriminé ce « complexe de fortification » et il n'avait pas à sa disposition toutes les réserves blindées souhaitées. Bien plus, l'état-major allemand s'était convaincu que le débarquement ne pourrait se faire qu'à proximité d'un grand port et, selon toute vraisemblance, dans le Nord ou le Pas-de-Calais.

Élevée au rang de champ de bataille vital, la France avait tout à redouter d'une pareille promotion. Les responsables avaient reçu pour instruction d'agir « sans égard à des considérations politiques françaises ». La collaboration presse-citron [1] était plus que jamais à l'ordre du jour. Plus de 4 000 usines *S-Betriebe* employant environ un million de salariés livraient 80 % de leur production au Reich, qui prélevait près du quart de la production de viande et au service duquel se faisaient 57 % du trafic marchandises de la SNCF, etc.

L'action répressive, surtout, fut considérablement renforcée. L'occupant arrêta préventivement des personnalités réputées hostiles et des hauts fonctionnaires [2]; il tenait prêtes pour le jour J des listes d'otages choisis parmi les notables locaux. La France se polonisait de plus en plus. La Wehrmacht s'efforça surtout de décapiter les mouvements de résistance et de « pacifier » les régions « infestées par les bandes ». Le Sud-Ouest fut livré à la « division B », à la « colonne Jesser », aux reîtres de l' « armée Vlassov » et de la « Légion nord-africaine » : ce fut le sac de Brantôme (en Dordogne), celui de Montpezat en Quercy, avec des fusillades en chaîne d'otages. La terreur s'abattit encore sur le haut Jura [3], sur le Nord, où, à Ascq, le 1er avril 1944, des Waffen-SS (dont le train avait été immobilisé pendant une heure à la suite d'un sabo-

---

1. Sur cette exploitation économique, voir *supra*, p. 213-220.
2. Bouthillier et Borotra — anciens ministres du gouvernement de Vichy — furent déportés; entre janvier et juin 1944, 95 officiers supérieurs et 22 préfets (dont 14 appartenaient au NAP) furent arrêtés et déportés.
3. Bilan des « Pâques rouges » : 56 fusillés, 486 déportés; voir H. Noguères (6), t. 4, p. 579-580.

tage) organisèrent une véritable chasse à l'homme qui fit 86 victimes, parmi lesquelles des femmes et des enfants.

L'imminence du débarquement n'avait pas modifié la stratégie politique du Reich : le gouvernement de Vichy demeurait toujours le répondant le plus utile. Sa légitimité permettait de traiter les dissidents en hors-la-loi et elle retenait hésitants et tièdes; l'occupant était décidé à continuer d'utiliser à son profit l'appareil d'État, notamment ses instruments répressifs; en janvier, il avait pu — sans trop de difficultés — faire entrer au gouvernement deux pétainistes patentés et collaborationnistes, Darnand et Henriot, qui contrôlaient ces postes clés qu'étaient le Maintien de l'ordre et la Propagande. De Philippe Pétain, le Reich avait encore obtenu deux « Messages » précieux : celui du 28 avril condamnant sans ambages les « groupes de résistance » et mettant en garde contre la libération [1]; le second avait été préenregistré « parce qu'il [Philippe Pétain] dormirait probablement à l'heure du débarquement [2] » et invitait instamment les Français à la neutralité [3].

Le Reich se décida à plus utiliser, tout en les contrôlant de près, ceux qui demeuraient des inconditionnels. Si leurs rangs s'éclaircissaient, au point qu'Henriot en venait à déclarer le 19 décembre 1943 : « Nous sauverons les Français malgré eux » (c'était exactement ce que Laval avait proclamé quelques mois plus tôt), ils représentaient un moyen de pression efficace sur Laval, et devenaient, surtout, des auxiliaires utiles dans la chasse aux réfractaires du STO et aux résistants; l'occupant favorisait dorénavant la création de « groupes de protection » armés à l'intérieur des principaux mouvements collaborationnistes — c'est ainsi que Sauckel incita Doriot à mettre en place dans le PPF des « groupes d'action pour la justice sociale » *(sic)*. Les nazis surent s'attacher ceux qui furent souvent des mercenaires féroces.

---

1. « Cette prétendue libération est le plus trompeur des mirages auxquels vous puissiez être tentés de céder »; voir L. Noguères (35), p. 616.
2. Voir E. Jäckel (63), p. 425.
3. « N'écoutez pas ceux qui, cherchant à exploiter notre détrsese, conduisent le pays au désastre. »

La France vichyssoise : illusions,
peau de chagrin et bouclier percé.

Jusqu'au débarquement, le royaume de Vichy [1] pouvait encore
faire illusion : l'administration, somme toute, administrait [2]; les
forces de police urbaines demeuraient, dans une large mesure,
fidèles au pouvoir en place [3]; sauf quelques prélats (Saliège, Bruno
de Solages, Théas, Rastouil), la hiérarchie catholique, quelles que
soient ses réticences à l'égard du STO et des mesures antisémites,
soutenait le pouvoir établi [4]. En zone occupée, le pétainisme
conservait de beaux restes si l'on en juge par l'accueil réservé au
chef de l'État aussi bien à Nancy qu'à Paris, sans qu'on puisse
dire pourtant si ces foules acclamaient en lui le thaumaturge de
la révolution nationale ou celui qui se présentait comme le bouclier
de l'hexagone [5].

Dans les faits, pourtant, l'État français était de moins en moins
maître dudit Hexagone. La crise de l'automne 1943 allait porter

1. Consulter R. Paxton et C. Lévy (115), p. 323-356; parcourir —
en faisant la part des choses — A. Brissaud, *la Dernière Année de Vichy*,
Librairie académique Perrin, 1965.
2. Une part grandissante des fonctionnaires d'autorité adhérait au
NAP et au Super-NAP. A l'automne 1943, cependant, Michel Debré,
qui était chargé avec Émile Laffon d'établir les listes des futurs commissaires de la République, allait « frapper à la porte de tout le monde
mais rencontr[ait] beaucoup d'hésitants ».
3. Les forces spécialisées dans la répression — les « brigades spéciales »
notamment — encadrées par des commissaires de sinistre mémoire
(Poinsot, David, Rigal, Rottée) avaient de plus en plus partie liée avec
l'occupant. Le policier parisien moyen, les rapports de la Sécurité du
Reich soulignent son « attitude correcte », ce du moins jusqu'en mai 1944.
Des policiers militèrent — et souvent au péril extrême de leur vie —
dans des réseaux de Résistance, mais ils ne représentaient encore qu'une
petite minorité.
4. Charles de Gaulle ne put faire entrer — comme il l'avait souhaité
— un ecclésiastique représentatif dans le Gouvernement provisoire.
Sur les choix de l'Église de France, voir J. Duquesne (52), p. 279-316.
5. A Lyon et à Saint-Étienne, en revanche, les déplacements du chef
de l'État se déroulèrent dans une indifférence polie.

le coup de grâce aux velléités d'autonomie du gouvernement de Vichy. Pour désarmer, en effet, les critiques de plus en plus acerbes d'une fraction de la classe politique [1] et, surtout, pour couper l'herbe sous le pied de l'Assemblée consultative qui venait de se réunir à Alger, le chef de l'État se résolut à achever le projet de constitution mis en chantier en 1940, à se débarrasser de Laval de plus en plus impopulaire et à jouer la carte de la neutralité attentiste.

Échaudé par le précédent de Badoglio, Berlin réagit promptement; il interdit Pétain sur les ondes [2] et attendit sa soumission pleine et entière; après s'être refusé pendant un mois à exercer ses fonctions, le chef de l'État français cédait sur toute la ligne : dorénavant, l'occupant contrôlerait *a priori* toutes les lois, qu'elles fussent ou non constitutionnelles. Pétain dut épurer son propre entourage et remanier le gouvernement « dans un sens acceptable pour le gouvernement du Reich »; à l'hôtel du Parc même, s'installait à demeure un nouvel hôte de marque, le « délégué spécial diplomatique du Führer auprès du chef de l'État français », Renthe-Fink [3].

L'État français allait à vau-l'eau : un chef d'État taciturne, morose, muré dans sa solitude; un chef de gouvernement aigri, obsédé par sa sécurité personnelle [4], de plus en plus autoritaire et isolé; un cabinet remanié que des observateurs des pays neutres qualifiaient de « ministère de guerre civile » : Henriot, le nouveau secrétaire d'État à l'Information et à la Propagande, se prenant pour le prédicateur d'une nouvelle croisade, consacrait

1. Anatole de Monzie, au nom de la classe politique à demi ralliée, écrivait au chef de l'État français : « Vous avez remplacé les élus par des notables et les libertés traditionnelles par des abus improvisés. Notables et abus soulèvent maintenant la révolte quotidienne... »; cité par A. Brissaud, *op. cit.*, p. 54.
2. Ce diktat radiophonique prit des allures de farce : en lieu et place du discours attendu du chef de l'État, les auditeurs eurent droit, stupéfaits, à un extrait de l'opérette *Dédé*.
3. Sur le déroulement de la crise de l'automne, se reporter avant tout à E. Jäckel (63), p. 415-429.
4. Chaque matin, ses gardes du corps pénétraient dans l'hôtel du Parc, revolver au poing.

plus de la moitié de ses « causeries radiophoniques » à exalter la chasse aux « terroristes apatrides et assassins criminels ».

Vichy finissait en État policier, et cruellement policier : il se dotait d'un redoutable arsenal légal, en installant, entre autres, en janvier 1944, des « cours martiales » chargées de juger les « terroristes » selon une procédure sommaire. Pour accroître leur efficacité, des miliciens furent promus préfets, intendants de police; en avril, des chefs miliciens devinrent dans les « régions d'opérations » les « intendants du maintien de l'ordre », assistés de « tribunaux du maintien de l'ordre »; encore plus expéditifs, ils instaurèrent la terreur à l'image d'un Vaugelas en Limousin ou de Di Constanzo en Bretagne.

C'est au nom de ce terrorisme légal que la Franc-Garde de la Milice fut lancée contre les maquisards des Glières et que les chefs miliciens effectuèrent le « tri » des prisonniers [1]. Secrétaire d'État au Maintien de l'ordre et chef de la Milice, Darnand dirigea en personne la répression dans la prison des Eysses [2]. Ce terrorisme légal ou paralégal [3] fut endossé aussi bien par Laval, qui justifia en Conseil des ministres les mesures d'exception, que par Pétain [4]. Ce fut tardivement — le 6 août 1944 pour être précis — que le

1. A la radio d'État, Philippe Henriot se surpassa dans l'ignoble (voir son intervention radio du 25 mars 1944 rapportée par J. Delperrie de Bayac (105), p. 341-345) : il s'acharna à présenter les maquisards comme des « ramassis de déserteurs et de gamins », comme des fuyards dont « les chefs ne leur ont donné que l'exemple de la lâcheté », ce, alors qu'il savait pertinemment dans quelles conditions s'étaient battus les officiers de l'ex-27ᵉ Bataillon de chasseurs alpins pour l'heure torturés par des miliciens dont il était l'un des pontifes.
2. Cette centrale renfermait quelque 1 200 détenus politiques de la zone sud. A la suite d'une tentative manquée d'évasion collective, malgré la parole donnée, 12 « chefs de la rébellion » furent fusillés et tous les autres détenus politiques furent livrés à l'Allemagne pour être déportés; J. Delperrie de Bayac (105), p. 303-306.
3. On se passait au besoin de couverture légale : Maurice Sarraut, directeur de *la Dépêche de Toulouse*, un notable pour le moins attentiste, était assassiné en décembre 1943 par des hommes de main de la LVF; un mois plus tard, Victor et Hélène Basch, âgés de 79 et de 80 ans, étaient abattus en plein champ par Lécussan, un des chefs les plus cruels de la Milice.
4. Voir H. Cole, *op. cit.*, p. 275.

chef de l'État français découvrait et dénonçait « des faits inadmissibles et odieux », trop tardivement pour que Darnand en fût dupe [1].

C'était donc la peau de chagrin. Philippe Pétain, pourtant, ne sembla pas mettre en doute le bien-fondé de sa politique : il était le bouclier, il était le seul pouvoir légitime [2], il maintiendrait l'ordre envers et contre tout. Bien plus, Pétain aussi bien que Laval, maintenant converti à un attentisme plus circonspect, étaient convaincus qu'ils conservaient une certaine latitude de manœuvre, car, comme l'expliquait Laval — le 9 novembre 1943 — aux maires du Cantal : « Je ne veux pas que le désordre s'installe chez nous et je voudrais agir de telle façon que l'Allemagne ne soit pas trop forte pour nous étreindre, mais de telle façon que le bolchevisme ne puisse pas, lui, nous supprimer [3]... » L'espoir ultime reposait sur le compromis négocié à l'Ouest qui isolerait les Soviétiques et permettrait au régime de se survivre tout en le dégageant de l'imprudente collaboration d'État. Pour ces futures négociations, Pétain comme Laval s'estimaient être des médiateurs obligés; de Vichy, partirent pour l'Espagne des émissaires chargés de sonder des officiels américains, voire des giraudistes patentés [4]. Mais ces faiseurs de paix dorénavant anglo-saxonne avaient à plaider un dossier de plus en plus difficile, dès lors que la collaboration d'État avait permis au Reich de pressurer la France au mieux de ses intérêts de guerre.

1. Darnand répliquait à Pétain : « Pendant quatre ans, j'ai reçu vos compliments et vos félicitations. Vous m'avez encouragé. Et aujourd'hui, parce que les Américains sont aux portes de Paris, vous commencez à me dire que je vais être la tache de l'histoire de France. On aurait pu s'y prendre plus tôt... »; voir J. Delperrie de Bayac (105), p. 527.

2. En novembre 1943, il décidait que — s'il venait à mourir — ses pouvoirs constituants reviendraient à l'Assemblée nationale et — à titre transitoire — à un directoire de 9 personnalités.

3. Voir F. Kupferman, *op. cit.*, p. 149.

4. Les contacts avec les milieux gaulliens et les résistants de l'Intérieur furent beaucoup plus limités. Ainsi, à l'automne 1943, Auphan fit sonder Pierre-Henri Teitgen, mais cette approche ne déboucha sur aucun résultat concret dès lors que Vichy se refusa à prendre le moindre engagement pour mettre fin à la collaboration franco-allemande contre les maquis; voir les témoignages de M. Debré et P.-H. Teitgen (8), avril 1973, p. 114-115.

Avant même, en effet, que la collaboration d'État ne sombre, pitoyable, dans une fin allemande, son bilan apparaissait de plus en plus écrasant. Certes, des Français pouvaient porter au crédit du régime de n'avoir point été à proprement parler « polonisés ». Responsables et hauts fonctionnaires de l'État français ont pu freiner pour un laps de temps plus ou moins long les exactions allemandes, sauver à titre personnel des personnalités directement menacées par la Gestapo, voire adoucir le sort de catégories particulières de Français : ainsi les Français travaillant en Allemagne ont-ils été relativement protégés par la « mission Bruneton »; de même le chef de l'État a-t-il pu empêcher que des Françaises soient transférées en Allemagne au titre du STO; les juifs, enfin, ceux du moins qui possédaient la nationalité française [1], ont été relativement plus protégés que les juifs polonais, néerlandais ou norvégiens. Autant d'éléments du dossier qui ont été plaidés. Mais le passif l'emportait — et de beaucoup. D'abord parce que la France avait été pour l'Allemagne une singulière vache à lait officiellement consentante. Il a été calculé [2] que 42 % du « revenu spécial de l'étranger » (il couvrait — en 1943-1944 — plus de 38 % des besoins de la Trésorerie du Reich) avait été fourni par la seule France. Un orfèvre en la matière, l'Allemand Hemmen, pouvait conclure en décembre 1944 son rapport par ce constat : « Pendant quatre années d'occupation, la France est devenue le plus important fournisseur de marchandises de l'Europe [3]. » On a déjà dit combien la France vichyssoise a alimenté la machine de guerre du Reich [4]. Aux prestations agricoles s'était ajoutée la livraison de matières premières stratégiques et de matériel de guerre. L'État français encore prêta l'outillage de ses ports, livra camions, locomotives, wagons (respectivement 20 % et 64 % du parc français); on sait, enfin, combien l'Allemagne, grâce à Vichy, put utiliser, pour son économie de guerre, la main-d'œuvre fran-

---

1. Voir R. Paxton (46), p. 344-345.
2. Se reporter aux pages très pertinentes d'A. Milward (99).
3. Se référer à l'analyse qu'en fait P. Arnoult (65), p. 55-56.
4. Voir *supra*, p. 213.

çaise [1]. Les Alliés étaient en droit de demander des comptes à l'État français.

Le fameux bouclier hexagonal et pétainiste était bel et bien une passoire aux trous de plus en plus larges, et les premiers travaux d'histoire comparative semblent bien démontrer que la France, loin d'avoir connu — comme le voudrait l'historiographie vichyssoise — un sort privilégié à l'intérieur de l'Europe hitlérienne, en a été un des pays les plus exploités [2]. Cette exploitation se doubla d'un risque politique majeur. Parallèlement à la collaboration d'État, Pétain et les hommes de Vichy ont voulu — du début à la fin — imposer aux Français un ordre nouveau, et ce, sous le regard de l'occupant. En mélangeant ces deux registres, les hommes de Vichy jouaient délibérément avec le feu et prenaient le risque mortel de déclencher la guerre civile.

La France gaullienne : une France unie au combat,
souveraine, restaurée.

La France dont rêvait Charles de Gaulle était encore bien lointaine. Du moins, dans Alger désormais contrôlée par des gaulliens, pouvait-il entreprendre — à l'automne 1943 — ce qui lui paraissait fondamental : restaurer l'État. Mais de quelle manière?

La restauration de l'État impliquait la fin de la dyarchie. C'était fait officiellement le 8 novembre 1943, quand Giraud dut abandonner la coprésidence. De Gaulle entendait cantonner Giraud dans des fonctions militaires, vidées — ou presque — de toute responsabilité politique; après qu'un nouveau conflit eut surgi sur le contrôle des services spéciaux [3], Giraud refusait le poste honorifique qui lui était offert, déclinait toute fonction officielle et s'en allait en avril 1944 bouder à Mazagran. Le giraudisme s'était

1. A l'automne 1943, les travailleurs français (en y incluant ceux du Nord et du Pas-de-Calais) représentaient près du tiers des effectifs masculins travaillant pour le Reich.
2. Voir A. Milward (99) et surtout R. Paxton (46), p. 333-355.
3. La fusion des divers services de renseignement s'était faite au profit des gaulliens : Jacques Soustelle présida aux destinées de la Direction générale des services spéciaux.

évanoui. L'idéologie vichyssoise qu'il déguisait à grand-peine [1] lui avait aliéné la grande majorité des résistants qui continuaient — et c'était décisif — de lui préférer Charles de Gaulle. Son manque de fermeté politique avait fait le reste [2].

Le 9 novembre 1943, le CFLN s'élargissait [3] en faisant plus de place aux résistants de l'intérieur (Frenay, Emmanuel d'Astier de La Vigerie) et à d'anciens parlementaires (Queuille, Le Troquer, Jacquinot). En avril 1944, à leur tour, les communistes Grenier et Billoux faisaient leur entrée dans le gouvernement [4]. En novembre 1943, toujours, pouvait se dérouler « une cérémonie profondément émouvante [5] », la séance inaugurale d'une « Assemblée consultative » qui, bien qu'elle ne fût pas souveraine, apparut comme une manière de représentation nationale [6].

Non sans logique, le 3 juin 1944, après un vote unanime de l'Assemblée consultative, le CFLN devenait le « Gouvernement

1. Dans une lettre adressée le 28 avril 1944 à l'un de ses émissaires en Espagne, il établissait ce parallèle significatif : « Actuellement la situation est claire, le Gl de G... est le dictateur de demain avec un état-major de communistes, de socialistes et de juifs... Le Gl G... est très sincèrement républicain mais avec une république à base de gens propres et sans juiverie »; cité par J. Soustelle (80), t. 2, p. 384.
2. Des réseaux giraudistes ou sympathisants — tel Alliance — faisaient allégeance au BCRA. L' « affaire Pucheu » lui fit perdre tout crédit dans bon nombre de cercles algérois où circulait ce slogan : « Un passeport signé Giraud vous amène droit au poteau » : lui qui avait accordé un sauf-conduit à l'ex-ministre de Vichy n'était venu témoigner à son procès que du bout des lèvres.
3. En même temps que trois giraudistes le quittaient : Giraud, le général Georges et Abadie.
4. Les négociations pour cette entrée traînaient depuis septembre 1943 : le PCF entendait choisir ses délégués et de Gaulle nommer ses ministres. Le duel relativement violent se termina à l'avantage du second.
5. Ch. de Gaulle (7), t. 2, p. 153.
6. Elle pouvait formuler des avis et exercer un certain contrôle sur le CFLN par ses votes. Elle comprenait en principe 84 membres, des représentants de la Résistance intérieure et de la Résistance extérieure désignés par le CNR, des parlementaires qui aient voté contre les pleins pouvoirs le 10 juillet 1940, des députés communistes et des membres des conseils généraux d'Algérie. Elle siégea une cinquantaine de fois; consulter Y.-M. Danan (112) et R. Hostache (115), p. 372-374.

provisoire de la République française » (GPRF). Quelques semaines auparavant, le 20 avril 1944, avait été publiée une ordonnance sur l'organisation des pouvoirs publics à la Libération qui instituait notamment 17 « secrétaires généraux provisoires [1] ».

Cet État renaissant s'était entre-temps doté d'une armée plus étoffée. Les FFL n'avaient certes cessé de barouder un peu partout en faisant honneur à leur drapeau frappé de la croix de Lorraine, mais leurs effectifs étaient toujours demeurés relativement maigres ; à la fin du printemps 1944, le CFLN avait à sa disposition quelque 500 000 hommes armés par les bons soins des Alliés. Le gros de la troupe était formé par les pieds-noirs d'Algérie et des indigènes d'AFN et d'AOF [2] ; la majeure part de ses cadres provenaient d'une armée d'Afrique demeurée vichyssoise ou giraudiste, et la fusion avec les FFL ne se fit pas sans heurts (seul Leclerc reçut le commandement d'une grande unité). Au total 8 divisions avaient été formées [3], une — la 2e DB — devait passer en Grande-Bretagne, 3 étaient à l'entraînement sous la férule du général de Lattre de Tassigny qui s'était évadé de sa prison de Riom ; les 4 autres combattaient durement en Italie : elles participaient à la bataille du Belvédère et réussissaient, en mai 1944, dans les combats des monts Arunci une percée décisive qui portait les troupes françaises, le 4 juin, dans les faubourgs de Rome [4].

Le gouvernement provisoire, enfin, était pleinement reconnu comme tel par la Résistance intérieure, et les hommes d'Alger pouvaient estimer avoir installé en métropole un dispositif adéquat. La pièce maîtresse en était la Délégation générale avec un délégué général épaulé par un délégué pour les deux zones et assisté de divers comités techniques. Après l'arrestation de Bollaert, la Délégation générale fut confiée à Alexandre Parodi-*Quartus*, un de ces hommes que recherchait de Gaulle : ce haut

---

1. C'étaient des ministres intérimaires sur place ; deux d'entre eux étaient membres ou sympathisants du PCF : Marcel Willard et Henri Wallon ; consulter R. Hostache (115), p. 380-387.
2. 135 000 musulmans d'Algérie, autant de Marocains, avaient été mobilisés et en partie regroupés dans des Tabors.
3. Consulter P. Le Goyet (115), p. 559-584.
4. Consulter P. Le Goyet (114), p. 403-439.

fonctionnaire qui avait toujours récusé l'État français et milité très tôt dans la Résistance se rattachait à la solide tradition des légistes républicains et patriotes. Sur le plan militaire, un délégué militaire national (*Chaban*-Delmas) coiffait une pyramide de délégués militaires; en principe toutes les forces armées de la Résistance étaient regroupées dans les Forces françaises de l'intérieur (FFI) et placées sous le commandement (à Londres) du général Kœnig. Pour assurer l'intérim en province, Alger avait désigné les 12 « commissaires régionaux de la République » et les préfets [1] qui devaient être à pied d'œuvre le jour J.

Sur le papier, la restauration gaullienne de l'État allait donc bon train. Mais dans la partie mouvante qui allait se jouer, Charles de Gaulle était loin de disposer de tous les atouts nécessaires pour contrôler la Libération, telle qu'il la souhaitait. Il lui fallait non seulement s'imposer à des Alliés — qui avaient cru bon de ne pas convier la France à la conférence de Téhéran, où les trois Grands avaient dessiné, du 29 novembre au 1er décembre 1943, l'après-guerre — mais aussi à la classe politique de l'avant-guerre et surtout aux résistants de l'intérieur.

Pour faire face à la situation, les têtes pensantes d'Alger avaient élaboré une stratégie de concentration : des « maquis mobilisateurs » couvrant des zones étendues devaient fixer et « tronçonner » les troupes allemandes tout en permetttant « la libération de zones entières du territoire », ce qui était capital sur le plan politique [2]. Mais Alger avait-il à sa disposition les moyens d'une pareille stratégie politico-militaire?

Les résistants de l'intérieur n'étaient pas les seuls à nourrir des arrière-pensées politiques pour l'après-Libération, les gaullistes-

---

1. Ils avaient été nommés par Alger « après consultation de la Résistance ». Deux préfets (Chaintron à Limoges, Montjauvis à Saint-Étienne) étaient membres du PCF. La plupart d'entre eux étaient des fonctionnaires ou des juristes pondérés. Consulter l'ouvrage de Ch. Foulon (117).

2. Le « plan Caïman » avait programmé trois réduits « offensifs-défensifs » dans le Massif central; le « plan Montagnard » prévoyait la mobilisation du Vercors. Au dire même de J. Soustelle (80), t. 2, p. 399, le plan Caïman était une « opération dont on attendait beaucoup tant au point de vue militaire qu'au plan politique le plus étendu ».

gaulliens, eux aussi, préparaient l'après-guerre. Des hommes aussi différents qu'étaient Passy, Brossolette ou Soustelle [1] avaient en commun non seulement un anticommunisme vigilant mais aussi la volonté bien arrêtée de s'imposer aux « anciens » partis de la IIIe République comme aux mouvements de résistance. A l'époque, ils disposaient avec le BCRA d'un instrument de choix qui n'avait rien perdu de sa prétention à vouloir tout diriger de Londres ou d'Alger, en court-circuitant tous ceux qui ne leur semblaient pas suffisamment orthodoxes [2]. De Gaulle, pour sa part, veillait à rester en dehors des querelles trop partisanes et il se refusait à sacrifier Emmanuel d'Astier de La Vigerie, commissaire à l'Intérieur, aux pressions conjuguées et passionnées de Passy et de Soustelle. Mais sa confiance allait d'abord à ses compagnons gaulliens, et lui-même se méfiait non seulement du PCF mais encore de toute la classe politique. Pour l'heure, sans doute, il gouvernait à sa main, tranchait les questions épineuses dans des tête-à-tête et manœuvrait sans trop de difficultés le CFLN [3]. Mais l'Assemblée consultative avait nommé à la présidence F. Gouin, un parlementaire chevronné, et d'anciens parlementaires à la tête de 5 des 7 commissions. Et s'il avait pu finalement obtenir

---

1. J. Soustelle, normalien, ethnologue réputé, venait de la gauche; promu chef des services spéciaux et secrétaire général du Comité chargé de coordonner l'action (le COMIDAC), il était devenu un des hommes clés du clan gaulliste-gaullien. Il était d'ailleurs un visiteur attitré de la villa des Glycines où travaillait habituellement Charles de Gaulle.

2. Il s'était scindé entre Londres (BRAL) et Alger (BRAA). Sans vouloir en faire un bouc émissaire (« discuté, sans doute, le BCRA fut une grande maison », affirme, p. 31, F. Closon qui eut à s'en plaindre), force est de constater que les critiques (y compris celles formulées par des hommes des FFL envoyés en mission — tels Bingen ou Serreules) convergent contre cet État dans l'État. Ses adversaires peuvent, à juste titre, dénoncer le filtrage systématique de l'information (Closon, qui entendait remettre un rapport de Jean Moulin à de Gaulle et non à Passy, s'était vu rétorquer par ce dernier : « En tout cas, vous ne remettez plus les pieds en France »; voir F. Closon (109), p. 80), la discrimination partisane (notamment dans la répartition des postes émetteurs), des erreurs graves (ainsi dans l'affaire du Vercors).

3. Non sans exagération blessante, il confiait à P. Viénot le 5 juin 1944 : « Le CFLN n'existe pas; ce sont des gens sans consistance » (voir le témoignage rapporté par A. Viénot, *le Monde*, 6 juin 1974).

de l'Assemblée [1] une « conclusion réservée » sur le sort des futures institutions [2], les différends en ce domaine, qu'il estimait capital, étaient d'ores et déjà flagrants.

A court terme cependant, c'était avec le gros de la Résistance intérieure que les accrochages risquaient d'être les plus sérieux. Certes, de Gaulle allait de l'avant, avait durci sa politique en matière d'épuration [3] et ne faisait fi ni de l'économique ni du social [4]. Mais des divergences profondes subsistaient sur les fondements de l'insurrection. Le 18 avril 1942, dans une déclaration qui avait alors fait quelque bruit, de Gaulle avait posé que « la libération nationale ne peut être séparée de l'insurrection nationale [5] ». Deux ans après, le chef du Gouvernement provisoire désirait toujours (tout en gommant dorénavant le terme « insurrection » dans ses discours) que les Français veuillent se libérer sans demeurer passifs. Mais il assignait à cette insurrection des limites très précises [6] : renverser l'appareil d'État vichyssois pour restaurer un État vierge de toute compromission nationale,

1. On le sent vite déçu et défiant (7), t. 2, p. 153-159.

2. Le *statu quo* demeurait jusqu'à ce que le territoire métropolitain eût été entièrement libéré et que les prisonniers eussent été rapatriés; après quoi, des consultations électorales seraient organisées. Une seule modification immédiate et d'une grande importance : le vote des femmes (ordonnance du 21 avril 1944).

3. Le CFLN décrétait le 3 septembre 1943 que ministres et hauts fonctionnaires d'autorité du régime de Vichy seraient traduits en Haute Cour. Les Anglo-Saxons protestèrent vainement contre l'arrestation de Flandin, de Peyrouton, de Boisson... Quant à Pucheu, arrêté, jugé et fusillé le 20 mars 1944, de Gaulle refusa sa grâce pour une part sous la pression des résistants; voir H. Frenay (71), p. 406.

4. Dans son discours prononcé à la séance inaugurale de l'Assemblée consultative, le 3 novembre 1943, il s'écriait : « La France une fois libérée [...] veut que cesse un régime économique dans lequel les grandes sources de la richesse nationale échappaient à la nation, où les activités principales de la production et de la répartition se dérobaient à son contrôle, où la conduite des entreprises excluait la participation des organisations de travailleurs dont, cependant, elle dépendait »; voir Ch. de Gaulle (7), t. 2, p. 546.

5. Se reporter à Ch.-L. Foulon (115), p. 31-54.

6. Après avoir fait le constat, dans son discours du 14 juillet 1943, que, « quand la lutte s'engage entre le peuple et la Bastille, c'est toujours la Bastille qui finit par avoir tort », il ajoutait : « Mais c'est dans l'ordre

souverain, dans l'ordre si possible, à tout le moins sans bouleverse-
ment profond. C'était sans doute plus qu'un mouvement préfectoral, mais ce programme ne répondait pas — et de loin — aux
désirs formulés par la grande majorité des résistants.

Bref, Charles de Gaulle pouvait offrir, outre des titres de Résistance incontestés, une alternative patriotique et raisonnable en
même temps qu'un principe fédérateur qui n'était pas sans séduction sur une France de plus en plus atomisée. Il lui restait pourtant
à s'imposer réellement à des mouvements de résistance qui se
voulaient majeurs [1] et à séduire, lui l'exilé, des Français traumatisés
par quatre années noires.

*La France des résistants : une France insurgée,
purifiée, neuve.*

Le gros des résistants étaient, eux, tout à fait résolus à se libérer
et à ne pas servir de forces d'appoint dans de grandes manœuvres
qui les laisseraient pour compte. Le 24 mai 1944, la Commission
d'action militaire du CNR mettait les points sur les *i* : certes, les
forces de la résistance devaient « en priorité » exécuter « les mesures
prises par l'état-major interallié pour la réussite des opérations de
débarquement [2] », mais elles avaient tout autant sinon plus à prépa-

---

que les Français entendent traiter leurs affaires et ne point sortir de la
guerre pour entrer dans les luttes civiles »; voir Ch. de Gaulle (7), t. 2,
p. 515.

   1. Il leur accordait, quant à lui, un « rôle consultatif » : c'est l'expression qu'il utilisa, dans la lettre adressée, le 31 juillet 1944, à Parodi
pour l'inciter à faire preuve de fermeté à l'égard du CNR ; elle est citée
intégralement par J. Soustelle (80), t. 2, p. 420-421. Lire dans Henri
Frenay (71), p. 255-257, le récit du dialogue révélateur qui mit aux
prises de Gaulle et le chef de Combat : « Eh bien, dit de Gaulle, on
essaiera de s'entendre. — Et si on n'y parvient pas, on sera dans l'impasse
[dis-je]... Le général resta quelques instants silencieux. Mon propos
évidemment avait fait figure d'incongruité. — Eh bien, *Charvet* [pseudo-
nyme de Frenay], la France choisira entre vous et moi. »

   2. Divers plans étaient programmés ; les résistants avaient à appliquer
en priorité le Plan vert (coupure des voies ferrées), le Plan violet (coupure
des lignes téléphoniques), le Plan bleu (destruction des lignes à haute
tension), etc.

rer « l'action de résistance de masse à caractère insurrectionnel ».

Ces directives reflétaient la détermination de bien des responsables d'intensifier, dès le printemps 1944, « l'action immédiate » : les mesures de représailles prises à l'encontre des délateurs ou des agents de la répression s'étaient accrues [1]; les sabotages se multipliaient (en avril 1944, le trafic de la SNCF baissait brutalement de 37 % tandis que le réseau secondaire était pratiquement paralysé); des résistants affirmaient leur présence (Cajarc était occupé pendant quarante-huit heures par les FTP du Lot) ou se « prémobilisaient » (à la fin mai, 3 800 hommes convergeaient sur la Margeride) ou multipliaient des coups de main rentables [2]; dans certaines régions, en Limousin notamment, les résistants devenaient, la nuit, les maîtres des campagnes.

La très grande majorité des résistants, enfin, ne cachaient pas — comme l'affirmait le CNR — que leur action « ne devait pas prendre fin à la Libération ». Ils entendaient bien être les militants de demain qui feraient de la France une France non pas seulement restaurée et souveraine mais également épurée, rajeunie et pour ainsi dire neuve [3]. Leur IVe République était — pour tous — l'antidote des erreurs passées qui avaient conduit à l'effondrement de la France en 1940; c'était — pour presque tous — une nouvelle manière de vivre la politique; c'était aussi — pour une nette

1. Ici et là des erreurs — parfois inadmissibles — furent commises : la sécurité des résistants ne légitimait en rien que, à Voiron, le 20 avril 1944, toute la famille — femmes et enfants compris — du chef milicien Jourdan fût massacrée; voir J. Delperrie de Bayac (108), p. 266-267.
2. Le 25 février 1944, avec l'aide de 5 hommes des groupes francs du MLN, Léo Hamon détruisait le fichier du STO de la classe 42; voir H. Noguères (6), t. 4, p. 410-411.
3. Il nous est impossible d'entrer dans le détail, tant la diversité des mouvements de résistance était grande (un aperçu dans H. Michel et B. Mirkine-Guetzévitch, *les Idées politiques et sociales de la Résistance*, PUF, 1954). Disons schématiquement que — en profondeur — subsistaient les clivages entre sensibilité de droite et sensibilité de gauche. Ce qui frappe, pourtant, c'est non seulement une remise en cause globale et unanime de la IIIe République, mais encore une radicalisation idéologique au fur et à mesure qu'approchait la Libération : le phénomène est particulièrement significatif pour des mouvements qui — tels Combat et Défense de la France — avaient adopté — au départ — certaines thématiques vichyssoises.

majorité — la remise en cause du capitalisme libéral [1], la transformation en profondeur des structures économiques et sociales,
par le biais notamment des nationalisations.

Cette radicalisation n'allait pas sans provoquer affrontements et
tensions. A court terme, les divergences portaient sur l'opportunité tactique et la légitimité politique de l' « action de résistance
de masse à caractère institutionnel ». *Grosso modo* (mais il existait
bon nombre de variantes intermédiaires [2]) deux sensibilités, deux
stratégies aussi s'affrontaient : les uns préconisaient une action
immédiate militante et autonome, qui ne serait pas suspendue au
seul jour J, et mobiliserait d'une manière ou d'une autre l'ensemble
de la population (en créant notamment des « milices patriotiques »), bref, une manière de « guerre populaire » débouchant
sur une insurrection dosée mais continue. A cette ligne défendue,
entre autres, par les communistes s'opposaient ceux qui fourbis-
saient leurs armes pour un jour J programmé par Alger et les
Anglo-Saxons, dans le cadre d'une action spécifiquement militaire
et contrôlée par des techniciens. Cette stratégie était défendue par
de nombreux mouvements de zone nord qui se proclamaient
apolitiques et par l'ORA [3] qui estimait être l'antenne en métropole de l'armée d'Afrique.

---

1. Vogüé exigeait une « révolution économique »; Combat se prononçait pour le « socialisme », c'est-à-dire une « économie distributive »;
l'OCM, plus prudente, n'en prônait pas moins une « économie planiste
contractuelle ».
2. On n'omettra pas de faire leur part aux réactions individuelles.
Les « maquis mobilisateurs » avaient été acceptés aussi bien par Cou-
laudon-*Gaspard* (un homme de droite) que par Yves Farge (membre
du Front national); en juin, malgré les pressions, Guingouin refusa,
par prudence, de lancer « ses » FTP sur Limoges, alors que des FTP
n'hésitaient pas à occuper Tulle sous le commandement de Chapou.
3. L'Organisation de la résistance de l'armée, qui rassemblait des
officiers de réserve et la moitié des 4 000 officiers d'active qui servirent
dans la Résistance, n'avait pas bonne presse dans certains milieux
résistants. Son « jourjiisme » valait à ses adhérents d'être au mieux
traités de « naphtalinés », au pire d'être suspectés de « se préoccuper
du maintien de l'ordre autant et davantage que de l'expulsion des Allemands » (mise en garde formulée en février 1944 par Bidault comme
président du CNR; citée par A. de Dainville (115), p. 470). En dépit
des admonestations d'Alger et de la souplesse dont fit preuve le général

Une autre source de désaccord était la place qui devait revenir aux partis politiques. Le problème n'était pas nouveau mais ceux qui se défiaient des partis pouvaient exploiter une poussée d'anti-parlementarisme née de la réapparition à Alger d'hommes politiques décatis et surtout de la progression du PCF. Le Parti, en effet, gagnait non seulement bon nombre d'adhérents séduits par sa stratégie offensive et son efficacité, mais élargissait aussi son audience : le Front national, de plus en plus diversifié, pouvait se prévaloir de recrues aussi différentes que Bidault, Debû-Bridel, Justin Godart, le RP Philippe...; sa branche militaire, les FTPF [1], était en progrès notable — surtout en zone nord; quelques responsables de mouvements — tel Jean de Voguë-*Vaillant* (Ceux de la Résistance) — faisaient de plus en plus volontiers leur la stratégie d'action du PCF. Bien plus, les arrestations et les départs pour Alger avaient modifié le rapport des forces à l'intérieur de l'appareil de la Résistance et des postes clés avaient échu à des membres du PCF : Villon jouait un rôle actif à l'intérieur du Bureau permanent du CNR et contrôlait avec Kriegel-*Valrimont* (le troisième membre étant J. de Voguë) le COMAC, sa Commission militaire, etc. Au niveau local, vraisemblablement 30 % des membres des Comités de libération (les CDL) étaient membres ou sympathisants du PCF; dans la région parisienne, c'était Tollet, un communiste, qui présidait le comité de libération parisien (le CLP) et *Rol*-Tanguy, ancien des Brigades internationales, devenait, le 5 juin, le chef des FFI de la région « P » — celle de l'Ile-de-France. Si les cas extrêmes — la trahison par anticommunisme — furent, somme toute, exceptionnels [2], il fait peu de doute que cette pro-

---

Revers, l'ORA ne put devenir membre à part entière du Comité militaire du CNR; consulter le plaidoyer du colonel de Dainville, *l'ORA, la résistance de l'armée*, Lavauzelle, 1974.

1. Le PCF poussait de plus en plus ses militants à s'engager dans les FTPF. S'ils étaient composés en nette majorité de non-communistes, les communistes en contrôlaient pour une large part l'encadrement.

2. L'exemple le plus significatif est fourni par le responsable de l'OCM pour le Sud-Ouest, Grandclément, qui, arrêté, « retourné » par l'Abwehr, accepta, avant tout par anticommunisme, de livrer dépôts d'armes, emplacements de maquis, etc. Il tenta, mais en vain, de convaincre Alger du bien-fondé d'une paix de compromis à l'Ouest,

gression peu contestable, souvent grossie [1], a alourdi le contentieux politique qui séparait les communistes et le gros des non-communistes.

Ces tensions, s'il serait erroné de les sous-estimer, on aurait tout autant tort de les grossir car, à bien des égards, la Résistance apparaît solidaire. Et d'abord par son ciment jacobin et patriotique. Que tout un chacun [2] ait eu par-derrière la tête des plans politiques pour le futur, c'est évident, mais les responsables de tous les mouvements firent passer la libération du territoire avant leurs intérêts partisans, y compris le PCF couramment suspecté — aujourd'hui encore — de s'être exclusivement préoccupé de la prise du pouvoir. Les travaux les plus récents [3] tendent en effet à infirmer de manière convaincante ce préjugé tenace. Qu'il y ait eu plusieurs styles, selon que le Parti s'exprimait à Paris, à Alger ou à Moscou, voilà qui est peu niable; mais il n'y eut pas deux discours, l'un à l'usage des militants, l'autre à l'usage de l'appareil: il y avait d'abord un langage commun centré autour de ce mot d'ordre — significatif — lancé le 1er mai 1944 : « S'unir, s'armer, se battre dans les villes, les villages, de l'ouvrier au patron, du fermier au propriétaire terrien, du curé à l'instituteur, pour empêcher le pillage, le meurtre, pour la liberté de la France. » Toute autre

---

avant d'être finalement exécuté par des Britanniques. A sa mort, réseaux et mouvements de la région bordelaise étaient désorganisés de fond en comble.

1. Le PCF était suspecté d'infiltrer dans les mouvements de multiples « sous-marins » — des militants qui dissimulaient leur appartenance politique. Qu'ils aient existé, c'est certain; en moins grand nombre qu'on ne l'affirme, c'est vraisemblable; à méditer du moins le témoignage récent de Pierre Hervé, réputé avoir été un submersible influent : « Je n'ai été membre d'aucune organisation du parti et je n'ai reçu d'orientation d'aucun représentant qualifié du PCF » (115), p. 427. A noter l'apparition de contre-torpilleurs (voir H. Noguères faisant de l'« entrisme » pour le compte de la SFIO (6), t. 4, p. 223).

2. Du PCF à l'OCM en passant par les démocrates-chrétiens. On trouvera une narration plaisante des desseins de ces derniers sous la plume d'un résistant des premiers jours, Ch. d'Aragon, *la Résistance sans héroïsme*, Éd. du Seuil, 1977.

3. Consulter M. Agulhon (115), p. 67-90, S. Courtois (127) et J.-J. Becker (128); compléter par G. Madjarian, *Conflit, pouvoirs et société à la Libération*, Union générale d'édition, 1980.

stratégie, au demeurant, eût été vraisemblablement suicidaire, compte tenu non seulement de la proximité anglo-saxonne, mais encore des motivations des nouveaux communistes : on entrait d'abord au Parti parce qu'on lui faisait plus confiance dans la lutte contre le « Boche ».

Cette convergence patriotique, on la retrouve de manière patente dans le « Programme d'action de la Résistance » du 15 mars 1944, plus connu sous le nom de « Programme du CNR ». Une double préoccupation en a guidé les rédacteurs : mobiliser les énergies par un « Plan d'action immédiate » précis et méthodique; rassembler, regrouper les esprits pour l'avenir; les « mesures à appliquer à la Libération du territoire » se caractérisent avant tout par un réformisme unificateur qui put apparaître à certains révolutionnaire[1], parce qu'il prônait une « véritable démocratie économique et sociale », l' « éviction des grandes féodalités », la « participation des travailleurs à la direction de l'économie », « un plan complet de Sécurité sociale », la « sécurité de l'emploi » et des « nationalisations »; pourtant, à l'évidence, ses rédacteurs n'entendaient pas déclencher une guerre de classes.

La guerre patriotique, le gros des résistants, nous l'avons dit, était fort désireux de la déclencher. Mais, si la Résistance était parvenue à mettre sur pied un véritable État clandestin, la pénurie insigne des moyens le rendait particulièrement vulnérable.

L'État clandestin était toujours coiffé par le CNR[2] dont la composition n'avait pas varié. Mais, pour plus de sécurité et d'efficacité, les réunions plénières avaient été supprimées, et le pouvoir effectif dévolu à un Bureau de 5 membres[3] qui parvinrent — du

---

1. Ce programme se référant explicitement à un modèle d'économie dirigée tranchait à tout le moins sur les projets rédigés par le Comité général d'études (voir *supra*, p. 275). Très diserts en matière d'institutions politiques, ils ne comportaient pas une seule page consacrée aux questions sociales, et la politique économique préconisée relevait d'un néo-libéralisme fort orthodoxe; voir D. de Bellescize, *op. cit.*

2. Sur son fonctionnement, consulter la mise au point minutieuse de R. Hostache (115), p. 387-404.

3. En principe, Bidault y représentait les démocrates-chrétiens, les socialistes et les radicaux; Saillant, la CGT, la CFTC et Libération-Nord; Villon, le PCF, le Front national et la Fédération républicaine; Copeau, le MLN; Blocq-Mascart, l'OCM, CDLL, CDLR.

moins jusqu'à la mi-août — à prendre leurs décisions à l'unanimité;
l'équipe en place relativement unie et solide était en bons termes,
la souplesse de Bidault aidant, avec le délégué général; le Bureau
était secondé par diverses commissions [1], avec, en tout premier
lieu, sa Commission militaire, le COMAC. En province, les
différentes « régions » avec leurs structures hiérarchisées continuaient d'être pour les résistants le cadre — à tous égards — primordial; quant aux comités départementaux de libération (CDL),
où se mêlaient — comme au CNR — représentants des mouvements
et des partis politiques, ils devaient coordonner l'action libératrice
au plan local.

Mais cet État était fort pauvre. Il fut contraint de s'attaquer à
des perceptions, tandis que les maquisards devaient le plus souvent
« vivre sur l'habitant », ce qui fut à l'origine de bien des frictions
réciproques. Surtout, les armes lui faisaient défaut, la pénurie
était, qui plus est, très inégalement répartie, si bien que, ici et là,
des maquis en vinrent aux mains pour s'approprier revolvers et
mitraillettes Sten. Emmanuel d'Astier de La Vigerie avait cru, en
décembre 1943, convaincre un Churchill séduit par l'idée de transformer la France du Sud en une sorte de Yougoslavie. Mais,
sceptiques et méfiants, les Anglo-Saxons avaient finalement opté
pour les bombardements massifs, une stratégie mutilante qui fut le
plus souvent bien moins efficace que les actions ponctuelles mais
précises des résistants.

Le manque d'armes pesa sans conteste [2]. Peu de doute qu'il ait
freiné le recrutement de combattants; à l'automne 1943, les responsables MLN de 6 régions de la zone sud firent leurs comptes : ils
pouvaient disposer de 15 000 hommes opérationnels [3], mais ils

---

1. Citons le Comité d'action contre la déportation, le Noyautage des
administrations publiques (NAP), le Comité financier, l'Agence d'information et de documentation...
2. Pour obtenir un parachutage d'armes, il fallait en principe détenir
un poste émetteur-récepteur; les maquis coiffés par des « missions Jedburgh » étaient souvent privilégiés; c'est ainsi que les maquis de l'Ain
placés sous le commandement de Romans-Petit furent bien approvi-
sionnés.
3. Ces chiffres sont donnés par H. Noguères (6), t. 4, p. 54-56. Selon
les mêmes sources, les FTP opérationnels en zone sud auraient avoisiné
5 000 hommes.

estimaient que ce chiffre aurait pu être quadruplé si la Résistance avait été capable de fournir des armes. Au printemps 1944, ces combattants étaient vraisemblablement plus nombreux, mais le rapport entre hommes armés et combattants potentiels semble bien être demeuré le même. *A fortiori*, les réserves que d'aucuns voulaient lever — telles les milices patriotiques — ne purent être constituées, faute d'armes. Pendant l'hiver 1943-1944, le désœuvrement et le désenchantement provoquèrent dans certains maquis désertions et actes d'indiscipline.

Les difficultés de tous ordres qui attendaient les insurgés, les Glières en donnèrent en février-mars 1944 un avant-goût tragique [1]. Au point de départ, on trouve la promesse de parachutages d'armes sur le plateau des Glières — situé au nord-est d'Annecy — où se rendirent quelque 450 volontaires dirigés par un jeune officier, *Tom*-Morel. L'affaire s'ébruita, Maurice Schumann en parla à la BBC; le gouvernement de Vichy, pour des raisons politiques, décida de faire un exemple. Vulnérables par leur concentration, et sans soutien logistique, les résistants purent repousser les attaques de la Milice mais non celles de la Wehrmacht. Le capitaine Anjot, successeur de *Tom*, avait choisi l'affrontement, dès lors que l'enjeu était devenu politique, mais les pertes subies et le demi-échec auraient dû être un avertissement du moins au plan de la tactique [2].

Car on aurait tort de se laisser leurrer par les organigrammes bien huilés de la Résistance institutionnelle : la réalité quotidienne sur le terrain était tout autre. Le COMAC, quelle que soit son importance, ne commandait en fait qu'à la région parisienne; en zone sud, l'armature du MLN était relativement solide, mais dans bon nombre de régions de la zone nord subsistaient encore de nombreux petits réseaux autonomes et souvent rivaux; alors même que certains maquis étaient devenus des manières de fiefs. De surcroît, les offensives de grand style que la Gestapo et ses rabatteurs français déclenchaient régulièrement depuis l'automne

1. Se reporter à l'étude neuve et convaincante de J.-L. Crémieux-Brilhac, « La bataille des Glières et la ' guerre psychologique ' » (8),1975.
2. Plus du tiers avait été tué au combat; un autre tiers fut fait prisonnier dans les opérations de ratissage : les plus chanceux d'entre eux furent déportés après avoir été, pour la plupart, torturés.

1943 avaient provoqué des coupes sombres, désorganisé mouvements et réseaux, désorganisé la Résistance combattante[1] : pour sa part le Super-NAP (qui noyautait les ministères) perdit trois de ses chefs successifs entre mars et juin 1944; en novembre 1943, la région de Grenoble était décapitée ; en mars 1944, c'était au tour de Toulouse, en mai de Lyon. L'insurrection s'annonçait ardue.

La France moyenne : vivre libre et survivre.

Il est très malaisé de reconstruire le profil du Français moyen affronté à la Libération. On dira — sous bénéfice d'inventaire — qu'il souhaitait certes être libéré mais n'était pas forcément prêt à s'engager autant que le voulaient de Gaulle et les résistants.

Aux difficultés inhérentes à tout engagement s'ajoutaient des pesanteurs propres à une conjoncture de plus en plus contraignante. Les citadins qui n'avaient pas — ou plus — les moyens de s'approvisionner au marché noir[2] s'épuisaient à lutter contre la pénurie : il n'y avait plus de charbon, quasiment plus de sucre ou de corps gras, et les produits laitiers venaient, ici et là, à manquer. De surcroît, la France avait cessé d'être un marché national et se dissolvait en une juxtaposition de régions vivant plus ou moins en autarcie : dans le Nord et le Pas-de-Calais la ration officielle pour un adulte était tombée à 25 grammes de pain et à 20 grammes de viande par jour; à Marseille et à Bordeaux, la situation était devenue dramatique.

1. Ces coups de filet répétés eurent raison des meilleurs réseaux liés au BCRA (notamment la Confrérie Notre-Dame et le réseau Alliance); Bingen — ce remarquable délégué pour la zone sud — préféra se suicider plutôt que de parler, de même que Brossolette; les mouvements payèrent un lourd tribut : Arrighi, le père et le fils (Ceux de la Résistance), Touny, le chef de l'OCM, Jean-Guy Bernard, Bollier, Bourdet (Combat), l'historien Marc Bloch (Franc-Tireur), Marcel Prenant (chef d'état-major des FTP), Epstein qui avait réussi à « tenir » un an à la tête des FTP de la région parisienne, et tant d'autres, furent abattus ou déportés; peu d'entre eux purent voir la Libération.

2. La distorsion entre prix officiels et ceux du marché noir devenait extravagante. Le kilo de pommes de terre passait de 3 à 22 francs, voire à 30 francs; les 50 kilos de charbon de 46 à 500 francs, parfois 1 200 francs; A. Sauvy (115), p. 301, a calculé que le kilogramme de beurre valait au marché noir 440 de nos francs lourds.

A ces données économiques s'ajoutaient des pesanteurs politiques. Le pétainisme déclinant pouvait encore s'appuyer non seulement sur des tenants de la révolution nationale ou sur des notables effrayés par l'échec du giraudisme, mais tout aussi bien sur les fantasmes de Français moyens pour qui la Libération — qu'elle fût ou non gaulliste — symbolisait avant tout le triomphe des « youpins », des « cocos », des « anarchistes » organisés en « bandes terroristes ». Et rien ne prouve — comme on l'affirme généralement — que ce furent bien les mêmes qui se déplacèrent pour acclamer à Paris Philippe Pétain en avril et Charles de Gaulle en août : il subsistait un public vichyssois.

Pourtant, bien des indices permettent de présumer que dans son ensemble l'opinion a assez nettement évolué entre l'été 1943 et le printemps 1944. En schématisant, disons qu'on est passé de la « complicité tacite » (l'expression revient souvent sous la plume des mémorialistes) à une sympathie plus démonstrative. Et d'ailleurs, sans cette évolution, les mouvements auraient été totalement décimés et les maquis n'auraient pas survécu aussi nombreux. Peu de doute que le réflexe jacobin ait pu jouer désormais, exacerbé par la recrudescence des réquisitions, les transferts de population (pour bon nombre de riverains des zones côtières), la chasse aux réfractaires du STO, la répression aussi. Signe des temps, l' « Affiche rouge [1] » suscita avant tout des réactions de sympathie envers les inculpés [2]. Aux yeux d'un nombre de plus en plus grand de Français, Vichy était encore non seulement incapable de libérer la nation des « Boches » mais s'était par trop disqualifié. Le travail militant de la Résistance aidant, des cantons entiers en Bretagne, dans le Limousin, en Haute-Savoie, dans le Jura, avaient basculé dans une semi-dissidence; dans le Lot, dans l'Ain, dans le Mor-

---

1. Elle désignait à la vindicte publique « l'Arménien chef de bande » et ses camarades responsables de « 56 attentats, 150 morts, 600 blessés ».
2. Une centaine de partisans de la MOI avait été arrêtée dans l'automne 1943. En février 1944, l'occupant montait un procès spectaculaire, où comparaissaient le poète arménien Missak Manouchian et 23 de ses compagnons (3 Français et 20 étrangers antifascistes). Ils furent tous condamnés à mort, exécutés sur-le-champ, à l'exception d'Olga Bancic, décapitée quelques semaines plus tard; lire *la Mémoire d'Hélène*, Maspero, 1977, par Hélène Elek.

bihan... presque toutes les brigades de gendarmerie avaient sauté le pas et, si elles demeuraient à leur poste, c'était sur l'ordre des résistants.

Est-ce à dire que tous ces sympathisants étaient prêts à s'engager? Non. D'abord parce que l'engagement n'allait pas sans des risques, qui sont systématiquement sous-estimés par tous ceux qui veulent à tout prix voir dans les FFI des soldats d'opérette : une grève même symbolique pouvait avoir des conséquences fatales [1]. Ce n'est pas un hasard si les jeunes ont été si nombreux parmi les insurgés : c'étaient non seulement des réfractaires du STO, mais aussi des adolescents humiliés par la défaite, qui, moins engoncés dans le tissu social, avaient des revanches à prendre et des aventures à vivre. La France moyenne, elle, en ce printemps 1944, avait peur des lendemains. On redoutait que ce débarquement sans cesse différé ne soit un fiasco, que les représailles de l'occupant ne soient démultipliées, ou que la France ne soit mise à feu et à sang, à l'image de ces villes trouées par des raids anglo-saxons de plus en plus meurtriers et traumatisants [2]. Pour certains, pour bon nombre de bien-pensants, c'était une grand-peur démesurée.

2. Du sang, des larmes et des bals

6 juin 1944 : un des jours les plus longs, les Anglo-Saxons parvenaient à établir des têtes de pont sur la côte normande. Après quoi, la machine se grippa, et rien ou presque ne fonctionna comme

---

1. Des grévistes d'une usine de Romans, déportés dans un camp d'extermination, y périrent tous en moins d'un mois. La CGT clandestine monta des actions soigneusement dosées : le 1er mai 1944, elle lançait une grève à l'échelon national qui était limitée — en principe — à une heure. En juin et en juillet, les grèves de type insurrectionnel déclenchées prématurément furent presque partout des échecs.
2. Les 20 et 21 avril, les vagues de « Forteresses volantes » tuèrent 650 Parisiens; les raids de la Pentecôte furent particulièrement éprouvants : 700 victimes à Lyon, 900 à Saint-Étienne, 2 000 à Marseille, où le bombardement cassa net une grève qui avait pourtant bien démarré.

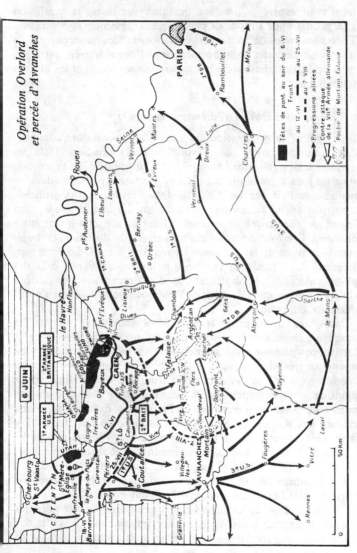

Opération Overlord
et percée d'Avranches

6 JUIN

PARIS

| Têtes de pont au soir du 6-VI | Front: |
| au 12-VI | au 25-VII |
| Progressions alliées |
| Contre attaque de la VIIe Armée allemande |
| Poche de Mortain Falaise |

Robert Aron, *Histoire de la libération de la France*, Fayard, 1959, t. 1, chap. 1, p. 22-23.
Carte reproduite avec l'autorisation des Éditions Fayard.

on l'avait espéré : pendant quelques semaines, la confusion s'accrut dans une France de plus en plus fragmentée et contrastée. Toutes les forces de toutes les résistances mêlées ne seront pas de trop pour cimenter politiquement une France libérée, insurgée, mais également abasourdie par quatre années noires et les ultimes soubresauts.

Verrous allemands et résistants à découvert.

Le rythme de progression des armées anglo-saxonnes commandait pour une bonne part l'évolution de la situation. Dans un premier temps, *Overlord* se révéla être un modèle du genre : la surprise joua à plein sur des côtes relativement peu défendues, la maîtrise de l'air par les Alliés fut totale et deux ports artificiels construits en un temps record permirent d'acheminer le soutien logistique nécessaire; de surcroît, Hitler et son état-major interprétèrent *Overlord* comme une manœuvre de diversion et tergiversèrent avant de faire donner les renforts blindés. Le 8 au soir, Rommel avait perdu la bataille que lui voulait livrer, celle des plages : Américains, Anglais et Canadiens occupaient une portion côtière continue qui s'étendait de l'embouchure de l'Orne au nord-ouest de Carentan.

Mais, très vite, la progression anglo-saxonne vers l'intérieur fut bloquée : Bayeux était prise, mais Caen ne pouvait être enlevée; les troupes allemandes s'accrochaient au sol et opposaient une résistance très vigoureuse; Hitler, qui se refusait à envisager un compromis à l'Ouest, envoya sur le front de Normandie le maximum de renforts disponibles. L'offensive alliée s'enlisa dans une guerre de position, meurtrière, à l'italienne; Eisenhower, alors, laissant aux Anglais de Montgomery la tâche de contenir à l'Est la poussée adverse, monta un ample mouvement tournant à partir du sud du Cotentin. Sept longues semaines s'écoulèrent cependant, avant que la faille pût être trouvée dans le dispositif allemand.

Ces piétinements allaient placer bon nombre de résistants en porte à faux. Les 5 et 6 juin, la BBC avait non seulement donné l'ordre de déclencher les plans visant à neutraliser ou à retarder les renforts allemands, mais encore incité les résistants à lancer des opérations de guérilla par tout le territoire afin de donner le change à l'état-major adverse. De Gaulle, pour sa part, tout en soulignant que la lutte serait « dure et [serait] longue », prononçait, le 6 juin au soir, un appel à une véritable mobilisation nationale : « C'est la bataille de France et c'est la bataille de la France!... Pour les fils de France, où qu'ils soient, quels qu'ils soient, le devoir simple et sacré est de combattre l'ennemi par tous les moyens dont ils disposent [1] »; quelques jours plus tard, le 10 juin, devant l'évolution de la conjoncture, Kœnig, en sa qualité de chef suprême des FFI, devait donner l' « ordre formel [de] freiner au maximum activité de guérilla ».

Mais il était un peu tard : les messages reçus, des volontaires avaient afflué vers les « maquis mobilisateurs »; 3 000 hommes montaient dans le Vercors, 7 000 convergeaient où allaient converger vers Saint-Marcel dans le Morbihan où avaient été parachutés des « bérets noirs » du commandant Bourgoin et des armes. Parallèlement, bon nombre de partisans de l'action insurrectionnelle s'étaient mobilisés : les FTP du Nord et du Pas-de-Calais estimaient réunies les « conditions objectives de l'insurrection » et proclamaient que « l'heure [était] venue d'organiser la levée en masse et d'encadrer les millions de combattants [2] »; ceux du Lot et de l'Ardèche marchaient sur Tulle et Annonay; un peu partout, les maquis se gonflaient de nouveaux volontaires et se multipliaient [3].

Cette première mobilisation se fit sans que fût résolue — bien au contraire — la pénurie en armes. Absorbés par le front de Normandie et toujours sur leurs gardes, les Anglo-Saxons continuèrent, en juin, de parachuter les armes avec parcimonie; si bien que, dans certains maquis submergés par cet afflux de volontaires décidés à en découdre, la situation put devenir très rapidement critique.

Pour accomplir leur mission prioritaire de maintenir la sécurité des grands axes de communication, les forces allemandes avaient reçu l'ordre de faire régner sur les régions « infestées par les

---

1. Ch. de Gaulle (7), t. 2, p. 227.
2. Cité par E. Dejonghe et Daniel Laurent (116), p. 101.
3. Dans bon nombre de régions, le nombre des réfractaires fut le plus souvent multiplié par 3 ou 4.

bandes » la terreur [1] et de détruire, partout, les concentrations d'hommes armés. Disposant de gros moyens, elles purent infliger des pertes sensibles aux maquisards de Saint-Marcel [2], de même qu'elles contraignirent à la retraite les insurgés de la Margeride et de la Truyère après les combats du mont Mouchet et de Chaudes-Aigues. Le rapport des forces demeurait tel que, dans ces premiers jours, les résistants, pour peu qu'ils se fussent trop imprudemment découverts ou qu'ils aient trop enfreint les règles élémentaires de la guérilla, connurent de lourdes pertes [3]. Il leur fallut, bon gré mal gré, s'adapter à une situation d'autant plus incommode que la France s'atomisait.

La France atomisée.

La France à la veille de la Libération se diluait, en effet, en une multitude de situations de fait contrastées [4] : France libérée et gaullienne de la côte normande, France insurgée et paisible de la « République de Mauriac », France traquée du Vercors, France martyre de Dordogne et de Corrèze...

---

1. S'inspirant des directives prises à l'encontre des Partisans soviétiques, Rundstedt avait prescrit les « mesures les plus énergiques » en spécifiant qu' « un demi-succès ne sert à rien ». Les FFI devaient être considérés comme des francs-tireurs et traités comme tels; voir E. Jäckel (63), p. 459-460.
2. Du moins avaient-ils pu se disperser après que 5 000 armes individuelles eurent été distribuées.
3. Donnons-en deux exemples significatifs : trois compagnies de FTP du Nord qui faisaient mouvement, groupées, vers les Ardennes, furent interceptées et anéanties (34 tués au combat, 68 fusillés, 86 morts en déportation), voir E. Dejonghe et D. Laurent (116), p. 99. 150 volontaires de Revin avaient brusquement rejoint le maquis installé par Paris de Bollardière; conscient du danger, celui-ci donna l'ordre de décrocher, mais, alertés, les Allemands purent abattre une centaine des moins aguerris; voir G. Grandval et A.-Jean Collin (116), p. 133-136.
4. Le Comité d'histoire de la Deuxième Guerre mondiale fit dresser, département par département, des cartes très précieuses, notamment les « Cartes de la Résistance » où figurent les emplacements des divers maquis, les lieux des attentats, des sabotages, des parachutages, des principaux combats, etc. Se reporter à celle du département du Tarn reproduite p. 256-257.

Dans la basse Normandie transformée en champ de bataille, s'était encastrée, dès les premiers jours, une enclave de France libérée, une enclave qui allait devenir quasi gaullienne. Les Anglo-Saxons s'étaient finalement décidés [1] à mettre de Gaulle dans le secret du jour J, mais le problème politique demeurait entier [2] : Eisenhower avait confié l'administration provisoire des territoires français libérés à Montgomery, comme si le gouvernement provisoire de la République française n'existait pas. De Gaulle refusa, alors, de cautionner la proclamation lancée par Eisenhower aux peuples de l'Europe occupée. Il lui restait à faire la preuve de l'autorité de son gouvernement.

Le 14 juin, à l'aube, de Gaulle, accompagné d'une douzaine de compagnons, débarquait après quatre ans d'exil sur la plage de Courseulles et se lançait à la conquête de la France libérée; politiquement, il était des régions meilleures : la Résistance n'y avait connu qu'un développement modeste, les notables y avaient été dans leur grande majorité très fermement vichyssois (l'évêque de Bayeux se fera encore tirer l'oreille pour faire chanter un *Te Deum*) et la population avait été éprouvée par la bataille. Charles de Gaulle réussit, pourtant, son premier examen de passage; il connaîtra plus tard des bains de foule plus ardents, mais l'accueil qui lui fut réservé fut, somme toute, chaleureux, un peu plus frais à Bayeux, mais plus enthousiaste à Isigny. Jean Lacouture de conclure avec pertinence : « Le plébiscite n'est pas fait mais une option est prise [3]. » Le véritable plébiscite, c'est Rennes qui le lui fera, le 4 août, avant que Paris n'apporte la consécration. Quand il rejoignit la Grande-Bretagne, le 15 juin, une fois installés les responsables de la nouvelle administration, il avait accompli le plus difficile.

---

1. Depuis le printemps, les Anglo-Saxons prétendaient censurer — au nom de la sécurité — les liaisons entre Alger et Londres; il en résulta une nouvelle guéguerre; finalement, Churchill prit sur lui de faire venir de Gaulle à Londres avant que ne soit déclenché *Overlord*.

2. L'affrontement entre de Gaulle et Churchill fut si violent que le Premier britannique aurait donné l'ordre de ramener de Gaulle à Alger, « enchaîné si c'est nécessaire ». A. Eden et P. Viénot s'efforcèrent, une fois encore, de recoller les morceaux.

3. Voir J. Lacouture (83), p. 117.

Le commissaire de la République, François Coulet, déposait sans difficulté le sous-préfet vichyssois [1] et faisait facilement reconnaître le nouveau pouvoir. Cette légitimation *de facto* amenait les Britanniques à adopter — localement — une attitude souple et réaliste et permettait de gagner la bataille monétaire [2]. L'État gaullien était assez bien parti.

D'autres portions du territoire se trouvèrent, de fait, libres, telles les « Républiques » immédiatement proclamées par des résistants qui contrôlaient des villes et des régions évacuées par les troupes allemandes. C'est ainsi que naquit une « République de Mauriac » qui, de juin à août 1944, vécut sans encombre son petit bout de chemin sous la férule bon enfant d'un Comité de la Libération qui s'était imposé dès le 7 juin [3]. De même que, dans un certain nombre de départements, des cantons entiers étaient régentés par l'administration des maquis qui exerçaient un contrôle d'autant plus efficace qu'il était peu spectaculaire; les résistants s'apprêtaient à cueillir les préfectures au moment opportun.

D'autres « républiques », cependant, connaissaient un destin autrement dramatique. Le Vercors symbolise, à lui seul, ce que la pré-Libération put avoir de rude et d'incohérent. 4 000 hommes avaient convergé sur le Vercors, en application du plan Montagnard [4], dont la mise en œuvre avait été maintenue envers et contre

1. C'est bien à tort que Robert Aron (*Histoire de la Libération*, Le Livre de poche, 1967, t. 1, p. 115-128) y voit une simple passation de pouvoir, attendrissante, et dont le mérite reviendrait à l'État français; l'administration vichyssoise, au demeurant, n'avait plus guère le choix qu'entre se soumettre ou se démettre.

2. Les Américains avaient décidé d'introduire dans les régions libérées des « francs émis en France », dont l'émission était placée sous le contrôle des autorités anglo-saxonnes. François Coulet obtint que — à compter du mois d'août — ce serait la Trésorerie du Gouvernement provisoire qui prendrait en charge l'émission et la circulation monétaires.

3. Voir E. Martres, « La République de Mauriac » (8), 1975.

4. Jean Moulin et le général Delestraint-*Vidal* avaient naguère approuvé dans ses grandes lignes le plan mis au point par des résistants montagnards. Le COMIDAC à Alger l'avait étoffé et Descour-*Bayard* en confirmait à Vistel la validité, le 16 juin : « Le Vercors constitue un cas particulier. J'ai reçu l'ordre écrit, rapporté d'Alger par Clément, de mettre à exécution le plan du général Vidal qui comporte le verrouillage du plateau »; voir A. Vistel (108), p. 459.

tout. Le commissaire de la République désigné, Yves Farge, y faisait une proclamation solennelle : « Population du Vercors, le 3 juillet 1944, la République française a été effectivement restaurée dans le Vercors; à dater de ce jour, les décrets de Vichy sont abolis et toutes les lois de la République remises en vigueur [1]. » C'était pourtant prématuré. Inquiets pour la sécurité de leurs lignes de communication avec l'Italie, les Allemands bouclaient les cluses du Nord-Est et préparaient méthodiquement l'investissement. Après des appels de plus en plus désespérés [2], les résistants cernés [3], faute de recevoir les secours escomptés, durent plier : en moins de trois jours — du 21 au 23 juillet — des troupes d'élite allemandes se rendaient maîtresses du plateau. Environ 650 maquisards furent tués, et la population civile allait être livrée à une répression atroce. Par l'ampleur du drame, l' « affaire du Vercors » suscita, sur-le-champ, de très vives réactions et demeure — maintenant encore — matière à controverses [4]. Contrairement à ce qui a pu être écrit, Soustelle et ses services ne laissèrent pas écraser délibérément les résistants du Vercors; ils s'efforcèrent, bien au contraire, de trouver

1. Cité par Paul Dreyfus, *Vercors citadelle de la liberté*, Arthaud, 1969, p. 163.
2. L'un des derniers messages reçus accusait les responsables d'Alger d'être des « criminels et des lâches ». Les maquisards avaient réclamé — en vain — le bombardement des terrains d'aviation avoisinants et le parachutage de renforts : une cinquantaine d'hommes — à peine — furent parachutés et les armes manquèrent là aussi cruellement (un homme sur quatre avait reçu, tout au plus, un revolver).
3. Une défaillance locale, inexplicable, permit aux Allemands de s'emparer, sans coup férir, de la position clé de Pontaix, qui aurait dû être défendue par 600 hommes.
4. Grenier, le commissaire à l'Air, critiqua très vivement le COMIDAC et Jacques Soustelle lequel, quoi qu'il en ait dit, ne l'avait pas tenu au courant. Il en résulta une crise que de Gaulle dut circonscrire au plus vite.
Les polémiques sont loin d'être closes. Le réquisitoire le plus acéré fut fait par Ch. Tillon (*op. cit.*, p. 181-198), qui répliquait à la plaidoirie musclée de J. Soustelle (80), t. 2, p. 409-414. On lira avec profit A. Vistel (108), p. 453-460, 479-488, et Paul Dreyfus, *op. cit.* A noter que de Gaulle n'a consacré au Vercors que quelques lignes mal informées; d'une manière générale, le chef de la France libre parle fort peu de la Résistance intérieure.

des expédients, mais, en se montrant incapables de fournir l'aide
formellement promise, le BRAA et le COMIDAC d'Alger avaient
pour le moins fait preuve de négligence, pour ne pas dire de légèreté
coupable. C'était, au demeurant, chèrement payer une stratégie
politico-militaire de moins en moins adaptée à la situation.

Il y eut, enfin, et tout autant, une France martyre, entre autres,
celle qui se trouva être sur le chemin de la 2e SS Panzerdivision
« Das Reich » [1]. Quittant ses bases de Montauban et de Bordeaux,
elle devait rejoindre la Normandie en anéantissant sur son passage
les « bandes ». C'est une de ses colonnes qui reprenait Tulle le
8 juin et laissait derrière elle 99 otages pendus aux arbres, aux
balcons et aux lampadaires [2]; le 10 juin, un de ses détachements
abattait ou brûlait vifs à Oradour-sur-Glane 642 villageois et
réfugiés dont 240 femmes et enfants [3]. C'est la même soldatesque

1. Composée de Waffen-SS volontaires et de *Volksdeutsche* (dont des
Alsaciens enrôlés), cette division était commandée par un nazi pur-
sang, le général SS Lammerding, qui avait été distingué pour la cruauté
dont il avait fait preuve à l'égard des Partisans soviétiques. Sur les itinéraires et les massacres de la division « Das Reich », consulter G. Guicheteau, *la « Das Reich » et le Cœur de la France*, Daniel, 1974, et —
surtout — J. Delarue (88), p. 279-482. Sur la répression, se reporter
également à Gérard Bouaziz, *la France torturée*, FNDIRP, 1976.
2. Après un accrochage sévère, les FTP, le 7 juin, avaient occupé
Tulle, qu'ils devaient quitter à l'approche d'une forte colonne de Waffen-
SS. 600 hommes valides furent alors raflés et triés par des gestapistes
allemands et français. 99 otages désignés furent pendus au milieu de
beuveries indicibles. Les miliciens firent un nouveau tri des otages
restants : 149 furent envoyés dans les camps de la mort, 101 y moururent.
3. A Oradour opéra la compagnie Dickmann du 2e bataillon du régiment « Der Führer ». Aucun des prétextes allégués — *a posteriori* —
par les thuriféraires de la SS ne résiste à l'examen des faits : même pas
la mort d'un officier SS, Kämpfe, intercepté par le maquis à 50 kilomètres d'Oradour-sur-Glane. Il n'y avait, en tout cas, pas le moindre
maquisard retranché dans Oradour. Les hommes furent mitraillés dans
les granges, les femmes et les enfants mitraillés et brûlés dans l'église.
L'émotion fut telle que le commandant allemand de la place de Limoges,
le général Gleiniger, présenta ses regrets à Mgr Rastouil qui, en dépit
des menaces, avait publiquement dénoncé le massacre.
Dans l'ultime numéro clandestin des *Lettres françaises* était publié
« Oradour », poème de Jean Tardieu (cité par P. Seghers (111), p. 353-
354) :

nazie qui abattit 51 otages à Mussidan en Dordogne, fusillait à Gourdon, terrorisait Argenton-sur-Creuse où elle massacrait 54 personnes, tirait à vue sur les paysans dans leurs champs, torturait et abattait juifs ou Tziganes, pillait, violait.

Cette évolution alarmait au plus haut point les instances nationales de la Résistance, désarmées et impuissantes. Le 14 juillet, l'état-major des FFI dressait un bilan inquiétant : « Pour un grand nombre de régions nous ignorons à peu près complètement non seulement l'importance des effectifs ennemis mais encore l'état de nos forces et même les opérations engagées par elles [1]. » De son côté, Bourgès-Maunoury — le très actif délégué militaire de zone sud — câblait le 10 juillet à Londres : « Situation financière désespérée où se débattent toutes les régions; ai pour la deuxième fois depuis un mois donné ordre assaillir une banque [2]. » Ici et là, des manières de « généraux chinois » s'érigeaient en petits chefs tyranniques; ici et là, également, se constituaient de véritables bandes de malfrats qui rançonnaient au nom de la Résistance. Ces dérapages n'étaient encore que des phénomènes marginaux, mais il était grand temps que la situation se débloque.

Les déverrouillages.

Dans les premiers jours d'août, les verrous sautent, les Français vont tout à la fois être libérés et se libérer. Mais cette libération — qu'on ne s'y trompe pas — ne sera que très rarement une voie triomphale parsemée de jeunes femmes lançant des bouquets aux hommes de la 2e DB juchés sur leurs chars. La Libération, ce sera beaucoup plus souvent un va-et-vient fluctuant entre troupes allemandes, FFI et forces alliées. A la fin du mois, cependant, plus de la moitié des Français se retrouvaient libres tout en ayant échappé, grâce aux forces confondues des Résistances, à la guerre civile.

Oradour n'a plus de forme / Oradour, femmes ni hommes
Oradour n'a plus d'enfants / Oradour n'a plus de feuilles
Oradour n'a plus d'église / Plus de fumées plus de filles
Plus de soirs ni de matins / Plus de pleurs ni de chansons
1. Cité par le colonel Jean Delmas (115), p. 457.
2. *Ibid.*, p. 455.

Les forces anglo-saxonnes laminaient par leur travail de sape des troupes allemandes accablées par la supériorité aérienne et logistique alliée. Le Cotentin conquis, les Américains faisaient sauter le verrou d'Avranches et ouvraient une brèche de 30 kilomètres, que l'ultime contre-attaque, lancée le 6 août, ne parvenait pas à combler ; après avoir perdu, entre Falaise et Argentan, dans un « chaudron » infernal, 8 divisions, les troupes allemandes battaient en retraite, le 17 août. Deux jours plus tôt, avec l'opération « Anvil », 325 000 hommes — aux deux tiers français — débarquaient sans encombre sur le littoral provençal.

Ces percées décuplèrent les énergies ou levèrent les ultimes hésitations. A un nouvel appel, impérieux, lancé, le 7 août, par de Gaulle : « Le devoir simple et sacré est de prendre part immédiatement à ce suprême effort, chacun peut combattre, chacun le doit. Français debout ! et au combat ! », répondait une deuxième mobilisation, une levée dont l'impact politique est patent. Quoi qu'on en ait dit, elle ne fut pas dénuée d'efficacité militaire. Faute d'armement lourd, les résistants, il est vrai, ne purent, à eux seuls, barrer le passage aux troupes allemandes, quand elles étaient en nombre et bien groupées (la capitulation près d'Issoudun de la « colonne Elster », forte de 20 000 hommes, fait figure d'exception). Mais ce sont bien les résistants qui libérèrent des départements entiers : Cahors et Annecy tombaient comme des fruits mûrs, et, à Limoges, Guingouin recueillait la récompense de quatre années de sacrifices. Ils sauront, tout autant, éclairer, seconder, suppléer même les forces alliées : c'est ainsi qu'ils libéraient la Bretagne à l'exception de quelques poches maritimes ; à Marseille, l'insurrection déclenchée par les FFI forçait la main à de Lattre, et des installations portuaires précieuses tombaient intactes aux mains des insurgés et des troupes de Montsabert. Un peu partout, c'étaient coups de main, embuscades ; les routes étaient coupées, rouvertes, coupées à nouveau ; les villages libérés, réoccupés, relibérés.

Les vaincus de la Libération et quelques beaux esprits se sont — par la suite — beaucoup gaussés des « Fifis », armée de Bourbaki, soldats d'opérette. Qu'ils aient été dépenaillés est peu douteux ; mais on incriminait moins la tenue vestimentaire peu protocolaire et trop « peuple » que l'atmosphère de fête, de liesse populaire ;

pour ceux qui avaient survécu, pour ceux, également, qui avaient alors vingt ans, les bals de la Libération, les bals interdits par Vichy, qui avaient éclos spontanément, ne furent pas des bals comme les autres [1].

C'est — le plus souvent — la Libération acquise que des résistants de la treizième heure vinrent grossir brusquement les effectifs des FFI, qui virent se précipiter dans leurs rangs des matamores de tout poil, des indécis qui basculaient, des opportunistes qui se plaçaient, quelques truands, également, fleurant l'aubaine et — en plus grand nombre qu'on ne le croit — des vichyssois, voire des collaborationnistes patentés, qui s'affichaient d'autant plus volontiers coupeurs de têtes qu'ils avaient à faire oublier un passé douteux. Le ralliement des notables fut, lui, plus discret mais certainement plus efficace. Jacques Bounin, commissaire de la République honoraire et bon connaisseur, décrit le Montpellier de 1944 : « Les notables n'avaient mis que deux ans à venir mais ils étaient présents aussi [2] »; Charles d'Aragon, président du CDL du Tarn, recevait dorénavant bien des visites, celle d'un sous-préfet — très révolution nationale — qui déclarait tout de go : « Je veux devenir préfet », celle également d'un commissaire de police passant pour « redoutable » qui venait d'entrer précipitamment dans le réseau Ajax : « Ce réseau qui groupait surtout des policiers a joué un rôle fort utile à la fin de l'Occupation; quelques fonctionnaires au passé un peu chargé lui doivent, aussi, d'avoir, sans trop de frais, retrouvé une bonne conscience [3]. »

Certains ne voulurent ou ne purent changer leur fusil d'épaule à la dernière minute. Pendant quelques semaines, il ne faisait pas bon d'être classé « Kollabo », qu'on ait été — effectivement ou non — collaborateur, ou maréchaliste engagé. C'était l'épuration à chaud : des hommes étaient arrêtés, molestés, parfois exécutés;

---

1. Stanley Hoffmann note : « Celui qui n'a pas vécu dans une ville ou un village de France les semaines qui ont immédiatement précédé et suivi la Libération, ne sait pas ce que c'est que la volupté d'être en vie à la fin d'une épreuve indicible, ni la joie d'être heureux au milieu de ceux avec qui on l'a surmontée, et fier de ses compagnons » (47), p. 86.
2. J. Bounin (115), p. 553.
3. Voir Charles d'Aragon, *op. cit.*, p. 176.

des femmes tondues ou promenées nues[1]. Dans le volume suivant, Jean-Pierre Rioux en a analysé les fondements et les retombées politiques. Qu'il suffise ici de donner un ordre de grandeur : la répression menée par les résistants — des débuts à l'après-Libération comprise — se chiffre à environ 10 000 victimes[2].

Pourtant, la Libération ne déboucha pas sur la guerre civile, et les Résistances mêlées réunifièrent plus qu'elles ne fractionnèrent. Finalement, la vacance du pouvoir fut de courte durée. Seulement, dans bon nombre de villes, les résistants entendaient ne pas restaurer l'État pour l'État, n'importe quel État contrôlé par n'importe quels notables. A cet égard, Charles de Gaulle aura à s'expliquer avec eux.

Cette insurrection, l'occupant et ses mercenaires la firent payer le plus souvent au prix fort. Battant en retraite mais dans l'ordre, les armées allemandes[3] s'acharnèrent sur les insurgés, laissant

1. On sanctionna et on humilia aussi bien des prostituées que des femmes ayant eu une liaison avec l'occupant (ces amours qu'Alain Resnais a su peindre avec doigté dans *Hiroshima, mon amour*) ou des femmes réputées avoir collaboré. En fait, sous couleur de moralité politique, se donnèrent libre cours les règlements de comptes, le voyeurisme, le phallocratisme. Il reste qu'il y eut, qu'elles fussent ou non « collaboratrices à l'horizontale », non seulement des femmes qui se sont engagées à fond dans la collaboration mais aussi des délatrices, voire des tortionnaires.

2. Le Comité d'histoire de la Deuxième Guerre mondiale a lancé une enquête à tous égards minutieuse. Les résultats connus permettent d'infirmer définitivement aussi bien les élucubrations extravagantes forgées autour des « crimes du résistancialisme » (chiffrés au bas mot à 300 000 victimes) que les calculs « révisionnistes » (50 000 morts) effectués par Robert Aron (*Histoire de l'épuration, op. cit.*, 1967, t. 1). Parmi ces 10 000 morts, il y eut, sans conteste, un certain nombre de « bavures »; se reporter à J.-P. Rioux (119).

3. Disons une fois pour toutes que clouer au pilori l'Allemand — le « Boche » — c'est sciemment esquiver la difficulté. Chacun sait que depuis lors, dans d'autres guerres de libération, des armées de pays luttant contre l'Axe, l'armée française comprise, ont commis leur lot d'atrocités. Ce qui est en question, c'est non seulement le système nazi mais aussi la place du soldat-citoyen dans l'armée et dans la nation. Cela dit, on peut formuler deux remarques : les unités SS ne sont pas les seules en cause : la répression dans le Vercors fut le fait de régiments réguliers de la Wehrmacht; la guerre froide aidant, une part notable de la classe politique de la RFA, à l'image d'un des leaders du parti

derrière elles des charniers [1]. Dans le Vercors reconquis et ratissé, une répression systématique s'abattit du 28 juillet au 3 août aussi bien sur les maquisards traqués [2] que sur tous les civils; ce fut atroce [3] : 201 civils furent massacrés, dont 82 à Vassieux, d'où il ne resta rien hormis des gosses au crâne fracassé, des femmes éventrées, des vieillards émasculés. A Maillé, près de Sainte-Maure en Indre-et-Loire, le 25 août, 124 habitants parfaitement inoffensifs furent tirés comme des lapins [4]. Dans le département du Loiret, assez représentatif, on dénombre 82 morts au combat et 305 fusillés; 732 personnes furent déportées (617 hommes, 94 femmes, 21 enfants) dont 405 ne revinrent jamais. C'était, enfin, le massacre systématique de juifs et de résistants déjà emprisonnés [5].

---

libéral, Achenbach, ex-conseiller d'Abetz, s'est volontiers abritée derrière des arguties juridiques pour refuser l'extradition de véritables criminels de guerre. Pour s'en tenir au seul bourreau de Tulle (mais aussi de villes ukrainiennes), le général SS Lammerding, il devint un entrepreneur prospère et considéré; sur sa tombe, il eut droit à ce panégyrique : « Le général Lammerding fut un brillant officier et un bon soldat; il a été traqué à mort après l'affaire de Tulle et en a été une victime tardive »! cité par G. Guicheteau, *op. cit.*, p. 58. Tout commentaire serait évidemment superflu.

1. Des résistants usèrent, à leur tour, de représailles : 12 prisonniers allemands furent ainsi exécutés en Ardèche après que 45 maquisards eurent été abattus à Trassanel; 84 autres prisonniers furent fusillés à Annecy à la suite du massacre de Saint-Genis-Laval et après que les résistants eurent vainement proposé l'échange des prisonniers contre les résistants détenus au fort Montluc. Il y eut vraisemblablement d'autres cas. Nous croyons pouvoir pourtant affirmer que les Allemands faits prisonniers furent, en règle générale, traités comme tels.

2. 24 grands blessés soignés dans la grotte-hôpital de la Luire furent achevés; 2 des médecins et un aumônier furent fusillés, quelques jours plus tard, à Grenoble; les infirmières furent déportées.

3. Citons un seul témoignage, celui du chef scout, M. Rouchy, qui vint inhumer les morts; dans le hameau de La Mure, il dénombre 32 cadavres, « la plupart avaient le crâne éclaté, quelques-uns les yeux arrachés... deux pendus... l'un d'eux a les yeux arrachés, la langue coupée... »; voir Paul Dreyfus, *op. cit.*, p. 258.

4. Sur ces 124 victimes, 44 enfants avaient moins de seize ans; voir Y. Durand et R. Vivier (116), p. 153.

5. Donnons deux exemples : des juifs réfugiés à Saint-Amand-Montrond furent raflés par des miliciens et des gestapistes : on retrouvera près de Bourges, dans un puits, 38 cadavres d'hommes et de femmes

Pour ces opérations, l'occupant trouva rabatteurs et émules parmi les miliciens et les groupes paramilitaires levés dans les mouvements collaborationnistes. Ces néo-ultras, dont toute l'énergie était investie dans une guerre exclusivement franco-française, entendaient régler tous leurs comptes politiques : ils exécutaient Jean Zay et Georges Mandel [1], abattaient des notables réputés tièdes [2], s'érigeaient en épouvantables tortionnaires. La Milice tortura à Lyon, à Limoges, à Bordeaux, à Bourges, à Vichy même; à Montpellier, où sévissait le préfet milicien Rebouleau, les résistants connurent un calvaire indicible [3]. Si, parmi ces exécuteurs, il y eut sans doute un certain nombre de Lacombe Lucien [4], des jeunes pris dans cet engrenage de mort, les cadres, les têtes, elles, liquidaient froidement des comptes de guerre civile capitalisés depuis 1934, que ce soit un Filliol, camelot du roi et tueur de la Cagoule, un Lécussan, cagoulard et antisémite frénétique, ou un Dagostini chassé de la LVF « pour cruauté ». On méditera le jugement porté par le secrétaire général adjoint de la Milice, Francis Bout de l'An : « La responsabilité des meurtres de J. Zay et de G. Mandel ne doit

atrocement mutilés (voir J. Delperrie de Bayac (105), p. 409-414); environ 500 résistants furent extraits du fort Montluc pour être abattus dans les environs de Lyon; dans la seule localité de Saint-Genis-Laval, 110 résistants furent mitraillés ou brûlés vifs; voir F. Rude (116), p. 80-83.

1. Jean Zay, condamné par Vichy en octobre 1940 à la détention criminelle à vie, était interné à Riom; trois miliciens vinrent le prendre en prison, le 20 juin, pour l'abattre; livré à l'Allemagne et déporté, Mandel fut renvoyé en France par les nazis pour y être exécuté. Extrait de la Santé par des miliciens, il fut tué, le 7 juillet, en forêt de Fontainebleau; voir J. Delperrie de Bayac (105), p. 496-525.

2. Ainsi Paul Laffond — sénateur modéré — fut abattu le 12 juillet dans son château de l'Ariège après une nuit d'orgie organisée par des « groupes d'action » du PPF.

3. Le chef départemental du CDL — Guisonnier — fut brûlé au fer rouge avant d'être jeté dans un bain de saumure; Élise Pignol fut tellement battue qu'elle ne pouvait bouger ni jambes, ni bras, elle fut pendue à un fil de fer; voir J. Delperrie de Bayac (105), p. 469-475.

4. C'est le titre d'un des films les plus significatifs de la « mode rétro » que Louis Malle acheva en 1974. Le héros, jeune et non politisé, devient gestapiste pour avoir été en infraction avec le couvre-feu. Cet itinéraire n'est pas invraisemblable, mais il y en eut bien d'autres, et ceux-là politiques.

pas être imputée aux exécutants mais aux chefs [1]. » Ces tueries les enchaînaient sans esprit de retour à l'Allemagne nazie [2]; le chef de cabinet de Darnand, Max Knipping, concluait le télégramme qu'il adressait à Bout de l'An : « Ne pas agir dans l'affaire d'hier [l'assassinat de Mandel] aurait eu pour conséquence de nous faire perdre entièrement la confiance des SS [3]. » Ils n'étaient plus que la France allemande.

La France allemande.

Interrompons brièvement le déroulement chronologique pour suivre jusqu'en Allemagne l'équipée finale des collaborations [4]. Une équipée qui fut — à tous égards — pitoyable.

Laval aussi bien que Pétain se raccrochèrent jusqu'au bout à l'idée qu'ils serviraient de médiateurs obligés. En prônant un attentisme ambigu [5] et un anticommunisme sans équivoque, ils escomptaient utiliser à leur profit aussi bien les dissensions internes du Reich révélées par l'attentat manqué du 20 juillet contre Hitler que les divisions entre Alliés. Mais cette stratégie en chambre n'avait plus guère de prise sur la réalité.

Une seule opération put être menée à bien par Laval : contenir l'offensive politique déclenchée par les ultras qui publiaient le 5 juillet une « Déclaration commune sur l'orientation politique » signée par la fine fleur des collaborationnistes et par 4 ministres. Mais il contrôlait de moins en moins la situation, l'État français se diluait ou s'évanouissait, vouant à l'échec les ultimes grandes

1. Voir J. Delperrie de Bayac (105), p. 500.
2. C'est pourquoi tout milicien pris les armes à la main lors des combats de la Libération était — en principe — fusillé sur-le-champ.
3. Cité par J. Delperrie de Bayac (105), p. 513-514.
4. D'une littérature profuse mais versant dans le plaidoyer *pro domo*, on peut parcourir : A. Brissaud, *Pétain à Sigmaringen*, Perrin, 1966. Consulter, avant tout, l'ouvrage récent d'H. Rousso (134). On pourra lire aussi deux récits, l'un écrit par Louis-Ferdinand Céline, au vitriol et qui est un classique du genre, *D'un château l'autre*, Gallimard, 1957; l'autre composé par Marie Chaix, à la recherche de son père, A. Beugras, un des responsables du PPF, *les Lauriers du lac de Constance*, Éd. du Seuil, 1974.
5. Laval déclarait le 6 juin : « Ceux qui vous demandent de cesser le travail et vous incitent à la révolte sont les ennemis de votre patrie. »

manœuvres. Des émissaires maréchalistes sondèrent l'Abwehr à
Nice, des Américains à Madrid, le commissaire de la République
désigné en Auvergne [1], mais aucune des démarches n'aboutit;
Auphan, à qui Pétain avait donné pleins pouvoirs pour le « représenter auprès du commandement militaire anglo-saxon » et pour
« éventuellement » prendre contact avec le général de Gaulle
afin de trouver « une solution de nature à empêcher la guerre civile »,
était éconduit par le chef du Gouvernement provisoire avec
d'autant moins d'hésitation que, jusqu'au bout, l'État français
s'était refusé à prôner la lutte contre l'occupant. Laval, de son
côté, s'était lancé dans des combinaisons encore plus compliquées : il était, lui, à la recherche d'une solution « parlementaire »;
il consultait beaucoup à Paris, se persuadait qu'il pourrait réunir
les Chambres, déclarait à Monzie qu'il n'excluait pas de voir
— dans le moyen terme — Queuille à l'Élysée et Herriot à Matignon; en attendant, il avait besoin de ce dernier pour convoquer
les députés. Le plus extraordinaire dans l'affaire est qu'il réussit à
convaincre Abetz de faire élargir Herriot de l'asile où il était
interné depuis juillet 1943; il l'installait à l'Hôtel de Ville en lui
faisant jouer un rôle pour le moins ambigu.

Berlin mettait un terme à ce jeu de politique-fiction. Laval pouvait à grand-peine tenir — à 4 — un ultime Conseil des ministres
avant d'être sommé — le 17 août — de rejoindre Belfort. Trois
jours plus tard, Pétain devait, contraint et forcé (il avait tenu à ce
que les Allemands fracturent la porte de l'hôtel du Parc), prendre
également la route de l'Est. Sans démissionner (« je suis et je reste
votre chef », déclarait Pétain le 20 août), l'un et l'autre entrepre-
naient de faire la grève de l'exercice de leurs fonctions. En bonne
logique, c'était tout ce qui leur restait à faire.

Dès le 7 septembre, ils étaient transférés au château de Sigmaringen perché dans le Jura souabe. Le Reich, qui entendait
maintenir jusqu'au bout la fiction d'un État français libre, chargea
Fernand de Brinon de mettre en place, le 1er octobre, une « Délégation gouvernementale » sise à Sigmaringen, « siège provisoire »

---

1. Voir le témoignage d'Henry Ingrand (116), p. 144-148; sur les
vaines manœuvres des maréchalistes, voir G. Jeantet, *Pétain contre
Hitler*, La Table ronde, 1966.

de l'État français, bénéficiant du privilège d'exterritorialité et flanqué pour faire bonne mesure d'une ambassade d'Allemagne [1]. Mais les dirigeants nazis doublèrent vite cette « communauté réduite aux caquets » (A. Laubreaux) d'un « Comité de la Libération française » beaucoup plus musclé à la tête duquel fut enfin promu Doriot [2]. Le IIIe Reich qui décrétait le *Volksturm* — la levée en masse — faisait feu de tout bois et exigeait d'utiliser avec le maximum de rentabilité tous ceux qui avaient rejoint l'Allemagne : les inaptes au service armé durent travailler en usine, les autres — en principe volontaires — furent versés dans les Waffen-SS : survivants de la LVF, Waffen-SS français, francs-gardes de la Milice... étaient rassemblés au camp de Wildflecken pour former une « division Charlemagne » forte de 7 500 hommes; le 12 novembre 1944, ils prêtaient serment à Hitler et revêtaient peu après l'uniforme allemand [3].

Le Reich cependant s'écroulait. Pétain jouait les ermites désabusés dans un château qui se partageait entre « ministres actifs » et « ministres en sommeil »; placé en résidence surveillée, Laval échafaudait des mémoires justificatifs. Doriot ne parvint pas à être consacré Führer français : alors qu'il allait recevoir l'aval de tous les notables de la collaboration, sa voiture était mitraillée, le 22 février 1945, par deux avions — probablement allemands [4]. Trois jours plus tard, la « division Charlemagne » était écrasée à

---

1. On avait transformé une « Commission gouvernementale française pour la défense des intérêts nationaux » qui avait reçu l'aval de Pétain dans la limite de la défense des « internés civils » en une « Délégation gouvernementale » tenue pour nulle et non avenue par le chef de l'État français.

2. Comme à son habitude, Doriot avait d'abord fait cavalier seul; il avait cherché à utiliser Bürckel, le Gauleiter lorrain, avant de s'installer, lui et sa cour, sur le lac de Constance. Dans la débâcle, le PPF demeurait le mouvement le mieux organisé, il contrôlait un poste émetteur, instruisait des commandos à parachuter en France...

3. Les Allemands qui avaient pris soin d'éliminer aussi bien Darnand que Doriot poussaient à une dénationalisation qui suscita quelque résistance.

4. Il se peut que Doriot ait été la victime de la lutte que se faisaient les divers groupes de pression nazis; voir D. Wolf (103), p. 415-416.

Hammerstein en Poméranie et perdait au bas mot 3 000 hommes; le restant disparaissait à Körlin ou dans la plaine de Belgard [1].

A un interlocuteur qui lui vantait les mérites de la division Charlemagne étripée, Hitler avait rétorqué : « Ces gens ne servent à rien [2]. » Ultime requiem à la mesure de la collaboration. Ceux qui le pouvaient encore tentaient d'échapper par tous les moyens à la saison des Juges.

3. Paris insurgé

« Paris! Paris outragé! Paris brisé! Paris martyrisé! mais Paris libéré! libéré par lui-même, libéré par son peuple avec le concours des armées de la France, avec l'appui et le concours de la France tout entière, de la France qui se bat, de la seule France, de la vraie France, de la France éternelle [...]. La France rentre à Paris, chez elle [3]... » C'était le 25 août à l'Hôtel de Ville : de Gaulle avait su trouver les mots justes pour rendre hommage aux Parisiens insurgés. De fait, la libération de la capitale [4] s'était déroulée de manière exemplaire. Parallèlement se profilait l'instauration de l'État gaullien.

Une insurrection non programmée.

La stratégie américaine — on le sait — visait à détruire le gros de l'ennemi, non à s'emparer des villes coûte que coûte. Le général Eisenhower était d'autant plus décidé à contourner Paris par le nord et par le sud qu'il redoutait de devoir la conquérir quartier après quartier et qu'il estimait n'avoir pas les moyens de la ravi-

1. Quelques centaines de survivants optèrent pour entrer dans un « régiment Charlemagne » qui participa à la bataille de Berlin.
2. Voir E. Jäkel (63), p. 430.
3. Lire le texte intégral de cette allocution fameuse (7), t. 2, p. 709-710.
4. L'ouvrage le plus complet est celui d'A. Dansette (118). A compléter par deux mémorialistes de talent, E. d'Astier de La Vigerie (75) et Ch. de Gaulle (7). A lire également un livre collectif écrit par des responsables de l'insurrection, *la Libération de Paris*, Denoël, 1964.

tailler; de surcroît, il pourrait repousser à plus tard le problème épineux que posait l'installation dans la capitale du chef d'un Gouvernement provisoire que les États-Unis se refusaient à reconnaître *de jure*. Les Anglo-Saxons escomptaient que, cernées dans la poche parisienne, les troupes allemandes finiraient par céder au bout de deux à trois semaines.

L'état-major adverse s'efforçait, lui, de stabiliser la rupture du front de Normandie. Aux yeux de Hitler, la région parisienne devait être un bastion qu'il fallait tenir à tout prix, afin que les divisions battant en retraite puissent être regroupées en bon ordre. Pour ce faire, le commandement du *Gross-Paris* disposait d'une centaine de chars et d'environ 17 000 hommes. A leur tête venait d'être promu le général Dietrich von Choltitz; il avait su mater Sébastopol et il n'avait pas trempé dans la conjuration du 20 juillet. Le Führer, pourtant, sous-estimait les retombées sur l'armée d'occupation de l'attentat manqué.

Les résistants étaient placés devant des choix d'autant plus lourds de conséquences qu'à Paris siégeait la Résistance institutionnelle. Si le principe d'une insurrection faisait quasiment l'unanimité, des divergences se manifestaient sur ses finalités et ses modalités. Certains — les militants communistes, les dirigeants du Front national et un certain nombre de non-communistes — réclamaient avec insistance une action précoce (des parachutages d'armes aidant, la capitale pouvait être libérée avant l'arrivée des forces anglo-saxonnes), dure (Paris ne devait être en aucun cas un « sanctuaire » pour les troupes allemandes) et dont l'instrument décisif serait la guérilla populaire. Ils contrôlaient les rouages militaires, le COMAC, bon nombre de cadres FFI de la région « P » placés sous le commandement du communiste Rol-Tanguy, et étaient influents aussi bien au Comité parisien de libération qu'au Bureau du CNR. D'autres entendaient, au contraire, freiner l'insurrection et la déclencher en étroite liaison avec les Alliés puisque les 20 000 FFI mobilisables pouvaient recevoir tout au plus 2 000 fusils; d'aucuns appréhendaient toujours autant le Paris des barricades, l'émergence d'une Commune contrôlée par les communistes. Cependant, personne ne souhaitait scinder la Résistance et des personnalités de poids, tels Georges Bidault et Alexandre Parodi, qui était nommé le 14 août par de

Gaulle ministre-délégué pour les territoires non encore libérés, étaient bien décidés à éviter jusqu'au bout les dérapages politiques.

Au demeurant, après la percée du front de Normandie, la Résistance se retrouvait unie pour déclencher l'insurrection. Dès le 18 août, les FTP, l'état-major des FFI, les élus communistes et les syndicalistes de l'Union parisienne prenaient l'initiative d'appeler à la mobilisation générale [1], quelques heures avant que le Bureau du CNR unanime ne proclame : « Il n'est pas possible que nous assistions en spectateurs à la victoire. Nous venons d'une trop grande épreuve, d'une trahison trop lourde pour n'avoir pas à cœur à faire nous aussi notre tâche à l'heure qu'a marquée l'Histoire [2]. » Dans l'après-midi du 19, le ministre-délégué du GPRF signait un décret mobilisant tous les hommes de dix-huit à cinquante-cinq ans. Les plus hautes instances de la Résistance intérieure avaient donc pris les devants.

Assez bien renseigné sur ce qui se passait dans la capitale, le commandement américain avait été tout à la fois irrité par cette insurrection non programmée et agréablement surpris par la faiblesse relative de la riposte allemande. Les indications apportées par Gallois-*Cocteau*, que Rol-Tanguy avait envoyé à travers les lignes allemandes pour réclamer des parachutages, levaient les hésitations d'Eisenhower : politiquement et militairement, la marche sur la capitale s'imposait. Le 22 août, le généralissime prenait sur lui de lancer sur Paris la seule grande unité française qui eût débarqué en Normandie, la 2e DB, forte de 15 000 hommes et de 200 chars. Les « Leclerc » allaient servir de relais militaire nécessaire.

Sept journées bien remplies.

Depuis le débarquement, la Résistance parisienne attendait son heure. Elle avait monté des expéditions punitives contre des têtes collaborationnistes : Darnand lui échappa, mais un corps franc abattait Henriot le 28 juin [3]. Elle avait organisé en banlieue et

1. En voir le texte dans l'ouvrage de Dansette (118), p. 372-373.
2. *Ibid.*, p. 374.
3. En dépit des pressions exercées par des résistants, le cardinal Suhard donnait l'absoute en présence du commandant du *Gross-Paris;* ceci

dans les quartiers populaires des manifestations qui avaient culminé le 14 juillet. L'agitation avait progressivement gagné le secteur public : le 10 août, la très grande majorité des cheminots de la région parisienne répondaient au mot d'ordre : « Pour faire reculer le Boche, grève »; les postiers allaient suivre, c'étaient les prodromes de la grève générale. Signe des temps, la quasi-totalité des 20 000 gardiens de la paix de la préfecture de police faisaient grève le 15 août pour protester contre le désarmement par des Allemands de policiers de Saint-Denis. Le 19 août, la Résistance donnait l'ordre de mobilisation.

Du 19 au 22 août, l'insurrection chercha sa voie. D'abord, l'effet de surprise joua en faveur des FFI : ils s'emparèrent d'un assez bon nombre d'armes; en même temps que des policiers résistants s'installaient à la préfecture de police, que des résistants contrôlaient l'Hôtel de Ville, occupaient les mairies et que les secrétaires généraux provisoires prenaient possession des ministères. Ces succès — politiquement importants — pouvaient se transformer en pièges militaires pour peu que les contre-attaques allemandes fussent menées énergiquement : à l'évidence, dans une guerre de positions, les insurgés ont toujours le dessous.

C'est d'ailleurs pourquoi l'idée d'une trêve fut lancée — selon toute vraisemblance — de la préfecture de police insurgée mais vulnérable. A la suite de négociations menées entre le consul général de Suède, Nordling, des membres de l'entourage de Choltitz et des responsables de la Résistance, la trêve était progressivement étendue : elle établissait une manière de partage territorial tout en laissant aux troupes allemandes des axes de repli. Pour un certain nombre de résistants, c'était là une demi-victoire compte tenu du rapport des forces et de l'incertitude qui régnait sur les intentions immédiates des Alliés; pour d'autres, c'était une demi-trahison greffée sur une stratégie désastreuse à tous égards car « il ne [s'agissait] pas de tenir les édifices publics

---

ne lui fut pas pardonné et les résistants lui interdiront l'accès de Notre-Dame, le 26 août. A noter que le cardinal Gerlier, qui célébra une messe pour le repos de l'âme de Philippe Henriot, refusera de présider les obsèques du grand militant et résistant catholique qu'était Gilbert Dru abattu le 27 juillet. Sur l'attitude de l'Église de France en 1944, consulter J. Duquesne (52), p. 317-364, 431-443.

mais de faire la guérilla partout, à Paris comme ailleurs » (Villon) [1].
La trêve fut approuvée par le Bureau du CNR, mais, pour la
première fois, à la majorité des voix, non à l'unanimité. Le même
jour, le 20 août, ajoutant à la confusion, Parodi était arrêté, amené
devant Choltitz, se présentait comme le chef de l'insurrection,
dont il défendait fermement le principe, et était finalement relâché.

Deux jours plus tard, l'insurrection était relancée. La trêve, du
reste, n'avait été qu'à demi respectée : des détachements allemands
— surtout SS — l'avaient délibérément violée; du côté des insurgés,
elle avait été observée dans un certain nombre de quartiers au
soulagement — semble-t-il — d'une partie de la population « civile »,
mais ignorée dans quelques autres. Et puis le lundi 21 août, à l'issue
d'une séance âpre et tendue, où la scission n'avait été évitée que de
justesse, les membres du CNR au grand complet, ceux du COMAC,
Parodi et Chaban-Delmas décidaient à une courte majorité puis
à l'unanimité de rompre la trêve [2]. Le 22 août 1944, Paris se couvrait
de barricades, l'insurrection repartait par les rues. Cette nouvelle
flambée semble avoir pris de court les forces allemandes qui, en
tout cas, s'aventuraient de plus en plus rarement en dehors de
leurs réduits. Elles inspiraient beaucoup moins de crainte mais,
faute d'armement lourd, les FFI étaient incapables de réduire la
douzaine de points d'appui qu'elles tenaient encore solidement.

Les « Leclerc » allaient apporter la puissance de feu nécessaire.
Parcourant 240 kilomètres en moins de quarante heures, la 2e DB
cherchait à se faufiler dans la banlieue entre les poches allemandes.
Le 24 au soir, 3 chars et quelques dizaines d'hommes parvenaient
à l'Hôtel de Ville. Le vendredi 25, Paris pouvait se croire libéré :
FFI et hommes de la 2e DB réduisaient les îlots de résistance
allemands dans des combats parfois violents. Pendant ce temps,
Choltitz avait choisi de capituler : après un baroud d'honneur,
il était fait prisonnier dans l'hôtel Meurice et se rendait à la préfecture de police, où il contresignait avec Leclerc une « convention
de reddition »; il était 15 heures 30. Une heure plus tard, il rédigeait
des ordres de reddition dans le PC de Leclerc installé gare Mont-

1. Voir son intervention à la séance du CNR dans l'après-midi du
20 août : consulter A. Dansette (118), p. 380-383.
2. Consulter le compte rendu de cette importante réunion plénière,
ibid., p. 387-390.

parnasse. Entre-temps, Rol-Tanguy avait obtenu de Leclerc que la convention de reddition fût modifiée et que sa signature fût surajoutée.

L'apothéose était pour le lendemain, mais il y eut des bavures. Elle débuta — on le sait — par la descente triomphale des Champs-Élysées au milieu d'une joyeuse cohue : en tête, des blindés, puis une foule composite, des motocyclistes, un huissier à chaîne, de Gaulle avec Leclerc, Bidault, Parodi... des notabilités diverses et un grand déferlement populaire [1]. Les personnalités gagnaient Notre-Dame où leur arrivée déclenchait une vive fusillade [2]; dans la cathédrale privée de son archevêque et plongée dans l'obscurité faute d'électricité, on chanta au lieu du *Te Deum* programmé un *Magnificat* sans doute fervent mais bâclé, auquel se mêlait le vacarme d'une nouvelle pétarade. Le soir, la capitale s'endormait repue de gloire et saoule de soulagement. Peu avant minuit, elle subissait un bombardement qui faisait une cinquantaine de morts et 400 blessés. Tout au long de la nuit, les hommes de la 2e DB avaient dû repousser des renforts allemands qui les accrochèrent sérieusement le lendemain au Bourget. La guerre continuait.

Barricades et convergences.

Paris ne connut pas le destin de Stalingrad, ni celui de Varsovie : la capitale ne fut pas mise à feu à sang, et les combats n'interrompirent jamais les queues des ménagères devant les boulangeries [3].

---

1. « Ah! C'est la mer! » : voir de Gaulle (7), t. 2, p. 311.
2. On a beaucoup glosé sur ces coups de feu qui éclatèrent devant et à l'intérieur de Notre-Dame. Il est certain que FFI et combattants de la 2e DB furent harcelés par des tireurs sur les toits, miliciens pour la plupart. Ils avaient créé une véritable psychose qui explique le déclenchement d'une fusillade meurtrière (des morts et 300 blessés) à la suite d'un coup de feu vraisemblablement accidentel. Dans ses *Mémoires de guerre* (7), t. 2, p. 315, de Gaulle accuse les communistes d'avoir déclenché le feu pour justifier le maintien des forces insurgées. L'hypothèse est très peu vraisemblable et n'a — en tout cas — pas reçu le moindre commencement de preuve.
3. La situation risquait d'être catastrophique : après que les Allemands eurent incendié les moulins de Pantin, il restait en début d'insurrection pour à peine 7 jours de farine.

Comme partout ailleurs, la capitale eut ses indifférents, ses sceptiques, ses mouches du coche qui faisaient le coup de feu par téléphone interposé, ses nombreux FFI de la treizième heure.

Mais c'est bien l'image d'un Paris insurgé qui l'emporte ; les assaillants renouaient — dans une large mesure — avec leurs ancêtres révolutionnaires : bon nombre d'entre eux étaient ancrés dans leurs quartiers derrière des barricades qu'ils défendaient bien souvent avec des moyens de fortune [1]. La bataille de Paris fut d'abord une juxtaposition de situations locales que la Résistance institutionnelle contrôlait plus ou moins efficacement. Ce n'était pourtant pas la guerre en dentelle. Non seulement les insurgés parisiens durent subir — comme ailleurs — des représailles allemandes [2], mais, médiocrement armés, ils eurent des pertes relativement lourdes : quelque 3 000 tués et 7 000 blessés pour les FFI et la population « civile [3] ».

Et pourtant dans ce Paris des barricades, les uns et les autres œuvrèrent de concert et dans l'ordre souhaité par la Résistance : l'insurrection populaire se maria avec les forces extérieures [4], et l'amalgame fut à ce point rapide que, lors de l'attaque du Luxembourg, FFI et « Leclerc » se trouvèrent placés sous le commandement du FTP Fabien. C'est cette conjonction — exemplaire à tous points de vue — qui « sauva » Paris. Sans sous-estimer l'action d'intermédiaires qui surent être efficaces — à l'image de Nord-

1. Contre les blindés allemands, l'arme la plus efficace était encore la bouteille incendiaire avec essence, acide sulfurique et permanganate de potassium.
2. 42 jeunes résistants dont la moyenne d'âge était de dix-sept ans tombèrent dans un traquenard tendu par un gestapiste français : 35 d'entre eux furent massacrés face à la cascade du Bois de Boulogne, les 7 autres furent fusillés dans Paris ; au moins deux convois de FFI faits prisonniers furent fusillés à Vincennes ; dans les jardins du Luxembourg on retrouva 8 cadavres affreusement défigurés et la peau des mains totalement arrachée.
3. Les pertes de la 2e DB s'élevèrent à 130 morts et à 319 blessés, celles des Allemands à environ 2 800 tués.
4. Des éléments avancés d'une division américaine traversèrent l'est de Paris et se tenaient prêts à venir à la rescousse.

ling [1] — on sera très circonspect à l'égard de « sauveteurs » qui — après coup — furent légion [2]. Choltitz, lui aussi, posa pour la postérité alors qu'il semble avoir navigué à vue. Surpris par le déclenchement de l'insurrection, il aurait pu l'écraser dans l'œuf le 19, mais il semble avoir à la fois sous-estimé et surestimé les forces de la Résistance; quelques jours plus tard, sa liberté de manœuvre était bien réduite. A défaut d'appliquer à la lettre les ordres apocalyptiques de Hitler (« Paris ne doit pas tomber aux mains de l'ennemi, ou l'ennemi doit trouver un champ de ruines »), il choisit de se rendre à des troupes régulières [3].

Au sein de Paris insurgé, la Résistance institutionnelle a, elle aussi, échappé au drame. On frôla, il est vrai, la rupture, dès lors que le Front national détecta dans la trêve [4] non seulement une erreur militaire mais encore « la peur qu'inspirait un Paris patriote prenant en main son destin [5] ». Le 21 août, quand en son nom Villon menaça d'afficher un appel au « peuple de Paris » dénonçant la trêve comme une « manœuvre de l'ennemi », Parodi constatait : « C'est la rupture totale. » Pour l'éviter, il fallut une suspension de séance et passablement de doigté [6]. La trêve a-t-elle fait gagner

1. Le consul général de Suède, que d'Astier décrit comme « un homme d'affaires rusé et un philanthrope courageux » (voir (75), p. 177), se dépensa beaucoup pour la trêve. Il eut aussi le mérite d'être pour beaucoup dans l'élargissement de 3 400 détenus politiques.

2. Ainsi le président du Conseil municipal nommé par Vichy, Taittinger, se prit — bien à tort — pour une nouvelle sainte Geneviève.

3. Il aimera un peu plus tard se poser en philanthrope tombé amoureux de Paris; il était pourtant de notoriété publique qu'il détestait la France et les Français. Selon toute vraisemblance, lui et son entourage avaient — comme un certain nombre d'officiers de la Wehrmacht — perdu foi en la victoire de Hitler et se préparaient à des lendemains de compromis.

4. Dans son ouvrage consacré aux FTP, Charles Tillon dresse un violent réquisitoire contre la trêve et ses partisans; on en trouvera un témoignage à chaud dans le livre de R. Massiet, *la Préparation de l'insurrection et la Bataille de Paris*, Payot, 1945.

5. Voir Ch. Tillon, *op. cit.*, p. 293.

6. Se reporter au compte rendu donné par A. Dansette (118), p. 387-390.

trois jours précieux ou a-t-elle failli casser les reins de l'insurrection? On en discute encore. En tout cas, à travers elle s'étaient
affrontées deux sensibilités, pour ne pas dire deux politiques.

Il reste que, malgré tout, jusqu'à la Libération incluse, le souci
de maintenir l'unité avait fini par l'emporter : aucun ne souhaitait
la scission ni que se creuse un fossé entre une partie de la Résistance et une fraction des combattants insurgés; même si les uns
et les autres avaient des projets politiques, personne ne chercha
à confisquer — à proprement parler — le pouvoir. Si les communistes avaient eu les desseins qu'on leur prête volontiers, on comprend mal pourquoi ils n'ont contrôlé ni l'Hôtel de Ville
ni bon nombre de mairies. Et ce fut sans hésitation que Parodi
plaça toutes les forces insurgées sous le commandement de Rol-
Tanguy.

A grandes enjambées Charles de Gaulle.

Depuis qu'il avait séduit la portion de Normandie libérée, de
Gaulle n'avait pas perdu son temps. Au début de juillet, il s'était
rendu aux États-Unis [1] — où il avait connu un succès d'estime
indéniable; ses entretiens avec Roosevelt s'étaient soldés par un
résultat positif : cinq semaines plus tard, l'administration américaine abandonnait son projet d'AMGOT.

A la mi-août, accompagné du seul Le Troquer, ministre des
Territoires libérés, il quittait l'Afrique du Nord pour la Bretagne
où lui était réservé un accueil très chaleureux. Mais ce qu'il guignait,
c'était Paris, le siège de l'État; d'autant que derrière les manœuvres
de Laval, qui lui firent grand-peur, il soupçonnait des intrigues
américaines. S'il approuva l'insurrection parisienne, la trêve
— selon ses *Mémoires de guerre* — lui ayant fait une « désagréable
impression [2] », il ne sous-estimait pas pour autant les risques
d' « anarchie » qui auraient irrémédiablement compromis la nécessaire restauration de l'État : c'est avec un soulagement manifeste

---

1. Il précise bien qu'il « n'[avait] rien à demander et qu'[il] ne négo-
cierai[t] pas » (7), t. 2, p. 235.
2. *Ibid.*, p. 301.

qu'il apprit la marche en avant de la 2ᵉ DB, après avoir mis en garde Eisenhower contre la « situation de désordre qui se créerait dans la capitale [1] ».

Dans la geste et la symbolique gaulliennes, la journée du 25 août est un morceau de choix : quasiment rien n'y manque. En habit de général de brigade, il fit d'abord halte à la gare Montparnasse où il morigéna Leclerc pour avoir cédé à Rol-Tanguy; puis il se rendait « chez lui », au ministère de la Guerre : la France n'était-elle pas en guerre et n'était-ce pas là qu'il avait exercé en juin 1940 ses fonctions ministérielles? Laissons-lui la parole : « ... pas un meuble, pas une tapisserie, pas un rideau n'ont été déplacés [...] Rien n'y manque, excepté l'État. Il m'appartient de l'y remettre. Aussi m'y suis-je d'abord installé [2]. » Il s'y arrêta d'autant plus volontiers qu'il était décidé — quoi qu'il en ait dit plus tard — à ne pas se rendre le jour même à l'Hôtel de Ville où le CNR l'attendait de pied ferme. Parodi et Luizet, le nouveau préfet de police, parvinrent à le convaincre de sacrifier au rite insurrectionnel. Non sans avoir fait un crochet à la préfecture de police, il se rendit donc dans le berceau des révolutions parisiennes. Là, il se laissa prendre par l'émotion et il rendit au Paris insurgé un des plus beaux hommages qu'il ait jamais reçus. Bon prince, il saluait le peuple qui le faisait roi. Mais tout au long de sa harangue, il ne cita pas une seule fois le CNR, et, surtout, avec un sens politique aigu, il refusa sèchement de céder aux instances pressantes de Georges Bidault : il ne proclamerait pas, au balcon de l'Hôtel de Ville, la IVᵉ République : « Non, la République n'a jamais cessé d'exister [3]. » Il n'entendait ni faire du sentiment à la Lamartine, ni jouer aux apprentis sorciers du 4 septembre 1870.

Cependant, pour descendre les Champs-Élysées, le lendemain, il préféra la cohue populaire à une parade militaire. La légitimation populaire — un des fondements du gaullisme gaullien — consacrait la légitimité originelle — celle de 1940 — et transformait de fond en comble ses fonctions de chef du Gouvernement provisoire. Il pouvait alors battre immédiatement le fer; aux membres du CNR, aux chefs FFI qu'il recevait, il tenait à peu près le même

1. (7), t. 2, p. 300.
2. Lire cette page étonnante, *ibid.*, p. 306.
3. Voir A. Dansette (118), p. 311.

discours : « Grâce à vous, la France aura sa place plus glorieuse dans le monde. Maintenant il va falloir travailler, faire rentrer tout dans l'ordre [1]... »

Était-ce déjà la restauration?

1. Voir R. Massiet, *op. cit.*, p. 218.

Conclusion
L'insolite ou la normale?

Dans ce livre nous avons volontairement borné notre propos à la mise en place des faits. On jugera peut-être notre démarche « positiviste » et notre étude trop « événementielle ». Il nous a paru, cependant, de bonne méthode de tenter de faire le point sur un ensemble de données souvent éparses et insuffisamment contrôlées. Dire que notre mise au point est exhaustive serait néanmoins prétentieux. Outre que tous les documents d'archives sur notre sujet ne sont pas disponibles, l'étude d'une société à une certaine période n'est jamais achevée dans la mesure même où nos curiosités successives ne cessent de renouveler le questionnaire auquel nous soumettons le passé.

Peut-on cependant disposer d'une grille de lecture qui puisse donner à l'apparent chaos de ces années noires une explication *globale*? Aucune, jusqu'à présent, ne nous paraît capable de rendre raison de ces temps de guerre, aux multiples contradictions.

Il reste des approches partielles. Il en est ainsi, selon nous, de la lutte des classes dont le PCF, quant à lui, fait l'alpha et l'oméga. Sans doute a-t-elle pesé : nous avons dit et répété que l'on ne peut comprendre les choix de bon nombre de vichyssois si l'on fait abstraction des pesanteurs politico-sociales, et il nous apparaît que — dans l'été 1944 — se dessine nettement une ligne de partage entre ceux des notables qui s'accrochent à leurs privilèges et tous les autres. Mais il reste que la Milice et les groupements para-militaires des mouvements collaborationnistes ont recruté dans des milieux populaires; que la Résistance, quant à elle, s'est enracinée, tout au long de son histoire, dans toutes les classes sociales et que la répartition socioprofessionnelle de ses militants reproduit *grosso modo*, semble-t-il, celle de la population française dans son ensemble [1]. D'ailleurs, le PCF, à l'époque, l'avait si bien senti que, si l'on met entre parenthèses la période qui va de l'automne 1939 au printemps 1941, où l'on réentend le discours classe contre classe, les communistes ont privilégié continûment une ligne jacobine plus « républicaine » que révolutionnaire, axée sur un « Front national » ouvert à toutes les forces et classes sociales [2]. C'est cette stratégie unitaire qui valut au « parti des 75 000 fusillés [3] » de devenir une des toutes premières forces politiques.

A tout prendre, c'est encore le réflexe jacobin, qu'on retrouve depuis la Révolution dans toutes les guerres où les Français sont impliqués, qui a le plus joué. On a bien dit jacobin, puisque le nationalisme des nationalistes, face à l'épreuve, a fait banqueroute. Sans doute une fraction très minoritaire des droites nationalistes a-t-elle rejoint la Résistance par fidélité nationaliste; mais le gros des « nationalistes intégraux », lui, a préféré — et de quelle manière — la « guerre franco-française [4] » à la lutte contre l'ennemi extérieur. Quand il s'écriait à la fin de son procès : « C'est la revanche de Dreyfus », Maurras révélait l'utilisation qu'avait depuis toujours faite les droites réactionnaire ou « révolutionnaire » du patriotisme comme une machine de guerre civile et sociale [5]. Le

1. Se reporter à J.-C. Martinet, *Histoire de l'Occupation et de la Résistance dans la Nièvre, 1940-1944*, La Charité-sur-Loire, Éd. Delayance, 1978, et aux thèses non publiées de J. Girard, *la Résistance dans les Alpes-Maritimes*, Nice, 1973, et de J. Sainclivier, *la Résistance en Ille-et-Vilaine*, Rennes, 1978.

2. Se reporter *supra*, p. 318-319.

3. Le chiffre est évidemment exagéré, puisque, selon toute vraisemblance, le nombre des fusillés — otages compris — n'a pas dépassé 40 000. Cependant, il n'avait rien pour étonner, tant il est incontestable que les communistes n'ont ménagé ni leurs forces ni leur sang dans le combat contre l'occupant.

4. La paternité de cette expression, redisons-le, revient à Stanley Hoffmann (47), p. 43.

5. Maurras fut accusé — à juste titre — d'avoir provoqué l'assassinat de Pierre Worms en écrivant, quelques jours plus tôt, le 2 février 1944, dans *l'Action française* : « On serait curieux de savoir si la noble famille est dans un camp de concentration, ou en Angleterre, ou en Amérique, ou en Afrique — ou si par hasard elle a gardé le droit d'épanouir ses beaux restes de prospérité dans quelque coin, favorisé ou non, de notre

maurrassisme, du moins, ne put après 1945 se relever de ses contradictions et de sa faillite.

Mais si le ressort jacobin a bien existé, il n'a fonctionné qu'imparfaitement : tout s'est passé comme si, pour la grande majorité des Français, une période plus ou moins longue de décantation avait été nécessaire, le temps de surmonter et d'assumer les ébranlements des années trente, l'irruption ou l'échec du Front populaire, la conclusion du pacte germano-soviétique, les déroutes, les silences ou les palinodies des élites politiques, sociales, culturelles. Ce fut certainement moins commode qu'il n'y paraît; on en donnera comme illustration ce dialogue, qui — en temps normal — s'apparenterait à du mauvais Corneille, mettant aux prises Henri Frenay et sa mère, elle-même femme d'officier : « Tu vas faire du mal à notre pays et tu le feras à fond comme tu fais toutes choses. Alors tu penses que je vais me taire, te laisser faire!... Je t'aime tendrement, tu le sais, car mes enfants sont toute ma vie..., mais au-dessus de l'amour maternel il y a la patrie. J'irai à la police te dénoncer pour t'empêcher de faire le mal... » Et Frenay de répondre : « ... Je respecte votre conscience, respectez ce que me commande la mienne. Mais si vous faites ce que vous avez dit, il sera inutile de m'appeler à votre lit de mort, je n'y viendrai pas [1]. »

Il fallut donc faire preuve de courage politique mais aussi de lucidité, ce qui voulait dire ne pas se tromper dans l'ordre des priorités et ne pas céder à la tentation de régler des comptes.

Ces difficultés qu'ont pu ressentir les contemporains se retrouvent dans les sentiments complexes que peuvent encore éprouver les Français à quarante ans de distance : un mélange d'occultation, de réserve (les résistants authentiques, eux-mêmes, sont peu diserts) et d'attirance (comme en fait foi le succès rencontré par un grand nombre d'émissions télévisées, de livres ou de films).

Côte d'Azur... Si la tribu nomade était restée en France, il faudrait faire cesser à tout prix une hospitalité scandaleuse et une tolérance qui touche à la folie. » Pour sa défense, Maurras rétorquait : « ... au commencement de 1944, les juifs de beaucoup de pays devenaient arrogants »; cité par E. Weber (19), p. 516-517.

1. Frenay ajoute : « Je l'ai embrassée, je suis parti. Nous ne nous sommes revus qu'à la Libération. J'étais membre du gouvernement. Elle ne m'avait pas dénoncé »; voir (71), p. 117.

Tout aussi significative est l'interprétation que la classe politique s'est efforcée d'imposer. Mettons évidemment à part ceux
qui se sont rangés dans le camp des vaincus et pour qui l'histoire
s'est arrêtée en 1944 [1]. Proches d'eux, les « révisionnistes » qui,
passé l'heure de l'épuration et jouant sur la guerre froide, recher-
chent obstinément, à travers une réhabilitation du « maréchal »,
une justification pleine et entière de Vichy et de la collaboration
d'État [2]. Jusqu'à nouvel ordre, cette satisfaction politique ne
leur a pas été accordée. Plus intéressante pour notre propos est
l'image qu'ont donnée de ces années à la fois communistes et
gaullistes, celle de Français surmontant très vite leurs défaillances
passagères et se rassemblant — à l'exception d'une poignée de
« collabos » et d'une minorité de vichyssois abusés — pour la
Libération, autour de la classe ouvrière et de son parti d'avant-
garde, disent les premiers, autour de l'homme du 18 juin, rétor-
quent les seconds. C'est cette reconstruction commode mais
simplifiée qu'a cherché à remettre en cause le film *le Chagrin et la
Pitié*, en décapant le mythe gaullien tout en donnant des Français
une représentation contrastée et en moyenne bien prosaïque [3].

1. Parcourir l'ouvrage caractéristique de Paul Auphan, *Histoire
élémentaire de Vichy*, France-Empire, 1971.
2. Ce « révisionnisme », qui se déploie dans les années cinquante,
joue à plusieurs niveaux. La plupart des maréchalistes orthodoxes
voulurent établir une frontière stricte entre un « bon » (celui de Pétain)
et un « mauvais » Vichy (celui de Laval); la manœuvre avait été déjà
amorcée lors du procès de Philippe Pétain, où deux des avocats avaient
plaidé le « détournement de vieillard »; le livre de Robert Aron, *Histoire
de Vichy, op. cit.*, qui fait prime dans les années cinquante (il sort en
1954), s'efforce d'étayer cette thèse. En publiant *la Vie de la France
sous l'Occupation, op. cit.*, José et René de Chambrun ont tenté, eux,
de démontrer que Laval avait accepté de se salir — relativement — les
mains pour protéger les Français de la polonisation et de la démesure
des collaborationnistes. Ces derniers ont une historiographie encore
plus compliquée, certains se félicitant d'avoir été les précurseurs — en
ayant eu raison trop tôt — d'une Europe — quasiment celle des Six —
antibolchevique (c'est le discours complaisamment développé par Saint-
Paulien, *op. cit.*).
3. La sortie en 1969 de ce film lance par son succès une « mode
rétro », où il y eut à boire et à manger. Il est cependant significatif que,
initialement prévu pour la télévision, ce film fut interdit d'antenne par

Ajoutons que, surtout dans la France profonde et provinciale, certains repas ne se terminent pas dans la convivialité, pour peu que la conversation ait roulé sur Pétain ou sur la Résistance. Non sans raison, d'ailleurs, puisque les choix, on l'a dit, étaient avant tout politiques [1] et que, à tout bien peser, la cohérence et la solidarité globale des comportements l'emportent sur leur diversité. Il faut à nouveau souligner la logique interne des itinéraires politiques de la majorité des Français entre la drôle de paix et la Libération. Il faut aussi cesser de s'étonner que bon nombre d'entre eux aient préféré se réfugier assez vite dans un attentisme prudent : pourquoi donc se seraient-ils brusquement mués en héros politiques, eux qui avaient subi la tutelle d'une démocratie gouvernée et la confiscation de la vie sociale par des générations de notables? Et qu'on ne réduise pas cette crise du système représentatif à un catalogue d'articles constitutionnels; comme en 1958, d'ailleurs, le régime succombera moins à des carences institutionnelles et aux coups de ses adversaires qu'à la démission de la classe politique et à l'absence de défenseurs.

En privilégiant la continuité sur la rupture, on encourt le reproche de dénier toute originalité à la Résistance. Mais c'est que son bilan est à nuancer. Elle a été une des premières guerres de libération [2] du XXᵉ siècle, et pourtant les militaires comme les politiques n'en retiendront que bien peu d'enseignements, comme le

---

l'ORTF. Il n'est pas non plus indifférent que la mode rétro ait pris son envol sous la présidence de Georges Pompidou.

1. C'est vraisemblablement la raison qui incita Valéry Giscard d'Estaing à choisir le 11 novembre — et non le 8 mai — comme date commémorative des deux guerres.

2. Dénier à la Résistance toute importance militaire, comme d'aucuns continuent de le faire, relève de la mauvaise foi pure et simple. On peut reprendre le jugement bien connu qu'a porté le général Eisenhower : « Notre QG estimait que par moments la valeur de l'aide apportée par les FFI à la campagne représentait l'équivalent en hommes de 15 divisions, et grâce à leur assistance, la rapidité de notre avance à travers la France fut grandement facilitée... »; voir D. Eisenhower, *les Opérations en Europe des forces expéditionnaires alliées*, Lavauzelle, 1947, p. 28. Il est, en tout cas, incontestable qu'en retardant l'arrivée des renforts allemands les résistants ont aidé à consolider la tête de pont anglo-saxonne. Il reste que, comme souvent dans une guerre de libération, l'impact politique a été, pour le court terme, plus déterminant.

démontrent les soubresauts de la décolonisation. La singularité, il est vrai, semble l'emporter au plan politique : elle fait émerger la démocratie-chrétienne, enracine solidement le PCF et fournit au gaullisme gaullien sa légitimation. Mais, bien vite, « l'esprit de la Résistance » a eu du mal à trouver un second souffle. On sait que les mouvements — qui avaient dû suppléer aux structures partisanes défaillantes — avaient déjà été, bon gré mal gré, contraints d'accorder des strapontins aux « anciens » partis; ils allaient devoir, bientôt, leur céder toute la place : en deux ans, c'en était fini de l'espoir caressé par bon nombre de chefs de la Résistance non communiste d'assurer la relève politique. Ces résistants eurent l'impression que — pour reprendre la distinction connue de Péguy — la « mystique » s'était dégradée en « politique ». Et si la possession d'une carte estampillée de résistant a permis à d'aucuns de faire de belles carrières — surtout d'ailleurs dans les années soixante —, on peut dire tout autant que cette génération, qui s'était engagée dans les années quarante, a été plus sacrifiée que « récompensée ». La guerre froide a joué un rôle déterminant dans cette évolution [1]. Ce qui n'exclut pas chez certains résistants une part de naïveté qui leur fit croire que les Français de 1945 étaient prêts à n'importe quoi. D'ailleurs, parmi ceux qui récusaient les partis, combien d'entre eux étaient à même de sortir des sentiers battus? A cet égard, mai 1968 sera beaucoup plus imaginatif. A l'issue de ces quatre années, le panorama parlementaire avait été profondément modifié, le système politique, lui, demeurait intact.

Il n'empêche : ces femmes et ces hommes de l'ombre, ceux de la France libre partagèrent en commun le sentiment que les lendemains seraient nouveaux et chanteraient. C'est pour saluer leur

---

1. Dès les années cinquante, la classe politique levait les ostracismes; en 1947, Robert Schuman et René Coty, qui avaient voté les pleins pouvoirs le 10 juillet, étaient l'un président du Conseil, l'autre ministre avant de devenir sept ans plus tard président de la République; citons encore Antoine Pinay, lui aussi pétainiste en 1940, qui devenait ministre en 1948, avant de devenir la coqueluche de la France bien-pensante.
Toutes choses étant égales par ailleurs, on fera remarquer que Georges Pompidou ne s'était illustré dans ces années que par une édition critique de *Britannicus* et que Georges Marchais, qui, il est vrai, ne militait pas alors au PCF, partit pour le STO.

engagement lucide dans ce qui relevait pour la plupart d'entre eux
de la « mystique » que l'auteur délaissera un style délibérément
distancié pour terminer ce volume sur deux citations qui sont un
hommage aux militants, aux responsables, aux résistants anonymes,
aux morts. La première est empruntée au commentaire fait sur
le Chagrin et la Pitié par un politologue de Harvard qui vécut,
adolescent, ces années noires en France; il s'appelle Stanley Hof-
mann, il était juif autrichien : « Dans le film de Marcel Ophuls,
Verdier et les deux professeurs presque gâteux font un contrepoint
irritant et presque assourdissant aux frères Grave, à Gaspard et à
Mendès. Dans ma mémoire à moi, le professeur, aujourd'hui âgé
de soixante-treize ans et toujours vibrant, qui m'enseigna l'histoire
de France, me donna de l'espoir dans les pires jours, sécha mes
pleurs quand mon meilleur ami fut déporté avec sa mère, nous
fabriqua de faux papiers, à ma mère et à moi, pour que nous
puissions fuir une ville infestée par la Gestapo, où la complicité
des amis et des voisins n'était plus une protection suffisante — cet
homme efface tous les mauvais moments et les humiliations, et
les terreurs. Sa douce épouse et lui n'étaient pas des héros de la
Résistance, mais s'il existe un Français moyen, c'est cet homme-là
qui représentait son peuple [1]... » Le deuxième texte est extrait
d'une lettre écrite par Jacques Bingen le 14 avril 1944, quelques
jours avant qu'il ne « tombe » et qu'il n'avale son comprimé de
cyanure : « Je désire, *sur le plan moral*, que ma mère, ma sœur,
mes neveux, ma nièce — celle-ci le sait déjà et en sera témoin —
ainsi que mes amis les plus chers, *hommes et femmes*, sachent bien
combien j'ai été *prodigieusement heureux* durant ces derniers
huit mois [2]... »

1. S. Hoffmann (47), p. 86.
2. Cité par H. Noguères (6), t. 4, p. 630.

Chronologie sommaire

Chronologie sommaire 1938-1939

Évolution dans l'hexagone

1938 20 janvier   Le gouvernement ne comprend plus de socialistes.

10 mars   Démission du cabinet Chautemps.

13 mars   Formation du deuxième gouvernement Blum.

8 avril   Après un nouveau vote de défiance du Sénat, Blum démissionne.

10 avril   Formation du gouvernement Daladier sans participation socialiste.

12 avril   Investiture de Daladier à la quasi-unanimité.

mai

3 juin   Congrès de la SFIO à Royan.

21 août   Daladier veut assouplir la semaine des quarante heures.

24 septembre   Rappel d'un certain nombre de réservistes.

30 septembre   Retour triomphal de Daladier à Paris.

4 octobre   La Chambre approuve à une très large majorité les accords de Munich.

27 octobre   Ouverture du congrès du parti radical-socialiste à Marseille.

1er novembre   P. Reynaud remplace Marchandeau aux Finances.

10 novembre   Les radicaux cessent d'appartenir au Rassemblement populaire.

12-13 novembre   Publication des premiers décrets-lois Reynaud.

14-17 novembre   Congrès de la CGT à Nantes.

Grèves et affrontements sociaux notamment chez Renault.

30 novembre   Demi-échec de la grève générale lancée par la CGT.

10 décembre   Le gouvernement Daladier perd le soutien socialiste mais trouve des compensations à droite.

24-25 décembre   Congrès national extraordinaire de la SFIO à Montrouge.

1939 2 janvier   Daladier se rend en Corse et en Afrique du Nord.

7 février   Le gouvernement refuse d'amnistier les grévistes du 30 novembre.

Relations internationales et conduite de la guerre

1938

12 mars	Les troupes allemandes pénètrent en Autriche.
13 mars	Proclamation de l'Anschluss.
21 avril	Hitler donne l'ordre à la Wehrmacht de se préparer à envahir la Tchécoslovaquie.
20 mai	Agitation sudète et mobilisation tchèque.
juin	
3 août	Début de la mission Runciman.
5 septembre	Congrès du NSDAP à Nuremberg.
14 septembre	Henlein rompt avec Prague.
15 septembre	Chamberlain rencontre Hitler à Berchtesgaden.
21 septembre	Paris et Londres exercent de fortes pressions sur le gouvernement tchèque.
22 septembre	Chamberlain se rend à Godesberg.
25 septembre	Daladier et Bonnet gagnent Londres.
29 septembre	Ouverture de la conférence de Munich.
30 septembre	Signature des accords de Munich. Déclaration anglo-allemande de non-agression.
7 octobre	Constitution d'un gouvernement slovaque autonome.
30 novembre	Manifestation antifrançaise à la Chambre italienne des faisceaux et des corporations.
6 décembre	Ribbentrop signe à Paris un accord de non-agression.

1939

26 janvier	Barcelone tombe aux mains des franquistes.
10 février	Mort de Pie XI.
27 février	Le régime franquiste est reconnu par Paris.

mars

5 avril	Réélection de Lebrun à la présidence de la République.
21 avril	Nouveau train de décrets-lois Reynaud.
27 mai	Ouverture du congrès de la SFIO à Nantes.
27 juin	La Chambre adopte la représentation proportionnelle.
28 juillet	Promulgation du Code de la famille.
29 juillet	Un décret-loi proroge la Chambre des députés.
25 août	Saisie de *l'Humanité* et de *Ce Soir*.
27 août	La censure est établie.
31 août	Le Conseil des ministres refuse de suivre G. Bonnet : la France soutiendra la Pologne.
1er septembre	Mobilisation générale.
2 septembre	Les Chambres votent les crédits militaires.
13 septembre	Remaniement ministériel limité.
26 septembre	Dissolution du PCF et de ses organisations.
1er octobre	Le nouveau « Groupe ouvrier et paysan » exige un débat parlementaire sur la paix.
4 octobre	Thorez déserte.
8 octobre	Arrestation de députés du PCF.
novembre	

2 mars	Élection de Pie XII (cardinal Pacelli).
6 mars	Destitution de Mgr Tiso par le gouvernement de Prague.
14 mars	Hacha se rend à Berlin.
15 mars	Les troupes allemandes pénètrent en Bohême.
16 mars	Les Slovaques se placent sous le « protectorat » du Reich.
28 mars	Chute de Madrid.
29 mars	La Pologne rejette les exigences du Reich.
31 mars	La Grande-Bretagne se porte garante de l'intégrité du territoire polonais.
7 avril	Coup de force italien contre l'Albanie.
13 avril	La France et la Grande-Bretagne garantissent l'indépendance de la Grèce et de la Roumanie.
30 avril	L'Union soviétique propose à la France et à la Grande-Bretagne une alliance militaire.
22 mai	Signature du « Pacte d'acier ».
23 mai	Hitler donne l'ordre à la Wehrmacht de préparer l'invasion de la Pologne.
23 juin	Accord d'assistance mutuelle franco-turc.
juillet	
10 août	Arrivée à Leningrad des négociateurs militaires français et britanniques.
21 août	Suspension *de facto* des négociations tripartites.
23 août	Signature du pacte germano-soviétique.
25 août	Signature de l'alliance anglo-polonaise. Hitler diffère l'invasion de la Pologne.
30 août	Mobilisation générale en Pologne.
31 août	Le Reich exige Dantzig et l'organisation d'un plébiscite dans le « corridor ».
1er septembre	Les troupes allemandes envahissent la Pologne.
2 septembre	L'Italie interrompt sa mission de médiation.
3 septembre	La Grande-Bretagne puis la France se déclarent en état de guerre avec le Reich.
6 septembre	Des troupes françaises pénètrent en Sarre.
17 septembre	L'Armée rouge envahit la Pologne.
28 septembre	Le Reich et l'Union soviétique se partagent la Pologne.
29 septembre	Chute de Varsovie.
30 septembre	Repli des divisions françaises.
6-12 octobre	Échec d'une paix blanche.
3 novembre	Le Congrès américain vote une nouvelle loi de neutralité.
30 novembre	L'Union soviétique attaque la Finlande.

Chronologie sommaire 1940-1944

	Évolution dans l'hexagone	Résistance intérieure

1940

J 20. La Chambre vote la déchéance des députés communistes.

M 19. La politique de Daladier est vivement critiquée à la Chambre.

20. Daladier démissionne.

22. Le nouveau gouvernement Reynaud n'obtient la confiance que de justesse.

A 3. Condamnation à des peines de prison des ex-députés communistes.

Mai 9. Le cabinet est démissionnaire.

18. Remaniement ministériel : Philippe Pétain est nommé vice-président du Conseil.

19. Gamelin est limogé, Weygand nommé généralissime.

Juin 5. Dernier remaniement du cabinet Reynaud : de Gaulle nommé sous-secrétaire d'État à la Défense nationale et à la Guerre.

10. Le gouvernement quitte Paris.

13. Conseil des ministres de Cangey : partisans et adversaires de l'armistice s'affrontent vivement.

	Résistance extérieure et gouvernements d'Alger	Relations internationales et conduite de la guerre

1940

J

M

12. Signature à Moscou du traité de paix finno-soviétique.

28. Réunion du Conseil suprême interallié : Français et Britanniques s'engagent à ne pas signer de paix séparée.

A

9. Début de la « guerre périphérique ». Le Danemark et la Norvège sont envahis par les forces allemandes.

Mai

10. Début de l'offensive allemande à l'Ouest.
Invasion de la Belgique et des Pays-Bas.

13. Les *Panzer* franchissent la Meuse, notamment à Sedan.

15. Capitulation de l'armée néerlandaise.

27. Léopold III donne l'ordre aux troupes belges de capituler.

28. Des forces franco-britanniques sont réembarquées à Dunkerque.

Juin

4. Chute de la poche de Dunkerque.

6. Les lignes de défense françaises sont enfoncées.

10. Entrée en guerre de l'Italie aux côtés de l'Allemagne.

14. Les troupes allemandes pénètrent dans Paris.

15. A Bordeaux, Chautemps propose de s'enquérir des conditions d'un armistice.

16. Le Conseil des ministres repousse le projet d'union franco-britannique.
Paul Reynaud démissionne. Pétain le remplace.

17. Formation du cabinet Pétain.
Il demande les conditions de l'armistice.

19. A Paris, le Comité central du PCF veut faire reparaître légalement *l'Humanité*.

21. Départ du *Massilia*, à destination de Casablanca.

23. Laval et Marquet entrent au gouvernement.

29. Le gouvernement quitte Bordeaux pour **Vichy** *via* Clermont-Ferrand.

J   2. Convocation de l'Assemblée nationale à Vichy.

7. Philippe Pétain donne son accord au projet Laval.

9. Les deux Chambres décident à la quasi-unanimité qu'il y a lieu de réviser les lois constitutionnelles.

10. Séance privée puis officielle de l'Assemblée nationale : vote à une très large majorité des pleins pouvoirs constituants.

11. Philippe Pétain promulgue les trois premiers Actes constitutionnels fondant l'État français.
A Paris, Châteaubriant publie *la Gerbe*.

12. Promulgation de l'Acte constitutionnel numéro 4 instituant Laval dauphin.
Remaniement ministériel.

30. Loi « francisant » l'administration.
Les Chantiers de la jeunesse sont institutionnalisés.

Août   Rejet du projet de « parti unique » rédigé par **Déat**.

17. A Brive, Edmond Michelet distribue des tracts protestant contre la demande d'armistice.
A Chartres, Jean Moulin tente de se suicider plutôt que de signer un texte déshonorant.

20. É. Achavanne sabote près de Rouen des lignes de communication téléphonique de la Wehrmacht.

23. Vieljeux, maire de La Rochelle, refuse d'amener le drapeau français.

17. De Gaulle gagne Londres.
18. Premier « Appel » à la « Résistance ».

24. Les hommes valides de l'île de Sein rejoignent les « Forces françaises libres ».
28. De Gaulle est reconnu par le gouvernement britannique comme le « chef des Français libres ».

J

22. A Rethondes, les plénipotentiaires français signent la convention d'armistice franco-allemande.
25. Entrée en vigueur de l'armistice.

3. Opération « Catapult » : à Mers el-Kébir, la flotte française de haute mer subit des pertes sévères.

22. Ralliement des Nouvelles-Hébrides.

Août Arrivée en France des premiers agents de la France libre chargés de monter des

2. Le Japon exige des bases en Indochine.

7. Trois départements de l'Est sont placés par le Reich sous la férule de deux Gauleiter.

Publication en zone occupée des *Conseils à l'occupé* de J. Texcier.

13. Dissolution des « sociétés secrètes ».

16. Mise en place de « Comités provisoires d'organisation ».

29. Création de la Légion française des combattants.

Frenay jette sur le papier le plan d'une Armée secrète.

S 6. Remaniement ministériel : les parlementaires sont presque tous éliminés.

7. Weygand devient délégué général du gouvernement pour l'Afrique française.

10. Création de l'Office central de répartition des produits industriels.

17. *L'Œuvre* reparaît à Paris. Le rationnement est instauré pour les principaux produits alimentaires.

27. En zone occupée, l'occupant promulgue une ordonnance sur les juifs.

O 3. A Vichy, le Conseil des ministres arrête un « Statut » des juifs.

Raymond Deiss sort le premier numéro de *Pantagruel*. Jean Lebas fait circuler *l'Homme libre*.

5. Rafles de communistes dans la région parisienne.

11. Discours de Pétain contenant une ouverture en direction du Reich.

13. Les conseils généraux sont remplacés par des « commissions administratives ».

22. Rencontre Hitler-Laval.

24. A Montoire, Pétain et Hitler conviennent du principe d'une collaboration politique.

30. Message de Philippe Pétain incitant les Français à entrer dans la voie de la collaboration d'État.

N 1er. Jean Luchaire fait paraître *les Nouveaux Temps*.

9. Dissolution des organisations professionnelles nationales.

11. Manifestation d'étudiants et de lycéens à Paris. Des militants démocrates-chrétiens forment le mouvement « Liberté ».

14. « Accord de compensation » franco-allemand.

réseaux de renseignements.
7. Accord entre la France libre
   et le gouvernement britannique.

3. Abetz est nommé ambas-
   sadeur à Paris.
8. Début du *Blitz*.

26- Ralliement à la France libre
28. du Cameroun et de la quasi-
     totalité de l'AEF.

S 2. Ralliement de Tahiti.

26. Des troupes japonaises dé-
    barquent au Tonkin.
27. Signature du pacte Rome-
    Berlin-Tokyo.
28. Hitler ordonne à la Wehr-
    macht de préparer un plan
    d'invasion de l'Union sovié-
    tique.

23- Les gaullistes échouent de-
25. vant Dakar.

O

8. Entrée de forces allemandes
   en Roumanie.
12. Hitler remet *sine die* l'inva-
    sion de la Grande-Bretagne.

24. Ralliement de la Nouvelle-
    Calédonie.
27. A Brazzaville, de Gaulle
    crée le Conseil de défense de
    l'Empire.

23. Rencontre Hitler-Franco.
28. Les Italiens attaquent la
    Grèce.

N

9. Ralliement du Gabon.

5. Réélection de F.D. Roosevelt.

16. Loi réformant les sociétés anonymes.
Expulsion de quelque 70 000 Lorrains.

A Lyon, s'implante *France-Liberté*, ancêtre de *Franc-Tireur*.

D 2. Loi sur l'organisation corporative de l'agriculture.

1er. Christian Pineau sort le premier numéro de *Libération-Nord*.

13. Révolution de palais à Vichy : Laval est déchu de ses fonctions et arrêté.
Déat est interpellé à Paris.

15. Premier numéro de *Résistance* du groupe du musée de l'Homme.
Mise en place, à Paris, de l'OCM.
Premiers pas de Ceux de la Libération.

14. Flandin devient ministre des Affaires étrangères.
25. Darlan rencontre Hitler près de Beauvais.

1941

J 22. Création du Conseil national.

Premier numéro de *Valmy* publié par R. Burgard.

27. Les membres du gouvernement doivent prêter serment de fidélité au chef de l'État français.

28. Frenay démissionne de l'armée pour se consacrer totalement à son Mouvement de libération nationale.
Le groupe du musée de l'Homme est décapité.

F Des cinémas parisiens passent *le Juif Süss*.

1er. Fondation du RNP par Déat et Deloncle.
7. *Je suis partout* reparaît.
9. Loi réglementant emblavures et récoltes.
Flandin démissionne; Darlan est nommé vice-président du Conseil et ministre des Affaires étrangères.
10. Darlan remplace Laval comme dauphin.
26. Accord Murphy-Weygand sur le ravitaillement de l'Afrique du Nord.

M 14. Création de l'allocation aux vieux travailleurs.

La MOI est renforcée.

29. Xavier Vallat est nommé commissaire général aux questions juives.

30. A Nîmes, est mis en place le premier Comité d'action socialiste.
Sortie de *la Voix du Nord*.

A La ration journalière de pain passe à 275 grammes.
12. Réglementation du divorce.
17. Création à Paris du Centre syndicaliste de propagande.

14. A Lisbonne, Loustaunau-Lacau contacte un émissaire de l'Intelligence Service.

Mai 8. Nouvelle ordonnance allemande sur les juifs résidant en zone occupée.

16. Création de l'ordre de la Libération.

D

9. Contre-attaque britannique en Cyrénaïque.

18. Le plan de l'opération « Barbarossa » est arrêté : l'Union soviétique sera attaquée à la fin du printemps.

24. Honoré d'Estienne d'Orves gagne la Bretagne.

1941
J 29. Raid des FFL sur Mourzouk.

F

10. Une colonne partie du Tchad cerne Koufra.

26. L'Afrikakorps de Rommel est engagé en Libye.

M Rémy fonde la Confrérie Notre-Dame.
2. Chute de Koufra.
14. La 1ʳᵉ DFL est engagée en Érythrée.

11. Promulgation de la loi du « prêt-bail ».
15. Offensive italo-allemande en direction de l'Égypte.

A

3. Coup d'État antibritannique à Bagdad.
13. Les troupes allemandes pénètrent dans Belgrade.
22. Les Grecs capitulent.

Mai

11. Des avions allemands transitent par la Syrie.

13. Entrevue Hitler-Darlan au Berghof.
14. Arrestation à Paris de juifs étrangers.

15. Création du Front national.

27- A Paris, sont paraphés les
28. « Protocoles de Paris ».
Le tribut journalier passe à 300 millions de francs.

26. Début de la grève des mineurs du Nord et du Pas-de-Calais.

Juin 2. Deuxième « Statut des juifs » publié à Vichy.

9. Fin de la grève des mineurs.

3- Le Conseil des ministres
6. refuse de signer les « Protocoles de Paris ».
14. Congrès national du RNP.
22. Congrès du PPF à Villeurbanne.

J 7. Les collaborationnistes veulent créer une « Légion des volontaires français contre le bolchevisme ».

Premier numéro de *Libération-Sud*.

18. A Paris grand meeting en faveur de la LVF.
Pucheu devient ministre de l'Intérieur.

14. Lancement de *Défense de la France*.

24. Déclaration d'allégeance des cardinaux et archevêques de France.
26. A Montélimar, assassinat de Marx Dormoy.

Août 12. Discours du « Vent mauvais ».
14. Création (antidatée) des cours spéciales de justice.
Le serment de fidélité est exigé des hauts fonctionnaires, des militaires et des magistrats.

21. Fabien abat l'aspirant Moser au métro Barbès.

22. Promulgation de l' « ordonnance des otages ».
27. Attentat de Collette contre Laval et Déat.

S 4. Doriot part avec un contingent de la LVF.
5. Marcel Gitton est abattu.
Inauguration à Paris de l'exposition « Le juif et la France ».

Le Front national se met en place.

16. Exécution de 10 otages.
Les réfugiés peuvent revenir en « zone interdite ».

O 4. Promulgation de la « Charte du travail ».

27. La flotte britannique coule le *Bismarck*.
31. Premier raid massif de la RAF sur le territoire du Reich.

Juin 8. Les FFL entrent en Syrie.

22. La Wehrmacht envahit l'Union soviétique.
Prise de Damas.

.l

14. Armistice de Saint-Jean-d'Acre.
16. Prise de Smolensk.

25. Accord de Gaulle-Lyttleton sur le Moyen-Orient.

Août

10- Rencontre Churchill-Roo-
14. sevelt et signature de la Charte de l'Atlantique.

25. Des troupes britanniques et soviétiques pénètrent en Iran.

29. Honoré d'Estienne d'Orves et deux de ses compagnons sont exécutés.

S 4. Première opération Lysan-der.

9. Début du siège de Lenin grad.

12. Jean Moulin franchit la frontière espagnole.

19. Chute de Kiev.

24. Constitution du Comité national français.
27. Catroux proclame l'indépendance de la Syrie.

O

16. Prise d'Odessa.

13. Instauration des « colis familiaux ».
La rupture est consommée entre le RNP et le MSR.

22- Exécution de 98 otages dont
23. 27 fusillés à Châteaubriant.

N   1er. A Paris, sortie de l'hebdomadaire *le Rouge et le Bleu*.

A Grenoble, est fondé le mouvement Combat.

20. Sur l'injonction du Reich, Weygand est rappelé d'Afrique.

Premier *Cahiers du Témoignage chrétien*.

D   1er. Rencontre Pétain-Goering à Saint-Florentin.

Premier numéro de *Combat*.
Sortie de *Franc-Tireur*.

12. Arrestation à Paris de 750 personnalités juives de nationalité française.
Naissance officielle du Service d'ordre légionnaire.

5. Exécution de G. Péri.

1942
J   9- Tractations entre Benoist-
12. Méchin et Abetz.

F   19. Ouverture du procès de Riom.

Les Éditions de Minuit publient *le Silence de la mer*.
Lecompte-Boinet fonde Ceux de la Résistance.

M   1er. Inauguration à Paris de l'exposition « Le bolchevisme contre l'Europe ».

3- Bombardement allié meur-
4. trier sur Boulogne-Billancourt.

15. Loi réglementant le marché noir.

26. Rencontre Pétain-Laval dans la forêt de Randan.

28. Mandaté par ses camarades, Christian Pineau gagne Londres pour négocier avec la France libre.

27. Départ du premier convoi de « déportés raciaux ».

Naissance des FTPF.
La « source K » devient opérationnelle.

A   5. Installation officielle de la Gestapo en zone occupée.

15. Suspension *sine die* du procès de Riom.

16. A Paris, manifestation de lycéens à l'appel d'élèves du lycée Buffon.

17. Évasion de Giraud.
Démission de Darlan.

18. L'Acte constitutionnel numéro 11 crée la fonction de « chef du gouvernement ». Laval devient le chef du gouvernement.

29. Giraud à Vichy.

20. Le gouvernement soviétique quitte Moscou.

N 6. Yvon Morandat, est parachuté en zone sud.
27. Catroux proclame l'indépendance du Liban.

3. Chute de Koursk.
16. Début de la bataille pour Moscou.

D

7. Pearl Harbor.
Les Japonais pénètrent en Malaisie et en Thaïlande.
8. Les États-Unis et le Royaume-Uni déclarent la guerre au Japon.

24. Les Forces françaises libres rallient Saint-Pierre-et-Miquelon.

20. Échec de l'assaut allemand contre Moscou.

1942
J 1er. Parachutage de Jean Moulin.
17. Naissance du BCRAM.

21. Contre-offensive Rommel en Libye.

F Leclerc contrôle les oasis du Fezzan.

15. Prise de Singapour par les Japonais.
16. Occupation de Sumatra.

M 3. L'amiral Muselier quitte le Comité national français.

8. Capitulation de Java.

21. Fritz Sauckel est nommé « planificateur général pour le recrutement de la main-d'œuvre ».
27. Raid britannique sur Saint-Nazaire.

A Moulin crée le Bureau d'information et de presse.
Brossolette gagne Londres.

Mai   4. Lachal succède à Valentin   1er. Manifestations patriotiques
              comme directeur de la Lé-   dans bon nombre de villes
              gion des combattants.   de zone sud.
           6. Darquier de Pellepoix est   E. d'Astier de La Vigerie
              nommé commissaire général   parvient à Londres.
              aux Questions juives.
          18. L'Allemagne exige le trans-   Gouin est mandaté par Blum
              fert dans le Reich d'ouvriers   pour rejoindre Londres.
              qualifiés.
          29. Obligation du port de l'étoi-   Sortie en zone sud du pre-
              le jaune pour les Juifs rési-   mier numéro du *Populaire*.
              dant en zone occupée.

Juin 16. Rencontre Laval-Sauckel :   Publication du premier *Ca-
              le principe de la « Relève »   hier* de l'OCM.
              est accepté.   Publication dans la presse
          22. Discours radiodiffusé de   clandestine du message de
              Laval annonçant la Relève   Charles de Gaulle rapporté
              et souhaitant publiquement   par Pineau.
              la victoire de l'Allemagne.

J   16- A Paris, opération « Vent   14. Nouvelles manifestations,
          17. printanier » : rafle dite du   notamment à Marseille.
              Vel' d'hiv'.   Arrivée à Libération-Sud
          18. A Vichy, une loi institue la   d'une nouvelle génération
              Légion tricolore.   de militants.
          28. Accord aéronautique franco-
              allemand.
              Sortie de *l'Étranger*.

Août   Des juifs étrangers de zone
              sud sont livrés aux nazis.
          11. Arrivée à Compiègne du pre-
              mier convoi de prisonniers
              libérés au titre de la « Re-
              lève ».
          19. Service militaire obligatoire
              en Moselle.
          25. Les Bureaux des deux Cham-
              bres doivent cesser toute
              activité.
              Service militaire obligatoire   Diffusion de la lettre dio-
              en Alsace.   césaine de Mgr Saliège s'éle-
              Des voitures gonio alleman-   vant contre les persécutions
              des pénètrent en zone   des juifs.
              libre.

S   4. Publication de la loi relative   Débuts du NAP.
              « à l'utilisation et à l'orien-   8. Frenay et E. d'Astier de La
              tation de la main-d'œuvre ».   Vigerie gagnent Londres.
                                                20. Premier numéro des *Lettres
                                                    françaises*.
                                                23. Mort de Charles Debarge.

O   Événement politico-littéraire: A Londres, conversations
              les Décombres.   décisives entre Frenay, E.

Mai   Rémy rencontre un émissaire du PCF.

4. Début de la bataille de la mer de Corail.
5. Les Britanniques débarquent à Madagascar.
6. Fin de la résistance américaine aux Philippines.
8. Nouvelle offensive de printemps de la Wehrmacht en Union soviétique.

26. Début de l'assaut contre le camp retranché de Bir Hakeim.

Juin 11. Les forces de Kœnig parviennent à percer.

21. Chute de Tobrouk.

J   Première réunion du Comité général d'études créé par Jean Moulin.

2. Chute de Sébastopol.

14. La France libre devient la France combattante.
28. Remaniement du Comité national : Philip devient commissaire à l'Intérieur.

18-20. Les stratèges anglo-saxons programment l'opération « Torch ».

Août   Le BCRAM devient le BCRA et prend en charge l'action politique en France.

9. Arrestation de Gandhi et de chefs du parti du Congrès.

18. Échec du raid anglo-canadien sur Dieppe.

S   Brossolette regagne Londres en emmenant avec lui Charles Vallin.

O

4. Début de la bataille de Stalingrad.

d'Astier, Passy et de Gaulle.
Le général Delestraint chef
de l'Armée secrète.
Publication du premier numéro de *Résistance* rédigé
par Renet-*Destrée*.

16. Premier tract de la Résistance non communiste con-
tresigné par un parti politique.
Mise en place d'un Comité
de coordination des mouvements de zone sud.
Création de l'Action ou-
vrière.
Mise en place du NAP-Fer.
Installation des premiers
maquis en zone sud.

N   4-8. Congrès du PPF.
     11. Opération « Anton » : la
          Wehrmacht pénètre en zone
          sud.
          Déat lance un Front national
          révolutionnaire.
     12. Arrestation de Weygand par
          l'occupant.
          De Lattre doit se constituer
          prisonnier.
     16. Pétain enlève à Darlan
          toutes ses fonctions offi-
          cielles.
     17. L'Acte constitutionnel nu-
          méro 12 donne à Laval le
          pouvoir de signer seul lois et
          décrets.
     18. Démission de Gibrat, de
          Barnaud et d'Auphan.
          Instauration de l'allocation
          de salaire unique.
     27. Opération « Lila » : l'armée
          d'armistice est désarmée;
          sabordage de la flotte à Tou-
          lon.
          Le tribut journalier est porté
          à 500 millions de francs.

D   Sortie sur les écrans pari-   Des officiers de l'ex-armée
          siens des *Visiteurs du soir*.   d'armistice fondent l'OMA.
     8. Première de *la Reine morte*.
     28. Dissolution de la Légion
          tricolore.
     29. Loi Gounot sur les associa-
          tions familiales.

1943
J   1er. Fermeture de l'École des ca-   18. Arrivée à Londres de Gre-
          dres d'Uriage.   nier qui représente auprès

23. « Conférence de Cherchell » entre le général Clark et des émissaires du « groupe des Cinq ».

N 2. Accords Giraud-Murphy.
7. Mobilisation des conjurés à Alger et au Maroc.
9. Arrivée de Giraud en Algérie.
15. Excipant de « l'accord intime » du maréchal, Darlan prend le pouvoir en Afrique du Nord.

22. Contre-offensive de Montgomery en Égypte.

3. Rommel est défait à El-Alamein.
5. Fin des combats à Madagascar.
8. Début de l'opération « Torch ».
9. Suspension d'armes à Alger. Laval rencontre Hitler à Berchtesgaden.
11. L'armistice est étendu à l'Algérie et au Maroc.
13. Les autorités militaires américaines entrent dans le *Darlan deal*.
19. Début de la campagne de Tunisie.

22. Accords Clark-Darlan.
23. Ralliement de l'AOF à Darlan.
27. Manifeste gaullien de P. Brossolette.
27. Entrevue Rémy-Grenier. Arrestation de gaullistes en Algérie.
30. Ralliement de la Réunion à la France combattante.

D 4. Darlan crée le Conseil impérial.
10. Le comte de Paris gagne Alger.
24. Assassinat de Darlan.
26. Exécution de Bonnier de La Chapelle. Giraud est nommé par le Conseil impérial haut-commissaire civil et militaire en Afrique du Nord.

1943
J 13. Jonction Leclerc-Montgomery.

13. Décret de Hitler proclamant « la guerre totale ».

24. Destruction du Vieux-Port de Marseille.

de la France libre le PCF et les FTP.
26. Fusion des trois principaux mouvements de zone sud : naissance des MUR. Implantation de maquis en zone nord.

30. Création de la Milice.

F 16. Trois classes d'hommes sont mobilisées pour le STO.

M 1er. Suppression de la ligne de démarcation pour les citoyens français « à part entière ».
21. Le cardinal Liénart déclare que partir pour le STO n'est pas en conscience un devoir.

15. Dans une lettre adressée à de Gaulle, Blum, au nom de la SFIO, déclare soutenir l'action du chef de la France libre, tout en défendant les partis politiques.

26. Les mouvements de zone nord signent une « déclaration des organisations de Résistance de zone nord ». L'ORA, qui a succédé à l'OMA, se renforce. Mise en place en zone sud du « Service national Maquis ».

A 26. Remaniement ministériel à Vichy. La ration hebdomadaire de viande tombe à 120 grammes.
4. Nouveau bombardement meurtrier de Boulogne-Billancourt.
5. L'État français livre à l'Allemagne Blum, Daladier, Mandel, Reynaud, Gamelin.
24. Mort du premier milicien tué par la Résistance.

8. Longue lettre argumentée de Frenay à Moulin.
12. Daniel Mayer gagne Londres au nom de la SFIO.
17. Accords du Perreux : réunification de la CGT.

Mai

Premier numéro du *Courrier français du Témoignage chrétien*.
27. Fondation du CNR.

19. Peyrouton gouverneur général de l'Algérie.
22. Première rencontre de Gaulle-Giraud.
27. Arrivée en France de Brossolette : c'est la mission « Brumaire ».

14- Conférence d'Anfa entre
26. Roosevelt et Churchill ; de Gaulle et Giraud y sont convoqués.

F 2. Jonction de l'armée d'Afrique et de la colonne Leclerc.
12. « Manifeste du peuple algérien » de F. Abbas.
21. De Gaulle décide que le futur CNR devra comprendre des représentants des partis politiques.
23. Mémorandum du Comité national à Giraud.
26. Arrivée en France de Passy-*Arquebuse*.

2. Capitulation du corps d'armée Paulus à Stalingrad.

M 1er- Passy et Brossolette rencontrent les dirigeants des mouvements de zone nord.
25.
4. Arrivée de Jean Monnet à Alger.
14. Discours « républicain » prononcé par Giraud.
16. Démission d'une partie de l'entourage de Giraud.
17. Le Comité national français exige de Giraud l'ouverture de négociations.
18. La Guyane se rallie à Giraud.
25. Arrivée à Alger de Catroux représentant le Comité national français.

Contre-offensive Manstein.

29. Prise de la ligne Mareth.

A 12. Queuille gagne Londres.
19. Passy et Brossolette regagnent Londres.
Jean Moulin étoffe les services de la Délégation.

19. Soulèvement du ghetto de Varsovie.

29. Entrevue Hitler-Laval.

Mai 7. Important rapport de Jean Moulin envoyé à Londres.
14. Moncef Bey est relégué à Laghouat.
15. Télégramme envoyé par Jean

7. Entrée des forces alliées dans Tunis.
13. Fin de la campagne de Tunisie.

Juin	2. Création de la Franc-Garde de la Milice.	9. Arrestation de Delestraint.
	21. Rassemblement au stade Coubertin des miliciens du RNP.	21. Coup de filet de Caluire.
J	17. Congrès du groupe Collaboration.	Les dirigeants des mouvements opposés à la présence des partis politiques au CNR mettent sur pied un Comité central de la Résistance. Mise en place d'un Comité d'action contre la déportation. Dejussieu succède à Delestraint.
		14. Les Éditions de Minuit publient *l'Honneur des poètes*.
Août	Crise à *Je suis partout* : Brasillach et ses amis quittent la rédaction.	
S	8. La Wehrmacht occupe l'ex-zone italienne.	Élection de G. Bidault comme président du CNR.
	17. Speer et Bichelonne tombent d'accord sur la création en France de *Speer-Betriebe*. Des ultras publient le « plan de redressement national français ».	Mise sur pied d'un bureau du CNR. Le premier numéro des *Cahiers de Libération* publie ce qui deviendra *le Chant des partisans*.
		9. Soulèvement des résistants corses.
		10. Un détachement de la MOI abat Ritter, adjoint de Sauckel pour la France.
O		5. Fin de la libération de la Corse. Revers devient le chef de l'ORA. Les résistants programment les comités départementaux de libération.

Moulin au nom du futur CNR affirmant la primauté politique de Charles de Gaulle.

21. Nouvelles instructions de Charles de Gaulle qui tient compte des exigences de la Résistance intérieure.

25. Entretien Catroux-Monnet-Macmillan.

30. De Gaulle arrive à Alger.

Juin 1er. Démission de Peyrouton.

3. Création du Comité français de Libération nationale.

7. Élargissement du CFLN.

24. Ralliement de la Martinique au CFLN.

10. Dissolution du Komintern.

J 1er. Giraud part pour les États-Unis.

8. Date vraisemblable de la mort de Jean Moulin.

23. Retour de Giraud.
31 et 4 août. Modification des règles institutionnelles du CFLN.

10. Débarquement anglo-saxon en Sicile.

17. Mise en place de l'AMGOT.

25. Mussolini est démis de ses fonctions par le Grand Conseil fasciste.

26. Les Soviétiques lancent une contre-offensive de grande envergure.

Août 13. Arrestation de Pucheu.

25- Reconnaissance *de facto* du
26. CFLN par les Grands Alliés.

17. Fin de la résistance de l'Axe en Sicile.

S 3. Les ministres et hauts fonctionnaires de l'État français seront poursuivis en justice.

13. Des bataillons de choc de l'armée d'Afrique débarquent en Corse.

15. Bollaert est nommé délégué général en France.

17. Il est décidé de réunir une Assemblée consultative.
Désignation de délégués militaires pour la métropole.

8. Capitulation sans condition de l'Italie.

12. Mussolini est libéré par Skorzeny.

O 2. Fin de la dyarchie.

8. De Gaulle à Ajaccio.

21. Rétablissement du décret Crémieux.

25. Reprise de Smolensk.

N 13. Pétain interdit d'onde sur
       l'ordre du Reich.
       Le chef de l'État français
       cesse d'exercer ses fonctions.

François Lachenal publie à
Genève *Domaine français*.
11. Célébration massive, parfois
    tragique, ainsi à Grenoble,
    du 11 novembre. A Oyon-
    nax, les forces du maquis
    défilent dans la ville libérée
    pour vingt-quatre heures.

25. Rafle parmi les étudiants de
    Strasbourg réfugiés à Cler-
    mont-Ferrand.

   27. A Paris, première du *Soulier
       de satin*.
D 1er. Doriot reçoit la croix de fer.
    2. Assassinat de Maurice Sar-
       raut.
    4. Entrevue Abetz-Pétain.
   18. Pétain accepte toutes les
       conditions posées par le
       Reich.

29. Naissance des FFI.

1944
J 1er. Darnand est nommé « secré-
       taire général au maintien de
       l'ordre ».
    4. Suppression officielle des
       Chantiers de la jeunesse.
    6. Philippe Henriot secrétaire
       d'État à l'Information et à
       la Propagande.
   20. Institution de cours martia-
       les expéditives.
   27. La Milice étend ses activités
       à la zone nord.
F   Première d'*Antigone*.
   19- Répression de la mutinerie
   22. de la prison d'Eysses.

5. En intégrant une partie des
   mouvements de zone nord,
   les MUR deviennent le
   « Mouvement de libération
   nationale ».

Montée de maquisards sur
le plateau des Glières.
21. Exécution de 22 des parti-
    sans de la MOI condamnés
    dans le procès de « l'affiche
    rouge ».
    Création par le MLN des
    « Corps francs de libéra-
    tion ».
15. Le CNR publie une direc-
    tive connue sous le titre de
    « programme du CNR ».
26. Avec l'aide de miliciens, les
    troupes allemandes don-

M 16. Déat nommé secrétaire
       d'État.
       La Dordogne est mise à feu
       et à sang par la division B.

N Manifestations nationalistes au Liban.

6. Les Soviétiques reprennent Kiev.

3. Séance inaugurale de l'Assemblée consultative d'Alger.

12. Exécution de Ciano et de Balbo par les fascistes.

6. Élargissement du CFLN à des hommes politiques et à des responsables de la Résistance intérieure.

8. Giraud, commandant en chef de toutes les forces armées françaises.

16. Conflit entre de Gaulle et le PCF sur le choix de ministres communistes.

27. De Gaulle décide la fusion des services spéciaux.

29. Ouverture de la conférence tripartite de Téhéran.

D 10. Des forces françaises sont engagées en Italie.

12. Discours de Constantine : de Gaulle y annonce un élargissement de l'intégration musulmane.

18. Arrestation de Flandin, de Peyrouton, de Boisson.

30. En Ukraine, les lignes allemandes sont enfoncées.

1944

J 11. Manifeste de l'Istiqlal.

2. Raid aérien massif sur Berlin.

5. Entrée des troupes soviétiques en Pologne.

27. Entretiens entre Churchill et E. d'Astier.

21. Leningrad est dégagée.

30. Discours-programme de Charles de Gaulle à la conférence africaine de Brazzaville.

25. En Italie, la position du Belvédère est enlevée.

31-2 février. Violentes émeutes à Fez.

F 3. Arrestation de Bollaert et de Brossolette.

15. Début de la bataille du Monte Cassino.

M 7. Ordonnance ouvrant en Algérie le premier collège à certaines catégories de musulmans.

5. Nouvelle offensive soviétique en Ukraine.

10. Instruction sur l'organisation de la Résistance.
Parodi succède à Bollaert comme délégué général.

nent l'assaut au plateau des Glières.

A   2. Massacre d'Ascq.
       9. « Pâques rouges » dans le Jura.
     10- Violents bombardements
     25. alliés sur le territoire français.

Des maquisards montent sur le plateau du Vercors.

     26. Pétain à Paris.
     28. Allocution du chef de l'État français contre le terrorisme.

Mai   7- Sur ordre allemand, Pétain
     28. pérégrine en zone nord.
     26- Violents bombardements anglo-saxons sur 25 grandes agglomérations françaises.
     27.

20. Ordre de mobilisation lancé pour des maquisards qui convergent vers la Margeride.

Juin   6. La division « Das Reich » se met en branle pour « exterminer les bandes ».
     8. Mobilisation de la Milice.
     9. Pendaisons de Tulle.
    10. Massacre d'Oradour.
    13. Darnand secrétaire d'État à l'Intérieur.
    20. Assassinat de Jean Zay.

6. La Résistance exécute les différents plans programmés par les Alliés.
7. Occupation de Tulle par les FFI.
Proclamation de la « République de Mauriac ».
16- Dispersion des maquisards
20. après les combats du mont Mouchet.
18. Combats de Saint-Marcel.

    28. Philippe Henriot est abattu par des résistants.

J   5. Manifeste des ultra-collaborationnistes.
     7. Assassinat de Georges Mandel.
    12. Dernier conseil des ministres à Vichy.

3. Proclamation de la « République du Vercors ».
14. Manifestations populaires.

21- Attaque et fin du « réduit »
23. du Vercors.

20. Exécution de Pucheu.
23. L'Assemblée consultative se prononce en faveur du vote des femmes.
31. A Alger, le COMIDAC arrête une stratégie de « réduits ».

A 4. Remaniement ministériel : entrée au gouvernement de Grenier et de Billoux.

4. Les troupes soviétiques pénètrent en Roumanie.

8. Giraud nommé inspecteur général des armées.
13. La 2e DB peut s'embarquer pour la Grande-Bretagne.

12. Abdication de Victor-Emmanuel.

15. Giraud se retire à Mazagran.
21. Ordonnance du CFLN portant organisation des pouvoirs publics en France libérée; les femmes obtiennent le droit de vote.

Mai Désignation des commissaires de la République.

13. Fin de la résistance allemande au Monte Cassino.

31. De Gaulle est invité à se rendre aux États-Unis.

Juin 2. Le CFLN se transforme en Gouvernement provisoire de la République française.

4. Prise de Rome.
5. Messages anglo-saxons à destination de la Résistance française.

4. De Gaulle arrive en Grande-Bretagne; entrevue orageuse avec Churchill.

6. Début de l'opération « Overlord ».

6. Message personnel de Charles de Gaulle appelant les Français à se mobiliser.

8. Prise de Bayeux.
13. Des V1 tombent sur Londres.

10. Kœnig donne l'ordre de se limiter à des opérations de guérilla.

14. Les troupes américaines reprennent pied sur les îles Mariannes.

14. De Gaulle débarque sur la plage de Courseulles; il installe F. Coulet comme commissaire de la République à Bayeux.

17-19. Conquête de l'île d'Elbe.
23- Offensive soviétique dans les
24. Pays baltes.
26. Prise de Cherbourg.

J 6- Voyage de Charles de Gaulle
10. aux États-Unis et au Canada.

1er- Conférence et accords de
22. Bretton-Woods.
3-11. Bataille de Minsk.
9. Libération de Caen.
19. Prise de Saint-Lô.
20. Attentat manqué contre Hitler.
29- Combats et prise d'Avran-
31. ches.
30. Les Soviétiques sur la Vistule.

Août

5. Pétain désavoue la Milice.
12. Laval rencontre Herriot près de Nancy.
15. Départ du dernier convoi de déportés.
17. Laval tient son dernier Conseil des ministres.
    La presse collaborationniste cesse de paraître à Paris.

20. Le Reich force Pétain à quitter Vichy pour Belfort.

5. Libération de Rennes.
9- Le Mans, Alençon, Chartres
11. sont libérés.
14- Libération de Dreux, d'Or-
17. léans.
15. Grève de la police parisienne.
18. Grève générale lancée par les syndicats.
19. Début de l'insurrection parisienne et occupation de la préfecture de police.
20. Trêve étendue à Paris.
    Arrestation de Parodi.
    Un émissaire de Rol-Tanguy parvient au QG américain.
    Toulouse se libère.
22. Les combats reprennent dans Paris.
    Eisenhower prend la décision de lancer la 2e DB.
23. Libération de Grenoble et d'Aix-en-Provence.
25. Capitulation de von Choltitz.
28. Libération de Marseille.
29. Libération de Nîmes, Montpellier, Narbonne.
30- Libération de Rouen, Reims,
31. Épernay, Châlons-sur-Marne, Saint-Dizier.

Août

1er. La 2e DB débarque en Normandie.

9. Ordonnance rétablissant la légalité républicaine en métropole.

1er. Insurrection de Varsovie.

6- Échec de la contre-attaque
7. allemande à Mortain.

10. Reprise de Guam par les Américains.

13. Installation du « gouvernement de Lublin ».
Retraite allemande en Normandie.

15. Débarquement franco-américain sur les côtes de Provence.

19- Les troupes américaines
21. franchissent la Seine.

23. La 2e DB s'ébranle en direction de Paris.

24. L'avant-garde des « Leclerc » fonce sur l'Hôtel de ville.

25. La 2e DB s'attaque aux points d'appui allemands.
Périple parisien de Charles de Gaulle de Montparnasse à l'Hôtel de ville.

26. Couronnement populaire de Charles de Gaulle.

31. Les Soviétiques pénètrent dans Bucarest.

Orientation bibliographique

Toute bibliographie est par définition personnelle et contestable. Ajoutons qu'un bon nombre des ouvrages cités en bas de page du texte auraient pu figurer dans la présente orientation. Précisons encore que les neuf premiers titres peuvent être considérés comme une introduction générale à la période et que les autres sont cités dans l'ordre des différents chapitres de ce volume.

1. G. Wright, *L'Europe en guerre 1939-1945*, Paris, Colin, 1971.
   [UNE INTRODUCTION CLAIRE ET INTELLIGENTE À LA GUERRE EUROPÉENNE AVEC UNE BONNE ORIENTATION BIBLIOGRAPHIQUE.]
2. J. Vidalenc, *Le Second Conflit mondial*, Paris, SEDES, 1970.
   [UN PRÉCIS COMMODE.]
3. H. Michel, *La Seconde Guerre mondiale*, Paris, PUF, 1968-1969, 2 vol.
   [UNE SOMME.]
4. P. Renouvin, *Histoire des relations internationales*, t. 8, *Les Crises du XXᵉ siècle*, vol. 2, Paris, Hachette, 1967.
   [LIMPIDE.]
5. Y. Durand, *Vichy 1940-1944*, Paris, Bordas, 1972.
   [REMARQUABLE.]
6. H. Noguères, *Histoire de la Résistance en France*, Paris, Laffont, 1967-1981, 5 vol.
   [UNE DÉMARCHE ANALYTIQUE FORT BIEN MENÉE; DES OUVRAGES INDISPENSABLES POUR QUI VEUT CONNAÎTRE LA RÉSISTANCE INTÉRIEURE; LE LECTEUR PRESSÉ SE REPORTERA À H. MICHEL (68).]
7. Ch. de Gaulle, *Mémoires de guerre*, Paris, Plon, 1954-1956, 2 vol.
   [TROP GAULLIEN POUR FAIRE ŒUVRE D'HISTORIEN, MAIS LE MÉMORIALISTE EST TALENTUEUX.]
8. *Revue d'histoire de la Deuxième Guerre mondiale*, Paris, PUF.
   [UNE REVUE FORT UTILE POUR SES ARTICLES, SES NUMÉROS SPÉCIAUX, SES COMPTES RENDUS; UNE TABLE SYSTÉMATIQUE DES NUMÉROS 1 À 100 EST PARUE EN 1977.]
9. *Le Chagrin et la Pitié*, film de Marcel Ophuls, 1969.
   [À VOIR ABSOLUMENT.]

Chapitre 1.

10. Actes du colloque organisé, en décembre 1975, par la Fondation nationale des sciences politiques sur « La France sous le gouvernement Dala-

dier d'avril 1938 à septembre 1939 », qui ont été publiés en deux volumes : *Édouard Daladier chef de gouvernement* et *la France et les Français en 1938-1939*, Paris, Presses de la Fondation nationale des sciences politiques, 1977-1978.
[ONT TOTALEMENT RENOUVELÉ L'HISTORIOGRAPHIE.]

11. *Les Relations franco-allemandes 1933-1939*, Paris, Éditions du CNRS, 1976.
[DE BONNES MISES AU POINT.]

12. J. Zay, *Carnets secrets*, Paris, Les Éditions de France, 1942.
[UN DOCUMENT D'AUTANT PLUS POIGNANT QU'IL FUT PUBLIÉ PAR PHILIPPE HENRIOT POUR CLOUER AU PILORI LE « BELLICISME ».]

13. É. Bonnefous, *Histoire politique de la Troisième République*, Paris, PUF, 1965-1967, t. 6 et 7.
[UNE CHRONIQUE PARLEMENTAIRE CENTRISTE ET SÉNATORIALE.]

14. G. Bourdé, *La Défaite du Front populaire*, Paris, Maspero, 1977.
[DES APERÇUS SOUVENT NEUFS.]

15. F. Goguel, *La Politique des partis sous la IIIe République*, Paris, Éd. du Seuil, 1958.
[UN OUVRAGE QUI A FAIT DATE; À LIRE.]

16. R. Rémond, *La Droite en France*, Paris, Aubier, 1968, t. 1.
[UN CLASSIQUE; À RELIRE.]

17. J. Touchard, *La Gauche en France depuis 1900*, Paris, Éd. du Seuil, 1977.
[L'ÉDITION OPPORTUNE D'UN COURS PROFESSÉ À L'INSTITUT D'ÉTUDES POLITIQUES DE PARIS.]

18. J. Fauvet, *Histoire du parti communiste français*, Paris, Fayard, 1965, t. 2; rééd. en 1978.
[LE PCF APPROCHÉ DE L'EXTÉRIEUR DE MANIÈRE PRÉCISE ET SÛRE.]

19. E. Weber, *L'Action française*, Paris, Stock, 1964.
[UNE ENQUÊTE MINUTIEUSE.]

20. A. Prost, *Les Anciens Combattants et la Société française*, Paris, Presses de la Fondation nationale des sciences politiques, 1977, 3 vol.
[UNE TRÈS BELLE THÈSE.]

21. A. Prost, *Les Anciens Combattants*, Paris, Gallimard, 1977.
[DANS LA COLLECTION « ARCHIVES », UN OUVRAGE À LIRE NÉCESSAIREMENT.]

22. Ch. Micaud, *La Droite devant l'Allemagne*, Paris, Calmann-Lévy, 1945.
[CLAIR ET COMMODE.]

23. G. Vallette et J. Bouillon, *Munich 1938*, Paris, Colin, 1964.
[UN OUVRAGE, FORT UTILE, DE LA COLLECTION « KIOSQUE ».]

24. *Enquête sur les événements survenus en France de 1934 à 1945*, Paris, Imprimerie de l'Assemblée nationale, 1951, 9 vol.
[INÉGAL, MAIS DES TÉMOIGNAGES INTÉRESSANTS.]

25. M. Steinert, *Les Origines de la Seconde Guerre mondiale*, Paris, PUF, 1974.
[UNE BONNE MISE AU POINT.]

26. W. Hofer, *Hitler déchaîne la guerre*, Paris, Éd. du Seuil, 1967.
[UN RÉCIT BIEN MENÉ.]

27. S. Aster, *Les Origines de la Seconde Guerre mondiale*, Paris, Hachette, 1974.
[UNE UTILISATION PERTINENTE DES SOURCES BRITANNIQUES.]

28. *Les Archives secrètes de la Wilhelmstrasse*, Paris, 1961, t. 9, vol. 2.
[TRÈS UTILE CONTRE LA TENTATION GALLOCENTRIQUE.]

29. H. Michel, *La Drôle de guerre*, Paris, Hachette, 1971.
[UNE PROBLÉMATIQUE D'ENSEMBLE BIEN VENUE.]

30. G. Rossi-Landi, *La Drôle de guerre*, Paris, Colin, 1971.
[UNE BONNE MISE AU POINT.]

31. J. Jeanneney, *Journal politique*, Paris, Colin, 1972.
[UNE ÉDITION CRITIQUE MODÈLE PRÉSENTÉE ET ANNOTÉE PAR JEAN-NOËL JEANNENEY.]

32. *Français et Britanniques dans la drôle de guerre*, Paris, Éditions du CNRS, 1979.
[FORT UTILE.]

33. F. Fonvieille-Alquier, *Les Français dans la drôle de guerre*, Paris, Laffont, 1971.
[UN LIVRE D'HUMEUR QUI NE MANQUE PAS D'INTÉRÊT.]

Chapitre 2.

34. *Le Procès du maréchal Pétain*, Paris, Imprimerie des journaux officiels, 1945.
[LE PLUS RICHE DES PROCÈS DE LA LIBÉRATION EN DÉPIT DES SILENCES DE L'ACCUSÉ.]

35. L. Noguères, *Le Véritable Procès du maréchal Pétain*, Paris, Fayard, 1955.
[UNE MINE DE DOCUMENTS JUSQU'ALORS INÉDITS.]

36. Y. Bouthillier, *Le Drame de Vichy*, Paris, Plon, 1950, 2 vol.
[LE PLAIDOYER LE MIEUX ÉTAYÉ EN FAVEUR DE L'ARMISTICE ET DE VICHY.]

37. F. Avantaggiato Puppo, *Gli Armistizi francesi del 1940*, Milan, 1963.
[EXHAUSTIF.]

38. A. Goutard, *La Guerre des occasions perdues*, Paris, Hachette, 1956.
[DES CRITIQUES PERTINENTES.]

39. G. Chapman, *Six semaines de campagne*, Paris, Arthaud, 1972.
[MINUTIEUX.]

40. J. Vidalenc, *L'Exode de mai-juin 1940*, Paris, PUF, 1957.
[UNE BONNE ENQUÊTE RÉTROSPECTIVE.]

41. H. Amouroux, *La Grande Histoire des Français sous l'Occupation*, Paris, Laffont, 8 volumes annoncés, 3 déjà parus : *Le Peuple du désastre; Quarante millions de pétainistes; Les Beaux Jours des collabos*, 1976-1978.
[INÉGAL.]

42. M. Bloch, *L'Étrange Défaite*, Paris, Éd. Franc-Tireur, 1946.
[LE TÉMOIGNAGE SINGULIER D'UN HISTORIEN ET OFFICIER RÉVULSÉ PAR LA DÉFAITE.]

43. E. Berl, *La Fin de la IIIe République*, Paris, Gallimard, 1968.
[DES PORTRAITS BIEN VENUS; DES ANNEXES COMMODES.]

44. J.-P. Azéma et M. Winock, *La IIIe République*, Paris, Le Livre de poche, 1978.

Chapitre 3.

45. Actes du colloque organisé, en mars 1970, par la Fondation nationale des sciences politiques sur « Le gouvernement de Vichy et la révolution nationale (1940-1942) », qui ont été publiés en un volume, *le Gouvernement de Vichy, 1940-1942*, Paris, Colin, 1972.
[DES CONTRIBUTIONS DE QUALITÉ SURTOUT SUR UN SUJET TABOU.]

46. R. Paxton, *La France de Vichy, 1940-1944*, Paris, Éd. du Seuil, 1973.
[UNE SYNTHÈSE DE TRÈS GRANDE QUALITÉ.]

47. S. Hoffmann, *Essais sur la France*, Paris, Éd. du Seuil, 1974.
[UN RECUEIL D'ESSAIS ÉCRITS PAR UN POLITOLOGUE AMÉRICAIN APPRÉHENDANT REMARQUABLEMENT LA FRANCE ET LES FRANÇAIS; LES TROIS PREMIERS, « LA DROITE À VICHY », « LA COLLABORATION », « CHAGRIN ET PITIÉ? », SONT DES MODÈLES DE FINESSE.]

48. R. Griffiths, *Pétain et les Français*, Paris, Calmann-Lévy, 1974.
[LA MEILLEURE BIOGRAPHIE POUR LE PÉTAIN D'AVANT 1940.]

49. J. Isorni, *Philippe Pétain*, Paris, La Table ronde, 1973.
[ON Y TROUVERA LES TEXTES LES PLUS IMPORTANTS DE PHILIPPE PÉTAIN COMMENTÉS PAR UN PÉTAINISTE INCONDITIONNEL.]

50. H. Du Moulin de Labarthète, *Le Temps des illusions*, Genève, A l'enseigne du cheval ailé, 1947.
[UN PLAIDOYER, QUI NE MANQUE PAS DE TALENT, ÉCRIT PAR LE DIRECTEUR DU CABINET CIVIL DE PHILIPPE PÉTAIN.]

51. H. Michel, *Vichy année 40*, Paris, Laffont, 1966.
[UNE MISE AU POINT SOLIDE ET CONVAINCANTE.]

52. J. Duquesne, *Les Catholiques français sous l'Occupation*, Paris, Grasset, 1966.
[UNE PREMIÈRE SYNTHÈSE QUI DEMEURE PERTINENTE DANS SES GRANDES LIGNES.]

53. Actes du colloque organisé à Grenoble, en 1976, par l'université de Grenoble-II, publiés en un volume, *Églises et Chrétiens dans la Deuxième Guerre mondiale*, Lyon, Presses universitaires de Lyon, 1978.
[DES MONOGRAPHIES SOLIDES QUI APPORTENT LES NUANCES NÉCESSAIRES.]

54. Actes du colloque organisé à Lille, en novembre 1977, par l'université de Lille-III, publiés dans deux numéros de *la Revue du Nord*, Lille, avr.-juin et juill.-septembre 1978.
[UNE BONNE APPROCHE RÉGIONALE.]

55. I. Boussard, *Vichy et la Corporation paysanne*, Paris, Presses de la Fondation nationale des sciences politiques, 1980.
[DÉCORTIQUE BIEN LE FONCTIONNEMENT DE LA CORPORATION.]

56. A. Sauvy, *La Vie économique des Français de 1939 à 1945*, Paris, Flammarion, 1978.
[STIMULANT ET INÉGAL.]

57. P. Delouvrier et R. Nathan, *Politique économique de la France*, Paris, Librairie de droit, 1958.
[UN COURS CLAIR ET MÉTHODIQUE PROFESSÉ À L'INSTITUT D'ÉTUDES POLITIQUES DE PARIS EN 1957-1958.]

58. M. Cépède, *Agriculture et alimentation en France durant la Deuxième Guerre mondiale*, Paris, Génin, 1961.
[UNE THÈSE FORT BIEN INFORMÉE.]

59. P. Durand, *La SNCF pendant la guerre*, Paris, PUF, 1968.
[UNE BONNE MONOGRAPHIE.]

60. C. Bellanger, H. Michel et C. Lévy, *Histoire générale de la presse française de 1940 à 1958*, Paris, PUF, 1975, t. 4.
[UNE TRÈS BONNE SYNTHÈSE.]

61. M. Winock, *Histoire politique de la revue « Esprit », 1930-1950*, Paris, Éd. du Seuil, 1975.

62. J. Billig, *Le Commissariat général aux questions juives*, Paris, Centre de documentation juive contemporaine, 1955, 3 vol.
[EXHAUSTIF.]

63. E. Jäckel, *La France dans l'Europe de Hitler*, Paris, Fayard, 1968.
[A MODIFIÉ RADICALEMENT L'HISTORIOGRAPHIE DE LA COLLABORATION D'ÉTAT.]

64. H. Michel, *Pétain, Laval, Darlan, trois politiques?*, Paris, Flammarion, 1972.
[UNE MISE AU POINT PROBLÉMATIQUE TRÈS BIEN FAITE.]

65. *La France sous l'Occupation*, Paris, PUF, 1959.
[UN RECUEIL D'ÉTUDES VIGOUREUSES ET DOCUMENTÉES; LIRE NOTAMMENT CELLES DE P. ARNOULT, A. PIATIER, A. SCHÉRER.]

66. A. Hytier, *Two Years of French Foreign Policy, Vichy, 1940-1942*, Genève, Droz, 1958.
[SOLIDE ET CONVAINCANT.]

67. J.-P. Azéma, *La Collaboration, 1940-1944*, Paris, PUF, 1975.

68. H. Michel, *Histoire de la Résistance en France*, Paris, PUF, 1972.
[PRÉCIS COMMODE MAIS D'INSPIRATION TROP « LONDONIENNE ».]

69. H. Michel, *La Guerre de l'ombre*, Paris, Grasset, 1970.
[UN BON PANORAMA DE LA RÉSISTANCE EUROPÉENNE.]

70. C. Bellanger, *La Presse clandestine 1940-1944*, Paris, Colin, 1961.
[UN OUVRAGE, DE LA COLLECTION « KIOSQUE », QUI PERMET DE TRÈS BIEN APPRÉHENDER LA RÉSISTANCE INTÉRIEURE.]

71. H. Frenay, *La nuit finira*, Paris, Laffont, 1973.
[LA GRANDE PASSION DÉÇUE D'UN DES CHEFS HISTORIQUES DE LA RÉSISTANCE INTÉRIEURE. A LIRE NÉCESSAIREMENT.]

72. C. Bourdet, *L'Aventure incertaine*, Paris, Stock, 1975.
[UN TÉMOIGNAGE REMARQUABLE. A LIRE OBLIGATOIREMENT.]

73. M. Granet et H. Michel, *Combat, histoire d'un mouvement de résistance*, Paris, PUF, 1957.
[UNE MONOGRAPHIE PIONNIÈRE BIEN FAITE.]

74. D. Veillon, *Le Franc-Tireur*, Paris, Flammarion, 1977.
[UN TRAVAIL D'UNE TRÈS GRANDE QUALITÉ.]

75. E. d'Astier de La Vigerie, *De la chute à la libération de Paris*, Paris, Gallimard, 1965.
[TALENTUEUX.]

76. A. Calmette, *L'OCM, l'Organisation civile et militaire*, Paris, PUF, 1961.
[UNE ÉTUDE SOLIDE.]

77. Actes du colloque organisé, en octobre 1969, par l'Institut Maurice-Thorez, publiés en un volume, *Des victoires de Hitler au triomphe de la démocratie et du socialisme, origines et bilan de la Deuxième Guerre mondiale*, Paris, Éditions sociales, 1970.
[DES COMMUNICATIONS INÉGALES MAIS QUI INAUGURENT LE DÉGEL ET UNE RÉVISION DE L'HISTORIOGRAPHIE DU PCF.]

78. A. Ouzoulias, *Les Fils de la nuit*, Paris, Grasset, 1975.
[UN LIVRE ASSEZ CLASSIQUE D'UN RESPONSABLE DU PCF.]

79. Ch. Tillon, *On chantait rouge*, Paris, Laffont, 1977.
[UN TÉMOIGNAGE REMARQUABLE. IRRÉCUSABLE POUR LES ANNÉES 1939-1941.]

80. J. Soustelle, *Envers et contre tout*, Paris, Laffont, 1947-1950, 2 vol.
[TRÈS BIEN INFORMÉ MAIS NE PEUT S'EMPÊCHER DE RÉGLER SES COMPTES DU TEMPS DU RPF.]

81. H. Michel, *Histoire de la France libre*, Paris, PUF, 1972.
[UN PRÉCIS COMMODE].

82. J. Touchard, *Le Gaullisme 1940-1969*, Paris, Éd. du Seuil, 1978.
[UNE ÉDITION D'UN COURS PROFESSÉ À L'INSTITUT D'ÉTUDES POLITIQUES DE PARIS. UNE MISE AU POINT PERTINENTE SUR CHARLES DE GAULLE AVANT LE 18 JUIN.]

83. J. Lacouture, *De Gaulle*, Paris, Éd. du Seuil, 1965; rééd. en 1969.
[BEAUCOUP DE BRIO ET DE FINESSE.]

84. J.-B. Duroselle, *De Wilson à Roosevelt, la politique extérieure des États-Unis, 1913-1965*, Paris, Colin, 1960.
[FORT UTILE.]

85. Raymond Aron, *De l'armistice à l'insurrection nationale*, Paris, Gallimard, 1945.
[LA CHRONIQUE FORT PERSPICACE D'UN « LONDONIEN » NON GAULLIEN.]

Chapitre 4.

86. H. Amouroux, *La Vie des Français sous l'Occupation*, Paris, Le Livre de poche, 1971, 2 vol.
[UNE FOULE DE DÉTAILS VRAIS.]

87. *Vie et Mort des Français, 1939-1945*, Paris, Hachette, 1971.
[DES TÉMOIGNAGES DE QUALITÉ RECUEILLIS PAR JACQUES MEYER.]

88. J. Delarue, *Trafics et Crimes sous l'Occupation*, Paris, Fayard, 1968.
[DES ENQUÊTES TRÈS BIEN DOCUMENTÉES.]

89. A. Guérin, *La Résistance : chronique illustrée 1930-1950*, Paris, Livre-club Diderot, 1972-1976, 7 vol.
[INÉGAL; VAUT SURTOUT POUR LA DESCRIPTION QU'ILS FONT DE LA VIE ET DE LA MORT DU MILITANT CLANDESTIN; UNE ICONOGRAPHIE HORS PAIR.]

90. L. Kettenacker, *La Politique de nazification en Alsace*, Saisons d'Alsace, Strasbourg, Istra, 1978-1979, 2 vol.
[EXCELLENTE MISE AU POINT.]

91. J. Évrard, *La Déportation des travailleurs français dans le IIIᵉ Reich*, Paris, Fayard, 1971.
[EXHAUSTIF.]

92. M. Marrus et R. Paxton, *Vichy et les Juifs*, Paris, Calmann-Lévy, 1981.
[UNE SYNTHÈSE BIEN VENUE QUI FERA DATE.]

93. O. Wormser et H. Michel, *Tragédie de la déportation, 1940-1945*, Hachette, 1954.
[DES TÉMOIGNAGES NOMBREUX, PRÉCIS, IRRÉCUSABLES.]

94. O. Wormser-Migot, *Le Système concentrationnaire nazi (1933-1940)*, Paris, PUF, 1968.
[UNE THÈSE RIGOUREUSE.]

95. *Nuit et Brouillard* (1955).
[UN FILM REMARQUABLE D'ALAIN RESNAIS SUR UN TRÈS BEAU TEXTE DE JEAN CAYROL. A VOIR ABSOLUMENT.]

96. Joseph Daniel, *Guerre et Cinéma*, Paris, Colin, 1972.
[UNE APPROCHE POLITIQUE INTÉRESSANTE.]

Chapitre 5.

97. P. Dhers, *Regards nouveaux sur les années quarante*, Paris, Flammarion, 1958.
[L'ANALYSE LA PLUS FOUILLÉE ET LA PLUS CONVAINCANTE SUR LES ÉVÉNEMENTS DE NOVEMBRE 1942.]

98. G. Warner, *Pierre Laval and the Eclipse of France*, Londres, Eyre and Spottiswoode, 1968.
[LA MEILLEURE BIOGRAPHIE SUR LAVAL.]

99. A. Milward, *The New Order and the French Economy*, Oxford University Press, 1970.
[UNE ANALYSE TRÈS FOUILLÉE DE L'EXPLOITATION DE LA FRANCE OCCUPÉE PAR LE REICH.]

100. P. Ory, *Les Collaborateurs, 1940-1945*, Paris, Éd. du Seuil, 1977.
[UN BRILLANT ESSAI.]

Lire encore, du même auteur, *la France allemande*, Paris, Gallimard, 1977.
[CE LIVRE DE LA COLLECTION « ARCHIVES » RASSEMBLE DES TEXTES BIEN CHOISIS ET COMMENTÉS AVEC BRIO.]

101. M. Cotta, *La Collaboration, 1940-1944*, Paris, Colin, 1965.
[UN BON PANORAMA DE LA PRESSE COLLABORATIONNISTE.]

102. P.-M. Dioudonnat, *Je suis partout, 1930-1944*, Paris, La Table ronde, 1973.
[L'ANALYSE BIENVEILLANTE D'UNE BRANCHE MAURRASSIENNE HÉRÉTIQUE.]

103. D. Wolf, *Doriot, du communisme à la collaboration*, Paris, Fayard, 1969.
[MINUTIEUX ET CONVAINCANT.]

104. C. Lévy, « *Les Nouveaux Temps* » *et l'Idéologie de la collaboration*, Paris, Colin, 1974.
[MÉTHODIQUE ET NUANCÉ.]

105. J. Delperrie de Bayac, *Histoire de la Milice*, Paris, Fayard, 1969.
[UNE ENQUÊTE SOLIDE ET DIFFICILEMENT RÉFUTABLE.]

106. M. Granet, *Ceux de la Résistance (1940-1944)*, Paris, Éd. de Minuit, 1964.
[UNE TRÈS BONNE MISE AU POINT.]

107. R. Bédarida, *Témoignage chrétien, 1941-1944*, Paris, Éditions ouvrières, 1977.
[UNE MONOGRAPHIE EXEMPLAIRE.]

108. A. Vistel, *La Nuit sans ombre*, Paris, Fayard, 1970.
[UN TÉMOIGNAGE CHALEUREUX ET BIEN INFORMÉ.]

109. F. Closon, *Le Temps des passions*, Paris, Presses de la Cité, 1974.
[UN BEAU LIVRE.]

110. Passy, *Missions secrètes en France*, Paris, Plon, 1951.
[PEUT ÊTRE CONSIDÉRÉ COMME LE TROISIÈME TOME DES MÉMOIRES DU PATRON DU BCRA. TÉMOIGNAGE DE POIDS. RÉUSSIT — LE PLUS SOUVENT — À PRENDRE DU RECUL.]

111. P. Seghers, *La Résistance et ses poètes*, Paris, Seghers, 1974.
[UNE FORT BELLE ANTHOLOGIE COMMENTÉE AVEC CHALEUR. ESTHÈTES PATENTÉS S'ABSTENIR.]

112. Y.-M. Danan, *La Vie politique à Alger de 1940 à 1944*, Paris, Librairie générale de droit et de jurisprudence, 1963.
[UNE ÉTUDE PIONNIÈRE ET SOLIDE.]

113. A. Kaspi, *La Mission Jean Monnet à Alger, mars-octobre 1943*, Paris, Publications de la Sorbonne, 1971.
[NEUF ET STIMULANT.]

114. Actes du colloque organisé, en novembre 1969, par le Comité d'histoire de la Deuxième Guerre mondiale, publiés en un volume, *la Guerre en Méditerranée*, Paris, CNRS, 1971.
[DES MISES AU POINT PERTINENTES, NOTAMMENT SUR LE DÉVELOPPEMENT DES NATIONALISMES.]

Chapitre 6.

115. Actes du colloque organisé, en octobre 1974, par le Comité d'histoire de la Deuxième Guerre mondiale, publiés en un volume, *la Libération de la France*, Paris, CNRS, 1976.
[VOLUMINEUX MAIS FONDAMENTAL.]

116. Collection « La libération de la France », Paris, Hachette.
[UNE SÉRIE D'ÉTUDES RÉGIONALES INÉGALES MAIS LE PLUS SOUVENT IRREMPLAÇABLES.]
Citons parmi les plus pertinentes pour notre période : M. Baudot, *Libération de la Bretagne*, 1973, et *Libération de la Normandie*, 1974; R. Bourderon, *Libération du Languedoc méditerranéen*, 1974; E. Dejonghe et D. Laurent, *Libération du Nord et du Pas-de-Calais*, 1974; Y. Durand et R. Vivier, *Libération des pays de Loire*, 1974; H. Ingrand, *Libération de l'Auvergne*, 1974; G. Guingouin, *Quatre ans de lutte sur le sol limousin*, 1974; P. Guiral, *Libération de Marseille*, 1974; G. Grandval et A.-Jean Collin, *Libération de l'Est de la France*, 1974; F. Rude, *Libération de Lyon et de sa région*, 1974.

117. Ch.-L. Foulon, *Le Pouvoir en province à la Libération. Les commissaires de la République*, Paris, Presses de la Fondation nationale des sciences politiques, 1975.
[NEUF ET BIEN MENÉ.]

118. A. Dansette, *Histoire de la Libération de Paris*, Paris, Fayard, 1966.
[UNE ANALYSE MÉTHODIQUE ET HONORABLE DE L'INSURRECTION PARISIENNE.]

Complément bibliographique

Pour tenir compte de l'évolution de l'historiographie, la bibliographie de la présente édition a été légèrement modifiée et complétée.

119. J.-P. Rioux, *La France de la Quatrième République*. T. 1. *L'Ardeur et la Nécessité, 1944-1952*, Paris, Éd. du Seuil, 1980.
[REMARQUABLE.]

120. J.-B. Duroselle, *La Décadence 1932-1939*, Paris, Imprimerie nationale, 1979.
[UNE SYNTHÈSE BIEN MENÉE.]

121. M. Sadoun, *Le Parti socialiste des accords de Munich à la Libération*, Paris, Panthéon-Sorbonne, 1979, 2 vol. (thèse de doctorat).
[NEUF ET MÉTHODIQUE.]

122. Actes du colloque franco-allemand tenu à Bonn en 1978 sur les rapports franco-allemands de 1936 à 1939.
[UTILES.]

123. F. Bédarida, *La Stratégie secrète de la drôle de guerre*, Paris, Presses de la Fondation nationale des sciences politiques, 1979.
[UNE ÉDITION CRITIQUE QUI EST UN MODÈLE DU GENRE.]

124. H. Michel, *Pétain et le régime de Vichy*, Paris, PUF, 1978.
[COMMODE.]

125. H. Kedward, *Resistance in Vichy France*, Oxford, Oxford University Press, 1978.
[UNE APPROCHE ORIGINALE.]

126. *Histoire de la France contemporaine 1940-1947*, t. VI, Paris, Éditions sociales et Livre-club Diderot, 1980.
[UNE MISE AU POINT RÉCENTE FAITE PAR DES HISTORIENS COMMUNISTES.]

127. S. Courtois, *Le PCF dans la guerre*, Paris, Ramsay, 1980.
[NEUF ET STIMULANT.]

128. J.-J. Becker, *Le parti communiste veut-il prendre le pouvoir?*, Paris, Éd. du Seuil, 1981.
[UNE LECTURE TOUJOURS INTELLIGENTE.]

129. P. Laborie, *Résistants, vichyssois et autres, l'évolution de l'opinion et des comportements dans le Lot de 1939 à 1944*, Paris, Éditions du CNRS, 1980.
[UNE ÉTUDE D'OPINION REMARQUABLE.]

130. M. Luirard, *La Région stéphanoise dans la guerre et dans la paix 1936-1945*, Saint-Étienne, Centre d'études foréziennes, 1980.
[UNE SOLIDE ÉTUDE RÉGIONALE.]

131. J. Siclier, *La France de Pétain et son cinéma*, Paris, Veyrier, 1981.
[UNE FOULE DE RENSEIGNEMENTS. CROIT DUR COMME FER QU'IL N'EXISTE PAS DE CINÉMA VICHYSSOIS.]

132. Y. Durand, *La Captivité. Histoire des prisonniers de guerre français 1939-1945*, Paris, FNCPG-CATM, 1980.
[UN TRÈS BEAU LIVRE À TOUS ÉGARDS.]

133. B. Gordon, *Collaborationism in France during the Second World War*, Ithaca et Londres, Cornell University Press, 1980.
[UNE BONNE APPROCHE SYNTHÉTIQUE.]

134. H. Rousso, *Un château en Allemagne. La France de Pétain en exil, Sigmaringen, 1944-1945*, Paris, Ramsay, 1980.
[BIEN ENLEVÉ.]

135. *Églises et chrétiens dans la Deuxième Guerre mondiale* (actes du colloque tenu à Lyon en 1978), Lyon, Presses universitaires de Lyon, 1981.
[DE BONNES MISES AU POINT.]

Index[*]

[*] L'Index ne comprend pas le nom des auteurs d'ouvrages ou d'articles cités en note infrapaginale. On a conservé pour certains résistants leur pseudonyme de guerre s'ils l'ont adopté après 1945.

Photos p. 54, 55, 159, 256-257, 325 : Jean-Loup Charmet.

Table

FIRMIN-DIDOT S.A. PARIS-MESNIL (12-81)
D.L. 2ᵉ TRIM. 1979. Nº 5215-2 (4011)

Collection Points

SÉRIE HISTOIRE

Nouvelle histoire de la France contemporaine